梭罗与中国

东学西传后的西学中渐

Suoluo Yu Zhongguo Dongxue Xichuan Hou de Xixue Zhongjian

刘略昌 著

中国学者研究文库

九州出版社
JIUZHOUPRESS

图书在版编目（CIP）数据

梭罗与中国：东学西传后的西学中渐 / 刘略昌著 . -- 北京：九州出版社，2018. 6

ISBN 978 - 7 - 5108 - 7306 - 5

Ⅰ. ①梭… Ⅱ. ①刘… Ⅲ. ①梭罗（Thoreau, Henry David 1817 - 1862）—人物研究 Ⅳ. ①K837. 125. 6

中国版本图书馆 CIP 数据核字（2018）第 140070 号

梭罗与中国：东学西传后的西学中渐

作　　者　刘略昌　著
出版发行　九州出版社
地　　址　北京市西城区阜外大街甲 35 号（100037）
发行电话　（010）68992190/3/5/6
网　　址　www. jiuzhoupress. com
电子信箱　jiuzhou@ jiuzhoupress. com
印　　刷　三河市华东印刷有限公司
开　　本　710 毫米 ×1000 毫米　16 开
印　　张　19
字　　数　341 千字
版　　次　2018 年 8 月第 1 版
印　　次　2018 年 8 月第 1 次印刷
书　　号　ISBN 978 - 7 - 5108 - 7306 - 5
定　　价　68. 00 元

★版权所有　侵权必究★

目　录
CONTENTS

引 论

梭罗与中国研究综述

亨利·大卫·梭罗(H. D. Thoreau,1817—1862)是19世纪美国著名的散文家,哲学家,诗人,超验主义的代表人物,废奴主义者和博物学家,一生创作了《康科德和梅里马克河上的一周》(*A Week on the Concord and Merrimack Rivers*,1849)、《瓦尔登湖》(*Walden, or Life in the Woods*,1854)等多部一流的散文作品,著有《论公民的不服从》("Civil Disobedience",1849)、《为约翰·布朗队长请命》("A Plea for Captain John Brown",1859)等大量政论文并留下了长达7000余页的日记。梭罗是美国道德英雄主义的楷模和不懈追求精神生活的典范,他被誉为"美国有史以来最引人深思的重要作家",①"19世纪最广为人知的美国作家之一,也许只有埃德加·爱伦·坡(Edgar Allan Poe)才能与之相比",②其代表作《瓦尔登湖》"1985年在《美国遗产》杂志上所列的'十本构成美国人性格的书'中位居榜首",③政论文《论公民的不服从》则对俄国的托尔斯泰(Leo Tolstoy)、印度的甘地(Mohandas Karamchand Gandhi)、英国的费边主义者还有美国黑人民权运动的领袖马丁·路德·金(Martin Luther King)产生过深远的影响,其读者之众可能超过了梭罗其他的任何作品。中国,是太平洋彼岸一个有着五千多年悠久历史和灿烂文明的国度,其文化体系截然不同于美国的基督教文明。虽然英国小说家吉卜林(Rudyard Kipling)曾经扬言"东方和西方绝对不会相遇",④但梭罗和中国却跨越了时间和空间的阻隔,奇妙地联系在了一起:早在19世纪,梭罗即通过阅读英语译本和法语译本的儒家经典、印度哲学以及其他途径,创造性地汲取了东方思想的营养。进入20世纪,随着西学东渐的浪潮梭罗又传回中国,且正在中国产生越

---

① Nina Baym (ed.), *The Norton Anthology of American Literature*: 1820—1865, *Volume B*, 6*th ed*, New York: W. W. Norton & Company, 2003, p. 1792.

② [美]斯蒂芬·哈恩:《梭罗》,王艳芳译,中华书局2002年版,第3页。

③ 程虹:《寻归荒野》,生活·读书·新知三联书店2001年版,第103页。

④ Arthur Christy (ed.), *The Asian Legacy and American Life*, New York: Greenwood Press, 1968, p. 49.

来越深远的影响。中国和美国作为两个大国,在全球的重要地位不言而喻。因此,在中美交往日益频繁的今天,探究梭罗与中国的关系,无疑是中美文学和文化交流史上一个非常有意义的话题。

第一节 研究选题及研究意义

任何研究的选择其实都会涉及两个方面,即研究的主体和研究的客体。笔者之所以选取《梭罗与中国:东学西传后的西学中渐》作为讨论的对象,主要是基于如下几个方面的考虑:

首先,研究对象的选择好比谈恋爱找对象,与自己最般配的而不是最漂亮或最帅气的那个才最适合自己。多年前无意中翻阅《瓦尔登湖》时,那湖水一般清澈的文字和梭罗独居湖畔的沉思深深地打动了我。那种感觉,或许就是张爱玲所谓的"于千万人之中遇见你所遇见的人,于千万年中,时间的无涯的荒野里,没有早一步,也没有晚一步,刚巧赶上了"①的那种怦然心动。爱屋及乌,因为《瓦尔登湖》,我又阅读了梭罗其他的一些作品,如《康科德和梅里马克河上的一周》、《缅因森林》(*The Maine Woods*,1864)、《科德角》(*Cape Cod*,1864)、《论公民的不服从》,对梭罗有了更加清楚的了解,对于梭罗的喜爱之情也与日俱增。兴趣和思想的共鸣可以说是促使我走向梭罗研究的一个重要因素。

其次,研究对象的选择要结合个人的学术背景,扬长避短,量力而行。我本科和硕士阶段均在英语系接受教育,博士阶段则选择了修读中文系的比较文学专业。从英语系到中文系,从英美国别文学到比较文学,研究范式存在巨大的转变,研究思路需要做出适当的调整。因此选择研究课题时,除了个人兴趣之外,我也考虑到了题目的可操作性,想尽量发挥自己英语系科班出身的语言优势,在中西文学文化的结合部分进行开掘。于是,梭罗与中国文化的关系问题就随之浮现在脑海中。这是我选择以《梭罗与中国:东学西传后的西学中渐》为讨论对象的主观原因。但选题是否值得研究则更大程度上取决于题目本身的研究价值,从这一点来看,对梭罗与中国文化进行剖析也具有重大的理论价值和现实意义。

第一,在美国文学史上,梭罗曾经因为思想走在时代前列而在生前备受冷落,当时人们通常认为他不过是一个小作家,不久就会被人遗忘。然而历史和时间是公平的,"在我们这个时代,他却被尊为美国 19 世纪为数不多的几个无愧于'伟

① 张爱玲:《爱》,载《杂志》,1944 年第 1 期。

大'这一称号的作家之一",[①]"终于占有了他应有的历史地位"。[②]梭罗研究权威沃尔特·哈丁(Walter Harding)甚至宣称,梭罗"现在成了一个家喻户晓的名字"。[③]为了推动梭罗在全世界和一代又一代人中间能持续得到传播,1941 年美国还专门成立了梭罗研究会(the Thoreau Society),这是美国关于单个作家的规模最为庞大、历史最为悠久的学术组织。作为一个国际性学术机构,梭罗研究会拥有 1500 多名会员,这些会员来自美国各个州以及全球至少 20 个国家。[④]每年,协会都在梭罗的家乡康科德举行一场学术会议。可以说,梭罗不但在美国本土而且在世界范围内都产生了重大的影响。这种影响已经成为其文学价值不可分割的一部分,研究梭罗的价值和意义自然不能不研究他在美国本土之外,当然应该包括中国在内产生的影响与流布。

此外,从当今美国文学研究的整体格局来看,它正在向既深邃又复杂的新的层次迈进,出现了跨国界研究的新趋势。哈佛大学前英美文学系主任劳伦斯·布伊尔(Lawrence Buell)曾撰文指出,今天的美国文学研究比以往任何时候都更关注非本土美国学者的研究成果,研究美国文学的学者"越来越倾向于从跨国界与比较的角度,甚至主要从全球化的角度,来思考自己的研究对象",而且"当今的美国文学研究所渴望的新的世界主义将确保越来越多的非美国本土学者的著作成为本研究领域发展的关键"。[⑤]作为从事英语文学和比较文学研究的中国学人,在明确的文化立场和鲜明民族意识的驱动下,对梭罗与中国的文化关系进行考察与海外美国文学研究这一大的走势正相吻合。

第二,梭罗在中国的译介、研究和传播已经取得了显著成绩,值得认真总结。翻译研究在比较文学研究中占有极其重要的地位,因为能够直接阅读外国文学原著的读者数量毕竟有限,"翻译过去是现在仍然是通向世界文学代表作的最容易、最经常的办法"。[⑥]对于翻译在比较文学研究中的重要地位,意大利比较文学家梅

---

① Joel Myerson (ed.), *The Cambridge Companion to Henry David Thoreau*, Shanghai: Shanghai Foreign Language Education Press, 2005, p. 1.

② 常耀信:《美国文学史》(上册),南开大学出版社 1998 年版,第 282 页。

③ Joel Myerson (ed.), *The Cambridge Companion to Henry David Thoreau*, Shanghai: Shanghai Foreign Language Education Press, 2005, p. 10.

④ The Thoreau Society, http://www.thoreausociety.org/get-involved(访问时间:2018 年 1 月 24 日)。

⑤ [美]劳伦斯·布尔:《(跨国界)美国文学研究的新走势》,王玉括译,载《当代外国文学》,2009 年第 1 期,第 22-23、30 页。

⑥ [法]布吕奈尔、比叔瓦、卢梭:《什么是比较文学?》,葛雷、张连奎译,北京大学出版社 1989 年版,第 58 页。

雷加利(Franco Meregalli)曾经指出:翻译无疑是不同语种间的文学交流中最重要、最富特征的媒介,“翻译不仅是不同语种文学交流中头等重要的现象,并且也是一般人类生活和历史中头等重要的现象”;翻译是“自然语言所形成的各个人类岛屿之间的桥梁,是自然语言非常特殊的研究对象,并且还应当是比较文学的优先研究对象”。①从1949年梭罗的 *Walden* 被初次译成汉语至今,《瓦尔登湖》在中国大陆已经有了徐迟、王光林、潘庆舲、戴欢等众多译者和不同出版社推出的137个版本,其中作为名译的徐迟译本和潘庆舲译本更是一版再版。此外,《科德角》、《缅因森林》、《种子的信仰》(*Faith in a Seed*,1993)、《野果》(*Wild Fruits*)、梭罗的部分日记等作品也被陆续译介到国内。在台湾地区,梭罗的 *Walden* 同样受到欢迎,台湾地区推出了《湖滨散记》(即《瓦尔登湖》)、《种子的信仰》等梭罗不同作品的译本70余种。香港地区面积虽然不大,但也涌现了《湖滨散记》、《公民抗命》(即《论公民的不服从》)、《远行》(*Excursions*)3种作品的5个中文版本。

学术界的梭罗研究取得的成果也格外丰富。自2007年蒋竹怡推出《从生态视角看梭罗:重读〈瓦尔登湖〉》(中国商务出版社)以来,目前中国大陆有研究梭罗的专著6部,博士学位论文8篇,硕士学位论文133篇,以“梭罗”为篇名的期刊论文586篇,仅以“《瓦尔登湖》”为篇名的论文就有531篇之多(检索时间为:2018年1月24日,信息来源:中国知网和国家图书馆网站)。台湾地区也推出了梭罗研究专著3部,传记1部,博士学位论文1篇,硕士学位论文23篇,期刊论文几十篇。国内一些重要的国别文学史,如董衡巽的《美国文学简史》、张冲的《新编美国文学史》(第一册)、常耀信的《美国文学史》(上册),都将梭罗列为重要的一章进行评价。2008年10月,清华大学主办了“超越梭罗:文学对自然的反应”的国际学术研讨会,大会的议题之一即是“超越梭罗:梭罗的全球性影响,梭罗与其他文化背景中作家的比较,以及梭罗与当代环境问题的关系”。除了译介和研究,梭罗还在不同的历史时段与中国的一些作家发生过关联,郁达夫、林语堂、徐迟、张爱玲、海子、苇岸、葛红兵、余杰、韩少功、张炜就是其中的一些典型。他们或在作品中对梭罗流露过欣赏之意,或翻译过梭罗的著作,或创作不同程度地受到了梭罗的影响。对梭罗在中国的这些译介、研究和传播成果进行归纳、整理、分析和比较,一方面可以勾勒出梭罗在中国一百多年来的旅行路线和国内接受语境的变化,另一方面也可以通过系统地梳理我国的梭罗研究成果,考察中国学术界和创作界对梭罗的理解和接受状况。

① [意]梅雷加利:《论文学接受》,见干永昌等编选:《比较文学研究译文集》,上海译文出版社1985年版,第409页。

第三,除了具有重要的理论意义,研究梭罗与中国的关系也具有一定的现实意义。当今的时代是一个全球化的时代,世界已经日益缩小为一个地球村,世界各国在政治、经济、文化等方面的联系愈来愈密切。但不可否认的是,当今的世界并非太平盛世,地区冲突纷争不断,黄发垂髫并怡然自乐的全球桃花源的建立依然有待于所有人共同为之努力。塞缪尔·亨廷顿(Samuel Phillips Huntington)认为,冷战之后世界格局的决定因素表现为七大或八大文明,即中华文明、日本文明、印度文明、伊斯兰文明、西方文明、东正教文明、拉美文明,还有可能存在的非洲文明。冷战后的世界,冲突的基本根源不再是意识形态,而是文化方面的差异,主宰全球的将是文明的冲突。①要想消弭矛盾、避免冲突,最好的办法还是多沟通交流以减少误解,因为文化交流始终是推动人类社会前进的主要动力之一,对中外文学文化关系进行研究正好可以担负起促进异质文化交流的重任。而在实际上,百年中外文学之间的关系和相互影响始终是中国比较文学研究的一个重要组成部分。中国比较文学界对中西异质文化的交流与对话也早就给予了特殊的关注,提出中国比较文学界要致力于"探讨这种跨越东西异质文化的文学碰撞,文化渗透,文学误读,并寻求这种跨越异质文化的文学对话,文学沟通,以及文学观念的汇通、整合和重建"。② 钱钟书曾如是说道:"从历史上看来,各国发展比较文学最先完成的工作之一,都是清理本国文学与外国文学的相互关系,研究本国作家与外国作家的相互影响。"③

美国散文家梭罗与中国的关系是中美文学文化交流史上一个非常典型的个案,因为梭罗与中国之间不是一种单向而是双向的交流。梭罗在其思想形成过程中,曾"潜心研究东方文化的精髓",这"宛如海鸟从大洋彼岸衔来的一粒种子"。而在"五十年或一百年后",梭罗"萌发思想的新芽""作为回赠礼物又被带回原来的大陆"。④因此,研究梭罗在中国的流传比研究一般域外作家在中国的传播和接受具有更强的代表性,更具有别样的价值意义。

---

① [美]塞缪尔·亨廷顿:《文明的冲突与世界秩序的重建》,周琪、刘绯等译,新华出版社2003年版。

② 曹顺庆:《比较文学学科理论的拓展》,见黄维樑、曹顺庆主编:《中国比较文学学科理论的垦拓》,北京大学出版社1998年版,第12页。

③ 转引自乐黛云:《总序》,见王兆胜:《林语堂:两脚踏中西文化》,北京出版社2005年版,第1、2页。

④ 林语堂:《美国的智慧》,刘启生译,陕西师范大学出版社2008年版,第128页。

第二节 国内外研究现状综述及主要研究内容

关于梭罗与中国文化的关系,中美两国的学术界都给予了较大的关注。下面,笔者将分别从国内外的学术论著、学位论文和期刊论文三方面的研究进行述评。

一、学术论著中的“梭罗与中国”

(一)海外的学术论著

梭罗和爱默生(Ralph Waldo Emerson)是美国超验主义运动中最重要的代表性作家,超验主义兼收并蓄,汲取东方经典的乳液以为己所用。在剖析超验主义与东方古典思想之间纠葛的时候,自然不可避免地会涉及梭罗与中国文化的关系。阿瑟·克里斯蒂(Arthur Christy)的《美国超验主义中的东方:对爱默生、梭罗和阿尔科特的研究》(*The Orient in American Transcendentalism: A Study of Emerson, Thoreau, and Alcott*)是一部探究东方文化对梭罗产生影响的开拓性作品。但克里斯蒂在书中指出:“梭罗的性情中基本上没有称得上是儒家思想的东西”;“梭罗可能如同爱默生一样阅读过大量的儒家经典,不过却以自己的方式对儒家经典加以利用”。①阿瑟·维斯路斯(Arthur Versluis)认为,否认梭罗作品中有任何东方影响的痕迹的观点非常可笑,但把梭罗说成是道家信徒却有点夸大其事。②后藤章治(Shoji Goto)宣称,“孔子和中国的哲学体现了梭罗的国家观和对国家的态度”;“假如没有孔子在对天的回答中表达出来的政治理念,梭罗就不会形成自己对待国家的观点和态度”。③此外,纳撒尼尔·卡普兰(Nathaniel Kaplan)的《哲学和神秘主义中美国超验主义的渊源》、④卡尔·杰克逊(Carl T. Jackson)的《东方宗教

① Arthur Christy, *The Orient in American Transcendentalism: A Study of Emerson, Thoreau, and Alcott*, New York: Columbia University Press, 1932, p. 195.

② Arthur Versluis, *American Transcendentalism and Asian Religions*, New York: Oxford University Press, 1993, pp. 79 – 99.

③ Shoji Goto, *The Philosophy of Emerson and Thoreau: Orientals Meet Occidentals*, Lewiston, NY: The Edwin Mellen Press, 2007, pp. 126, 128.

④ Nathaniel Kaplan, *The Origins of American Transcendentalism in Philosophy and Mysticism*, New Haven: Yale University Press, 1975.

和美国思想:19 世纪的探索》①也涉及梭罗与中国古典哲学思想的关联。

(二)中国的学术论著

台湾陈长房的《梭罗与中国》(三民书局 1991 年版)的地位可谓非常独特,它是我国研究梭罗与中国文化关系的最早的一部作品。这本论文集分为上下两辑,内容包括梭罗作品中的孔子形象、《瓦尔登湖》与儒家思想研究、梭罗与四书英译之探究、梭罗与道家思想、梭罗与庄子比较初探等,其内容多为后来的研究者借鉴和引用。刘岩的《中国文化对美国文学的影响》(河北人民出版社 1999 年版)中设有"梭罗与儒家思想"一节,著者将《瓦尔登湖》引用的儒家语录同梭罗本人的思想逐一进行对比分析。张冲指出,以四书为代表的中国古典哲学曾经引起超验主义思想家的兴趣和重视,并被他们引入自己的思想体系。作为以改造人类社会为宗旨的道德哲学出现的儒家思想,经爱默生和梭罗等人的解读、契合、借用甚至误读,成为美国超验主义思想的内在组成部分之一。②在《跨越太平洋的雨虹——美国作家与中国文化》(张弘等,宁夏人民出版社 2002 年版)中的"试验之路:梭罗对儒家经典的选择"一节中,冒键对比分析了梭罗在瓦尔登湖畔的生活试验和中国隐居模式、梭罗的经济原则和中国的安贫乐道思想,并将梭罗在《瓦尔登湖》中引用的儒家语录分为了三类。钱满素(《爱默生和中国——对个人主义的反思》,生活·读书·新知三联书店 1996 年版)在论述爱默生和中国之间的关系时,也在行文中顺便提到了梭罗与中国之间的关联。

二、学位论文中的"梭罗与中国"

(一)海外的学位论文

根据国际学位论文文摘(ProQuest)和康奈尔大学图书馆"硕博论文"分项的检索信息(检索时间:2018 年 1 月 24 日),笔者查到与"梭罗与中国"主题有关的博士学位论文 6 篇:谭洪波(Tan Hongbo)的"Emerson, Thoreau, and the Four Books: Transcendentalism and the Neo - Confucian Classics in Historical Context"(Washington State University, 1989)探讨了爱默生和梭罗对中国及新儒家经典做出的反应、《日晷》对儒家经典的引用、梭罗从法文转译的儒家著作、爱默生和梭罗对儒家思想的了解以及通过何种途径了解儒家等。金义永(Kim Euiyeong)的"Thoreau's Orientalism: A Study of Confucian and Taoist Elements in Thoreau's

① Carl T. Jackson, *The Oriental Religions and American Thought: Nineteenth - Century Explorations*, Westport, Conn: Greenwood Press, 1981.

② 张冲:《新编美国文学史》(第一卷),上海外语教育出版社 2000 年版,第 301、311 页。

Readings and Writings"(University of Illinois at Urbana – Champaign, 1991)将梭罗置于超验主义的时代背景之中,剖析了梭罗对儒家思想的认同及梭罗作品中的道家之谜。大卫·蒂特(David Teeter)的"Simplicity in Lao Tzu and Thoreau"(California Institute of Integral Studies, 1987)从主题思想和象征意义入手,对梭罗的《瓦尔登湖》和老子的《道德经》进行了比较,并分析了两部作品生成的历史条件。论者认为,"简朴"这一词汇最能代表老子与梭罗之间的基本联系,因为"简朴"涉及宇宙论和本体论的荒野中心,老子和梭罗均用类似的方式谈及世界的存在。这些类似体现在他们对著作、怜悯、社会、精神操练的观念上,也体现在他们的写作风格中。相关的博士学位论文还有张爱华(Zhang Aihua Tina)的"Dao in the Western Landscape: Searching for a Daoist Analogy in Selected Works of Whistler and Thoreau"(Ohio University, 1995),常耀信(Chang Yaohsin)的"Chinese Influence in Emerson, Thoreau, and Pound"(Temple University, 1985),蔡培杰(Cai Peijie)的"Refractions of Four Books in Their Early English Translations and the Works of Emerson and Thoreau"(State University of New York at Binghamton, 2015)等。

以"梭罗与中国"为题的硕士学位论文有王立(Wang Li)的"The Orient in Henry David Thoreau"(单位不详,1949),押井守(Mamoru Lga)的"Similarities Between Thoreau's Religious Philosophy and Zen Buddhism"(Brigham Young University Press, 1951),林明松(Lin Mingtsong)的"Chinese Influence in Thoreau's Political Philosophy"(单位不详,1971),劳伦斯·布莱克(Lawrence A. Black)的"What Effect did Oriental Literature Have on the Writings of Thoreau"(单位不详,1972),周光远(Zhou Guangyuan)的"Emerson and Confucianism Versus Thoreau and Taoism"(单位不详,1982),威廉·道(William E. Dow)的"Thoreau's Orientalism: His Eastern Influences and Sources in *Walden*"(单位不详,1987),董亚兰(Dong Yalan)的"Thoreau's Confucianism in *The Dial*, *Walden* and 'Civil Disobedience'"(单位不详,1990),林玉冲(Lin Yuchung)的"Thoreau, the Yankee Taoist: A Comparative Study of Henry David Thoreau and Chuang Tzu"(单位不详,1994),兰成文(Lan Chingwen)的"The Natural Spirituality of Lao Tzu's *Tao te ching* and Henry David Thoreau's *Walden*"(University of Idaho, 2007),乔纳森·克劳利(Jonathan Crowley)的"Eastern Past, Western Present, and Back Again: Emerson, Thoreau, and Eastern Philosophy"(State University of New York at Buffalo, 2008)等等。

(二)中国内地的学位论文

迄今为止,国内有2篇博士学位论文致力于探讨梭罗与中国文化的关系:谢志超(《爱默生、梭罗对四书的接受:比较文学视野中的超验主义研究》,上海师范大学,2006 年)将梭罗和爱默生作为一个整体,以新批评、接受美学、结构主义等文学理论为指导,运用影响研究、平行研究、跨学科研究等方法,阐释爱默生和梭罗认识四书的文化背景和缘由,论证他们对四书的具体接受状况,解读超验主义中的儒家思想元素。李洁(《论梭罗与中国的关系》,复旦大学,2008 年)则以梭罗与中国的联系为切入点,通过对梭罗与中国之间关系的定位与阐释,彰显梭罗与中国在文学和其他领域的彼此解读与启发。该论文分为四章:前言简要介绍了梭罗其人其作,分析了梭罗在中国的接受史和生命力;第一章是对中国 2008 年以前梭罗研究成果的综述;第二章讨论的是梭罗与中国古典思想的关系;第三章分析的是梭罗作品与思想在中国的传播和接受;第四章选择了张爱玲、海子、苇岸和葛红兵四位中国作家,结合他们的创作,透视他们对梭罗的认识、推介和接受。

根据中国知网和国家图书馆网站的综合检索(检索时间:2018 年 1 月 24 日),发现截至 2017 年年底,共有 61 篇硕士学位论文涉及梭罗与中国文化的关系。其中有 35 篇考察梭罗作品的翻译问题,9 篇研究梭罗与中国儒道文化的关联,9 篇剖析梭罗与陶渊明、沈从文的相似相异,5 篇挖掘《瓦尔登湖》中体现的儒道文化,3 篇论及梭罗在中国的传播接受和中国的环境教育问题。

(三)台湾地区的学位论文

根据台湾图书馆、康奈尔大学图书馆以及台湾各大高校图书馆的查询结果(检索时间:2018 年 2 月 10 日),笔者发现:台湾地区以“梭罗”或“《湖滨散记》”为题的博士学位论文有 1 篇,硕士学位论文有 23 篇。在这 23 篇硕士学位论文中,有 7 篇以梭罗与中国儒释道传统文化的关系为题,另有 3 篇论述梭罗作品的汉译问题。前者如谢力延的《梭罗〈湖滨散记〉中表现之儒家思想》(台湾政治作战学院,1979 年),Luke P. M. Chan 的“Thoreau and Taoism: A Comparative Study”(Tamkang University, 1982),袁哲生的《生活的雕塑家:梭罗〈湖滨散记〉之禅释》(淡江大学,1983 年),聂志忠的《吟游于华尔腾湖畔:梭罗的佛教般的修行》(淡江大学,1983 年),王清思的《深层生态与道家思想:论梭罗之生态意识》(台湾大学,1986 年),吴素真的《自然与灵性:梭罗〈湖滨散记〉与〈庄子〉内篇之比较研究》(淡江大学,1989 年),黄进发的《梭罗〈湖滨散记〉中的道家思想》(中国文化大学,1993 年),后者则有彭健铭的《探讨〈湖滨散记〉的中译概况及发展趋势》(台湾师范大学,1993 年),刘怡芬的《〈湖滨散记〉两个中译本比较分析》(台湾科技大学,2000 年),黄月狄的《不同种类及功能之副文本探究:梭罗〈湖滨散记〉之翻译》(高雄第一科技大学,2001 年)。

三、期刊论文中的“梭罗与中国”

（一）海外的期刊论文

美国学术期刊中探讨梭罗与中国关系的论文数量不多。莱曼·凯迪(Lyman Cady)经过研究发现，梭罗引用儒家典籍是“为了增添异国情调，强化一下他那极端个人主义的观点”；①艾伦·福克斯(Alan Fox)则对梭罗和杨朱作品中对物质文化的批评进行了比较分析。②类似的成果还有 W. E. 沃什伯恩(W. E. Washburn)的“The Oriental Roots of American Transcendentalism”(*South West Journal*, Fall 1949), D. T. Chen 的“Thoreau and Taoism”(in C. Narasimhaih ed., *Asian Responses to American Literature*, New York: Barnes & Noble, 1972)，麦克莱恩(R. W. MacLean)的“*Walden*: An Eastern Interpretation”(*Thoreau Society Bulletin*, No. 125, 1973)，谭洪波(Tan Hongbo)的“Confucius at Walden Pond: Thoreau's Unpublished Confucian Translations”(in Joel Myerson ed., *Studies in the American Renaissance*, Charlottesville, Virginia: the University Press of Virginia, 1993)，程爱民的“Man as a Part and Parcel of Nature: A Comparative Study of Thoreau's and Taoist Concepts of Nature”(in Richard J. Schneider and Wayne Franklin eds, *Thoreau's Sense of Place: Essays in American Environmental Writing*, Iowa: University of Iowa Press, 2000)，程爱民和黄幼的“Thoreau's *Walden* in the Global Community”(*Concord Saunterer*, No. 12/13, 2004/2005)，大卫·司各特(David Scott)的“Rewalking Thoreau and Asia: 'Light from the East' for 'A Very Yankee Sort of Oriental'”(*Philosophy East and West*, Vol. 57, No. 1, 2007)，杨金才的“Chinese Projections of Thoreau and His *Walden*'s Influence in China”(*Neohelicon*, Vol. 36, 2009)等等。

（二）中国的期刊论文

利用中国知网，可以检索到许多涉及“梭罗与中国”的期刊论文，这些论文主要从梭罗与儒家思想、梭罗与道家及禅宗和墨家思想、梭罗与中国作家的平行研究、梭罗在现代中国的传播影响和翻译五个方面着手进行分析。

1. 梭罗与儒家思想

在思想形成过程中，梭罗曾情不自禁地把目光投向了儒家思想文化，做了许

① Lyman Cady, “Thoreau's Quotations from the Confucian Books in *Walden*”, *American Literature*, Vol. 33, Issue 1, 1962, pp. 23－33.

② Alan Fox, “Guarding What Is Essential: Critiques of Material Culture in Thoreau and Yang Zhu”, *Philosophy East and West*, Vol. 58, No. 3, 2008, pp. 358－371.

多摘录，仅代表作《瓦尔登湖》就有十处引用儒家著作中的语录。中国的学者很早就注意到了梭罗与中国儒家思想的关系，中国期刊网上有多篇论文对此进行了探讨，如常耀信的《中国文化在美国文学中的影响》（载《外国文学研究》，1985 第 1 期），谢志超的《超验主义日晷英译四书研究的补注》（载《中国比较文学》，2007 第 2 期），刘玉宇的《从〈瓦尔登湖〉中的儒学语录看梭罗的儒家渊源》（载《外国文学评论》，2009 年第 3 期），蒲立昕的《论儒家思想对梭罗的影响——从“安贫乐道”到“自愿清贫”》（载《孔子研究》，2012 年第 3 期），李莹的《〈瓦尔登湖〉引用中国先秦经典之方式及其意蕴探微》（载《北方论丛》，2016 年第 6 期）等。

2. 梭罗与道家、禅宗和墨家学说

关于梭罗是否直接阅读过《道德经》，学术界尚未达成一致意见。大多数西方学者否认梭罗曾经涉猎过《道德经》，但部分中国学者认为，如仔细探讨梭罗作品似能寻出蛛丝马迹来证明老子《道德经》对其产生的影响，①梭罗的精神气质的确比较接近中国的道家。②因此，辨别梭罗与道家学说的异同也成了国内很多论文的切入点，如崔长青的《简论老子和梭罗》（载《国际关系学院学报》，1994 年第 4 期），张建国的《庄子和梭罗散文思想内涵之比较》（载《河南大学学报（社科版）》，2005 年第 5 期）央泉和彭金定的《论道家美学对沈从文及梭罗创作的影响》（载《中州学刊》，2007 年第 5 期），何颖的《梭罗对〈庄子〉的吸收与融通》（载《甘肃社会科学》，2010 年第 3 期），汪愫苇和张慧荣的《翩翩蝴蝶飞翔在湛蓝的瓦尔登湖畔——从〈庄子〉与〈瓦尔登湖〉看庄子和梭罗的精神链接》（载《海南大学学报（人文社科版）》，2011 年第 2 期），薛海燕的《梭罗与庄子的“垂钓”寓言比较研究》（载《江苏师范大学学报（哲社版）》，2014 年第 4 期）。

相比之下，论述梭罗与禅宗和墨家思想的论文不多，邓艳艳（《〈瓦尔登湖〉与中国古典哲学思想》，载《长沙铁道学院学报（社科版）》，2000 年第 1 期）除了谈到梭罗在作品中大量引用儒家经典以阐述自己的生活哲学之外，还提到梭罗无论个性还是思想均与中国的禅宗和墨家学说颇多契合之处。周金萍（《梭罗〈瓦尔登湖〉中的佛教思想》，载《安庆师范学院学报（社科版）》，2008 年第 8 期）从简单朴素、修身养性、回归自然等角度入手，指出了《瓦尔登湖》与中国佛家思想的相通之处。胡芬（《细品〈瓦尔登湖〉中的禅宗》，载《消费导刊》，2008 年第 9 期）则分析了梭罗的思想和行为与禅宗的相似之处。

---

① 参见程爱民：《论梭罗的自然观》，南京大学，1998 年。

② 陈长房：《梭罗与中国》，三民书局 1991 年版，第 62 页。

3. 与中国作家的平行研究

在把梭罗与中国作家进行平行研究中,选择梭罗和陶渊明的期刊论文数量最多。王永霞(《在自然的沉思中相遇——陶渊明与梭罗的自然观比较研究》,载《天水行政学院学报》,2008 年第 11 期))将梭罗与陶渊明这两位作家并置在一起,运用生态批评理论,对二人自然观的异同进行了系统的梳理与探索,深入开掘了其中包含的生态意蕴。同一类型的论文还有《回归自然的意义——陶渊明和梭罗的自然观比较研究》(浦立昕、苏明海,载《聊城大学学报(社科版)》,2005 年第 5 期)、《从对"朴"的诉求看梭罗与陶渊明的"隐逸"》(李洁,载《兰州学刊》,2007 年第 12 期)。此外,还有多篇论文对梭罗与其他中国作家进行了比较,如央泉和陈忠平的《沈从文和梭罗比较研究》(载《求索》,2007 年第 6 期),鲁枢元和马治军的《元问题:人与自然——关于陶渊明与卢梭、梭罗的比较陈述》(载《文艺研究》,2011 年第 2 期),孙霄的《乡村叙事中"自然"情怀的分野——刘亮程〈一个人的村庄〉与梭罗〈瓦尔登湖〉之比较》(载《文艺争鸣》,2012 年第 11 期)。

4. 梭罗在现代中国的传播影响和翻译

探究梭罗在现代中国的传播影响主要是一些宏观论述或综述性论文,比较典型的有曹亚军的《特立独行:在中国现代语境中接受梭罗》(载《深圳大学学报(人文社会科学版)》,2003 年第 5 期),樊星的《中美浪漫主义精神的异同比较——论爱默生、梭罗和惠特曼对当代中国文人的影响》(载《天津社会科学》,2007 年第 6 期),陈爱华的《梭罗在中国:1949 至 2005》(载《四川外语学院学报》,2007 年第 2 期),赵树勤和龙其林的《当代生态散文的兴起——兼论〈瓦尔登湖〉及其外来文学影响》(载《文学评论》,2010 年第 5 期),赵树勤和龙其林的《〈瓦尔登湖〉与韩少功生态散文》(载《理论学刊》,2010 年第 5 期),翻译方面的论文则有赵勇的《"深度翻译"与意义阐释:以梭罗〈瓦尔登湖〉的典故翻译为例》(载《外语与外语教学》,2010 年第 2 期),陈爱华的《时间的玫瑰:国内〈瓦尔登湖〉翻译出版情况研究》(载《中国出版》,2011 年第 8 期)等。

四、国内外研究现状分析:重心失衡

如果把梭罗(1817—1862)的一生视作时间轴上固定的一点进行考量的话,那么梭罗与中国的关系研究实际上可以分为梭罗与此点之前的中国以及梭罗与此点之后的中国两个方面。从上述文献回顾中可以看出,绝大多数现有的学术论著、学位论文和期刊论文或者运用实证研究的方法,致力于分析梭罗受到儒家思想的影响,或者运用平行研究的范式,探讨梭罗与道家思想、与禅宗思想、与陶渊明之间的相同或相异。也就是说,目前的研究多集中在梭罗与古代中国的关系方面,相对而言,梭罗与现代中国的关联则较少受到关注。

已经发表的博士学位论文《论梭罗和中国的关系》在弥补这一研究重心失衡方面做出了有益的尝试,但论文的欠缺在于,课题史回顾部分遗漏了不少剖析梭罗和中国古代思想关系的重要外文文献,正文对梭罗在港台地区的流传部分涉及甚少。由于选题过大和覆盖面过于广泛,《论梭罗和中国的关系》对梭罗在中国的译介传播之论述存在较大的开掘空间。赵英、樊星、蒲立昕、舒奇志、曹亚军、杨金才、程爱民、黄幼及台湾的彭健铭等人发表的期刊论文也从不同角度分析了梭罗在中国的流传,并对一定时段之内国内的梭罗研究进行了适当的梳理,但由于篇幅的限制,其论述的广度和深度都存在一定的不足。

为避免研究中劳动的重复,为进一步丰富对梭罗与中国文化关系的探讨,本书最终舍弃了对梭罗与古代中国这一点的剖析,而将东学西传之后梭罗在现代中国的传播作为论述的对象。《梭罗与中国:东学西传后的西学中渐》综合运用社会学、心理学、影响研究、接受美学、译介学研究、文化批评等多种方法,从中国这个接受主体出发,旨在剖析梭罗在中国一百多年以来的传播及其对中国文学文化产生的影响。全书由导论、正文的四章和结论几个部分组成。

导论首先从研究主体和研究客体两个方面指出了选题的依据,继而从国内外的学术论著、学位论文和期刊论文三个方面回顾了已有的研究成果,指出目前在梭罗与中国文化关系的研究中存在重心失衡的缺陷,即偏重于研究梭罗与中国古代文化的关联。在此基础上,导论提出了本书的研究思路和研究的主要内容。接下来的四章构成了一个点面结合的有机整体。第一章既是全景式的鸟瞰,又起到了统领全篇的作用。其余的三章都可视作是对第一章的进一步细化,是在面的基础上对点的进一步发掘,其中的三、四两章是本书阐述的重点。

第一章把垂直接受和水平接受结合在一起,探究了梭罗在中国一百多年以来的旅行路线。结合20世纪中国大地上发生的几起重大历史事件,本书将梭罗在中国的传播大致分为如下四个阶段:萌芽期:1913年—1949年新中国成立;沉潜期:1949年新中国成立—1976年"文革"结束;复苏期:1976年"文革"结束—20世纪80年代末;活跃期:20世纪90年代至今。在每个阶段之内,本书又从梭罗作品的译介、研究、中国作家眼中的梭罗等多个维度剖析了梭罗在中国的传播轨迹。从最初寥寥数笔的素描图像,到被污蔑为一棵大毒草,到阶级论烛照下的正反两面各半,再到集生态思想的先驱和非暴力主张倡导者于一身的多面手,在不同的阶段,由于接受语境的变化,中国人视域中的梭罗也呈现出不同的镜像。

第二章主要受到吴元迈提出的"我们的外国文学界应该创立一门独立的学

科:'外国文学学'" ①的启发,考察了中国学界对梭罗自然观、政治观、教育观、科学观和印第安人观等主题思想进行的研究,指出了研究中存在的不足并对未来的研究予以瞻望。国内学界对梭罗作品主题思想的研究并不均衡,其中对梭罗自然观的研究取得的实绩最大,对梭罗政治观的研究次之,对梭罗教育观、科学观和印第安人观的研究则相对受到了忽视。虽然对梭罗作品主题思想的研究取得了一定成就,但研究过于依赖《瓦尔登湖》和《论公民的不服从》等少数作品,且研究重复较多,缺乏系统性和全面性。研究视野、研究深度和广度的欠缺在很大程度上与国内对梭罗作品的译介和中国现实的特定需求有关。

第三章主要剖析了梭罗在中国接受语境中引发的两个热点问题及问题产生的原因。中国学术界热衷于探讨梭罗与中国古代文化间的关系,强调儒家思想对梭罗产生的影响。国内的研究者之所以这么做,一是对西方忽视梭罗与中国儒家思想关系的研究现状不满,二是研究者主体意识的逐渐觉醒和文化立场的日益明确使然,三是受到学术研究中东学西渐潮流的影响。国内对梭罗与中国古代文化关系的研究并不全面:对梭罗了解中国的媒介和途径认识不清;夸大了儒家思想对梭罗的影响;对梭罗描述中国的多样性有所遗漏。梭罗在中国接受语境中引发的另外一个热点就是以《读书》杂志为主要阵营而进行的梭罗真假隐士论争。但这场论争其实是个伪命题,因为梭罗根本就不是中国传统意义上的隐士。该章从中国隐逸文化的视阈出发,论证了引发梭罗究竟是真隐还是假隐论争的缘由是在于文学接受中的文学误读和文化过滤。

第四章主要是中国作家与梭罗的个案关系研究。考虑到与梭罗接触时间的长短以及在时间段分布上的承接性,该章选择了林语堂、徐迟还有苇岸三位中国作家与梭罗的关系作为个案。从文化批评的角度入手,该章分析了林语堂在《生活的艺术》和《美国的智慧》两书中对梭罗做出的评价及其背后的深层动因。从译介学研究的角度出发,该章探讨了徐迟对梭罗及其《瓦尔登湖》在四十多年中认知发生的变化,分析了徐迟翻译的 *Walden* 在国内外产生的影响及徐译本中存在的不足。从影响接受的视角切入,该章还分析了苇岸接受梭罗影响的直接媒介和间

① 吴元迈在总结和思考我国以往的外国文学研究时指出:"为了适应外国文学工作发展的客观需要,为了更好更系统地做好外国文学研究工作,我以为,我们外国文学界应该创立一门独立的学科:'外国文学学'。它以外国文学研究为对象,为己任,亦即外国文学研究的研究。"——参见:吴元迈:《面向二十一世纪的外国文学——在中国外国文学学会第五届年会上的发言(1994 年 9 月 20 日)》,载《外国文学评论》,1995 年第 1 期,第 6 页。李莉认为,"外国文学学"这一概念的提出和名词的运用"无疑反映了吴先生对外国文学研究的独到见地和战略性眼光"。——参见李莉:《二十一世纪外国文学研究之我见——评建立"外国文学学"》,载《江苏外语教学研究》,1999 年第 1 期,第 87 页。

接媒介,指出了苇岸从创作到生活全方位受到梭罗影响的表现,探讨了苇岸接受梭罗影响的原因及其对梭罗影响的突破。

结论部分在对全书进行了简明扼要的概括归纳之后,指出了后续值得开掘的空间。中国对梭罗一百多年来的接受,整体上呈现出一种逐渐深化的趋势。而梭罗在中国的传播,也就是梭罗逐步中国化的历程,是中国文化对梭罗进行选择过滤的过程。立足于已有的研究成果,本书在如下几个方面进一步丰富和完善了我国对梭罗的研究:一、详细地勾勒出了梭罗在中国一百多年的传播轨迹,尤其是对梭罗在港台地区的流传情况进行了初步的描绘。二、对国内的梭罗研究现状进行了一定梳理,分析了研究中存在的不足,并对如何推进未来的研究进行了瞻望。三、从中西文学文化交融的视角出发,以对梭罗的接受为个案,分析了中国作为接受主体在对外来文学的接受中,中国的文化语境具体起到的选择和过滤作用。四,从不同的理论角度切入,探讨了梭罗与林语堂、徐迟、苇岸等不同的中国作家之间的复杂关系。

第一章

梭罗在中国的传播轨迹:1913年—2017年

鸦片战争之后,尤其是自甲午战争和戊戌变法以来,伴随着西学东渐浪潮的到来和文学启蒙作用逐渐受到重视,美国文学开始在中国得到译介和传播。1864年,英国使臣托马斯·威妥玛(Thomas Francis Wade)用汉语翻译了美国诗人朗费罗(H. W. Longfellow)的《人生颂》(*A Psalm of Life*),并请总理各国事务衙门的官员董恂润色。董恂把威妥玛的译诗每节改为一首七言绝句,成了九首"长友诗"七绝,《人生颂》于是成为最早译成汉语的美国诗歌。1882年,有位无名氏在其《舟行纪略》中出人意外地评论了朗费罗的诗歌,还把它与我国唐代的诗歌进行了比较。这样,在19世纪下半叶,中国开始对美国文学发表评介,甚至还开始进行最初的比较研究。

美国文学在中国早期的译介中还有几件事情颇值一提:1872年4月22日,《申报》刊登了美国文学之父华盛顿·欧文(Washington Irving)的代表作《瑞普·凡·温克尔》(*Rip Van Winkle*),不过这部短篇小说当时题为《一睡七十年》。《一睡七十年》曾"以译作冒充创作发表",①但这个长仅千余字且不完整的片段却是最早译成中文的美国短篇小说。1901年,林纾与魏易合译了斯托夫人(H. B. Stowe)的《黑奴吁天录》(*Uncle Tom's Cabin*,今译《汤姆叔叔的小屋》)。两年之后,上海《启蒙画报》将林纾的文言译本改为白话文,并将其易名为《黑奴传》。1907年6月,《黑奴传》由中国第一个现代戏剧社团春柳社在东京公演三天。为了这次演出,留日学生曾孝谷将小说改编为五幕话剧《黑奴吁天录》,这是中国戏剧史上第一个完整的话剧剧目。

从对美国文学在中国早期译介与传播的回顾可以看出,美国文学传入中国只有一百五十多年的历史。至于在美国19世纪的超验主义思想家中地位仅次于爱默生的重要人物梭罗在中国的传播历史,国内学界一般将其追溯到1949年,即徐

---

① 陈平原:《二十世纪中国小说史》(第1卷),北京大学出版社1997年版,第36页。

迟译介的《华尔腾》(*Walden*,今译为《瓦尔登湖》)的出版问世。①那么,1949 年之前,梭罗在中国的传播是否真的处于空白状态?从梭罗初为国人所识迄今,梭罗在中国的传播轨迹是否如同前人勾勒的那么粗疏?经过大量的资料查证,本书发现情况并非如此。虽然不是最早传入中国的美国作家,但梭罗早在 20 世纪 10 年代就引起了中国文人的关注。1913 年至 1914 年,时任商务印书馆编辑的孙毓修陆续在《小说月报》上发表了一系列评价欧美小说的文章,1916 年这些文章结集为《欧美小说丛谈》交由上海商务印书馆出版。在 1913 年第 4 卷第 5 期的《小说月报》上,孙毓修评价了包括梭罗、斯托夫人(当时 Thoreau 译为沙罗,斯托夫人译为斯托活夫人)、霍桑(Nathaniel Hawthorne)、欧文在内的几位美国作家,②因此 1913 年应该算作梭罗在中国传播和接受的起点。梭罗的作品的确直到 1949 年才有中译本问世,徐译《华尔腾》在中国内地遭到了三十多年的冷遇,但改头换面传入香港和台湾地区后,却备受公众、翻译界和学界的重视。

美国文学在中国的传播接受往往受到中国这个接受群体特定的现实变革、历史文化语境的推动或制约,梭罗在中国的传播和接受亦不例外。结合在 20 世纪中国大地上发生的几起重大历史事件——中华人民共和国的成立,"文化大革命"的结束,20 世纪 90 年代市场经济体制的建立——本书将梭罗在中国的传播和接受大致分为如下四个阶段:(1)萌芽期:1913 年—1949 年新中国成立;(2)沉潜期:1949 年新中国成立—1976 年"文化大革命"结束;(3)复苏期:1976 年"文化大革命"结束—20 世纪 80 年代末;(4)活跃期:20 世纪 90 年代—2017 年。

需要指出的是,学术史或文学史上的任何分期都难免带有理论的暴力痕迹和一定的主观色彩,但为了叙述方便和考虑到每个阶段传播和接受的主要特征,本书还是将梭罗在中国的传播作了上述的阶段划分。德国接受美学理论家汉斯·罗伯特·姚斯(Hans Robert Jauss)认为,文学的历史就是接受的效应史,就是文学作品的消费史。一部作品或一个作家的接受过程就是不断被加深、巩固、发展、丰富、修正甚至推翻的过程。姚斯把文学的接受分为垂直接受与水平接受两类:垂直接受主要是从历史发展角度评价作家作品被读者接受的情况及其变化。造成这方面差异的缘由主要有两个:一是作品本身的诸因素具有潜在意义,这些意义

---

① 参见陈爱华:《梭罗在中国:1949 至 2005》,载《四川外语学院学报》,2007 年第 2 期;李洁:《论梭罗与中国的关系》,复旦大学,2008 年,第 20 页;Cheng Aimin and Huang You, "Thoreau's *Walden* in the Global Community", *The Concord Saunterer*, No. 12/13, 2004/2005, pp. 18–57;Yang Jincai, "Chinese Projections of Thoreau and His *Walden*'s Influence in China", *Neohelicon*, Vol. 36, 2009.

② 参阅孙毓修:《欧美小说丛谈》,商务印书馆 1916 年版。

并非一时一刻就能被人理解,人们要想理解它,需要相当长时间;二是读者期待视野的变化。姚斯认为,历史是一个不断被认识的过程,作家或文学作品的历史也是一个随着读者视野的变化被读者理解和认识的过程。而水平接受指的是同一时期不同的人对同一作品的接受状况。在研究水平接受时,接受美学既考虑这个时代占主导地位的接受时尚,也充分意识到这个时代接受的复杂性和多面性,反对单一的、简单的、机械的分析和研究。①本章旨在探讨梭罗在中国经历的纵向的历史接受与横向的时代接受,力图勾勒出梭罗在中国一百余年来的传播轨迹,总结每个接受阶段所呈现的不同特征,剖析推动或制约梭罗在中国传播和接受的诸种因素。

第一节　萌芽期:1913 年—1949 年新中国成立

从 1913 年至 1949 年新中国成立这短短的三十余年中,在有关梭罗的译介方面,孙毓修在《小说月报》(1913 年第 4 卷第 5 期)上对梭罗的评点文字及事后结集出版的《欧美小说丛谈》(商务印书馆,1916)、郑振铎的《美国文学》(载《小说月报》,1926 年第 12 期)、②曾虚白的《美国文学 ABC》(世界书局,1929)、③张越瑞的《美利坚文学》(商务印书馆,1933)、美国 T · 德莱塞所著传记《梭罗》(白石译,改进出版社,1941)的汉译本还有梭罗代表作 *Walden* 译本的初版陆续问世,两位著名作家郁达夫和林语堂也在相关著作中分别提到了梭罗。客观来讲,这多是一些简单的介绍性文字,徐迟《瓦尔登湖》(当时译为《华尔腾》)的初译本由于时间匆忙等原因也不尽完善,但这毕竟是梭罗和美国文学在中国早期传播接受的滥觞,其历史意义不容低估。

一、早期国内出版的文学史撰中的梭罗

1916 年出版的《欧美小说丛谈》曾被誉为“中国人写的第一部世界文学史”,④但严格说来,它应是我国第一部以外国文学评论为主体的欧美文学评论集。在《欧美小说丛谈》中,孙毓修评述了上自古希腊罗马时代下至 19 世纪末期

① 张首映:《西方二十世纪文论史》,北京大学出版社 2003 年版,第 278 - 279 页。

② 后收入郑振铎编:《文学大纲》(下册),上海书店 1986 年版,第 43 章。

③ 后收入方璧:《西洋文学讲座》,世界书局 1935 年版。1990 年,上海书店在“《民国丛书》选印”中,根据世界书局 1935 年的版本对该书进行了影印。

④ 昌分:《中国人写的第一部世界文学史》,载《社会科学报》,1990 年 3 月 22 日。

的欧美文学,其中梭罗与斯托夫人、霍桑、欧文还有马克·吐温成了该书评点的五位美国作家。《丛谈》的每篇文章基本包括作家生平和创作活动,重要作品简介以及对该作家和作品的评论,对梭罗的评介亦遵循此种模式。《欧美小说丛谈》采用的是我国古代传统的印象式点评,比如它称梭罗“淡泊宁静,怡志林泉”,说梭罗是“纯粹之美国小说家”。①综观《欧美小说丛谈》的篇目,作者采用的是广义的小说概念,因为他评断的并非全是现代意义上的小说,寓言、童话、戏剧、散文等文类都包含其中,因此如今以散文和政论文名世的梭罗摇身一变成了孙毓修眼中的小说家。《欧美小说丛谈》的前言如是说道:“欧美小说,浩如烟海。即就古今名作,昭然在人耳目者,卒业一过,已非易易。用述此编,钩玄提要,加以评断,要之皆有本原,非凭臆说。”②从这里可以看出,入选《欧美小说丛谈》者均为作者眼中的著名作家,而且作者是以世界文学的眼光来审视入选的各位作家,因此在最早传入中国的时候,梭罗被赋予的世界名家的文学地位不可谓不高。《欧美小说丛谈》是我国“第一部具有开创意义的外国文学研究著作”,“代表了当时中国外国文学研究的最高水平”,③它对包括梭罗在内的美国经典作家及其作品思想意义和艺术特征进行了比较系统的论述,这在一定程度上满足了当时我国读者对外来文学资源的猎奇心理。

1926 年,郑振铎在《小说月报》第 17 卷第 12 期上发表长文《美国文学》,这是中国较早试图全面介绍美国文学全貌的作品,它扩大了美国文学在中国现代文坛的影响,后被收入郑振铎的名著《文学大纲》。在该文中,郑振铎没有遗漏梭罗,他首先谈到了梭罗声誉的变化及其名作《瓦尔登湖》的基本内容:

爱摩生的朋友与同住者莎留(Henry David Thoreau,1817—62)在当时没有人注意,而近来则一天天的益为人所知。他的大作《瓦尔登》(*Walden*)为他在森林中二年的生活,一种孤寂而自赖的经验。他证明他能独立生活,他与自然已足相活了。“每一天早晨,是一个欢乐的邀请,把我的生活成为平均的真朴者,我可以看见天真与自然她自己。”他所崇拜的乃是朴素与天真。他的观察自然的态度,乃是直接原始的,并没有如职业的自然学者那样的呈现其专门的知识。④

郑振铎继而提到了梭罗的文字风格和政治思想:他的文字“也是很精美而流利的。他的思想是很激进的,革命的。他以为当政府是有组织的压迫者时,这是

① 孙毓修:《欧美小说丛谈》,商务印书馆 1916 年版,第 53、52 页。

② 孙毓修:《欧美小说丛谈》,商务印书馆 1916 年版,前言。

③ 杨克敏:《图景·误读·范式——从孙毓修的〈欧美小说丛谈〉说起》,载《中国比较文学》,2014 年第 3 期,第 141、144 页。

④ 郑振铎编:《文学大纲》(下册),上海书店 1986 年版,第 2018 页。

忠实的人的义务去反对他。又一次,他自己实行抗付租税,被捕下狱,赖有朋友代他偿付,才只囚禁了一天就出狱。他死后,爱摩生以为世界还未知道他果是如何的伟大"。①郑振铎评价梭罗的文字虽然不多,但却涉及有关梭罗的方方面面。郑振铎一生倡导为人生的文学,坚持革命的现实主义文学理论,强调文学在社会改革中的功能,提倡文学为人民服务。在这样的阅读视域中,郑振铎看到了梭罗思想中激进革命的一面,而对梭罗的非暴力主张却避而不谈。应该来说,这样的阅读评价有着强烈的为我所用的主观成分,且与当时大的时代氛围极为合拍。

1929 年,时任《真善美》杂志主编的曾虚白出版了《美国文学 ABC》,该书虽属美国文学入门之作,但它却在中国的美国文学研究史上具有重要的学术意义,因为这是"第一部由中国学者独立编著的美国文学研究著作"。② 曾虚白在书中谨慎地选定了十五个作家,算代表这个短时期中美国文学各派的领袖,这显示出中国美国文学研究中的整体观和历史观已经开始形成。《美国文学 ABC》与其说是一部文学史,倒不如说是作者心目中美国代表性作家论的综合,曾虚白在书中分别论述了华盛顿·欧文、古柏(即詹姆斯·费尼莫尔·库珀,James Fenimore Cooper)、爱摩生(即拉尔夫·爱默生,Ralph Waldo Emerson)、纳撒尼尔·霍桑(Nathaniel Hawthorne)、郎法罗(即亨利·华兹华斯·朗费罗,Henry Wadsworth Longfellow)、欧伦濮(即爱伦·坡,Edgar Allan Poe)、霍尔姆斯(即奥利弗·霍尔姆斯,Oliver Wendell Holmes)、杜楽(即梭罗)、罗威尔(即艾米·洛威尔,Amy Lowell)、怀德孟(即惠特曼,Walt Whitman)、麦克吐温(即马克·吐温,Mark Twain)、何威尔斯(即威廉·迪恩·豪威尔斯,William Dean Howells)、亨利詹姆士(即亨利·詹姆斯,Henry James)等十五位美国作家。

曾虚白对作为整体的美国文学颇不以为然,他在第一章"总论"中指出:美国文学在真正世界文学史上是没有独立的资格的。它只是英国文学的一个支派。"直到十九世纪的初叶,美国的国基既定,并且各方面都有长足的进展,于是文学界也产生了灿烂的明星。"③尽管取得了一定的进步,然而就现代为止的美国文学史而论,"我们该承认,他们还没有发现过怎样伟大的作家,可以在世界文坛上,与文学先进各国的大师争永生的光芒";"至今还没有看见真正美国文学出现的曙光"。④从这些论断可以看出,曾虚白对当时的美国文学还是十分了解,他对美国

---

① 郑振铎编:《文学大纲》(下册),上海书店 1986 年版,第 2019 页。

② 江宁康、金衡山、查明建等:《中国外国文学研究的学术历程》(第 4 卷美国文学研究的学术历程),重庆出版社 2016 年版,第 68 页。

③ 曾虚白:《美国文学 ABC》,世界书局 1929 年版,第 3 页。

④ 曾虚白:《美国文学 ABC》,世界书局 1929 年版,第 4、6 页。

文学的总体评价甚低实际上与当时国际上对美国文学的看法基本相符。即使是在这样的形势下,曾虚白还是认为,“几个特出(殊)的作家,像卫德孟、杜楽、麦克吐温、怀氏安、罗威尔和爱摩生的一部分作品,确实拨开了人生的真相”。① 除此之外,其他美国的一切作家,精神是美丽而精细的,可是很少表现出他们会感知人生的现实,也很少感受了人生巨大的意义,抖动着他们的心弦。总之,在曾虚白眼中,当时的美国虽没有出类拔萃的大师,却有最多数努力的作家。从“总论”中可以看出,在作品与现实生活挂钩方面,梭罗是曾虚白比较推崇的为数不多的美国作家之一。但即便如此,认为不该轻视美国文学的曾虚白还是认为:梭罗或许可以称得上是美国文学界中灿烂的明星和努力的作家,但绝对不是一位伟大的作家,也不是一位可以在世界文坛上争永生的光芒的出类拔萃的大师。换句话说,在曾虚白看来,梭罗只能算是一位美国级别的选手,尚不足以在世界经典文学的范围内对其进行考量。

在第十章“亨利大卫杜楽(Henry David Thoreau, 1817—1862)”中,曾虚白分别从生活、性格、作品和批评四个方面对梭罗进行了通俗系统的介绍。曾虚白的行文与后来多数文学史对梭罗论述的思路类似,但相较于郑振铎的评论,曾著的特点首先在于对梭罗与托尔斯泰的异同进行了简单的比较,指出了梭罗在美国文学史上的独特性:

在美国作家中决计找不出跟他相仿的作家,只有俄国的托尔斯泰才是杜楽的同调。主张人权,反抗政府非人道的法律,这两位作家仿佛同样坚强的抵抗。然而说到他们的态度,这两位作家却又绝对的不相同了。托尔斯泰是个压迫下的呐喊者,杜楽却是个压迫下的微笑者。他是个绝对乐观的哲学家。“我来到这个世界上”杜楽曾说过,“不光是要把它造成了个好地方才住上去,无论如何是要住的,不管它是好是坏。”②

曾著的第二个特点在于点明了梭罗的多重身份:梭罗是个美国人不容易了解的无政府主义者,“我们也不能说他是一个绝端的无政府主义者”,“他还是独善其身的个人主义者”,“他是个崇拜自然的幻想家,是个充满着诗情的超绝派,虽然他缺少抒情诗表现的天才”,③同时还对梭罗的诗歌创作发表了否定性的评价。与此相呼应的是,在列举梭罗的作品时,曾虚白提到了梭罗的自然散文《在康考及梅丽玛克河上的一星期》(*A Week on the Concord and Merrimac Rivers*, 1849,即《康科

① 曾虚白:《美国文学 ABC》,世界书局 1929 年版,第 8 页。
② 曾虚白:《美国文学 ABC》,世界书局 1929 年版,第 68 – 69 页。
③ 曾虚白:《美国文学 ABC》,世界书局 1929 年版,第 70 – 72 页。

德和梅里马克河上的一周》);《华尔屯》(*Walden*, 1054,即《瓦尔登湖》);《出游》(*Excursions*,1863,即《远足》);《曼纳森林》(*The Maine Woods*,1864,即《缅因森林》);《鲨鱼角》(*Cape Cod*, 1865,即《科德角》);《麦萨区萨次的早春》(*Early Spring in Massachusetts*, 1881,即《马萨诸塞的早春》);《夏》(*Summer*, 1884);《冬》(*Winter*, 1887);《秋》(*Autumn*, 1892)。曾虚白还提到了游记《一个在加拿大的美国人》(*A Yankee in Canada*, 1866),《书翰》(*Letters*, 1865),《日记》(*Journal*, 1906)和《杂集》(*Miscellanies*,1893),但却只字不提梭罗的诗歌创作。①曾著的第三个特点是指出梭罗思想的部分域外来源:"他的一生永远都是埋在希腊和拉丁的书堆里,波斯和印度的哲学,他也热烈地搜寻它们德法文的译本。"②然而作为中国人,力图撰写一部美国文学史,能把学术通俗起来,普遍起来,使人人都有获得各种学术的机会,使人人都能找到各种学术的门径,把各种学术从智识阶级的掌握中解放出来,散遍给全体民众,使该书成为"通俗的大学教育"、"新智识的泉源"、"讲堂里实用的教本"和"学生必办的参考书","使中学生得到一部有系统的优良的教科书或参考书",③曾虚白却没只字不提梭罗与中国古代文化思想的关系,不能不说是个缺憾。

四年之后,商务印书馆的编辑张越瑞在《美利坚文学》的第四章"十九世纪的文学"中用不大的篇幅介绍了梭罗。张著的特点首先在于简要比较了《康科德和梅里马克河上的一周》与《瓦尔登湖》,指出前者"不是风行的作品。后者是他的杰作。文笔更曲折,生动,幽默"。④ 其次,在梭罗的哲学思想方面,曾虚白说道,"他是个绝对乐观的哲学家。'我来到这个世界上'杜樂曾说过,'不光是要把它造成了个好地方才住上去,无论如何是要住的,不管它是好是坏'";曾又说,"我们看了它(指梭罗的作品),决不可当它是哲学,因为这实在是他默想中幻象的结晶,决不能算了解人生的觉悟"。⑤令人费解的是,曾虚白一方面承认梭罗是个乐观的哲学家,一方面又从整体上否认梭罗的著作为哲学。但张越瑞的看法却与之不同,他对梭罗的哲学思想作了一分为二的剖析,指出梭罗对美国本土的文化思想既有继承又有突破:

---

① 曾虚白在列举梭罗的作品时犯了两个常识性的错误:把"*Merrimack*"误拼为"*Merrimac*",把 *Walden* 的出版时间 1854 年误写成 1054 年。参见曾虚白:《美国文学 ABC》,世界书局 1929 年版,第 70 页。

② 曾虚白:《美国文学 ABC》,世界书局 1929 年版,第 69 页。

③ 徐蔚南:《ABC 丛书发刊旨趣》,见曾虚白:《美国文学 ABC》,世界书局 1929 年版。

④ 张越瑞:《美利坚文学》,商务印书馆 1933 年版,第 78 页。

⑤ 曾虚白:《美国文学 ABC》,世界书局 1929 年版,第 69、72 页。

他是自然主义者,同时是哲学家。他的思想表示爱摩生超绝论的影响,理论虽太虚玄,不切实用,然而,他那发掘冥冥的渊源的精神是足以令人佩服的。他的道德主张本导源于新英格兰诸家,解释真理的方法却与他们异样,唯一的愿望在求得自然间享乐的,道德的蕴藏以供给人类精神生活的需要。①

再次,在论述梭罗的文风时,郑振铎只有一句话"他的文字也是很精美而流利的",②曾虚白则压根儿不提,张越瑞却相对较为详细、客观地评价了梭罗的文风:

他那真挚的,直率的个性反映在他的作风里。他说:"作文的主要条件——如果我是修辞学教授,我的主张便是如此——是说真话。"无论在写述精神或物质的经验,他完全依据这个宗旨。风格极艳丽,辞句的组织亦精密周到。洛维尔曾批评他道:"There are sentences of his as perfect as anything in the language, and thoughts as clearly as crystallized; his metaphors and images are always fresh from the soil."③

与孙毓修、郑振铎和曾虚白等前人的著述相比,张越瑞似乎更加偏重对梭罗进行内部研究,即使从今天的视角来看,他对梭罗的文风及其作品美学特质发表的这些评价也堪称准确,但至于声称梭罗行文风格极艳丽,本书实在不敢苟同。

二、郁达夫和林语堂笔下的梭罗

在 20 世纪 30 年代,两位著名作家郁达夫和林语堂也分别在著作中对梭罗发表了自己的看法。其实早在 1921 年 5 月 9 日改作小说《沉沦》的时候,④郁达夫就提到了梭罗的游记,不过当时郁达夫将其译作沙罗(即梭罗)的《逍遥游》(*Excursions*),而且轻轻一笔就跳跃过去。到了 1934 年,思想处于低潮期的郁达夫写就了短文《静的文艺作品》(原载《黄钟》,1934 年 1 月 15 日第 41 期),其中有多处文字论及梭罗。郁文的特点为:

首先是将梭罗的创作归入遁世文学的行列,对梭罗进行了有意抑或无意的误读,郁达夫对梭罗的喜爱实际上源自他对遁世文学这一文学类型的欣赏:自己大约因为从小的教养和成人以后的习惯的关系,所嗜读的"多是些静如止水似的遁世文学。现在侘傺无聊,明知道时势已经改变,非活动不足以图存,这一种嗜好应该克服扬弃了,但一到书室,拿起来读的,总仍旧是二十年前曾经麻醉过我的,那

---

① 张越瑞:《美利坚文学》,商务印书馆 1933 年版,第 79 页。
② 郑振铎编:《文学大纲》(下册),上海书店 1986 年版,第 2019 页。
③ 张越瑞:《美利坚文学》,商务印书馆 1933 年版,第 79 页。
④ 虽然《沉沦》出自《郁达夫全集》第 2 卷的《鸡肋集》(创造社 1927 年版),但在小说末尾,郁达夫留有"一九二一年五月九日改作"的标记。

些毫无实用的书”。① 郁达夫对遁世文学的喜爱是当时的时代形势与个人悲观感伤思想形成合力的结果,他把梭罗的作品看成是遁世文学的典范:

嗣后就在我的心里,种下了一个偏嗜这一种清净的遁世文学的毒根,而和我周旋得最久,到现在也还是须臾不离的,是美国的那位肺病哲学家 Henry David Thoreau 的六七册著作。他的森林生活的记录 *Walden: My Life in the Woods* 原已经是世界有名的了,但其他的散著,若《孔告儿特河上的旅游》,若《坎拿大的一美国人》,若《麻省的早春,夏,冬》,若《田野间的漫步》,若 *Cape Cod* 诸作品,总没有一册不是经我读过在三四回以上的。②

郁达夫还在文中说道:“像这一种遁世文学,我真不知收集了多少册,读过了多少次,现在渐入老境,愈觉孤独,和这些少日的好友,更是分不开了。”③郁达夫在此明明白白地告诉我们,他之所以喜欢梭罗,更多是因为自己骨子里与梭罗及其代表的“遁世文学”同声相应,同气相求,他在梭罗的作品中找到了精神的寄托。虽说时势的变更使得梭罗的著作在当时的中国显得不合时宜,但这却无法改变郁达夫对梭罗作品的嗜好。其次是从接受者的角度,从比较文学的视野分析了中国人容易接受梭罗的原因在于两种文化精神倾向的类似:

西洋的物质文明,比我们中国进步得快,所以自从十八世纪以后,像卢骚,像卡拉尔,像费趣脱,尼采诸先觉,为欲救精神的失坠,物欲的蔽人,无不在振臂狂呼,痛说西洋各国的皮相文明的可鄙。因之头脑清晰一点,活动力欠缺一点的各作家,也厌弃了现实生活,都偏向到了清静无为的心灵王国里去。而我们中国人哩,本来是就有这一种倾向潜伏在大家的心里的,一和这些在西洋以为新奇,而在中国实在还不见得彻底的文学一接触,自然是很容易受它们的麻醉的了。④

应该说,郁达夫对诸如梭罗著作这样的轻物质、重精神的看法还是比较犀利的,后来国内外有不少论文试图剖析梭罗与同样崇尚精神的道家思想的相似性应该也是基于此点。再次是以现身说法的形式,辩证地指出了以梭罗作品为代表的“遁世文学”的价值功用及其适合的读者类型:这些静的遁世的文艺“从文艺本身上说,远不是无价值的东西,但我们东方人的读者,总要到了主见已定,或事功成

---

① 郁达夫:《静的文艺作品》,见陈子善、王自立编:《卖文买书——郁达夫和书》,生活·读书·新知三联书店 1996 年版,第 304 页。

② 郁达夫:《静的文艺作品》,见陈子善、王自立编:《卖文买书——郁达夫和书》,生活·读书·新知三联书店 1996 年版,第 304 - 305 页。

③ 郁达夫:《静的文艺作品》,见陈子善、王自立编:《卖文买书——郁达夫和书》,生活·读书·新知三联书店 1996 年版,第 305 页。

④ 郁达夫:《静的文艺作品》,见陈子善、王自立编:《卖文买书——郁达夫和书》,生活·读书·新知三联书店 1996 年版,第 305 - 306 页。

就之后,才可以去和它们接触;对于血气方刚、学业未立的青年,去贪读这些孤高傲世的文学作品,是有很大的危险性的”。①郁达夫之所以有此评论,实在是出于好意,不希望满怀激情热血的青年读者因读此类文学而心灰意冷。当然,梭罗的作品和其他的“遁世文学”具有一定疗效,但它们适合的却是追名逐利之人而非心性未定的热血青年:

还有一种太热心于利禄,把自己的本性都忘了的中国现代的许多盲目男女,我倒很想劝他们去读读这些西洋人的鄙视物质的名言,以资调剂。因为中国目前之大患,原在物质的落后,但尤其是使我们的国命斲丧的,却是那一班舍本逐末,只知快乐而专谋利己的盲目的行尸。并且这些静的文艺的好处,是在它的文辞的美丽。上面我所举出的各位作家,——虽然也还不过是千分之一的一小部分,——他们差不多个个都是很会使用文字的 stylist,所以对于争生存争面包忙得不得了的现代人,于人生战场上休息下来,想换一换空气,松一松肩膀的时候,拿一册来读读,也可以抵得过六月天的一盒冰淇淋,十二月的一杯热老酒的功用。②

在 1937 年出版的英文畅销书《生活的艺术》(*The Importance of Living*)中,林语堂曾有多处提及梭罗:“梭罗对于人生的整个观念,在一切的美国作家中,可说最富于中国人的色彩:因为我是中国人,所以在精神上觉得很接近他。就在几个月前才发现他,至今还觉得高兴。如果我把梭罗的文章译成中文,说是一个中国诗人写的,一定不会有人有疑心的”;③“他这种整个的大自然性也是我们所应该保持的”;“以陶渊明为例,我们看见积极人生观已经丧失了愚蠢的自满心,玩世哲学已经丧失了尖锐的叛逆性,在梭罗身上还可找出这种特质”;“享受悠闲生活当然比享受奢侈生活便宜得多。要享受悠闲的生活只要有一种艺术家的性情,在一种全然悠闲的情绪中,去消遣一个闲暇无事的下午。正如梭罗在《瓦尔登湖》(*Walden*)里所说的,要享受悠闲的生活,所费是不多的”。④

林语堂在这本旨在向国外读者介绍中国文化的名著中,论及梭罗的地方有两点需要特别指出:第一,林语堂注意到了梭罗与中国人在人生理念和精神气质上的相似性;第二,林语堂将梭罗与“中国文化上最和谐的产物”陶渊明进行了简单的比较。但同时需要指出的是,《生活的艺术》一书当时用英文写成,读者群体主

① 郁达夫:《静的文艺作品》,见陈子善、王自立编:《卖文买书——郁达夫和书》,生活·读书·新知三联书店 1996 年版,第 305 页。

② 郁达夫:《静的文艺作品》,见陈子善、王自立编:《卖文买书——郁达夫和书》,生活·读书·新知三联书店 1996 年版,第 305 - 306 页。

③ 林语堂:《生活的艺术》,赵裔汉译,陕西师范大学出版社 2008 年版,第 139 页。

④ 林语堂:《生活的艺术》,赵裔汉译,陕西师范大学出版社 2008 年版,第 27、127、164 页。

要是以英语为母语的人士。林语堂为何在这本旨在向西方介绍中国人生活艺术的著作中多次提及梭罗实在是一件耐人寻味的事情,本书第四章将对此进行详细的探讨。

在战乱频仍的20世纪30年代,提倡以自我为中心、以闲适为格调的林语堂在向国外读者介绍中国文化时对梭罗基本上持一种褒扬的态度。而作为左翼作家联盟成员之一的郁达夫却本着文艺为政治服务的时代精神,在看取梭罗作品时表现出了一种复杂的心态:一方面,郁达夫在梭罗作品中寻觅到了精神气质的惺惺相惜,另一方面又对自己曾贪渎这些孤高傲世的"遁世文学"而追悔莫及,力劝满腔热血的革命青年不要步其后尘。几乎在同一时期之内,梭罗并没有发生变化,但郁达夫和林语堂眼中的梭罗镜像却不尽相同,这只能说明接受者自身的文艺观念、接受屏幕、期待视野和社会政治文化语境起到了一定的选择过滤作用。

三、梭罗作品的初译

20世纪30年代译介和评论美国文学最有影响的举措可以算得上是1934年《现代》第5卷第6期上的"现代美国文学专号",这是中国现代文学期刊第一次隆重地译介和研究美国文学,它体现了《现代》杂志对美国现代文学谱系梳理和系统介绍的用心,但梭罗显然不属于现代美国作家的行列。1941年,福建永安的改进出版社发行了T·德莱塞著的传记《梭罗》(白石翻译)。时光转瞬到了20世纪40年代后期,这是美国文学在中国译介传播的一个重要时段。1949年,一批标志中美文化交流的丛书——"美国文学丛书"(1949年出版时改名为"晨光世界文学丛书")一次出齐。这套丛书共十八种,二十卷(其中有2种分为上下卷),所收图书都"编列书号,安排先后,具见匠心"。[①] 从丛书的先后顺序看,第一种是现代美国文学史论,接下来是小说部分:3部长篇,1部中篇,5部短篇小说集,随后是散文集1部,诗集3部,剧本4部,文学各个部门都有了代表作。该丛书收入的唯一一部散文著作就是梭罗的《瓦尔登湖》(当时译为《华尔腾》)。该丛书的详细目录可参见下表:

① 赵家璧:《出版〈美国文学丛书〉的前前后后——一套标志中美文化交流的丛书》,见赵家璧:《编辑忆旧》,生活·读书·新知三联书店2008年版,第305页。

“晨光世界文学丛书”所收图书之目录

译著书名	文类	原作者	译者	原书名
《现代美国文艺思潮》(上下册)	文学评论	卡静 (A. Kazin)	冯亦代	*On Native Ground*
《海上历险记》	长篇小说	爱伦坡(E. Allan Poe)	焦菊隐	*The Narrative of A. Gordon Pym*
《密西失西比河上》	长篇小说	马克·吐温(Mark Twain)	毕树堂	*Life on the Mississippi*
《珍妮小传》	长篇小说	德莱塞(T. Dreiser)	朱葆光	*Jennie Gerhardt*
《康波勒托》	长篇小说	海敏威(E. Hemingway)	马彦祥	*Caporetto*
《漂亮女人》	短篇小说	陶·派克等(D. Parker)	罗稷南(陈小航)	*Anthology of American Short Stories*
《爱伦坡故事集》	短篇小说	爱伦坡(E. Allan Poe)	焦菊隐	*Selected Tales of Poe*
《温士堡·俄亥俄》	短篇小说	安德森(Sherwood Anderson)	吴岩	*Winesburg, Ohio*
《在我们的时代里》	短篇小说	海敏威(E. Hemingway)	马彦祥	*In Our Time*
《没有女人的男人》	短篇小说	海敏威(E. Hemingway)	马彦祥	*Men Without Women*
《华尔腾》	散文	梭罗(H. D. Thoreau)	徐迟	*Walden*
《现代美国诗歌》	诗歌	28 位作者	袁水拍	*Anthology of American Poetry*
《草叶集》	诗歌	惠特曼(W. Whitman)	高寒(楚图南)	*The Leaves of Grass*
《朗费罗诗选》	诗歌	朗费罗(H. W. Longfellow)	简企之	*Selected Poems*
《悲悼》	戏剧	奥尼尔(E. O' Neill)	荒芜	*Mourning Becomes Electra*

续表

译著书名	文类	原作者	译者	原书名
《传记》	戏剧	勃尔曼谷（S. N. Berhmann）	石华夫	*Biography*
《林肯在伊利诺州》	戏剧	夏尔乌（R. Sherwood）	袁俊（张骏祥）	*Abraham Lincoln* in Illinois
《人生一世》	戏剧	萨洛扬（W. Saroyan）	洪深	*The Time of Your Life*
注：以上18种美国译作1949年3月一次出齐				
《一个英雄的童年时代》	小说	（苏）潘文塞夫	荒芜	不详，1949年10月出版。
《地震》	小说	（苏）法捷耶夫	君嶷	不详，1949年11月出版。

包括《华尔腾》（即《瓦尔登湖》）在内的“晨光世界文学丛书”的大多数译者都是现当代中国著名的学者或作家，它的出版可以说是外国文学翻译史上的一大盛举，它标志着中国的美国文学研究进入了一个新阶段。值得一提的是，“晨光世界文学丛书”是中美双方精诚合作的结晶。1945年秋，美国头号中国通费正清首先提议，中美双方合作编译一套系统介绍美国文学作品的丛书，由中方负责“开列一份适合中国读者的译书目录。他（指费正清）给了一本卡静的《在乡土的基础上》（Kazin, *On Native Ground*），供我们作选题的参考”。① 其间，乔冠华委托徐迟多次与费正清谈论丛书的选题目录，而徐迟本人则决定翻译梭罗的《瓦尔登湖》。

关于对徐迟翻译的《瓦尔登湖》如何进行评价及徐迟与梭罗的关系问题，第四章将会进行专门论述。这里需要指出的是：首先，梭罗的《瓦尔登湖》当时被认为，起码是被中方选题负责人还有汉学家费正清认为是美国散文作品中的代表作。其次，中国读者要想系统地认识美国文学，《瓦尔登湖》是不可或缺的一部分。再次，借“晨光世界文学丛书”的东风之利，《瓦尔登湖》的翻译、印刷和出版可谓用心良苦，声势壮大，但却生不逢时。当时正值新中国成立，全国上下一片欢腾，百废待兴，而中美关系却处于最低潮，因此这本好书在当时的中国大陆所产生的影响并不大，“大多数人无暇顾及这本非常安静的书”。②甚至在1949年全国第一届

① 徐迟：《我的文学生涯》，百花文艺出版社2006年版，第408页。

② 陈爱华：《梭罗在中国：1949至2005》，载《四川外语学院学报》，2007年第2期，第43页。

文代会上,因为时间条件的不同,徐迟觉得包括《瓦尔登湖》在内的晨光世界文学丛书"在那时是见不得人的东西,只好藏拙,不能拿出来了"。①

四、小结

正如梭罗起初在美国的命运多舛一样,在 1913 年至 1949 年新中国成立这段时期内,孙毓修、曾虚白、徐迟等人开始对梭罗进行介绍和翻译,郁达夫和林语堂两位大作家也分别撰文或多或少提到梭罗,应该来说,在美国内战之前的经典作家乃至 19 世纪的美国作家中,梭罗进入中国的时间不算太晚,并且一开始就站在了一个比较高的起点上。但由于近现代中国内忧外患的时代局势,文学被迫担负起文学之外的新民启蒙的历史使命,所以不少美国文学作品的译介常常是在当时的民族觉醒和社会革命的氛围中迅速出版并产生影响的,其中又以小说的译介和研究为主要内容。梭罗反对暴力革命,提倡心灵宁静,这样的理念注定了他不会像杰克·伦敦(Jack London)、厄普顿·辛克莱(Upton Sinclair)、惠特曼等人那样受到足够的关注。从今天的视角来看,无论是早期的文学史撰中对梭罗的评语,郁达夫和林语堂对梭罗的欣赏,还是徐迟翻译的 *Walden*,都很难说是严谨的学术研究,且都以译介为主。有些评论虽不乏学者本人的见解,但却缺乏系统深入的剖析。此时的梭罗,给人留下的印象仿佛是寥寥数笔勾勒出来的一幅素描,大致的轮廓是有了,但梭罗本人的真实模样,却宛如镜中之花、水中之月,终究是不甚清晰的。尽管或多或少存在一些不足,但这些学者、作家和译者的功绩却在于:他们的劳动为此后梭罗在中国的翻译研究做了最初的准备工作。1949 年 10 月新中国成立,中国内地的政治文化语境发生了巨大的变化,梭罗在中国的传播和接受也相应地进入了一个新的阶段。

第二节 沉潜期:1949 年新中国成立—1976 年"文革"结束

从 1949 年至 1966 年,也就是从新中国成立到"文化大革命"之前,我国的外国文学翻译出版和评论工作遵循党的文艺方针,发扬五四以来新文学运动的光荣传统,跨入了一个蓬勃发展的新阶段,取得了巨大的成就。十年"文革"期间,一切正常工作都遭到了破坏,外国文学翻译评论亦不例外,因此本节涵盖的主要是"文革"前的十七年。与同时期外国文学翻译在整体上取得的一定成就相比,十七年

① 徐迟:《我的文学生涯》,百花文艺出版社 2006 年版,第 534 页。

间梭罗在中国大陆没有得到译介或研究，倒是在政治语境不同的香港和台湾地区出现了一些关于梭罗的翻译评论。我们不妨可以说，梭罗在此期间几乎遭到了零接受，也就是处于一种“沉潜”状态。

一、内地美国文学译评背景下的梭罗传播和接受

十七年间，我国的外国文学翻译工作本着“为革命服务，为创作服务”的原则，在重点介绍苏联和各社会主义国家的优秀文学的同时，还对英国、美国、法国等西方资本主义国家的文学给予了应有的重视。在党组织和有关部门的领导下，我国英语界形成了一支有较高水平的文学翻译队伍，有组织有计划地进行文学翻译工作，其间总共出版了“215 种美国文学译作”。①在这 215 种译作中，小说是重头戏，占了 136 种(118 种美国小说的 136 种译本)，其作者包括欧文、库柏、霍桑、希尔德列斯、爱伦·坡、麦尔维尔、马克·吐温、哈特、加兰、华顿、德莱塞、杰克·伦敦、刘易斯、高尔德、海明威、斯坦培克、萨拉扬、赖特等。其中，马克·吐温和杰克·伦敦的小说译本出得最多，而德莱塞的小说译作，则出了多卷本的德莱塞选集。相形之下，美国诗歌、戏剧和散文的翻译出版比较薄弱。此外，从所译美国文学作品的年代来看，现当代作品占了多数。

十七年间，由于特殊的政治形势，在外国文学的翻译出版工作方面，我国遵循的指导思想是：既注意作品的思想性，又注重作品的艺术性；既要求为革命服务，也要求为创作服务。根据这一指导原则，我国在翻译美国文学作品时，既重视介绍其优秀的古典文学遗产，又注意介绍其革命的进步文学，因为从那些古典文学作品中，读者可以看到美国人民对美好事物的向往、对光明和自由的憧憬、对理想的追求和对生活的热爱，从而使自己受到熏陶和启迪，而从那些当代的进步文学作品中，读者可以了解美国的统治阶级对人民大众的压迫和剥削，了解美国人民为争取光明和自由所进行的英勇斗争，激起当时人们对帝国主义的仇恨和对美国被压迫人民的同情，从而使人们更加热爱我们的祖国，更加热情地投入社会主义建设事业，投入和平运动和反帝斗争之中。

从当今的视角来看，梭罗大多数作品的艺术性自然无可置疑，但其主题思想却与当时我国的主流意识形态格格不入。新中国成立后，人民政府着力推动工业化进程，以实现国强民富，人们以开天辟地的气魄向大自然发起挑战。人与自然的敌对关系在“大跃进”运动中达到顶峰。人们忙于填湖毁林，大自然成了被征服、被改造的对象，作家们笔下的对大自然的审美感受被认为是一种不合时宜的

---

① 孙致礼：《1949—1966：我国英美文学翻译概论》，译林出版社 1996 年版，第 3 页。

审美意识。此外,中美两国处于敌对状态,朝鲜战争、侵越战争的先后爆发以及两大敌对阵营的分庭抗礼造成了域外信息资料匮乏,这些都或多或少影响到国人对梭罗的认识评价。抑或是意识形态的因素作祟,抑或是意识形态导致的译介计划不够完整,梭罗及埃米莉·迪金森(Emily Dickinson)、罗伯特·弗罗斯特(Robert Frost)、阿瑟·米勒(Arthur Miller)等原本很有介绍价值的一些美国作家,因其当时并不具备如伏契克(JuliusFucik)的《牛虻》一样的政治利用价值,均在中国内地遭到了零接受的冷遇。开梭罗著作在中国翻译先河、参与"美国文学丛书"译介计划的徐迟,在全国第一届文代会上觉得所译《华尔腾》"因为时间条件的不同,在那时是见不得人的东西,只好藏拙,不能拿出来了"。①在清洗异己文化的"文化大革命"期间,《华尔腾》更是被诬为一棵大毒草,译者徐迟也被视作美国特务,遭到下放和批斗的厄运。

二、梭罗在香港和台湾地区的初次传播

在政治文化语境不同于内地的香港和台湾地区,外国文学翻译没有受到过多政治因素的干扰。再加上当时香港和台湾地区的经济发展相对较快,两个地区都与美国保持着非常密切的互动往来,所以梭罗尽管传入香港和台湾地区的时间晚于大陆,但在此期间他还是得到了人们比较多的关注。

(一)在香港地区

在 1949 至 1976 年间,梭罗在香港地区主要以译著或译文的形式进行传播,翻译的文本类型涉及散文、诗歌、书信和学术批评。1952 年,香港人人出版社推出了《湖滨散记》,作者署名为索罗,译者不详,这是笔者所能查到的梭罗著作在香港翻译出版的最早译本。1963 年,对徐迟所译的《华尔腾》予以改头换面之后,吴明实(无名氏)翻译的《湖滨散记》由香港今日世界出版社发行。该书截至 1978 年已出至第九版,可见其在香港受欢迎的程度。② 在 1964 年林以亮主编的《美国诗选》(香港:今日世界)中,张爱玲翻译了梭罗的 3 首诗歌,它们分别是《冬天的记忆》("Winter Memories"),《烟》("Smoke")和《雾》("Mist"),译诗之前还配有介绍梭罗生平及其著作的长文 1 篇。1968 年,香港今日世界出版社发行了方德休主编的

---

① 徐迟:《我的文学生涯》,百花文艺出版社 2006 年版,第 533 – 534 页。

② 根据《瓦尔登湖》(徐迟译,上海译文出版社 2008 年版)"译本序"的说法,香港出版的《湖滨散记》对徐的译文稍稍进修了修订,且署名为吴明实(无名氏)。徐迟声称《湖滨散记》出版于 20 世纪 50 年代,但根据本书掌握的资料,吴明实翻译的《湖滨散记》的初版实际上是 1964 年,而且在香港的再版次数也绝不仅仅只是徐迟所说的六次。1952 年,香港人人出版社倒是推出了《湖滨散记》的中文版,译者不详。

《美国名家书信选集》,其中收录了梭罗的4封书信,它们分别是《寄约翰·梭罗夫人》(1843年10月1日寄自斯提登岛),《致爱默森君》(1848年2月23日),《与丹尼尔·李克生书》(1859年2月22日寄自康考特)和《寄在英国旅行的爱默森君》(1847年11月14日寄自康考特)。1968年2月,《纯文学》杂志第11期登载了怡颜译的《梭罗书信选》。1975年,香港今日世界出版社发行了英国马库斯·坎利夫(Marcus Cunliffe)撰写的《美国的文学》(*The Literature of the United States*)的中译本,其中就有一节涉及梭罗。1976年,香港世界图书和台北五洲同时出版了梭罗的《不服从论》(即《论公民的不服从》)。下面,本书将重点论述张爱玲对梭罗诗歌的翻译以及夏济安对梭罗散文的翻译评价。

1. 张爱玲对梭罗诗歌的译评

张爱玲以小说和散文名世,但在旅居香港的三年期间曾供职于美国新闻署的驻港办事机构,期间她翻译出版了《小鹿》(1953)、《爱默森选集》(1953)、《无头骑士》(1954)等外国文学作品。在1953年出版的《爱默森选集》中,张爱玲选译了爱默生评论梭罗的文章一篇,这为后来她了解梭罗和翻译梭罗的诗歌奠定了基础。张爱玲并不喜欢翻译,她翻译外国文学作品主要是为生活所迫而非兴趣使然,这在与其有所交游的夏志清和司马新的回忆中可以找到证据:“我想张爱玲真的因为并无固定收入才去编写电影剧本,也去翻译、节译才华远不如她的中、美当代作家;”①“在美国的前二十年中,她(指张爱玲)收入的主要来源仍是为香港做翻译工作和写电影剧本”。②客观而论,在张译的系列外国文学作家作品中,质量最高、译得最为精心的应属海明威的《老人与海》(*The Old Man and the Sea*)。在《老人与海》的译序中,张爱玲毫不掩饰对这本书的喜爱之情:“我会这样喜欢《老人与海》。这是我所看到的国外书籍中最挚爱的一本。……我太喜欢它了,所以有这些顾虑,同时也担忧我的译笔不能达出原著的淡远的幽默与悲哀,与文字的迷人的韵节。但无论如何,我还是希望大家都看看这本书,看了可以对我们这时代增加一点信心。”③

尽管梭罗并非张爱玲的最爱,翻译除海明威之外“另几个人的作品则是‘硬着

① 夏志清:《张爱玲给我的信(10则)》,见金宏达主编:《回望张爱玲·昨夜月色》,文化艺术出版社2003年版,第417页。

② 司马新:《张爱玲在美国——婚姻与晚年》,徐斯、司马新译,上海文艺出版社1996年版,第157页。

③ 张爱玲:《〈老人与海〉译者序》,见张爱玲:《对照记》,北京十月文艺出版社2007年版,第90-91页。

头皮'做的",①但在翻译梭罗的这三首诗歌时,张爱玲显然还是付出了极大的心血。好友林以亮在《美国诗选》序言中的一番论述可引为证据:这并不是说译者在翻译各诗人时仅根据这几本选集中所常见的诗就动手翻译。"事实上,几位译者都是拿几位诗人的全集从头到尾熟读,然后才开始工作的。如果不浸润于他们的作品中,不熟悉他们的风格,特征,长处和缺点,一个译者真有无从下手之苦";"译者日以继夜不停地和那位诗人在心灵上沟通,在这过程中,岁月就在不知不觉中消逝了"。②《冬天的记忆》、《烟》和《雾》三首译诗收录于《美国诗选》,从林以亮的陈述可以看出,诗选中的所有翻译都是建立在研究的基础之上。当然,《美国诗选》最终未必都能精确地传译原诗的风格,但认为《美国诗选》的译诗优劣参半的王佐良还是对张爱玲的翻译给出了高度的评价:"哲理诗如张爱玲译的爱默生和梭罗所作则是短的精彩。"③从这里可以看出张爱玲的翻译功力,对张爱玲而言,尽管"我们这玻璃窗(指翻译)很脏",④但翻译毕竟是通向世界的一扇窗口。

《冬天的记忆》、《烟》和《雾》三首译诗前配有张爱玲撰写的《梭罗的生平和著作》的短文一篇,从其内容来看,张爱玲显然借鉴了《爱默森选集》中爱默森(即爱默生)对梭罗的评价。关于介绍选集中诗人的文章应该如何撰写,林以亮声称:"在每位诗人的译诗之前,总有一篇极详尽的文章,介绍这位诗人的生平和著作,也等于是一篇小传和批评,这种彻底的介绍工作也是很少见到的。读者在读了这样一篇文章之后,再去读他的作品,就可以对那位作家有相当清楚的认识";"这些批评文章另外还有一个特点,每篇文章结尾总在努力尝试给那位诗人一个价值上的判断"。⑤根据林以亮的要求,作为《美国诗选》参译者的张爱玲写就了夹叙夹议的《梭罗的生平和著作》。张爱玲把梭罗的诗歌和散文做了一定的比较,认为"梭罗的诗和他的散文著作相形之下,可以说真正的'生不逢时'。因为梭罗的诗作有好有坏";朋友们好意劝告梭罗改写散文可能使美国诗坛蒙受相当严重的损失。"一直要到一九二五年前后,大家才重新发现梭罗的诗的价值。有不少人认为梭罗的诗并不属于过去,而是属于现在。他的诗有一种大胆的,故意与众不同的独

① 孟昭毅、李载道主编:《中国翻译文学史》,北京大学出版社 2005 年版,第 614 页。

② 林以亮:《序》,见林以亮编选:《美国诗选》,今日世界出版社 1976 年版,第 5 页。

③ 王佐良:《汉语译者与美国诗风》,见王佐良:《文学间的契合——王佐良比较文学论集》,外语教学与研究出版社 2005 年版,第 185 页。

④ 张爱玲:《对现代中文的一点小意见》,见子通、亦清编:《张爱玲文集·补遗》,中国华侨出版社 2002 年版,344 页。

⑤ 林以亮:《序》,见林以亮编选:《美国诗选》,今日世界出版社 1976 年版,第 5 页。

立性格,使他与他同时的那几位模仿传统的公式诗人迥然不同。"①虽然肯定了梭罗诗歌在其整体创作和19世纪美国诗歌创作中的价值,但张爱玲还是比较客观地指出,虽然不应该把这种翻案文章的心理变本加剧,可我们至少应该指出"梭罗的诗作中充满了意象,有一股天然的劲道和不假借人工修饰的美。就好像我们中国古时的文人画家一样,梭罗并不是一个以工笔见胜的画匠,可是他胸怀中自有山水,寥寥几笔,随手画来,便有一种扫清俗气的风度。技术上虽未必完美,可是格调却是高的";②张爱玲认为,梭罗的诗比当时人所想象的要高明得多,如果他没有接受爱默森的劝告而继续从事诗歌创作的话,他可能有很高的成就。在结语部分力图对梭罗的诗歌创作做出价值判断时,张爱玲引用爱默生的话语说道:"不过照诗论诗,那么有很多人一定也会同意爱默森对梭罗的按语:'黄金是有了,可是并不是纯金,里面还有渣滓。鲜花是采来了,可是还没有酿成蜜。'"③

2. 夏济安对梭罗散文的译评

张爱玲的这三首译诗是最早译成汉语的梭罗诗歌,且多为后来的美国诗歌选集所采用。同一时期,夏济安对梭罗散文的翻译与介绍也颇值一提。1958年,"众口交誉"④的《美国散文选》(上集)(夏济安译)由香港今日世界出版社初版,选集收录了从爱德华滋到麦尔维尔在内的美国重要作家十一人的经典散文十六篇,其中就有梭罗的《冬日漫步》和《禽兽为邻》两篇,⑤还包括一篇作家研究之类的文章——张爱玲所译爱默生的《梭罗》。夏济安乃汉学家夏志清的胞兄,曾担任台湾大学外文系的掌门人,他经常往返于美国和台湾之间,中英文造诣极为精深。他翻译的《美国散文选》(上集)曾被董桥"惊为翻译秘笈,如醉如痴",⑥其所译的《冬日漫步》就被后人赞为"文笔流畅,语言地道,活而不乱,具有独特的风格,说是名副其实的再创作,恐怕不为过分"。⑦

---

① 张爱玲:《梭罗的生平和著作》,见林以亮编选:《美国诗选》,今日世界出版社1976年版,第47-48页。

② 张爱玲:《梭罗的生平和著作》,见林以亮编选:《美国诗选》,今日世界出版社1976年版,第48页。

③ 张爱玲:《梭罗的生平和著作》,见林以亮编选:《美国诗选》,今日世界出版社1976年版,第48页。

④ 夏志清:《关于夏济安译著的通讯(代序)》,见[美]欧文等:《美国名家散文选读》,夏济安译,复旦大学出版社2000年版。

⑤ 《冬日漫步》原发表于《日晷》1843年10月号,后收于《旅行散记》中,《禽兽为邻》是《瓦尔登湖》第十二章的内容。

⑥ 江弱水:《就夏译美国散文谈翻译观》,载《读书》,1993年第8期,第101页。

⑦ 廖美珍:《善用小句——读夏济安译"冬日漫步"》,载《上海科技翻译》,1998年第2期,第36页。

除了翻译,夏济安还对梭罗发表了初步的评价。在《美国散文选》的序言中,夏济安如是说道:"梭罗是个'怪物'。他对于政治的兴趣虽然很广,我们所选的只是他描写自然界生活的两篇文章。他彻头彻尾追求浪漫的理想;他在荒野森林里面,可以看出宇宙人生的真谛";"马州的文人大多比较文雅,只有梭罗是个'野人',他可以和'禽兽为邻'"。①在"文辞清丽、见解独具"②的作者简介中,夏济安提到了梭罗声誉的变化:"梭罗之获得他如今在美国文学史上的崇高地位,还是近三四十年间的事。"③此外,夏先生还提到了梭罗声誉提高的原因以及在当下阅读梭罗作品具有的意义:

梭罗的声誉在第一次世界大战后的二十年间逐渐提高。这不但是因为大家认识了他优秀的文学天才,而且还因为他的作品对于现代读者有几种特殊的吸引力。他主张过简朴的生活,而现代人正被繁华生活搞得头昏脑胀,梭罗的话正好是一贴清凉剂。他和大自然纯真的友谊,也已深深地感动了和大自然脱节、过着虚伪生活的一代。他那固执而富于反抗性的个人主义思想,对于生活在组织愈趋严密的社会中的人士特别有动人的力量。总之,我们自梭罗的作品中可以拾回我们已经丧失的人生价值。这些价值对于我们心灵的健康,活泼和安宁,我们愈来愈觉得重要。④

尽管只是基于梭罗描写自然界生活的两篇文章做出的界说,但在六十年后的今天来看,夏济安的上述评断也依然颇具说服力。

(二)在台湾地区

梭罗在台湾地区的译介虽然晚于香港,但他在台湾似乎更受欢迎。1962 年,《大学生活》第 20 期刊登了朱亮琮翻译的《不合作主义的祖师梭罗的学说》,这是本书所能查到的梭罗在台湾地区传播和接受的最早资料。从 1949 年至 1976 年,台湾共出版了 11 种不同译本的《湖滨散记》(即《瓦尔登湖》),还翻译介绍了梭罗的政论文《论公民的不服从》和部分日记。这些出版物分别是:

---

① 夏济安:《序》,见〔美〕欧文等:《美国名家散文选读》,夏济安译,复旦大学出版社 2000 年版。

② 周语:《人们为什么念念不忘夏济安》,载《深圳特区报》,2008 年 5 月 27 日。

③ 〔美〕欧文等:《美国名家散文选读》,夏济安译,复旦大学出版社 2000 年版,第 358 页。

④ 〔美〕欧文等:《美国名家散文选读》,夏济安译,复旦大学出版社 2000 年版,第 358 页。

1949——1976 年间台湾地区翻译的梭罗著作

译著名称	译者	出版社	出版年份
《华尔腾：湖滨散记》	徐迟	台北：文星书店	1965
《湖滨散记》	黄建平	台北：正文	1965，1966，1967，1969，1971，1974
《湖滨散记》	吴明实	台北：今日世界	1968
《湖滨散记》	陈慧玲	台南：新世纪	1970
《湖滨散记》	不详	台南：复汉	1970
《华尔腾：湖滨散记》	不详	台北：学人月刊杂志社	1971
《湖滨散记》（英汉对照）	李兰芝	台北：正文书局	1971，1973
《湖滨散记》	黄建平	台北：大立	1971
《湖滨散记》	杨人康	台南：综合出版社	1972，1975
《湖滨散记》	不详	台中：普天	1975
《湖滨散记》（英汉对照）	不详	台北：mylm	1975
《不服从论》	涂钦清	台北：五洲出版社	1976
《梭罗日记》	景翔	台北：林白	1976
《人生与自然》	楚卿	台北：蓝灯文化	1976

短短十几年之内就出版了版本如此众多的《湖滨散记》，台湾对梭罗这部名作的喜爱程度由此可见一斑。有一点需要指出的是，关于梭罗的名作 *Walden*，大陆和港台地区采用的译名不尽相同。自从 1982 年徐迟将译著正式易名为《瓦尔登湖》之后，内地几乎所有的复译本一直沿用这个译名，而台湾和香港地区的译本采用的却多是《湖滨散记》。梭罗的 *Walden, or Life in the Woods*，书名并不难译。如果采取逐字对应的翻译模式，则书名可以译为《瓦尔登湖或林中生活》，这样的译名似乎也无甚过失，而且容易对号入座。可非常有意思的是，台港地区却"舍近求远"，不约而同地选择了意译的《湖滨散记》。其实不仅梭罗的 *Walden* 在移译中遭到解构重组，港台地区的译者在标题的翻译风格上也往往和内地存在显著的差异。一般而言，在进行标题翻译时，内地的译者喜欢采用直译的翻译方法，因为传统的翻译讲究"信达雅"，而"信"则成了翻译的首要标准。内地的译者往往小心谨慎，不愿改变原来标题的结构。相比而言，港台地区的标题翻译则灵活多变，意

译法在台湾地区尤其普遍。相应于此,它们的标题翻译往往带有强烈的情感色彩和生动的意象。比如电影“Braveheart”,内地直译为《勇敢的心》,香港将其译为《惊世未了情》,台湾将其译作《英雄本色》。

与香港地区侧重于梭罗作品的翻译相比,台湾地区把梭罗作品的翻译和研究放在了同等重要的位置。1974 年,台湾中国文化大学的应玛琍完成了硕士学位论文《〈湖滨散记〉原型意象的模式》,这是本书目前检索到的国内以“梭罗”为题的最早的学位论文。原型批评是 20 世纪 50、60 年代流行于西方的一个十分重要的批评流派,“其译介和传播在台湾主要是在(20 世纪)70 年代”。①采用最新引入的原型批评的理论视角,应玛琍对梭罗的《湖滨散记》进行了文本分析,其论文摘要如是说道:

余撰写此论文,是尝试用神话批评方法来讨论《湖滨散记》的原型意象,以显示该书的普遍性。所用的数据来自美国原版书籍、梭罗的著作,以及容格博士原型方面的著作等。《湖滨散记》是梭罗的神话。梭罗以华尔顿湖为中心。透过时空、心灵的创造性,经由大自然,而达天人合一的境界。这个湖就是整个宇宙,也是他的精神自我。诚如老子所说:“内在的世界与大自然的宇宙是相同的。”人的生命和四时的轮转一样,都是大自然运行的一环。梭罗用有限的两年两个月零两天的时间,和有形的华尔顿湖,显示其心灵无限的时间和无形的空间,以表现人类精神的升华。在梭罗人类重生的神话里,他强调心灵的重要性。重生是一种心智上的脱胎换骨。人类要有所改善,必须从内心出发。梭罗相信每个人都有一种内在的灵性,属于一个更高的生活境界,可体会理想的生活方式,来提升生活的质量,以达最高的人生境界,这是超越的观念。他告诉我们应该追求理想的生活。他借用神话人物,自然地表达了他在湖畔实际生活的经验。他用象征内心世界的原型意象来表达他的思想,这些有力的原型意象来自人类共同的潜意识。因此梭罗所表达的不只是他个人的感受,而是全人类的感受,他代表全人类发言。②

且不说应玛琍运用的技术路线和得出的结论具有多大说服力,作为国内第一篇以“梭罗”为题的学位论文,它在梭罗在中国的传播史中应占有一席之地。中国大陆以“梭罗”为题的最早的博士学位论文完成于 1998 年,即程爱民的《论梭罗的自然观》,最早的硕士学位论文完成于 2001 年,即高莲红的《评梭罗〈瓦尔登湖〉的主题及其现实意义》,黄珊的《回归自然——陶渊明与梭罗的自然哲学》和李小重:《世界存在于自然之中——论梭罗的环境意识》,这比应玛琍学位论文的出现晚了

---

① 叶舒宪:《神话——原型批评在中国的传播》,载《社会科学研究》,1999 年第 1 期。

② 在引用原文时,笔者对标点符号略有调整。

二十多年。

除此之外,台湾地区还发表了几篇研究梭罗的期刊论文,如 1971 年第 4 期的 *Tamkang Review* 发表了 Wu Ta – Cheng 的“T' ao Chi' en and Thoreau: A Note on Two Different Attitudes toward Nature ”,1975 年第 6 期的《美国研究》还刊载了朱炎的《梭罗看人类的新生》。

三、小结

从 1949 年新中国成立到 1976 年“文化大革命”结束,在内地特殊的政治文化语境中,翻译与政治的结合最大限度地凸现出来,“翻译活动也理所当然地处于当时社会大背景的掌控之中,而深深地刻上了时代的烙印”。[①]此时,崇尚自然和倡导非暴力主张的梭罗显然并不属于所谓的“思想进步”的作家之列,因而梭罗在当时的历史语境中遭到冷遇、其作品被诬为“大毒草”就是情理之中的事情。但徐迟所译的《华尔腾》易名为《湖滨散记》、传入香港继而进入台湾地区后,却引发了一股不小的热潮。除了代表作 *Walden* 之外,梭罗的部分日记、书信以及政论文《论公民的不服从》在港台地区也得到了译介。而且,国内第一本以“梭罗”为题的学位论文也在此期间面世,虽然比美国的第一本研究梭罗的学位论文晚了七十多年,但这多少算是填补了国内梭罗研究领域的一项空白。[②]因此,这一时期梭罗在中国的传播步入所谓的“沉潜期”只是一个相对的说法,更何况暂时的沉潜只是蓄势以待,是为将来大规模的喷发在暗中储备力量。

第三节 复苏期:1976 年“文革”结束—20 世纪 80 年代末

1976 年“文化大革命”结束了,但中国历史并未立即发生根本性的转折。1978 年,十一届三中全会的召开做出废弃“以阶级斗争为纲”的伟大决策,中国历史的发展进入了一个新的阶段。经过拨乱反正,我国的外国文学研究、教学、翻译和出版等各项工作获得了全面的恢复和迅速的发展,包括梭罗作品在内的美国文

① 侯靖靖:《17 年间(1949—1966)奥尼尔戏剧在中国译界的“缺席”研究》,载《东华大学学报(社科版)》,2009 年第 3 期,第 194 – 195 页。

② 以“梭罗”为题的第一本博士学位论文出现于 1899 年,作者为密歇根大学的 Ella Knapp,但非常遗憾的是,论文现已无从寻找。参见 Walter Harding, “Thoreau ' s Reputation” , in Joel Myerson (ed), *The Cambridge Companion to Henry David Thoreau* , Shanghai: Shanghai Foreign Language Education Press, 2005, p. 8.

学的译介和研究也随之掀开了新的一页。但由于历史的复杂性,外国文学研究者短时间内尚未完全摆脱长期以来的思想桎梏,①正常活跃的学术气氛的形成和研究范式的转换都需要一定的时间。因此,从 1976 年“文革”结束至 20 世纪 80 年代末,关于梭罗的部分研究成果中仍多少残留着一些用僵化的阶级观点进行分析的痕迹。

一、新编美国文学史及文学选读中的梭罗

1978 年 12 月,人民文学出版社发行了董衡巽、朱虹人等编纂的《美国文学简史》(上册),该书的出版具有里程碑的意义。这是新中国的第一本美国文学史,也是第一次从中国学者的角度评价美国文学发展历史的尝试,这部填补空白之作“代表了一个时期我国对美国文学研究的水平”。②《美国文学简史》(上册)几经修订,但里面始终有一节用来介绍梭罗。1978 年版的《美国文学简史》(上册)的后记如是说道:

> 本书的目的是简略地介绍一下美国文学的发展情况、重要的流派、作家和作品,并努力用马克思主义的基本观点去分析,对他们做出初步的评价。我们根据毛主席对于文艺作品提出的“政治和艺术的统一,内容和形式的统一”的要求,着重介绍作家作品的思想政治内容,同时尽量作一些艺术分析。③

后记鲜明地表达了《美国文学简史》(上册)的文学史观和撰写思路,从中不难看出如下几点:第一,梭罗被认为是美国文学史上重要的作家之一,书中提及的包括《华尔腾,或林中生活》、《康科德和梅里马克河上一周》及政论文《论公民的不服从》在内的梭罗的著述也被归入美国文学史上重要的作品之列。第二,《美国文学简史》(上册)构思于“文化大革命”后期,由于当时历史条件的限制、“左”的倾向尚未完全得到纠正、思想观念受到束缚以及外文资料掌握受限等多方面的原因,对包括梭罗在内的部分美国作家的评价个别地方不够客观或过于严苛。朱虹在撰写《亨利·大卫·梭罗》一节时如是说道:“梭罗的这种主张(指呼吁人们生

① 钱中文曾经指出:“解放后的文学研究方法,不同于解放前的,原因在于解放后,马克思主义文艺观在我国得到了进一步的传播,文学观念发生了重大的变化,加上五十年代苏联文艺思想的影响,就形成了我们自己的一套研究方法。”(钱中文:《文艺理论的发展和方法更新的迫切性》,载《文学评论》,1984 年第 6 期)运用这种独具特色的方法研究外国文学,的确曾经取得过重大的研究成果,但这种方法也显得有些单一,因而难以对复杂的文学现象做出科学的概括。

② 刘海平、王守仁:《总序》,见张冲:《新编美国文学史》(第一卷),上海外语教育出版社 2000 年版,第 x 页。

③ 董衡巽、朱虹等:《美国文学简史》(上册),人民文学出版社 1978 年版。

活要简朴)包含了对资本主义的一定批判,但同时也反映出他和其他超验主义作家一样,从浪漫主义出发,找不出解决矛盾的办法,只好回到自然中去。"①时隔八年之后,随着中国社会的文化环境和西方文学研究的局面发生变化,分析文学现象的观点、角度又产生了一些微妙但明显的不同。同样是关于梭罗号召人们生活要简朴的主张,1986 年的修订版和 2003 年新版的《美国文学简史》均对行文中个别地方进行了调整:"梭罗的这种主张包含了对资本主义的一定批判,但同时也反映出他和其他超验主义作家一样,只是对丑恶的现实发出浪漫主义的抗议。"②或许《简史》中对梭罗评价的大框架脱胎于那个特定的时代,虽然之后《美国文学简史》(上册)经过了两次修订,但时代留下的印记依然清晰可见,2003 年版的《美国文学简史》这样写道:梭罗像爱默生一样,在一定历史条件下有其进步作用,但是他的思想还是以个人主义为核心,如他所提倡的"忠于自己""绝对自由""绝对野性"等等都可以成为资产阶级损人利己、侵略扩张的理论根据。他说:"当橡树果与栗子紧挨着掉在同一个地方,哪个也不会保持原封不动去给另一个让路;相反,两下里都会按照各自的法则谋求生长、求得繁荣,直到其中一个掩盖并毁灭了另一个。"这就是"忠于自己"的"绝对自由"之一例,"显然是在为资本主义自由竞争的弱肉强食辩护了"。③第三,撰写 1978 年版《美国文学简史》(上册)时,由于遵循的史学理念是重史而非重文,所以著者对梭罗的评价不可避免地更多是关注作品产生的历史背景和社会意义,而不是重在剖析梭罗作品的文学形式、语言、结构、风格和象征等艺术因素。

除了《美国文学简史》外,还有一些类似文学史的著作曾论及梭罗。1983 年,宁倩出版了《美国文学名家》(黑龙江人民出版社),书中用夹叙夹议的方式总结了梭罗的一生。宁倩在后记中写道:本书编写过程中承蒙美国大使馆文化处寄来资料,然而"由于掌握资料不多,写作水平有限,舛误之处在所难免"。④宁倩的后记自然有作者的自谦之意,但依据国外最新资料的宁倩在行文中依然难以完全实现思想的解放:"梭罗所处的时代正是资本主义在充满矛盾与斗争的社会环境中日趋发展的时代。'个性解放'与'自我完成'成为整个时代进步思想的先声。可是,这种理想的精神却为冷酷无情的社会现实所不容,现实是:人们为了无止境的

---

① 董衡巽、朱虹等:《美国文学简史》(上册),人民文学出版社 1978 年版,第 63 页。

② 参见董衡巽、朱虹等:《美国文学简史》(上册),人民文学出版社 1986 年版,第 74 页;董衡巽、朱虹等:《美国文学简史》(修订本),中国社会科学出版社 2003 年版,第 65 页。

③ 董衡巽、朱虹等:《美国文学简史》(修订本),中国社会科学出版社 2003 年版,第 66 – 67 页。

④ 宁倩:《美国文学名家》,黑龙江人民出版社 1983 年版,第 284 页。

物质享乐而拼命争夺,社会是一个巨大的金钱角逐场,这与先进的资产阶级思想家们所倡导的思想相对立,也与梭罗的思想格格不入";"现代资本主义的发展必然激发人们对物质的贪欲,梭罗对物质利益的贪求的批判便不可避免地触及到资本主义发展本身吃人的本质";"然而,梭罗的思想只能是一种天真的幻想和自我安慰,在现实生活中必然破灭。后期的梭罗察觉到了这一点,认识到自己在华尔腾的生活实践是个失败。他开始把理想寄托在资本主义不太发达的美国西部"。① 1984 年,张金言等根据美国读者文摘出版社 1975 年出版的《美国史话》翻译出版了《美国文学艺术史话》(人民出版社),行文中也有部分内容涉及梭罗。1986 年,四川师大学报编辑部出版了《美国文学精华》(第二分册)(卡尔·鲍德编,四川师大文学与翻译研究会译,1986 年),其中周毅翻译了第二章的梭罗部分,文楚安翻译的概论也对梭罗发表了短评。1987 年,中央广播电视大学采用的教材《外国文学》(上)也对梭罗进行了简评,认为梭罗的代表作《瓦尔登湖》"有批判资本主义的一面,但也反映了作者找不到社会出路、而只好把浪漫主义的幻想作为一种解决矛盾的办法"。②

在此期间,主要面向高校英语专业学生发行的美国文学选读教材也大都收有梭罗的著作,并附有作者介绍和作品简介。因不满于国内高校原先使用的美国文学教材,1985 年,杨岂深和龙文佩主编的《美国文学选读》(第一册)由上海译文出版社出版发行,其中收有"Resistance to Civil Government"和 *Walden* (Chapter II, "Where I Lived, and What I Lived For")。1986 年,英文版的《美国文学选读》(朱嘉禾著,辽宁人民出版社)第七讲收有梭罗的"Civil Disobedience"选段。随着我国对美国文学的介绍和研究日益受到重视,不少大专院校纷纷开设美国文学课程,根据国家教委教材编写计划而编写的教科书《美国文学选读》(上册)(李宜燮、常耀信主编:南开大学出版社,1987)也收有 *Walden, or Life in the Woods* ("Where I Lived, and What I Lived For")。南开大学出版社的《美国文学选读》的前言如是说道:"所附评语尽量利用评论界数十年的研究成果,尤其重视介绍美国文学评论界近些年来的研究状况,但决不断章取义,不拘一人之见,不守一家之说。对所选作品采取谨慎的态度,以它对当代及后世的影响作为衡量准则。"③在对梭罗生平的介绍中,南开版《美国文学选读》基本上恪守了上述各项原则:"他的代表作《华尔腾,或林中生活》(*Walden, or Life in the Woods*),表达一个浪漫主义者

---

① 宁倩:《美国文学名家》,黑龙江人民出版社 1983 年版,第 61 - 63 页。

② 匡兴、陈惇主编:《外国文学》(上),北京大学出版社 1987 年版,第 438 页。

③ 李宜燮、常耀信主编:《美国文学选读》(上册),南开大学出版社 1987 年版。

对现代文明的鄙弃”,“他的回归自然,建立人和自然直接联系的超验主义思想和乌托邦思想,是对残酷的拜金主义世界的批判和挑战,是维护人的尊严的一股清新、健康的力量”。①

此外,一些美国散文选集和诗选中也大都选用了梭罗的作品。1985 年,孙法理选译的《美国散文选》收录了梭罗的散文名篇《散步》,并将其誉为“一篇典型的蒙田式散文”,认为梭罗对荒野的描写和对原始本能的追求“一方面反映了对文明社会的憎恶,另一方面也为美国文学中写自然、写农村、写蛮荒和以后的写北极的文学作了理论准备”。②1986 年,《外国散文名篇鉴赏》(陈慧君编,贵州人民出版社)选用了夏济安翻译的《禽兽为邻(节选):蚂蚁大战、潜水鸟》和《冬日漫步》(节选)。选集一方面对梭罗的散文发表了高度评价:“《禽兽为邻》是散文集《华尔腾》中最脍炙人口的一篇”;“梭罗把自然界一场常见的蚂蚁大战,描述得如此惊心动魄,可谓神来之笔”;“在禽兽世界中,潜水鸟的表演,也被描绘得精彩绝伦,读了令人难以忘怀”,③另一方面还保留着一些过去用阶级观点进行批判的思路:梭罗主张生活简朴的观点“对批判和否定资本主义社会的腐化堕落的生活方式,金钱至上的社会风气,显然是有积极意义的,但它全盘否定现代社会的进步,则是不科学的,尤其以‘返回自然’作为济世良方,更不足取”;“他要用大自然的精神改造人类生活,固然有其幼稚的一面,但这些大自然的启示具体内容是积极健康的,并且作者这种不畏严寒深入大自然、探讨大自然奥秘的精神也是可贵的”。④

1989 年,高健编译的《美国散文选》收有梭罗的《垂钓》(出自《瓦尔登湖》中的《湖泊》),《湖光山色》(出自《瓦尔登湖》中的《湖泊》)以及《秋天的日落》(出自《散文集》中的《漫步篇》)。高健认为指梭罗的文章“洒脱空灵,时有物外之趣。这里所选的三段文字都有这个特点。《垂钓》结尾部分想象奇肆,尤妙”;“‘湖光山色’笔触轻灵,观察细腻,极具诗情画意”;“‘秋天的日落’文字清丽可诵,妙造自然,寥寥数笔,而情景如绘,结语意境尤高,梭洛集中,斯为上品”。⑤高健还在“作者与风格”的简介和序言中如是说道:“《华尔登》一书公认是他的代表作,文字亦玄远冷隽,处处吐露着山野气息与林间幽韵”;“他那高妙的天性却使他的笔下时有物外之趣。只可惜特别精彩或完美的段落并不很多,尚不足以蔚为鸿篇巨

---

① 李宜燮、常耀信主编:《美国文学选读》(上册),南开大学出版社 1987 年版,第 268 - 269 页。

② 孙法理选译:《美国散文选》,重庆出版社 1985 年版,第 11、12 页。

③ 陈慧君编:《外国散文名篇鉴赏》,贵州人民出版社 1986 年版,第 272、274 页。

④ 陈慧君编:《外国散文名篇鉴赏》,贵州人民出版社 1986 年版,第 272、282、283 页。

⑤ 高健编译:《美国散文选》,北岳文艺出版社 1989 年版,第 239、242、244 页。

制”;“梭洛(1817—1862)是这一思潮(超绝主义)中的极端派,有些无政府主义倾向,但他那疏朗清俊、云烟满纸的山水游记则是这个时期不可多得的散文妙品”。①从整体来看,高健对梭罗的评价是相当高的。

在诗歌选集方面,1988 年出版的《我听见亚美利加在歌唱——美国诗选》收有张爱玲翻译的《冬天的回忆》、《烟》和《雾》。该选集书面封底印有“本书选入美国二十位著名诗人的八十一首抒情诗及九首歌谣。这些著名诗篇描写大自然的美景,赞美青春和爱情,歌颂民主和自由,探索人生真谛,展示出一个既色彩斑斓,又别具一格的世界,从中可以领略美国诗歌的风格,激发美感,产生共鸣”。②1989 年,主要从事英语诗歌翻译的黄杲炘翻译出版了《美国抒情诗选》,里面收有梭罗的《烟》和《霭》两首诗歌。在简介中,《美国抒情诗选》声称:“这里展示的一百八十多首优秀短诗,上起美国立国前的殖民时代,下及现当代;介绍的六十多位作者,包括了各个时代的绝大多数诗坛精英。”③虽然梭罗向来不以诗名传世,但这两本诗歌选集还是把梭罗归为著名诗人之列,认为梭罗的这几首诗是优秀短诗。

文学选读或选集虽然只是窥豹之管,但却也是认识外国文学的一扇便捷之窗。从这些选读或选集对梭罗作品的收录来看,其侧重点不尽相同。作为大学外文系的美国文学教材,流传甚广的上海译文出版社和南开大学出版社的《美国文学选读》均选择了《瓦尔登湖》的第二章“我生活的地方;我为何生活”,也就是梭罗批判现实生活的章节,而散文集却倾向于选用那些描述自然风光的部分。倘若只是从某本选集或选读切入,读者看到的自然是迥然不同的梭罗形象。

二、期刊论文中的梭罗

在整个 20 世纪 80 年代,中国大陆有 5 篇期刊论文直接论述梭罗或梭罗的作品,另外还有几篇论文在行文中涉及梭罗。在本书检索的范围之内,《十九世纪美国浪漫主义文学的优秀成果——梭罗的散文集〈华尔腾〉》(程星,《文史哲》,1983 年第 3 期)应该算是内地专门研究梭罗的最早的一篇期刊论文。该文介绍了梭罗的生平经历,并在美国文学发展的背景中考察了梭罗的代表作《华尔腾》。论文还分析了梭罗与大自然的关系以及《华尔腾》的艺术特点在于其哲理性。从整体来看,程星的持论基本算是公允,但或许是成文较早的缘故,行文中依旧透露出了较为明显的时代印记:“作为资产阶级上升时期的思想家和文学家,他们(指美国的

① 高健编译:《美国散文选》,北岳文艺出版社 1989 年版,第 236、12 页。

② 《我听见亚美利加在歌唱——美国诗选》,袁可嘉等译,人民文学出版社 1988 年版。

③ 黄杲炘选译:《美国抒情诗选》,上海译文出版社 1989 年版。

后期浪漫主义作家)与以后出现的那种自觉地为资产阶级社会涂脂抹粉的御用文人毕竟有着本质上的区别,他们真诚地相信,他们为之鼓吹,为之奋斗的那个资本主义社会是唯一合乎人性发展的制度,正因为如此,所以当资产阶级所固有的剥削本性日益暴露出来的时候,他们便毫不踌躇地掉转枪口,对于种种不人道的现象加以揭露与批判。虽然他们囿于时代和阶级的局限,不可能认识到资产阶级社会的本质,但是,他们作品中表现出来的对于社会和人生所作的自觉探索的精神,比之前期浪漫主义,毕竟是一种很大的进步";"梭罗毕竟是一个浪漫主义作家,和所有浪漫主义者一样,他所缺乏的是一种强烈的现实感。他在作品中鼓吹精神超越和个性解放,虽然一定程度上反映了上升的资产阶级的政治要求和经济利益,但他所追求的东西实在是太完美了,太虚幻了,在这坑坑洼洼的地球上,必然会碰到数不清的物质的障碍。因而,以浪漫主义的追求开始,以逃避现实的结局告终,这是许多浪漫主义者共同的归宿,梭罗也不例外"。①

1984 年,李毅在《对〈瓦尔登湖〉中译本的几点意见》(载《外国语》,1984 年第 6 期)中,对徐迟译本第一章到第五章中存在的瑕疵发表了自己的看法。李毅认为徐译本主要存在如下三方面的问题:词语的误译,这一类问题中,有些是因为对词语在上下文中的特殊含义按一般意义沿译而造成的;因不了解背景而造成的误译;注释过于简略,加大了阅读难度。

此外,王世垣的《梭罗和他的〈瓦尔顿湖〉》(载《四川外语学院学报》,1985 年第 3 期),王守仁的"Thoreau and Confucianism"(载《外国语》,1988 年第 2 期)以及何怀宏的《梭罗和他的湖》(载《读书》,1988 年第 5 期)也是内地研究梭罗的较早的期刊论文。王世垣介绍了梭罗的生平经历,剖析了梭罗的哲学思想,对抑或认为梭罗是个孤僻的隐士、抑或过分强调梭罗对爱默生的从属地位这两种有失公允的看法提出了反驳。基于梭罗深受中国、印度和波斯文化的影响,而评论界往往过分强调印度文化而忽视其他东方文化的影响的现状,王守仁指出:梭罗与孔子对生活的观点极其相似,二者都主张人生在世要过简朴的生活,以追求知识和真理,以完善人性。梭罗的《瓦尔登湖》一书充满了儒家思想,在梭罗身上可以看到儒家学说和印度瑜伽对他的影响,前者的影响更为显著。何怀宏撰文的目的是想为"一本寂寞的书(指《瓦尔登湖》)打破一点寂寞",②论文从梭罗整个人的独特性、隐士和斗士奇妙结合的复杂个性等十二个方面入手进行论述。在某种程度

① 程星:《十九世纪美国浪漫主义文学的优秀成果——梭罗的散文集〈华尔腾〉》,载《文史哲》,1983 年第 3 期,第 37、39 页。

② 何怀宏:《梭罗和他的湖》,载《读书》,1988 年第 5 期,第 104 页。

上,何文的确了打破了梭罗和《瓦尔登湖》在中国内地长久以来的寂寞,20 世纪 90 年代《读书》杂志围绕梭罗究竟是真隐还是假隐展开的激烈论辩即是一个明显的例子。

此外,还有几篇论文虽然并非专门论述梭罗,但文中有不少篇幅与梭罗有关。《英美游记三则》说道:“这里所介绍的英美作家的游记三则,都是为人传诵的名篇,选自我为商务所编的《英美散文选》上册古典散文部分(即出)。这几篇文字(英国威廉·赫尔·怀特的《假日记游》;马克·吐温的《登勃朗峰》)可说各具风格,各有圣致;梭洛(指梭罗)的一段篇幅不长,但文章写得清韵脱俗,气格高妙。”①《中国文化在美国文学中的影响》(载《外国文学研究》,1985 年第 1 期)在论述儒家思想对美国文学的影响时,也提到梭罗受孔子影响颇深。陈新的《英美散文的定义和发展》将梭罗的散文创作置于英美散文衍变的大背景中进行剖析,认为梭罗的文风“完全不同于爱默生,纯朴自然,清丽流畅,在浅显平易之处闪烁着智慧的光芒”。②

值得一提的是,受北京外国语大学之邀于 1980 年前来中国讲学的北伊利诺伊大学教授唐·穆雷(Don Murray)撰写了英文文章“Following Thoreau”。穆雷教授多年来致力于对梭罗生平及其著作的研究,发表过不少有关的论文,之前他曾沿梭罗生前走过的路线做了一次有意义的旅行。“Following Thoreau”是一篇回忆录而非学术论文,他简述了作者旅行时的感受,表达了对梭罗的敬慕之情。这对“美国文学爱好者,特别是索洛文学作品及其思想的研究者,毋庸置疑,是一篇值得细读的佳作”。③

在梭罗在中国传播和接受的复苏期内,对梭罗作品的翻译数量不多。1982 年,徐迟细加修订的版本在国内再版,书名也由《华尔腾》正式改为《瓦尔登湖》。而早在几年之前,《外国古典文学名著丛书》编委会决定:将《瓦尔登湖》收入该套丛书。1983 年第 4 期的《美国文学丛刊》译出了梭罗的部分日记和书简,这有利于读者了解梭罗的生活和思想:在《亨利·大卫·梭罗的日记和书简(选译)》的译稿中,吴冰根据《诺顿美国文学选集》第一卷的资料,选译了梭罗自 1845 年—1854 年的一些日记片段和 1856 年、1858 年的两封信,信中表达了“他(指梭罗)对同时代作家的一些评论意见”。④ 同一期的《美国文学丛刊》还刊登了美国剧作家

① 《英美游记三则》,高健译,载《名作欣赏》,1981 年第 2 期,第 45 页。
② 陈新:《英美散文的定义和发展》,载《南京师大学报(社科版)》,1988 年第 2 期,第 82 页。
③ Don Murray,“Following Thoreau”,载《外语教学》,1981 年第 3 期,第 64 页。
④ [美] 梭罗:《亨利·大卫·梭罗的日记和书简(选译)》,吴冰译,载《美国文学丛书》,1983 年第 4 期,第 155 页。

剧院(The American Playwright's Theater)创始人之一的杰若姆·劳伦斯与罗伯特·李共同创作的剧本《梭罗狱中一夜》,该剧“曾于一年中在世界各地上演了2,500场,经久不衰”。① 1989年,生活·读书·新知三联书店出版了赵一凡主编的《美国历史文献》,其中收有张礼龙翻译的《论公民的不服从》。

在复苏期内,研究梭罗的几篇论文多是宏观的泛泛而论,内容涉及面广,如今看来将其视作细读梭罗作品之前的导读似乎更为恰当,但它们却涉及后来研究中的一些热点话题,如梭罗与中国古代文化的关系、围绕梭罗进行的真假隐士论争,梭罗作品的翻译研究等等。在此期间,对梭罗作品的翻译数量不多是不争的事实,但我们也必须注意到:此时对梭罗作品的翻译却开始呈现出多样化的趋势,译作涉及梭罗的日记、书信、政论文,还有以梭罗为主人公的剧作。这为读者了解一个多面而非单一的梭罗创造了初步的条件。

三、海子和苇岸眼中的梭罗

在梭罗在中国译介和传播的复苏期,还有两位中国作家与梭罗结下了不解之缘。著名诗人海子曾经声称,自己1986年读到的最好的书就是《瓦尔登湖》,赞扬《瓦尔登湖》“闪耀着人类自古不熄的英雄之光”。②同年,海子写下了诗歌《梭罗这人有脑子》:“梭罗这人有脑子/像鱼有水,鸟有翅/云彩有天空/梭罗这人就是我的云彩,四方邻国/的云彩/安静在豆田之西/我的草帽上……”③海子还在《诗学:一份提纲》中对梭罗关注生命存在本身的理念表示赞成:

> 我恨东方诗人的文人气质。他们苍白孱弱,自以为是。他们隐藏和陶醉于自己的趣味之中。他们把一切都变成趣味,这是最令我难以忍受的。比如说:陶渊明和梭罗同时归隐山水,但陶重趣味,梭罗却要对自己的生命和存在本身表示极大的珍惜和关注。这就是我的诗歌理想,应抛弃文人趣味,直接关注生命存在本身。④

葛红兵曾经宣称:“海子所歌唱的自然跟梭罗有异曲同工之妙”,“我觉得他找到了这种土地的感觉,自然的感觉,这和梭罗是相通的”。⑤本书以为葛红兵的看

---

① [美]杰若姆·劳伦斯、罗伯特·李:《梭罗狱中一夜》,袁鹤年译,载《美国文学丛书》,1983年第4期,第66页。

② 苇岸:《太阳升起以后》,中国工人出版社2000年版,第140页。

③ 海子:《海子的诗》,中国书店2007年版,第179-180页。

④ 海子:《海子诗全编》,上海三联书店1997年版,第897页。

⑤ 葛红兵:《海子所歌唱的自然跟梭罗有异曲同工之妙》,见葛红兵:《直来直去》,当代世界出版社2004年版,第10页。

法一语中的,但却不尽全面。在短短的二十六年中,海子曾写下惊人的 200 余首高水平的抒情诗和 7 部长诗,他无疑是中国 20 世纪诗歌的最大神话,其诗歌成就和影响已成为中国诗歌融进世界现代诗歌的一个重要阶梯。海子的诗歌创作可以鲜明地分为麦地乌托邦和太阳史诗两个时期。在前期的创作中,海子是个真正的大地之子,诗歌中充满了村庄、野花、麦地、河流这样一些群体性的意象。诗人力图构建一个"健康的麦地",着力表现人与土地的和谐。在此种意义上,我们应该承认葛红兵的眼光是犀利的,其判断也十分精当。然而海子的诗歌并非一成不变,现实生活中的幻灭感受和超越性诉求带来的精神困境却使诗人发生了巨变,海子从一棵受伤的"麦子"变成了沉思的"王",其创作也相应地转入了太阳史诗时期父性的暴烈与燃烧,此时"他的太阳寄托了人类的集体记忆与思想造型,是人类精神的理想化身"。① 因此,我们不妨可以说,对生命存在本身的共同重视才是海子与梭罗发生共鸣的支点所在。

1989 年海子在山海关卧轨自杀时,随身携带了四本书,其中就包括梭罗的《瓦尔登湖》。人们不禁要问:到底是什么样的人和什么样的书能让海子这个极端的理想主义者为之神往不已?海子之死给人们带来了巨大持久的震撼,它如同一石激起千层浪,由圈内向圈外扩散开去。通过骆一禾、西川等友人怀念海子的文章,大家知道了海子死前这一细节。生前落寞孤独的海子死后引起了世人极大的关注,同时梭罗的《瓦尔登湖》也借海子之死引发的轰动走进了更多中国读者的心中。

因为海子的推荐,苇岸也喜欢上了梭罗并深受其影响。苇岸一生短暂,著述不多,但却在《梭罗意味着什么——致树才》、《人必须忠于自己》、《我与梭罗》、《我喜爱的五本散文集——答〈散文天地〉"名家荐散文"栏》及《一个人的道路——我的自述》等文章中多次言及自己受惠于梭罗良多:"《瓦尔登湖》的出现,结束了我的一个自大学起持续了七八年的阅读兴趣和写作方向主要围绕诗歌进行的时期";"梭罗的一生是绝对的和纯粹的,它令我们肃然起敬";"过去我只读到过《瓦》,现在我愈发感到梭罗的可爱、可敬和难得"。②苇岸通过多种媒介物,不但在创作上,而且在生活中也全面接受了梭罗的影响。关于苇岸与梭罗的关系,第四章将有详细论证,在此无须展开铺叙。

---

① 金肽频:《总序》,见金肽频主编:《海子纪念文集》(诗歌卷),合肥工业大学出版社 2009 年版,第 5 页。

② 苇岸:《太阳升起以后》,中国工人出版社 2000 年版,第 120、118、94 页。

四、梭罗在台湾和香港地区的翻译和研究

在这一时期,梭罗的翻译和研究在台湾地区依然保持着良好的发展态势,《湖滨散记》更多译本的出现、研究梭罗的学位论文和期刊论文的不断问世都有效地扩大了梭罗在台湾地区的影响。这一时期梭罗的作品被译成汉语的有:

1976——1989 台湾翻译的梭罗作品

译著名称	译者	出版社	出版年份
《湖滨散记》	陈慧玲	台南:新世纪出版社	1977
《梭罗散文精选集》	胡楚卿	金门:源成	1977
《湖滨散记》	朱天华	台北:天华	1978
《梭罗》	得利斯著,曾永莉译	台北:名人出版事业股份有限公司	1980
《人生与自然》	楚卿	台北:蓝灯文化	1980
《华尔腾:湖滨散记》	孟祥森	台北:远景出版事业公司	1982
《湖滨散记:华尔腾湖畔》	孔繁云	台北:志文出版社	1984,1987
《梭罗日记》	景翔	台北:林白出版社	1985
《湖滨散记》	不详	台南:嘉鸿	1985
《世界文学全集 28(《复活》,《湖滨散记》)》	不详	台北:喜美出版社	1985
《湖滨散记》	孟祥森	台北:书华出版	1986,1987
《湖滨散记》	吴明实	台北:台湾英文杂志社	1987
《湖滨散记》	李淑贞编译	台北:九大	1988

继 1974 年应玛琍的硕士学位论文《〈湖滨散记〉原型意象的模式》之后,从 1976 年到 20 世纪 80 年代末,台湾地区出现了 7 篇以"梭罗"为题的硕士学位论文,其中 6 篇就与中国古典哲学有关。详情可见下表:

1976 年——1989 年间台湾以“梭罗”为题的硕士学位论文

年份	论文名称	作者	院系	单位
1979	《梭罗〈湖滨散记〉中表现之儒家思想》	谢力延	外国语文研究所	政治作战学院
1982	*Thoreau and Taoism: A Comparative Study*	Luke P. M. Chan	西洋语文研究所	淡江大学
1983	《吟游于华尔腾湖畔：梭罗的佛教般的修行》	聂志忠	西洋语文研究所	淡江大学
1983	《生活的雕塑家:梭罗〈湖滨散记〉之禅释》	袁哲生	西洋语文研究所	淡江大学
1985	《有土地如斯:埃默森，梭罗，和惠特曼三人之乐观主义》	蔡凤婷	外国语文学系	台湾中正大学
1986	《深层生态与道家思想:论梭罗之生态意识》	王清思	外国语文学系	台湾大学
1989	《自然与灵性:梭罗〈湖滨散记〉与〈庄子〉内篇之比较研究》	吴素真	西洋语文研究所	淡江大学

这 6 篇论文都采用了比较的研究方法,其中的 5 篇涉及中国的儒家、道家和佛家等传统思想,属于标准的比较文学研究领域。从研究题目的选择和研究方法的运用来看,这一时期台湾的研究生在论文撰写中,注重凸显中国学人的文化立场,发挥自身熟稔中国文化的优势,在梭罗与中国文化的交接部分做文章。究其根源,恐怕这与 1973 年台湾比较文学学会的成立有着一定的联系。

根据台湾期刊论文索引系统,可以发现这一时期台湾的学术期刊中也发表了不少探讨梭罗的论文,详情可见下表:

1976——1989 年间台湾地区发表的梭罗期刊论文

作者	论文名称	发表刊物	发表时间
陈长房	《华尔腾湖滨一哲人:亨利·戴维·梭罗》	《幼狮月刊》	1976(10)
	《〈湖滨散记〉结构与思想试析》	《幼狮月刊》	1977(1)
	《梭罗的〈湖滨散记〉矛盾语表达法》	《思与言》	1978(7)
	《梭罗与道家思想比较研究》	《出版与研究》	1978(8)
	《〈湖滨散记〉中的四书引句研究》	《思与言》	1978(11)
	《〈湖滨散记〉面面观》	《文艺月刊》	1980(3)
	《梭罗与老、庄道家思想》	《思与言》	1982(1)
	《梭罗与四书英译》	《世界华学季刊》	1982(9)
	《梭罗所认识的至圣先师—孔子》	《中华文化复兴月刊》,	1983(7)
	"Thoreau's Orientalism: Chinese Thought in *Walden*"	*Tamkang Review*	1987—1988(18)
李家祺	《美国最具影响力的作家——梭罗》	《大学杂志》	1981(7)
	《研究梭罗生活的重要专著》(译文)	《大学杂志》	1981(9)
	《梭罗的论著(1-2)》	《大学杂志》	1982(8-9)
	《梭罗的论著(3)》	《大学杂志》	1982(10)
	《梭罗的论著(4)》	《大学杂志》	1982(11)
	《梭罗的精神世界》	《东方杂志》	1984(1)

续表

作者	论文名称	发表刊物	发表时间
朱申苏	《梭罗及其作品——〈湖滨散记〉》	《弘光护专学报》	1977(6)
	"Thoreau and *Walden*"	《弘光护专学报》	1977(6)
马春英	"Hawthorne and Thoreau"	*Studies in English Literature and Linguistics*	1979(4)
	"Thoreau's Attitude Toward Women"	*Studies in English Literature and Linguistics*	1980(4)
朱炎	"Thoreau: The Most Chinese of All American Authors"	《美国研究》	1978(6)
王煜	《十九世纪美国文豪梭罗堪比庄周》	《中华文化复兴月刊》	1979(2)
陈元音	"Thoreau's *A Week on the Concord and Merrimack Rivers*: the Nature of Digressions"	《淡江学报》	1985(3)
张仕钟	"A Study of Henry David Thoreau's Social Criticism"	《云林工专学报》	1985(5)
林秀蓉	《〈红字〉与〈湖滨散记〉所反映的美国精神》	《史学会刊》	1987(6)

在这些研究者中,尤以陈长房和李家祺发表的论文数量最多。以 20 世纪 70、80 年代发表的成果为基础,陈长房于 1991 年出版了研究专著《梭罗与中国》。李家祺发表的论文数量虽然不少,但内容多以介绍为主,就研究深度而言,还是陈长房的系列研究成果质量更为突出。除了译著、学位论文和期刊论文,1982 年,台湾的名人书局推出了梁实秋主编的一套名人传记全集,其中就包括题为《梭罗》的传记一本。

在香港,1987 年出版了 *Walden* 的另外一个译本,即《湖滨散记(英汉对照)》(李光远译,香港:学林书店)。根据香港中文期刊索引(http://

hkinchippub. lib. cuhk. edu. hk/search. jsp)①的检索信息，本书只查到 1 篇以梭罗为题的文章在此期间问世，那就是《循梭罗足迹重游鳕鱼岬记》(佛眉，载《南北极》，1984 年第 174 期)。显然，与梭罗在台湾地区的译介和研究盛况相比，梭罗在香港此时的流传似乎有些冷清。

五、小结

从 1976 年"文化大革命"结束到 20 世纪 80 年代末，在新成立的美国文学研究会的带动和众多学人的努力下，在中美教育、文化和学术交流有所加强的情况下，美国文学的译介和研究经历了从走上复苏到快速发展的可喜历程。不过从整体来看，梭罗在中国内地依然影响甚微，只有极少数意识敏锐的作家和少数知识分子对梭罗表示了密切的关注。这与当时大的时代背景是分不开的：20 世纪 70 年代末我国推行思想解放和改革开放的新政策，社会进入了现代化发展的新阶段。国家在此期间主要致力于经济建设，关注物质文明的发展，人民也希望能够过上富裕的生活。而梭罗反对为了经济利益对大自然进行过分掠夺，反对为了追求物质享受而放弃生活质量，倡导人与自然应该和谐相处，应该过一种简朴的生活。这些理念在 20 世纪 70 和 80 年代的内地显得格格不入。此外，即便对梭罗开展研究，知识分子短时期内也难以完全走出"文革"的阴影，实现思想的解放和观念的更新，因此在梭罗在中国的传播和接受的复苏期内，梭罗研究主要是运用社会历史学批评的模式，研究中或多或少残留着过去盛行的阶级分析论的影子。这些成果在肯定梭罗取得的艺术成就的同时，也不忘一分为二地指出梭罗对资产阶级认识不彻底的局限性，这在从"文革"结束到 1985 年的梭罗研究中体现得较为明显。百科全书原本以知识评价的客观公正著称，但 1982 年版的《中国大百科全书》却在对梭罗的界说中体现了明显的以阶级论和政治立场确定的评价标准：

他(指梭罗)是 19 世纪超验主义运动的重要代表人物。他主张回归自然，以达到"自我完成"，这在本质上是资产阶级个性解放的思想。他提出'忠于自己'、'绝对自由'、'绝对野性'等口号，反映了资产者在上升时期的精神面貌，同时又体现了浪漫主义者对资本主义工业文明的唾弃。他主张归真返朴，反对奢侈和虚

① 《香港中文期刊论文索引》(HKInChiP) 为在香港出版的中文和双语期刊提供论文索引，引用的期刊超过三百种。大部分期刊之索引数据从 1980 年开始，但重要的学术期刊则从创刊号开始。收录最早的期刊为香港第一份中文刊物《遐迩贯珍》(1853 年 8 月 1 日出版)。

荣,反对追求物质享受,也指出了资本主义文明妨碍人性的发展。①

随着时间的推移、环境的变化和研究范式的转型,到了20世纪80年代中后期的时候,“文学在前一阶段的全面清理与批判反思的基础上向其自身回归,文学批评走向自觉”。②此时,运用以庸俗阶级论为指导思想的架空式批评③对梭罗其人其作进行剖析的成分日益弱化,于是梭罗研究逐步走上多元化的发展路径。而在此时的台湾和香港地区,由于没有经受内地政治动荡的冲击,所以梭罗著作的翻译和研究工作都取得了稳步进展。不管怎么来说,有一点终究是无可置疑的,即在复苏期内,梭罗的译介和传播为下一时期梭罗在国内翻译和研究兴盛局面的出现做好了充分的铺垫。

第四节　繁荣期:20世纪90年代初—2017年

进入20世纪90年代后的中国,多年快速的经济发展带来了物质的极大丰富,但由于过多地考虑经济发展而忽视了对生态的保护,生存环境日益恶化。人们对生态问题的关注和对精神生活的追求为梭罗在中国的传播提供了良好的氛围。于是,距离首次传入中国将近八十年后,梭罗在中国的翻译和研究进入了一个繁荣兴旺的时期。下面,本书将分别从梭罗在内地的翻译出版、内地研究梭罗的学位论文、内地研究梭罗的专著与期刊论文、课程教学中的梭罗、葛红兵和余杰眼中的梭罗、梭罗在台湾的翻译及相关研究等几个方面进行论述。

一、梭罗在内地的翻译出版

根据国家图书馆的书目检索以及参照其他的检索系统(检索时间:2018年2月1日),发现从20世纪90年代初至2017年,仅梭罗的名作 *Walden*,国内众多出版社就先后新出或再版了137个中文译本,出版次数达到170次,100位译者参与了 *Walden* 的翻译。虽然 *Walden* 的中文版本数量众多,但仅就出版社的译者选择

① 中国大百科全书出版社编辑部编:《中国大百科全书》(外国文学Ⅱ),中国大百科全书出版社1982年版,第974页。

② 韩伟、黄亚妮:《文学回归自身与走向自觉的文学批评——论80年代中后期的文学批评(1985—1990)》,载《中国社会科学院研究生院学报》,2009年第4期,第103页。

③ 根据王志耕的说法,“所谓架空批评就是狭义的唯心批评,它无视作品的客观存在,使用‘放之四海而皆准’的阶级分析法,将所有作品硬性划分为各阶级所述。”参见王志耕:《外国文学研究的主体意识》,载《外国文学研究》,1987年第1期,第68页。

和出版次数来看,最受欢迎的首推徐迟(7 家出版社,出版 15 次)、潘庆舲(14 家出版社,出版 14 次)和王光林(7 家出版社,出版 9 次)的译本,其次是王义国(4 家出版社,出版 10 次)、高格(4 家出版社,出版 7 次)、李暮(4 家出版社,出版 4 次)和苏福忠(1 家出版社,出版 5 次)的译本。*Walden* 翻译出版的详情可以参见下表:

20 世纪 90 年代初——2017 年中国大陆翻译出版的 *Walden* 译本

译者	译著名称	出版社	出版年份
徐迟	《瓦尔登湖》	上海译文出版社	1993,1997,2003,2004,2006,2009,2011
	《瓦尔登湖》	吉林人民出版社	1997
	《瓦尔登湖》	沈阳出版社	1999
	《瓦尔登湖》	中国国际广播出版社	2008,2012
	《瓦尔登湖》	中国盲文出版社	2013,2014
	《瓦尔登湖》	外文出版社	2014
	《瓦尔登湖》	中国宇航出版社	2016
潘庆舲	《瓦尔登湖》	上海社会科学院出版社	2007
	《瓦尔登湖》	长江文艺出版社	2008
	《瓦尔登湖》	中国国际广播出版社	2008
	《瓦尔登湖》	中国华侨出版社	2010
	《瓦尔登湖》	湖南文艺出版社	2011
	《瓦尔登湖》	吉林文史出版社	2014
	《瓦尔登湖》	长江少年儿童出版社	2014
	《瓦尔登湖》	延边人民出版社	2014
	《瓦尔登湖》	中国盲文出版社	2014
	《瓦尔登湖》	花城出版社	2014
	《瓦尔登湖》	上海译文出版社	2015
	《瓦尔登湖》	作家出版社	2015
	《瓦尔登湖》	浙江教育出版社	2017
	《瓦尔登湖》	国际文化出版公司	2017

续表

译者	译著名称	出版社	出版年份
王光林	《湖滨散记》	作家出版社	1998
	《瓦尔登湖》	长江文艺出版社	2005,2007,2011
	《瓦尔登湖》	湖南少年儿童出版社	2014
	《瓦尔登湖》	巴蜀书社	2015
	《瓦尔登湖》	中央编译出版社	2015
	《瓦尔登湖》	商务印书馆	2016
	《瓦尔登湖》	北京理工大学出版社	2016
王义国	《瓦尔登湖》	北京燕山出版社	2008,2010,2011,2013,2014,2016
	《瓦尔登湖》	中国文联出版社	2014,2015
	《瓦尔登湖》	中译出版社	2016
	《瓦尔登湖》	作家出版社	2016
高格	《瓦尔登湖》	中译出版社	2013,2017
	《瓦尔登湖》	北京联合出版公司	2014,2015,2016
	《瓦尔登湖》	中国华侨出版社	2016
	《瓦尔登湖》	中华工商联合出版社有限责任公司	2017
李暮	《瓦尔登湖》	上海三联书店	2008
	《瓦尔登湖》	北京理工大学出版社	2010
	《瓦尔登湖》	文汇出版社	2010
	《瓦尔登湖》	译林出版社	2017
田然	《瓦尔登湖》	吉林出版集团有限责任公司	2011
	《瓦尔登湖》	安徽人民出版社	2012
	《瓦尔登湖》	北京联合出版公司	2015
戴欢(代诗圆)	《瓦尔登湖》	当代世界出版社	2003
	《瓦尔登湖》	中国画报出版社	2010
	《瓦尔登湖》	长江文艺出版社	2015
田伟华	《瓦尔登湖》	内蒙古人民出版社	2001
	《瓦尔登湖》	中国三峡出版社	2010

续表

译者	译著名称	出版社	出版年份
张知遥	《瓦尔登湖》	哈尔滨出版社	2003
	《瓦尔登湖》	天津教育出版社	2005
杨家盛	《瓦尔登湖》	天津教育出版社	2004
	《瓦尔登湖》	漓江出版社	2013
林志豪	《瓦尔登湖》	海南出版社	2007
	《瓦尔登湖》	天津教育出版社	2008
王家湘	《瓦尔登湖》	北京十月文艺出版社	2007
	《瓦尔登湖》	中国国际广播出版社	2008
亦言	《瓦尔登湖》	汕头大学出版社	2010,2012
	《瓦尔登湖》	中国友谊出版公司	2013,2014
张扬	《瓦尔登湖》	吉林美术出版社	2014
	《瓦尔登湖》	黑龙江科学技术出版社	2015
杜先菊	《瓦尔登湖》	华东师范大学出版社	2015
	《瓦尔登湖》	人民文学出版社	2017
苏福忠	《瓦尔登湖》	人民文学出版社	2004,2006,2008,2011,2015
刘绯	《瓦尔登湖》	花山文艺出版社	1996
张玲	《瓦尔登湖》	远方出版社	1999
袁文玲	《瓦尔登湖》	外文出版社	2000
曹仁雪	《瓦尔登湖》	上海科学技术文献出版社	2003
纵华政	《瓦尔登湖》	中国电影出版社	2005
曾光辉	《湖滨散记》	中国书籍出版社	2005
田颖、朱春飞	《瓦尔登湖》	陕西人民出版社	2005
张悦	《瓦尔登湖》	北方文艺出版社	2008
李津	《瓦尔登湖》	天津科技翻译出版公司	2008
成维安	《瓦尔登湖》	北方文艺出版社	2009
吕晓滨	《瓦尔登湖》	北方妇女儿童出版社	2009
叶子	《瓦尔登湖》	辽宁教育出版社	2010
孔繁云	《瓦尔登湖》	贵州人民出版社	2010

续表

译者	译著名称	出版社	出版年份
梁栋	《瓦尔登湖》	译林出版社	2010
仲泽	《瓦尔登湖》	四川文艺出版社	2010,2011,2014,2017
王金玲	《瓦尔登湖》	重庆出版社	2010
刘永升	《瓦尔登湖》	大众文艺出版社	2010
穆紫	《瓦尔登湖》	北方妇女儿童出版社	2011
宋璐璐	《瓦尔登湖》	云南人民出版社	2010,2011
徐崇信、林本椿	《瓦尔登湖》	译林出版社	2011,2012,2013,2017
穆紫	《瓦尔登湖》	北方妇女儿童出版社	2011
王勋、纪飞等	《瓦尔登湖》	清华大学出版社	2011
周玮、彭萍	《瓦尔登湖》	中国宇航出版社	2011
郭跃渊	《瓦尔登湖:梭罗散文选》	江苏文艺出版社	2012
曾光辉	《瓦尔登湖》	中国致公出版社	2012
黄毅、孙梦霞	《瓦尔登湖》	凤凰出版社	2012
王军平	《瓦尔登湖》	延边教育出版社	2012
文真明	《瓦尔登湖》	立信会计出版社	2012
李继宏	《瓦尔登湖》	天津人民出版社	2013,2017
青闰、刘建东	《瓦尔登湖》	中国致公出版社	2013
张仙平	《瓦尔登湖》	江苏人民出版社	2013
古卫东	《瓦尔登湖》	光明日报出版社	2013
范宗标	《瓦尔登湖》	安徽师范大学出版社	2013
邓敏华	《瓦尔登湖》	线装书局	2013
费诗云	《瓦尔登湖》	北方妇女儿童出版社	2013
李育超	《瓦尔登湖》	中国对外翻译出版公司	2013
赵静	《瓦尔登湖》	重庆出版社	2013

续表

译者	译著名称	出版社	出版年份
吴文静	《瓦尔登湖》	安徽文艺出版社	2013
穆秋月	《瓦尔登湖》	中国华侨出版社	2013
李新	《瓦尔登湖》	吉林大学出版社	2014
李爱军	《瓦尔登湖》	上海科学普及出版社	2014
鲍荣、何栓鹏	《瓦尔登湖·论公民的不服从义务》,	北京时代华文书局	2014
张健	《瓦尔登湖》	吉林美术出版社	2014
涅鲁派尔·穆萨巴耶娃	《瓦尔登湖》(维吾尔文)	新疆人民出版社	2014
杨帆	《瓦尔登湖》	中国华侨出版社	2014
谢婷	《瓦尔登湖》	南海出版公司	2015
徐枫	《瓦尔登湖》	群言出版社	2015
熊兵娇	《瓦尔登湖》	中国书籍出版社	2015
黄毅	《瓦尔登湖》	江苏凤凰文艺出版社	2015
欧阳瑾	《瓦尔登湖》	二十一世纪出版社集团	2015
张敏杰	《瓦尔登湖》	远方出版社	2015
冯慧娟	《瓦尔登湖》	吉林出版集团有限责任公司	2015
王燕珍	《瓦尔登湖》	北京理工大学出版社	2015
方竹	《瓦尔登湖》	线装书局	2015
徐自琛	《瓦尔登湖》	西安交通大学出版社	2015
姜筱菡	《瓦尔登湖》	团结出版社	2016
姚树君	《瓦尔登湖》	时代文艺出版社	2016
戈秀兰	《瓦尔登湖》	煤炭工业出版社	2016
高鹏	《瓦尔登湖》	北京工艺美术出版社	2016
李漫	《瓦尔登湖》	群言出版社	2016
名家编译委员会	《瓦尔登湖》	北京日报出版社	2016
郭泽英	《瓦尔登湖》	中国文联出版社	2017
梁新宇	《瓦尔登湖》	沈阳出版社	2017

续表

译者	译著名称	出版社	出版年份
王家新、李昕	《瓦尔登湖》	湖南人民出版社	2017
王耀	《瓦尔登湖》	吉林文史出版社	2017
麦芒	《瓦尔登湖》	天津人民出版社	2017
李继宏	《瓦尔登湖》(青少年读本)	天津人民出版社	2017
徐岩	《瓦尔登湖》	研究出版社	2017
黄需鋈	《瓦尔登湖》	民主与建设出版社有限责任公司	2017
龚勋	《瓦尔登湖》	开明出版社	2017
林毓文	《瓦尔登湖》	陕西师范大学出版社	2017
李家真	《瓦尔登湖》	中华书局	2017
文竹	《瓦尔登湖》	中国华侨出版社	2017
李静滢	《瓦尔登湖》	中国画报出版社	2017

Walden 在中国内地的翻译可谓十分火爆,众多出版社和译者都加入了该作品的翻译行列,出现了集中淘金的奇怪现象,其行为耐人寻味。对 *Walden* 的不断复译和不断再版至少说明了两个问题:一是 *Walden* 已有的中文译本不尽完美,译文或多或少存在一些瑕疵。早在 2004 年,就有学者宣称仅就抽样调查的几个译本来看,“很难说它们已达到了‘化境’,都还存在着各种各样问题。其中,在神话、典故和出处等方面存在着比较明显的疏漏和错误”,①所以那一次又一次的复译体现着一代代的译者对尽善尽美的执着追求。后来不断涌现的译本是一种文化积累,它们与徐迟的首译之间不是“对立的关系,而应该是互补的关系,是继承与拓展的关系”。②二是 *Walden* 在当下的中国拥有庞大的读者市场,对利润的追求或许也是促使众多出版社不愿舍弃翻译该书的重要因素之一。如天津教育出版社 2004 年版的《瓦尔登湖》译本就打出了“一百五十年常销不衰的绿色心灵圣经”的旗号。“常销不衰”一方面表明《瓦尔登湖》具有巨大的艺术价值,另一方面恐

① 孙胜忠:《从文化传译看梭罗 *Walden* 的三个中文译本》,载《上海科技翻译》,2004 年第 1 期,第 62 页。

② 全晓书、郭丽琨:《文学作品价值需要在不断复译中展现》,载《中国改革报》,2004 年 11 月 9 日。

怕也暗示了该书长久的市场魅力。当然，国内翻译界习惯性的跟风和一哄而上也对此种乱局起到了推波助澜的作用。

在对 *Walden* 译名的选择上，内地绝大多数译者都采用了《瓦尔登湖》，这既体现了内地翻译界注重标题直译的翻译策略，也反映了译者对读者先入为主的思维习性的考虑。1998 年，王光林曾将 *Walden* 译作港台地区通行的译名《湖滨散记》，交由作家出版社出版，但到了 2005 年译本改由长江文艺出版社发行时，王光林又将译名改成了内地读者较为熟悉的《瓦尔登湖》。倘若对这种现象进行追根究源的刨问的话，《瓦尔登湖》译名的确定则要始自徐迟 1982 年修改的译本。1949 年时，徐迟将之译作《华尔腾》，里面并无一个"湖"字，而且"华尔腾"与"瓦尔登"的翻译差别并不太大。但在 20 世纪 80 年代进行修改的时候，徐迟参考借鉴了香港吴明实的《湖滨散记》，于是译名就变成了后来通行于内地的《瓦尔登湖》。

Walden 的译本呈现出多样化的状态，除了全译本，还出现了编译本、中英对照本以及根据中译本转译而成的盲文本和维吾尔语译本。此时，梭罗的其他作品在国内也推出了中文译本，但远没有《瓦尔登湖》那般受欢迎，其中出版次数相对较多的是《康科德和梅里马克河上一周》、《种子的信仰》(*Faith in a Seed*)、《远足》(*Excursions*)和《秋色》(*Autumnal Tints*)。具体情况可见下表：

20 世纪 90 年代初—2017 年梭罗其他作品在内地的翻译出版

出版年份	译著名称	译者	出版社
1996	《梭罗集》(上、下)(含《在康科德和梅里马克河上一周》、《科德角》、《缅因森林》)	陈凯等	生活・读书・新知三联书店
2000	《山・湖・海》	台湾蓝瓶子文化编译小组	中国对外翻译出版公司
2004	《自然之书》	陶文江，吴云丽	中国妇女出版社
2005	《河上一周》	深幻	当代世界出版社
2005	《梭罗日记》	朱子仪	北京十月文艺出版社
2005	《种子的信仰》	何广军等	中国青年出版社
2005	《种子的信念》	孙晶	北京燕山出版社
2006	《最优美的散文》	徐翰林	中国对外翻译出版公司
2007	《心灵漫步》	林志豪	海南出版社

续表

出版年份	译著名称	译者	出版社
2007	《寻找精神家园》	史国强	中信出版社
2009	《河上一周》	宇玲	北方文艺出版社
2009	《缅因森林》	戴亚杰	北方文艺出版社
2009	《心灵漫步·科德角》	孙达	北方文艺出版社
2009	《秋色》	董继平	甘肃人民美术出版社
2009,2017	《野果》	石定乐	新星出版社
2010	《我的栖身之所,我的人生目的》	李育超	中国对外翻译出版公司
2010,2011	《种子的信仰》	王海萌	上海书店出版社
2010	《寻找精神家园》	方碧霞	外语教学与研究出版社
2010	《中国最美的散文 世界最美的散文大全集》(朱自清,梭罗等)	刘颖等	高等教育出版社
2011	《梭罗散文》	苏福忠	人民文学出版社
2012	《河上一周》	陈凯	商务印书馆
2012,2015	《复乐园》	任伟	四川文艺出版社
2012	《远行》	董晓娣	光明日报出版社
2012	《荒野孤舟》	杜伟华	光明日报出版社
2013	《梭罗散文精选》	王光林	长江文艺出版社
2013	《世事纷扰,安得静好:梭罗最美的文字》	洪言	石油工业出版社
2013	《远足》	江山等	江苏人民出版社
2013	《远行》	李妍	古吴轩出版社
2013	《把沉睡的时光摇醒》	吴文智	中国华侨出版社
2013	《秋色》	曹和明改写	北方妇女儿童出版社
2014	《种子的信仰》	江山	东方出版社
2014	《梭罗论人生》	苏福忠	上海人民出版社
2014	《瓦尔登湖的反光:梭罗日记》	朱子仪	金城出版社

续表

出版年份	译著名称	译者	出版社
2015	《梭罗的极简智慧》	哲空空编译	北京时代华文书局
2015	《穿指流沙细数年华:那些发人深省的英语哲理美文》(海明威,梭罗等著)	南玉祥	江苏凤凰科学技术出版社
2015	《去你梦想的方向,过你想过的生活》	李安安	北京时代华文书局
2015	《秋色》	董继平	青海人民出版社
2015	《带自己回家:让疲惫的心灵重获新生》	孙其宁等	江苏凤凰文艺出版社
2015	《生命的信仰:寻回内心本来的力量》	薛婷、孙其宁	江苏凤凰文艺出版社
2015	《缅因森林》	任伟	四川文艺出版社
2015	《在花朵前,春天让我欣喜》(梭罗等)	方圃	北京时代华文书局
2016	《总有一个念想,推着我们向前》(梭罗等)	方圃	北京时代华文书局
2016	《你不比一朵野花更孤独》,	郭跃渊	江苏凤凰文艺出版社
2017	《〈瓦尔登湖〉艺术笔记》	杜先菊	人民文学出版社
2017	《河上一周》	曹晓玲	四川文艺出版社
2017	《做一个不惑的人,不忧、不惧过一生》	方华文	北京日报出版社

这些翻译涉及了梭罗创作中有关自然文学的作品、部分日记、书信和晚期的自然史,但相较于梭罗卷帙浩繁的原作来说,这只是浮在水面上的冰山一角而已。翻译的失衡和不够全面,自然在一定程度上影响了国内学界对梭罗研究工作的深

入开展。

在此期间,有些期刊和文选还零星地刊登了梭罗的部分散文、书信、诗歌和政论文的翻译,如《梭罗——别具一格的超验主义诗人》(张晶、袁光晓译,载《文化译丛》,1993 年第 4 期)包含了梭罗的《太阳的纬线,飘渺的薄纱》和《融雪》两首诗歌;飞白主编的《世界诗库》(北美·大洋洲)(花城出版社,1994)收有梭罗的诗歌 3 首:《请问这甜蜜的寒冷属于哪块土地》(飞白译),《冬天的回忆》及《烟》(张爱玲译);申奥编译的《美国名家散文选》(百花文艺出版社,1996)选有梭罗的《步行》;叶廷芳主编的《外国名家随笔金库》(上)(百花文艺出版社,1996)收有梭罗的《致爱默森君》(张心漪译);王逢振选编的《世界散文经典·美国卷》(春风文艺出版社,1997)收有《日记三则》;何怀宏主编的《西方公民不服从的传统》(吉林人民出版社,2001)收有梭罗的《公民不服从》(张晓辉翻译);董衡巽和朱世达主编的《美国经典散文》(上海文艺出版社,2004)收有梭罗的《日记三则》(1837 年 12 月 19 日;1837 年 12 月 23 日;1850 年);2007 年第 10 期的《滇池》杂志选译了《秋色》的片段。

最后,还有一些关于梭罗的研究类图书和语言学习读物也在此期间得以出版。2002 年中华书局出版了斯蒂芬·哈恩著、王艳芳翻译的《梭罗》,同年东方出版社推出了罗伯特·米尔德著、马会娟翻译的梭罗传记《重塑梭罗》。2017 年,北京联合出版公司出版了勒罗伊编、陈晓林译的《梭罗:再见瓦尔登湖》,同年黑龙江教育出版社出版了艾伦·雅各布斯编、杨改姣和刘畅译的《与亨利·戴维·梭罗对话》。除了上述译本和译作之外,国内还有许多出版社直接引进了一些英文版的梭罗作品和研究专著,以供外语学习和开展学术研究之用。详情可见下表:

20 世纪 90 年代初—2017 年国内出版的英文版的梭罗作品和研究专著

作者	著作名称	出版社	出版年份
安德斯特改编、尉小龙等注释	《林中生活》	北京师范大学出版社	1994
Joel Myerson	*The Cambridge Companion to Henry David Thoreau*	上海外语教育出版社	2000
H. D. Thoreau	Walden *and Other Writings*	海南出版社	2001
H. D. Thoreau	《瓦尔登湖》	内蒙古人民出版社	2001

续表

作者	著作名称	出版社	出版年份
H. D. Thoreau	*Thoreau: Political Writings*	中国政法大学出版社	2003
H. D. Thoreau, 孙胜忠注释	《瓦尔登湖》	上海外语教育出版社	2004
H. D. Thoreau	《激扬文字》	海南出版社	2007
H. D. Thoreau	《善待自己》	海南出版社	2007
H. D. Thoreau	《爱的馈赠》	海南出版社	2007
H. D. Thoreau	《人生百味》	海南出版社	2007
H. D. Thoreau	《绽放生命》	海南出版社	2007
H. D. Thoreau	《爱与人生》	海南出版社	2007
Robert F. Sayre	*New Essays on* Walden	北京大学出版社	2007
H. D. Thoreau	《瓦尔登湖》	中央编译出版社	2008
H. D. Thoreau	《瓦尔登湖》	外文出版社	2008
H. D. Thoreau	《瓦尔登湖》	世界图书北京出版公司	2009
H. D. Thoreau	《瓦尔登湖》	外语教学与研究出版社	2009
H. D. Thoreau	《瓦尔登湖》	中国国际广播出版社	2012
H. D. Thoreau	《瓦尔登湖》	外文出版社	2013,2015
H. D. Thoreau	《瓦尔登湖》	辽宁人民出版社	2013
H. D. Thoreau, 孙怡等注释	《瓦尔登湖》	上海世界图书出版公司	2013
H. D. Thoreau, 闫斌注释,	《瓦尔登湖》	人民邮电出版社	2015
H. D. Thoreau	《瓦尔登湖》	译林出版社	2016
H. D. Thoreau	《瓦尔登湖》	民主与建设出版社	2017
H. D. Thoreau, 江颖注解	《瓦尔登湖》	华东理工大学出版社	2017
H. D. Thoreau	《瓦尔登湖》	吉林大学出版社	2017

国内这些梭罗著作中文译本的出版及相关英文文献的引进,在一定程度上促进了国人对梭罗的研究。Joel Myerson 主编的 *The Cambridge Companion to Henry David Thoreau*(2000)为研究梭罗的论文集,共收录欧美学者对梭罗研究的最新论文 13 篇。该书和中华书局推出的《梭罗》(2002)书后均附有参考书目,这不但开拓了国内研究者的视野,还为研究工作的进一步展开提供了较为翔实的参考资料,对国内的梭罗研究工作起到了良好的指导作用。

二、内地研究梭罗的学位论文

根据中国知网和国家图书馆网站的多重检索(检索时间:2018 年 2 月 3 日),查找到以“梭罗”为题的博士学位论文 8 篇。还有一些博士学位论文虽然不以“梭罗”为专题研究对象,但行文中有不少篇幅论及梭罗,比如程虹的《自然与心灵的交融:论美国自然文学的缘起、发展与现状》(中国社会科学院,2000),曾建平的《自然之思——西方生态伦理思想探究》(湖南师范大学,2002).,朱新福的《美国生态文学研究》(苏州大学,2005),宋丽丽的《文学生态学建构——生态批评的思考》(北京语言大学,2005),张晓琴的《中国当代生态文学研究》(兰州大学,2008),方丽的《环境的想象——劳伦斯·布伊尔生态批评理论研究》(北京语言大学,2009),杨文臣的《当代西方环境美学研究》(山东大学,2010),胡碧媛的《厄普顿. 辛克莱小说生态危机主题研究》(南京大学,2011),江锦年的《美国超验主义散文艺术比较研究》(武汉大学,2012),朱利华的《“生态大我”与生态批评的建构》(北京大学,2015),董国艳的《中国新时期生态散文研究》(山东师范大学,2016)等等。以“梭罗”为题的博士学位论文具体情况如下表所示:

20 世纪 90 年代初—2017 年国内发表的以“梭罗”为题的博士学位论文

发表年份	作者	论文题目	毕业院校
1998	程爱民	《论梭罗的自然观》	南京大学
2006	韩德星	《上升的修辞:从人格学角度看梭罗的个人主义与生命诗学》	南开大学
2006	谢志超	《爱默生、梭罗对四书的接受:比较文学视野中的超验主义研究》	上海师范大学
2007	陈茂林	《诗意栖居:亨利·大卫·梭罗的生态批评》	南开大学
2008	李洁	《论梭罗与中国的关系》	复旦大学

续表

发表年份	作者	论文题目	毕业院校
2010	陈乐福	《亨利·戴维·梭罗"自我完善"式社会改革思想研究》	南京大学
2010	刘略昌	《梭罗与其作品在中国的传播和接受:1921—2009》	上海师范大学
2011	孙霄	《瓦尔登湖畔的自由之帆:梭罗自由观诗学研究》	陕西师范大学

虽然比世界上研究梭罗的首篇博士学位论文(1899)的出现晚了将近一百年,但程爱民的《论梭罗的自然观》(1988)是中国大陆研究梭罗的第一篇研究生学位论文,也是进入新世纪之前唯一的一篇研究生学位论文,其开拓意义在梭罗在中国的传播史上不容小觑。获得博士学位的研究生构成了外国文学研究的重要新生力量,上面提到的八位博士均在此后的学术期刊上发表了一系列以"梭罗"为题的研究论文。以"梭罗"或"《瓦尔登湖》"为题的硕士学位论文数量达到了惊人的133篇,但其中的多数选题比较重复。这些论文主要致力于剖析梭罗的生态思想,对梭罗与中国的儒道思想或陶渊明等中国作家进行平行或影响研究,对梭罗作品的译本予以分析等等。详情可参见下表:

20世纪90年代初—2017年以"梭罗"为题的硕士学位论文

年份	论文标题	姓名	专业	毕业院校
2001	《评梭罗〈瓦尔登湖〉的主题及其现实意义》	高莲红	英语语言文学	辽宁大学
	《回归自然:陶渊明与梭罗的自然哲学》	黄珊	英语语言文学	广西师范大学
	《世界存在于自然之中:论梭罗的环境意识》	李小重	英语语言文学	华中师范大学

续表

年份	论文标题	姓名	专业	毕业院校
2003	《社会、文化、自然:生态批评视野里的〈瓦尔登湖〉》	王学良	比较文学与世界文学	北京大学
	《回归自然:重访梭罗和他的世界》	张伯菁	外国语言学及应用语言学	陕西师范大学
2004	《〈瓦尔登湖〉:重探梭罗的深层生态学思想》	黄幼	英语语言文学	南京师范大学
2005	《从星空到大地:论爱默生、梭罗和惠特曼笔下的"自然"主题》	黄丹	比较文学与世界文学	南京师范大学
	《绿色荒野的生命体悟:论梭罗的自然观和生态思想》	张群芳	比较文学与世界文学	广西师范大学
	《论梭罗的文学形象与生态寓意》	陈媛媛	比较文学与世界文学	北京大学
	《从中国传统哲学的角度比较陶渊明与梭罗》	王萍	英语语言文学	天津师范大学
	《对亨利·梭罗〈瓦尔登湖〉的生态解读》	童慧雁	英语语言文学	对外经济贸易大学
	《亨利·大卫·梭罗自然观中自然的神性与野性》	罗旭	英语语言文学	南开大学
	《〈瓦尔登湖〉:人与自然和谐关系的再现》	吴迪	英语语言文学	郑州大学
	《"生"与"爱":论工业时代梭罗的宇宙生命观》	马军红	英语语言文学	中山大学
	《〈瓦尔登湖〉两种译本风格传译之比较》	杨占	英语语言文学	上海大学
	《从异化观的角度解读亨利·戴维·梭罗的自然观》	吴琼	外国语言学及应用语言学	对外经济贸易大学
	《功能对等理论在英语文学散文翻译中的适用性:对〈瓦尔登湖〉三个中译本的个案分析》	李静	外国语言学及应用语言学	陕西师范大学

续表

年份	论文标题	姓名	专业	毕业院校
2006	《〈瓦尔登湖〉的生态学哲思:梭罗思想解读》	曹蕾	科学技术哲学	大连理工大学
	《论梭罗的自然观:梭罗思想与道家观点之比较》	李静	比较文学与世界文学	南昌大学
	《多元文化语境中徐迟译〈瓦尔登湖〉的现代诠释》	张辉	比较文学与世界文学	中南大学
	《论梭罗的文明观:梭罗思想与道家观点之比较》	粟孝君	英语语言文学	湖南师范大学
	《诗意的人生:阐释〈瓦尔登湖〉蕴涵的生活哲学》	任素娟	英语语言文学	华中师范大学
	《诗意之生存:论梭罗自然、人生与社会观》	王姗姗	英语语言文学	山东大学
	《〈瓦尔登湖〉主题分析》	曹麟	英语语言文学	辽宁大学
	《〈瓦尔登湖〉中隐喻的文体意义》	孟彩虹	英语语言文学	中国石油大学(华东)
	《英译汉语篇连贯重构的功能分析:徐迟〈瓦尔登湖〉研究》	洪娜	英语语言文学	华中师范大学

续表

年份	论文标题	姓名	专业	毕业院校
2007	《回归自然——梭罗的环境伦理思想研究》	胡友红	伦理学	南京林业大学
	《荒野与人的生态解读:梭罗、穆尔和福克纳的个案研究》	欧阳闻捷	比较文学与世界文学	北京大学
	《梭罗的生态思想研究》	陈初	比较文学与世界文学	厦门大学
	《在自然的沉思中相遇:陶渊明与梭罗的自然观比较论》	王永霞	比较文学与世界文学	兰州大学
	《〈瓦尔登湖〉:生态思想和实践的朝圣历程》	范钦佩	英语语言文学	北京交通大学
	《对亨利·大卫·梭罗〈瓦尔登湖〉中自然观的研究》	池云玲	英语语言文学	哈尔滨工程大学
	《梭罗的〈瓦尔登湖〉中蕴含的深层生态学思想》	张伟	英语语言文学	中国海洋大学
	《追求理想的生活:亨利·大卫·梭罗〈瓦尔登湖〉的主题研究》	张建静	英语语言文学	山东大学
	《文体分析在〈瓦尔登湖〉汉译本对比研究中的运用》	徐向晖	英语语言文学	华中师范大学
	《寻求着人与自然的和谐:试析梭罗矛盾的自然观》	韩海琴	英语语言文学	河南大学
	《亨利·大卫·梭罗的双重性》	周雪松	英语语言文学	中国人民解放军外国语学院
	"Achieving Oneness with Nature: A Study of the Impact of Ancient Chinese Thoughts on Thoreau's *Walden*"	唐加玲	英语语言文学	云南大学

续表

年份	论文标题	姓名	专业	毕业院校
2008	《欣赏的和谐:以梭罗的自然观反思中国环境教育》	方萍	马克思主义理论与思想政治教育	武汉理工大学
	《论梭罗的自然观念及其生态伦理意蕴》	武云	世界史	山东大学
	《试论梭罗的环境思想:对梭罗〈瓦尔登湖〉的思考》	吕志君	世界史	山东师范大学
	《论梭罗〈瓦尔登湖〉中的儒家与道家思想》	杜新宇	比较文学与世界文学	吉林大学
	《〈瓦尔登湖〉中蕴含的生态观解读》	刘悦	比较文学与世界文学	云南大学
	《人与自然的和谐共生:梭罗的生态思想与中国"天人合一"观念比较研究》	王继燕	比较文学与世界文学	内蒙古师范大学
	《梭罗和陶渊明的自然观比较研究:心灵与自然的融合》	孙晶鹤	英语语言文学	辽宁师范大学
	《庄子中的自由思想与梭罗〈瓦尔登湖〉中的自由观的比较研究》	徐明	英语语言文学	浙江大学
	《多元系统理论的适用性:对〈瓦尔登湖〉三个中译本的比较研究》	吴已英	英语语言文学	浙江大学
	《〈瓦尔登湖〉的生态解读》	王多娇	英语语言文学	辽宁大学
	《〈瓦尔登湖〉的生态伦理思想解读》	陈晨	英语语言文学	扬州大学
	《重访梭罗:生态批评视角下的〈瓦尔登湖〉研究》	李存安	外国语言学及应用语言学	武汉理工大学
	《功能对等在〈瓦尔登湖〉汉译过程中的应用》	曾昵娟	外国语言学及应用语言学	浙江大学

续表

年份	论文标题	姓名	专业	毕业院校
2009	《梭罗与沈从文的生态共鸣》	施继业	比较文学与世界文学	重庆师范大学
	《天人合一:论亨利·大卫·梭罗的〈瓦尔登湖〉所蕴含的环境美德伦理思想》	陈慧	英语语言文学	厦门大学
	《从文化传译角度译析〈瓦尔登湖〉四个汉译本》	赵黎明	英语语言文学	复旦大学
	《〈瓦尔登湖〉双关现象汉译研究》	王昭	语言学及应用语言学	华东师范大学
	《〈瓦尔登湖〉生态思想和中国的接受》	赵英	比较文学与世界文学	厦门大学
	《自然是一首失传的诗:爱默生超验主义自然观与华兹华斯、梭罗自然观比较》	孙益敏	文艺学	苏州大学
	《从〈瓦尔登湖〉看梭罗的生态伦理思想与实践》	童莉	英语语言文学	中南大学
	《陶渊明和梭罗回归自然的美学意蕴》	朱高利	文艺学	西北师范大学
	《〈瓦尔登湖〉徐、潘汉译本中的文体对比分析》	范心恒	外国语言学及应用语言学	湖北工业大学
	《语境顺应理论与〈瓦尔登湖〉的翻译》	潘小丽	外国语言学及应用语言学	太原理工大学
	《描述翻译学视角下的文化意象翻译研究:论徐迟译〈瓦尔登湖〉》	邱文颖	英语语言文学	中南大学

续表

年份	论文标题	姓名	专业	毕业院校
2010	《梭罗自然观研究》	金涛	比较文学与世界文学	东北师范大学
	《〈瓦尔登湖〉和梭罗的生态伦理解读》	陈政武	英语语言文学	南京理工大学
	《走向瓦尔登湖:人与自然的道德精神家园:从生态伦理学角度解读梭罗的〈瓦尔登湖〉》	郑慧	比较文学与世界文学	山东师范大学
	《跨文化视野下的自然审美比较研究:以"永州八记"与〈瓦尔登湖〉为例》	李洪辉	中国语言文学	西南交通大学
	《走出人类中心主义:从〈鲁滨逊漂流记〉和〈瓦尔登湖〉看人类自然观的转变》	范祖承	比较文学与世界文学	福建师范大学
2011	《梭罗文学风格探析及其成因分析:以〈瓦尔登湖〉为例》	方澜	英语语言文学	上海交通大学
	《诗意栖居之梦:论梭罗〈瓦尔登湖〉的生态思想》	李文粹	比较文学与世界文学	海南大学
	《现实主义者梭罗:从〈瓦尔登湖〉中的动物看人与自然》	刘琴	英语语言文学	安徽大学
	《亨利·大卫·梭罗〈瓦尔登湖〉中自然观的儒家渊源研究》	徐玉红	英语语言文学	哈尔滨工程大学
	《诗意的栖居者:梭罗与陶渊明的生态思想比较研究》	林雪花	英语语言文学	广东商学院
	《梭罗的政治思想研究》	李莉	英语语言文学	山东大学
	《梭罗和迪拉德自然文学比较研究:以〈瓦尔登湖〉和〈汀克溪的朝圣者〉为例》	张乃心	英语语言文学	辽宁大学
	《关联理论视角下对〈瓦尔登湖〉三个译本的对比》	高洁	英语语言文学	南京大学
	《〈瓦尔登湖〉中的生态思想研究》	王巍	英语语言文学	山东大学

续表

年份	论文标题	姓名	专业	毕业院校
2012	《梭罗的生态生存观探究》	王娇庆	伦理学	华侨大学
	《超越悖论:析梭罗的生活实验》	冯翠娥	英语语言文学	重庆大学
	《从梭罗对科学的双重情感视角分析其生态思想》	郭莹	科学技术哲学	沈阳工业大学
	《寓言形象的感应、共振、差异:再论庄子与梭罗的思想内涵》	吴沙沙	比较文学与世界文学	集美大学
	《〈瓦尔登湖〉的生态蕴意及其对生态批评和现代社会的意义》	王怡	英语语言文学	浙江大学
	《〈瓦尔登湖〉汉译中陌生化的再现:以徐迟译本为例》	陈星伊	英语语言文学	湖南科技大学
	《从接受理论角度分析〈瓦尔登湖〉的两个汉译本》	张燕	英语语言文学	合肥工业大学
2013	《从〈瓦尔登湖〉看梭罗的自然观》	唐园	比较文学与世界文学	中南大学
	《〈瓦尔登湖〉的生态叙事:湖泊书写》	蔡菊平	比较文学与世界文学	江西师范大学
	《梭罗〈瓦尔登湖〉的休闲思想研究》	程翔	休闲学	浙江大学
	《诗意的栖居:论梭罗与沈从文的生态共鸣》	王瑞	英语语言文学	东北农业大学
	《论梭罗〈瓦尔登湖〉中的中国古典哲思》	杨燕来	英语语言文学	海南大学
	《梭罗和庄子自然观的比较研究》	陈冰如	英语语言文学	兰州大学
	《梭罗的简单生活观及其根源探讨》	任涛	外国语言文学及应用语言学	湖北工业大学
	《梭罗生态哲学思想及当代价值研究》	李美莲	马克思主义基本原理	华中科技大学

续表

年份	论文标题	姓名	专业	毕业院校
2013	《论散文汉译的个人风格再现——以梭罗的〈冬日漫步〉为例》	伦秋菊	翻译硕士	苏州大学
	《论〈瓦尔登湖〉中的世界主义思想》	罗媚媚	英语语言文学	南京大学
	《〈瓦尔登湖〉中的理想主义色彩解析》	丁晓菲	外国语言文学及应用语言学	湖北工业大学
	《梭罗生态整体主义思想解读:以〈瓦尔登湖〉为例》	郭秀华	英语语言文学	福建师范大学
	《文化接受与文化过滤:从生态批评角度看〈瓦尔登湖〉在中国的译介》	杨楠	英语语言文学	四川外国语大学
	《论译者在〈瓦尔登湖〉翻译过程中的接受角色》	易妤	英语语言文学	湘潭大学
	《翻译美学视角下〈瓦尔登湖〉汉译本情感建构的分析》	赵明哲	外国语言学及应用语言学	山西师范大学
	《从翻译适应选择论看〈瓦尔登湖〉汉译中译者的主体》	李晓燕	外国语言学及应用语言学	河南师范大学
	《脚本理论下文学批评界对文学作品认可程度的差异性研究:以〈瓦尔登湖〉文本分析为例》	唐小岚	外国语言学及应用语言学	天津大学
	《〈瓦尔登湖〉徐迟译本中的欧化研究》	王冉	外国语言学及应用语言学	新疆师范大学

续表

年份	论文标题	姓名	专业	毕业院校
2014	《博采众长自成一家:从〈瓦尔登湖〉的引用现象试探梭罗思想构成》	卫青青	比较文学与世界文学	北京外国语大学
	《爱默生、梭罗的超验主义与儒道思想》	徐轩	外国语言学及应用语言学	西华大学
	《〈瓦尔登湖〉中生态主义的主题研究》	陈宗春	英语语言文学	杭州电子科技大学
	《〈瓦尔登湖〉对本真性的回归》	王淑娇	文艺学	西南大学
	《〈瓦尔登湖〉的深层生态学研究》	陈丽玲	英语语言文学	上海外国语大学
	《基于批评话语分析的〈瓦尔登湖〉生态思想研究》	宁倩倩	英语语言文学	杭州电子科技大学
	《接受美学视角下〈瓦尔登湖〉两个中译本比较》	赵宇婧	外国语言学及应用语言学	青岛科技大学
	《接受美学视角下散文翻译的意境重构——以徐迟〈瓦尔登湖〉译本为例》	郑路	外国语言学及应用语言学	沈阳师范大学
	《〈瓦尔登湖〉徐迟译本的生态翻译学阐释》	邱杰平	英语语言文学	华中师范大学
	《文学文体学视角下〈瓦尔登湖〉两个中译本的比较研究》	彭美容	英语语言文学	华中师范大学

续表

年份	论文标题	姓名	专业	毕业院校
2015	《梭罗〈瓦尔登湖〉中的道家思想研究》	张璐	英语语言文学	山东师范大学
	《绿色的呼唤:梭罗生态思想研究》	陈艳君	比较文学与世界文学	湖南师范大学
	《亨利·戴维·梭罗生态哲学思想研究》	曾释纬	哲学	湘潭大学
	《〈瓦尔登湖〉在中国大陆的传播学解读》	采国润	新闻传播学	南京师范大学
	《接受美学视角下的译者主体性研究:以美国散文集 *Walden* 两个中译本为例》	铁玉婷	英语语言文学	西北师范大学
	《关联理论下徐译〈瓦尔登湖〉中文化缺省的翻译及其补偿策略探究》	魏荻菲	英语语言文学	东南大学
	《从译者主体性角度研究徐迟翻译风格:以〈瓦尔登湖〉为例》	黄翊嘉	外国语言学及应用语言学	北京外国语大学
2017	《梭罗〈瓦尔登湖〉生态自然观研究》	韩婕	哲学	长安大学
	《诗意地栖居:梭罗〈瓦尔登湖〉生态思想研究》	吴博	比较文学与世界文学	陕西理工学院
	《沈从文与梭罗的浪漫主义文学思想比较研究》	葛培	文艺学	苏州大学
	《梭罗引用孔孟语录所揭示的个体主义精神:以〈瓦尔登湖〉和〈论公民的不服从〉为例》	杨璐夷	英语语言文学	北京外国语大学
	《论梭罗的实践观》	刘四清	英语语言文学	南京师范大学
	《〈瓦尔登湖〉的生态伦理观念研究》	刘宵	英语语言文学	河南师范大学
	《奈达功能对等视角下对〈瓦尔登湖〉两个中译本的对比研究》	张霞玲	英语语言文学	中北大学
	《适应与选择:生态翻译学视角下〈瓦尔登湖〉杨家盛中译本研究》	何慧敏	外国语言学及应用语言学	广西师范学院
	《徐迟汉译〈瓦尔登湖〉的描述性研究》	张俐晓	英语语言文学	陕西师范大学

续表

年份	论文标题	姓名	专业	毕业院校
2017	《生态美学视域下的梭罗散文研究》	赵晶	比较文学与世界文学	山东大学
	《论梭罗对艾默生自然观的继承与发展:以〈瓦尔登湖〉为例》	蔡沁伶	英语语言文学	四川外国语大学
	《梭罗作品自然观中崇高感的研究》	孟继燕	比较文学与世界文学	广东外语外贸大学
	《对比研究〈瓦尔登湖〉中双关语的汉译:以徐迟、戴欢和潘庆舲译本为例》	张静	外国语言学及应用语言学	安徽大学
	《从顺应论角度分析〈瓦尔登湖〉的两个汉译本》	乔莉萍	英语语言文学	山东大学
	《接受理论视角下美国自然写作的翻译策略研究:以〈瓦尔登湖〉两个中译本为例》	邹亚丽	英语语言文学	四川外国语大学

从上表可以看出,自 2005 年以来,梭罗一直是众多高校不少硕士研究生选题比较青睐的对象,这些硕士研究生多出身于英语语言文学、外国语言学及应用语言学和比较文学与世界文学专业。当然,近几年来,也有一批攻读科学技术哲学、伦理学、马克思主义基本原理、世界史、文艺学、休闲学、哲学、新闻传播学等专业的硕士研究生尝试着进行梭罗研究。年青的硕士研究生们思维活跃,研究视角呈现出多元化的良好迹象,这进一步深化和丰富了国人对梭罗的了解。

三、内地研究梭罗的论著和期刊论文

与硕博士学位论文的选题对梭罗的追捧相比,学术论著、高级别的研究项目和期刊论文也对梭罗也表现出相当的关注。2007 年,蒋竹怡出版了《从生态视角看梭罗:重读〈瓦尔登湖〉》(中国商务出版社),这是中国大陆研究梭罗的首部学术专著,它总结了国内对《瓦尔登湖》的研究状况,从三个不同的角度对梭罗的《瓦尔登湖》及其所表现出来的矛盾双重性进行了一定的探讨。陈茂林的《诗意栖居:亨利·大卫·梭罗的生态批评》(浙江大学出版社,2009)为英文著述,它把梭罗放在生态批评的理论框架中,联系目前生态危机日益严重的现实语境,全面考察其

生态思想的来源。迄今为止,中国大陆总共推出了6部以梭罗为题的研究专著:

20世纪90年代初—2017年国内出版的以梭罗为题的研究专著

作者	书名	出版社	出版年份
蒋竹怡	《从生态视角看梭罗:重读〈瓦尔登湖〉》	中国商务出版社	2007
陈茂林	《诗意栖居:亨利·大卫·梭罗的生态批评》	浙江大学出版社	2009
陈才忆、邓亚雄	《梭罗研究》	外语教学与研究出版社	2012
孙霄	《瓦尔登湖畔的自由之帆:梭罗散文诗学研究》	中国社会科学出版社	2014
周郁蓓	《美国学院文学批评再反思:从梭罗到萨义德》	厦门大学出版社	2014
孙霄	《梭罗散文生态诗学研究》	吉林大学出版社	2017

在这6部研究专著中,最值得一提的是孙霄的《瓦尔登湖畔的自由之帆:梭罗散文诗学研究》(2014)和周郁蓓的《美国学院文学批评再反思:从梭罗到萨义德》(2014),它们的研究视域较为开阔,论述思路也与前人的研究成果多有不同。《瓦尔登湖畔的自由之帆:梭罗散文诗学研究》从浪漫主义诗学、现实主义诗学和超验主义诗学的角度入手,对梭罗的自由观诗学进行了阐释。作者认为,梭罗在荒野世界中的自由、道德社会中的自由以及宗教体验中的自由中探求生命与精神的自由境界,形成了其独特的自然体系的自由观。梭罗的自由观诗学是浪漫时代的产物及其诗化哲学思维的结果,带有强烈的乌托邦色彩。《美国学院文学批评再反思:从梭罗到萨义德》则包括梭罗的道德观、通才与专才之争:学院文学批评的平庸化、从劳伦斯看美国文学批评:学院批评的工具化和萨义德的民主批评:梭罗的回归四章。该书视域较为开阔,它将梭罗置于19世纪末至20世纪末美国文学批评发展过程的主要冲突和矛盾中,对较有代表性的批评流派及其论著进行解读,以揭示美国文学批评在形成和发展中与美国思想和文化的紧密联系。除此之外,刘岩的《中国文化对美国文学的影响》(河北人民出版社,1999)、张冲的《新编美国文学史》(第一卷)(上海外语教育出版社,2000)、程虹的《寻归荒野》(生活·读书·新知三联书店,2001)、张弘等人的《跨越太平洋的雨虹》(宁夏人民出版社,

2002)、王诺的《欧美生态文学》(北京大学出版社,2003)、王颖的《十九世纪“另类”美国作家研究》(山东教育出版社,2007)、王诺的《欧美生态批评:生态学研究概论》(学林出版社,2008)、杨仁敬和杨凌雁《美国文学简史》(上海外语教育出版社,2008 年)、程虹的《宁静无价:英美自然文学散论》(上海人民出版社,2009)等著作都有一定篇幅论及梭罗。不过,就梭罗在美国文学史上的重要地位和美国对梭罗研究成果的汗牛充栋而言,国内研究梭罗的学术论著数量远远不够,而且研究多侧重于梭罗的生态思想及其与中国古代文化的关系。

梭罗研究还得到了高级别研究基金的资助:2013 年,孙霄申报的“梭罗生态诗学研究”获批教育部人文社科规划基金项目,2017 年,王炎的“一个别处的世界:梭罗瓦尔登湖畔的生命实验”获得国家社科基金后期资助项目,这标志着在我国开展梭罗研究的价值意义获得了省部和国家层面的肯定。进入中国知网,在篇名、主题、关键词、参考文献分别输入检索条件“梭罗”、“Thoreau”、“瓦尔登湖”、“*Walden*”(检索时间:2018 年 2 月 11 日),可以发现从 1990 年至 2017 年产出了数量巨大的文献,由此可见学术界对研究梭罗怀有非同一般的热情:

20 世纪 90 年代初—2017 年检索到的梭罗研究论文分布情况

检索条件	篇名	主题	关键词	参考文献
梭罗	572	2349	2258	2897
瓦尔登湖	530	1155	765	1641
Thoreau	241	147	232	1957
Walden	218	134	259	8573

从研究成果的年度分布来看,20 世纪 90 年代研究梭罗的期刊论文数量并不太多,但在进入 21 世纪之后,尤其是自 2005 年以来,梭罗研究论文的数量却出现了爆炸式增长。从 2006 年至 2017 年,几乎每年发表的论文都在 100 篇以上,仅 2015 年就发表了 217 篇论文。由此可见,梭罗在近十余年来的确成了学术界研究的一个热门话题。

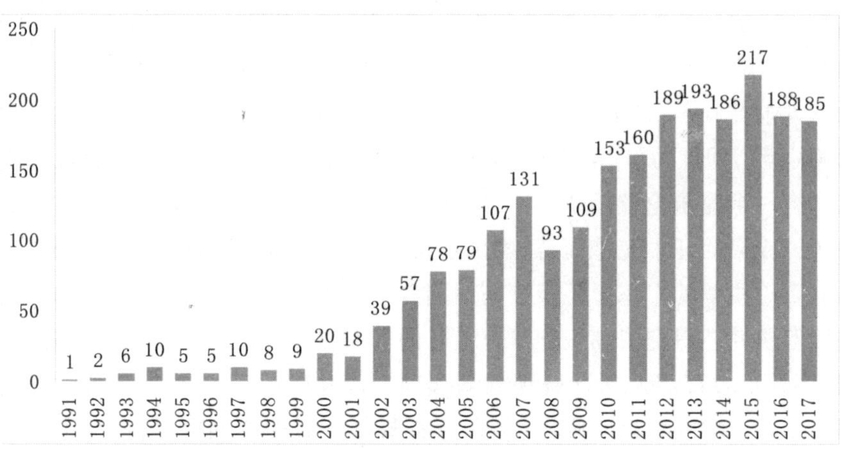

20 世纪 90 年代初—2017 年发表的梭罗期刊论文图表

从资源类型来看,绝大多数研究成果发表于教育杂志、期刊和报纸上。从文献类型来看,《民主协商报》、《语文教学与研究》、《课堂内外创新作文(高中版)》、《中文自修》、《中学生阅读(高中版)》、《海外英语》等报纸杂志发表的成果数量较多。《外国文学评论》、《外国文学》、《外国文学研究》、《当代外国文学》、《国外文学》贵为外国文学类的五大 CSSCI 来源期刊,发表在这些期刊上的研究成果相对比较容易得到外国文学研究界的认可。梭罗(1817—1862)生活于 19 世纪,不属于《当代外国文学》的刊发范围,《国外文学》并没刊登梭罗的研究论文。从统计情况来看,外国语言文学类刊物中影响因子最大的《外国文学评论》发表了 4 篇研究论文,它们分别是刘玉宇的《从〈瓦尔登湖〉中的儒学语录看梭罗的儒家渊源》(2009 年第 3 期),毛亮的《"疏离"与"参与":梭罗与〈公民的不服从〉》(2013 年第 2 期),杨靖的《"疾病的隐喻":梭罗论健康与自然》(2015 年第 1 期),杨靖的《"浪漫的"科学——论梭罗后期写作的转向》(2016 年第 3 期)。CSSCI 兼 A&HCI 来源期刊《外国文学研究》发表了 3 篇研究论文和 1 篇会议综述,它们分别是陈凯的《绿色的视野——谈梭罗的自然观》(2001 年第 4 期),程爱民的《论梭罗自然观中的"天人合一"思想》(2009 年第 2 期),陈茂林的《"另一个":梭罗对人与自然二元对立的解构》(2009 年第 6 期)和清衣的《"超越梭罗:文学对自然的反应"国际研讨会在北京举行》(2008 年第 5 期)。《外国文学》只刊登了 1 篇论文,即程虹的《永恒的瞬间——自然文学中的记忆》(2008 年第 5 期)。发表在五大外国文学类刊物上的论文质量皆属上乘,但为数不少的论文只是发表在普通刊物上,研究质量和受关注度会受到一定的限制。

关键词在一定程度上体现了研究群体的旨趣所在。浏览发表的这些成果,可以发现它们多围绕“《瓦尔登湖》”、“自然观”、“生态批评”、“生态思想”、“生态文学”、“生态伦理”、“人与自然”、“超验主义”、“爱默生”、“陶渊明”、“美国文学”等议题展开。发文数量在一定程度上指向了主要的研究者,发文数量最多的为 7 篇,作者为蒋颖,韩德星,刘略昌;发文数量为 6 篇的有 4 人,他们是何玉蔚,孙霄,王炎,杨靖;发文数量为 5 篇的有 6 人,他们是李洁,鲁枢元,张佳秋,郭泽英,蒲立昕,谢志超;发文数量为 4 篇的有 7 人,他们是王玉明,蔡云艳,央泉,李永婵,杨丽,张建国,赵春花。核心作者主要体现的是个体的学术研究,而研究机构反映的则是整体的学术涉足领域,它与核心作者并不构成一一对等的关系。排名前十的研究机构发文数量至少为 9 篇,它们分别是南京师范大学(24 篇),湖南师范大学(17 篇),厦门大学(15 篇),南京大学(15 篇),四川大学(12 篇),云南大学(10 篇),苏州大学(10 篇),华东师范大学(10 篇),广东外语外贸大学(9 篇)和郑州大学(9 篇)。

被引次数在一定程度上体现了研究成果的质量和在业界的影响力,苏贤贵的《梭罗的自然思想及其生态伦理意蕴》(载《北京大学学报(哲社版)》,2002 年第 2 期)以被引次数 141 排名第一,陈凯的《绿色的视野——谈梭罗的自然观》(载《外国文学研究》,2001 年第 4 期)以被引 53 次排名第二。被引数量为 20 或 20 次以上的论文有 18 篇,具体情况如下所示:

20 世纪 90 年代初—2017 年被引量为 20 次以上的期刊论文

被引量	作者	论文名称	发表刊物	发表时间
141	苏贤贵	《梭罗的自然思想及其生态伦理意蕴》	《北京大学学报(哲社版)》	2002(2)
53	陈凯	《绿色的视野——谈梭罗的自然观》	《外国文学研究》	2001(4)
43	卢凌	《崇尚自然:梭罗〈瓦尔登湖〉的审美价值》	《安徽大学学报》	2003(3)
37	赵勇	《“深度翻译”与意义阐释:以梭罗〈瓦尔登湖〉的典故翻译为例》	《外语与外语教学》	2010(2)
32	杨金才	《梭罗的遁世与入世情怀》	《南京社会科学》	2004(12)
29	李静,严慧仁	《论梭罗的自然观》	《河南科技大学学报(社科版)》	2006(3)

续表

被引量	作者	论文名称	发表刊物	发表时间
27	程爱民	《论梭罗自然观中的“天人合一”思想》	《外国文学研究》	2009(2)
25	陈才忆	《梭罗的人生追求及其现代意义》	《四川外语学院学报》	2003(5)
25	陈茂林	《“另一个”:梭罗对人与自然二元对立的解构》	《外国文学研究》	2009(6)
24	程映红	《瓦尔登湖的神话》	《读书》	1996(5)
22	关春华	《梭罗与自然——读梭罗的〈沃尔顿湖〉》	《沈阳大学学报》	2005(3)
22	曹亚军	《特立独行:在中国现代语境中接受梭罗》	《深圳大学学报(人文社科版)》	2003(5)
22	王明楷	《爱默生、梭罗及其现代性》	《四川外语学院学报》	2003(3)
22	林祥磊	《梭罗、海克尔与“生态学”一词的提出》	《科学文化评论》	2013(2)
21	孙胜忠	《从文化传译看梭罗 *Walden* 的三个中文译本》	《上海科技翻译》	2004(1)
21	刘玉宇	《从〈瓦尔登湖〉中的儒学语录看梭罗的儒家渊源》	《外国文学评论》	2009(3)
20	冒键	《瓦尔登湖畔的圣贤:梭罗与孔孟之道》	《南京航空航天大学学报(社科版)》	2002(3)
20	刘鹏	《从人类中心主义到生态中心主义:梭罗生态哲学阐析》	《齐鲁学刊》	2009(1)

从上图可以看出,除了苏贤贵的《梭罗的自然思想及其生态伦理意蕴》(载《北京大学学报(哲社版)》,2002 年第 2 期)在被引次数上遥遥领先之外,其他的 18 篇高被引论文在被引数量上差距并不明显。这些高被引论文绝大多数发表在 CSSCI 来源期刊或中文核心期刊,而且发表年份多在 2005 年之前。晚近发表的论文因为时间关系难以进入高被引论文行列,但林祥磊的《梭罗、海克尔与“生态学”

一词的提出》(载《科学文化评论》)虽然发表于 2013 年第 2 期,但也拥有 22 次的被引量。下载量(检索时间:2018 年 2 月 11 日)从另外一个角度体现了研究群体的兴趣所在,它与被引量形成了一种互补的关系。苏贤贵的《梭罗的自然思想及其生态伦理意蕴》(载《北京大学学报(哲社版)》,2002 年第 2 期)以被下载 4318 次仍然高居第一。鉴于论文数量众多,此处仅把下载次数超过 1900 次的 10 篇论文列为热门论文,具体情况如下所示:

20 世纪 90 年代初—2017 年下载次数超过 1900 次的热门论文

被引量	作者	论文名称	发表刊物	发表时间
4318	苏贤贵	《梭罗的自然思想及其生态伦理意蕴》	《北京大学学报(哲社版)》	2002(2)
4003	卢凌	《崇尚自然:梭罗〈瓦尔登湖〉的审美价值》	《安徽大学学报》	2003(3)
2878	程爱民	《论瓦尔登湖的生态学意义——纪念〈瓦尔登湖〉发表 152 周年》	《外语研究》	2007(4)
2376	刘玉宇	《从〈瓦尔登湖〉中的儒学语录看梭罗的儒家渊源》	《外国文学评论》	2009(3)
2292	赵勇	《"深度翻译"与意义阐释:以梭罗〈瓦尔登湖〉的典故翻译为例》	《外语与外语教学》	2010(2)
2174	陈凯	《绿色的视野——谈梭罗的自然观》	《外国文学研究》	2001(4)
2053	郑慧	《聆听大自然的呻吟—浅析〈瓦尔登湖〉中梭罗的自然观》	《安徽文学(下半月)》	2009(4)
2044	程爱民	《论梭罗自然观中的"天人合一"思想》	《外国文学研究》	2009(2)
2018	李静	《从梭罗看人与自然的关系》	《北京交通大学学报(社科版)》	2009(1)
1976	舒奇志	《二十年来中国爱默生、梭罗研究述评》	《求索》	2007(4)

与 20 世纪 80 年代研究梭罗论文的泛泛而论相比,自 20 世纪 90 年代以来,尤其是进入 21 世纪之后发表的相关论文的数量明显增多,研究的视角也不尽相同,梭罗研究整体上呈现出一种趋于细化和多元化的局面。但数量的增多并不能和

质量的提高完全画上等号。平心而论,目前的研究中视野开阔、研究广度和厚度俱佳的论文为数不算太多。相反,重复研究、陈旧材料和观点的一再袭用却是家常便饭。若想真正深入地推动国内的梭罗研究,研究者须放宽视野,在对梭罗大量的作品进行全面细读的基础上,大胆假设,小心求证。唯其如此,我们才能最大可能地逼近一个真正的多面的梭罗。

四、课程教学中的梭罗

课本和教材的力量是不可估量的,教材的影响也是无可比拟的,因为"这是一批人、一代人接受信息、观念的载体。这种方式会让年轻群体迅速而普遍地接受、认同,在未来产生潜移默化的影响"。① 徐志新和高红樱的这一席话可谓道出了教材所能发挥的巨大作用。翻译作品被纳入学校,尤其是高等院校的课程和课本或被学校指定为推荐读物,外国文学可以通过教学和知识传授得到普及延续。教材之所以在外国文学的传播中地位如此重要,是因为它属于组织机构的体制性势力,是不能忽略的媒介途径:"改革开放后的中国大学,是通过外国文学课和文学理论课,才向学生系统介绍外国作家作品和各种西方文论。"②继 20 世纪 80 年代梭罗入选南开大学出版社和上海译文出版社分别推出的《美国文学选读》之后,自 20 世纪 90 年代以来编选的诸多美国文学史和美国文学选读教材,如吴伟仁的《美国文学史及选读》(外语教学与研究出版社,1990)、钱青的《美国文学名著选读》(商务印书馆,1994)、翟士钊的《美国文学选读》(河南大学出版社,1994)、胡荫桐的《美国文学教程》(南开大学出版社,1995)、汪冷的《美国文学作品选读》(上海交通大学出版社,2003)、王蕾的《美国文学选读》(天津大学出版社,2007)、张冲的《美国文学选读》(复旦大学出版社,2008)、张强的《美国文学选读》(重庆大学出版社,2008)、宫玉波的《美国文学简读教程》(清华大学出版社,2008)、方笑君的《美国文学选读》(对外经济贸易出版社,2009)、陈立华的《美国文学选读新编》(华中师范大学出版社,2009)、陶洁的《美国散文选读》(北京大学出版社,2009)等,也都把梭罗作为重点作家、《瓦尔登湖》作为重点作品进行介绍。

早在 20 世纪 10 年代,美国就出炉了在高中教授《瓦尔登湖》的课程计划。③

① 徐志新、高红樱:《中国当代"环境文学"的缺失与建构》,载《天津师范大学学报(社科版)》,2009 年第 5 期,第 70 页。

② 孙景尧:《简明比较文学——"自我"和"他者"的认知之道》,中国青年出版社 2006 年版,第 140 页。

③ Gary Scharnhorst, *Henry David Thoreau: A Case Study in Canonization*, Columbia, SC: Camden House, 1993, p. 53.

进入 21 世纪之后,梭罗在我国走进了中学的语文课堂:《瓦尔登湖》的片段成功入选人教版《普通高中课程标准实验教科书·语文 2(必修)》,节选自《瓦尔登湖》的《神的一滴》被收入苏教版《普通高中课程标准实验教科书(必修)·语文》,人教版和粤教版的新课程高中语文教材也不约而同地从《瓦尔登湖》中节选片段作为素材。不少中学生通过在课堂上学习徐迟的译文,了解了梭罗这位域外作家。还有些教师和学生在课余时间提起笔来,把阅读梭罗作品的感受写成文字予以发表,如《课堂内外创新作文(高中版)》、《中文自修》、《中学生阅读》都刊登了不少的梭罗作品读后感:广东佛山二中的梁天盛发表了《风景这边独好——品读梭罗的〈瓦尔登湖〉》,山西孝义二中的马腾发表《三读〈瓦尔登湖〉》;江苏锡山高中的杨梦佳发表《梭罗、隐士及其他——读〈瓦尔登湖〉有感》,浙江诸暨教育局的周红阳发表《一幅铺展于大自然的美丽巨画——读梭罗的散文经典〈瓦尔登湖〉》,复旦附中书迷会的胡玮瑶发表《瓦尔登湖》,甘肃华亭一中的马路明发表诗歌《和梭罗一起回故国》,灌南县长茂镇中心小学的聂雁昕发表《诗意,在我生命中流淌——我心中的〈瓦尔登湖〉》,高一学生王晗发表了《〈瓦尔登湖〉的智慧》,江苏镇江中学的姜洪根发表《徜徉在瓦尔登湖畔——读〈瓦尔登湖〉》等等。虽说这些读后感或教学感想式的文字对《瓦尔登湖》的文本理解难免有些偏差,但梭罗的作品进入属于义务教育的高中阶段的语文课本,这就意味着梭罗在很大程度上被写进了民族阅读的传统之中。

除了在课堂教授和学习《瓦尔登湖》,还有些教师在《语文教学与研究》、《教师博览》、《教研天地》等刊物发表自己的教案设计或撰文对《瓦尔登湖》的教学情况进行分析。无锡辅仁高中的戴启江品读了肖培东的课例《神的一滴》,指出《瓦尔登湖》的"'安静'、'深邃'、'纯净',对教师的教和学生的学都提出了很高的要求"。① 浙江衢州高中的李生卫认为,倘若能对《神的一滴》中的四个关键比喻句进行分析,"就可拎起全文, 上课有事半功倍的效果"。②对中美两国的语文教材编写者如何选择《瓦尔登湖》的不同片段、给《瓦尔登湖》如何定位、在教学过程中的价值取向存在的差异以及课后的研讨练习和授课目标,王爱娣在《中美语文教材里的〈瓦尔登湖〉——例谈中美文本阅读价值的差异(上)(下)》(载《中学语文教学》,2009 年第 4、5 期)中进行了详细周致的梳理分析,论文具有一定的参考价值。

---

① 戴启江:《好课堂的样子——肖培东的〈神的一滴〉课例品读》,载《语文教学与研究》,2017 年第 10 期,第 50 页。

② 李生卫:《〈神的一滴〉中的四个比喻》,载《希望月报(上半月)》,2007 年第 7 期,第 132 页。

在论文《瓦尔登湖:中美语文教师的"同课异构"》中,任为新把美国新泽西州一个《瓦尔登湖》的教学设计与杭州某中学老师的《瓦尔登湖》的教案进行了比较,并随机作了一些分析。经过比较之后,任为新得出的结论是:两者的共同点是都围绕阅读、口头和书面语言展开,但不同之处在于:"杭州教案比较单薄,没有个性,在学习以生活为宗旨、语文服务于社会及学习方式的多样化等方面都有欠缺。美国教案则信息量大,在'文道结合'方面少观念的灌输,多提供自由开放的选择和讨论,以使学生养成自己的情感、态度、价值观。"①可惜,相较于为数不少的读后感和梭罗作品片段选读,这样从理性的角度探讨有关梭罗作品教学的文章并不算多。

五、葛红兵和余杰眼中的梭罗

喜欢梭罗和《瓦尔登湖》的中国作家并不止海子和苇岸两人。进入20世纪90年代以后,葛红兵、余杰、韩少功、张炜等知名作家也都在有关场合和著作中表达了自己对梭罗和《瓦尔登湖》的倾慕之情。在笔者和葛红兵的邮件往来中,葛红兵声称:梭罗是改变我对人生看法的作家;梭罗还远未被中国人理解,这寥寥数语足以点明梭罗对于葛红兵的重要意义。在博客上,葛红兵曾经向读者推荐国庆长假期间最值得读的三本书,一为《圣经·约翰福音书》,二为葛红兵的小说《财道》,三为梭罗的《瓦尔登湖》。葛红兵对《瓦尔登湖》的推崇由此可见一斑。

葛红兵曾不止一次地对《瓦尔登湖》发表过高度评价,且不遗余力地向周围的朋友推荐这本书,因为他觉得《瓦尔登湖》是部拯救之书,"它实际上蕴含了对于人生的非常非常深邃的理解";"我在这本书中找到了我第二个导师,就是大自然";"我们在不断地试图克服孤独、寂寞和无趣,而梭罗给我们指明了另外一条方向,你只要在大自然当中可能永远不会有这种感觉"。②葛红兵还对《瓦尔登湖》的文字风格赞誉有加,认为《瓦尔登湖》是自己最喜欢的文字,在里面"可以看到上帝——它在每一片湖泊、每一张树叶、每一汪冰面上显现着伟大的造化,它让我学会怎样面对大自然以及自身,如何领会孤独的含义。一段时间它是我最喜欢的书,它在我的床头整整放了一年,那段时间我床头只有两本书:《圣经》、《瓦尔登

① 任为新:《〈瓦尔登湖〉:中美语文教师的"同课异构"》,载《语文建设》,2009年第4期,第72页。

② 葛红兵:《在自然中领受孤独的乐趣》,《海子所歌唱的自然跟梭罗有异曲同工之妙》,见葛红兵:《直来直去》,当代世界出版社2004年版,第8、10页。

湖》”。①

葛红兵不但喜欢《瓦尔登湖》,从中获得过极大的启发,而且在小说创作中也曾经灵活地化用《瓦尔登湖》中的句子。小说《沙床》的名字就来源于梭罗的《瓦尔登湖》:“时间只是供我垂钓的溪流。我饮着溪水,望见了它的沙床,竟觉得它是多么浅啊。浅浅的一层溪水流逝了,但永恒留在了原处。(Time is but the stream I go a - fishing in. I drink at it; but while I drink I see the sandy bottom and detect how shallow it is. Its thin current slides away, but eternity remains.)”②葛红兵一直在苦苦思索人类真正要面对的终极问题——死亡,而《瓦尔登湖》给他提供了某种启示,使他进一步理解了有关短暂与永恒的辩证关系。所以,葛红兵决定要认真地推荐这本书给读者,因为这是一本可以清洗灵魂的书。葛红兵还认为:“面对时间之水,我们甚至都比不上那些砂砾,它们能积淀成沙床,而人类呢? 只是时间之水上漂着的浮萍。‘沙床‘的含义是:‘永恒’将留在原处,而我们将随流而逝,我们是短暂者。但是,短暂者也可以找到辉煌的东西。”③也许人的理想在现实生活中很难实现,不过葛红兵却可以在《瓦尔登湖》的文字中去享受这些东西,毕竟它让我们知道可以用信念生活。葛红兵受过梭罗的影响显而易见,不过本书以为:葛红兵之所以对梭罗喜爱有加,根源在于二者有着相似的心性,那就是对故乡怀有的深深眷恋、在写作上持有的朴素立场和本真状态。

著名作家余杰和瓦尔登湖之间有着长达十多年的渊源。在余杰家的书架上,总共收藏着四个版本的《瓦尔登湖》,其中有一种是他买的,另外三种是他妻子买的。《瓦尔登湖》对余杰夫妻而言,有着一份特殊的意义,因为当年余杰的妻子放弃南方优厚的工作,到北京来跟他一起生活的时候,她行李中唯一的一本书就是《瓦尔登湖》。在余杰失去工作的日子里,夫妻两人把《瓦尔登湖》中的一段话抄下来贴在床头,以此作为精神的支柱和动力:“下一个夏季里,我不需要那么多的苦力来播种种子和玉米,我要匀出精力,用来播种——如真诚、真理、朴实、信心、纯

---

① 葛红兵:《“永恒”留在原处,我们将随流而逝》,见葛红兵:《直来直去》,当代世界出版社 2004 年版,第 124 页。

② 虽然葛红兵声称徐迟翻译的《瓦尔登湖》译本最好,因为徐迟是一个诗人,只有诗人才能理解诗人的心,一般的翻译者是无法领会那种神性语言的韵律的,但他在引用梭罗的这番言语时,却并非引自徐迟的译本。《沙床》化用的句子出自《瓦尔登湖》之《我生活的地方;我为何生活》一章的最后一段。徐迟将其译为“时间只是我垂钓的溪。我喝溪水;喝水时候我看到它那沙底,它多么浅啊。它的汩汩的流水逝去了,可是永恒留了下来。”(梭罗:《瓦尔登湖》,徐迟译,上海译文出版社 2008 年版,第 92 页)。

③ 葛红兵:《“永恒”留在原处,我们将随流而逝》,见葛红兵:《直来直去》,当代世界出版社 2004 年版,第 124 页。

真等等,假如这样的种子还没有丧失的话。"当余杰觉得有愧于妻子时,"妻子却拿出那本装帧最为简朴的《瓦尔登湖》来,深情地对我说:'我们的屋子总比梭罗的木屋坚固吧? 爱人在哪里,哪里就是伊甸园。'"①《瓦尔登湖》可以说是余杰夫妇真情挚爱、相濡以沫的见证。

《瓦尔登湖》的意义对余杰来说不止于此。余杰认为:瓦尔登湖是一处心灵的圣地。居住在北京这个庞大杂乱的都市的老旧社区里,余杰目之所及,皆是千篇一律的火柴盒一般的楼房和楼房之间的简易棚屋,绿色在这个都市里极为稀缺。唯有借助梭罗那优美的文笔,余杰才得以暂时脱离尘世的喧嚣,去欣赏和享受大自然,去"与湖水、森林、飞鸟以及梭罗的灵魂对话"。②亲身游览了瓦尔登湖之后,余杰作为一个在湖边长大的孩子,感到仿佛回到了自己的故乡。故乡,留给大多数人的或许就是童年温馨的回忆,要不,怎么会有余光中那轻轻的一声乡愁,怎么会有那么多思乡的文章一再涌现。在瓦尔登湖,梭罗发现了上帝的大能和生命的价值,他找到了一种"心灵探险"的生活方式,他认为梭罗与瓦尔登湖之间的依存关系乃是人类与自然融合的一个典范。所以,同为文人的余杰甘愿化作飞鸟和游鱼,长久地生活在瓦尔登湖,因为"只有到了这里,你才能毫无遮掩地面对自己的精神世界喃喃自语;只有到了这里,你才能放下傲慢之心,在大自然面前真诚地祈祷和忏悔"。③

从这里的分析可以看出,瓦尔登湖对于余杰来说至少有四重意义:首先,余杰和梭罗对于湖边生涯有着相似的心理体验,这是梭罗的作品能引起余杰共鸣的内在原因。其次,《瓦尔登湖》是余杰夫妇之间感情的纽带和信物,因为情深,所以睹物容易思人,余杰对瓦尔登湖的推崇难免有爱屋及乌的成分在内。再次,《瓦尔登湖》是余杰暂时寻求现实解脱的一个跳板,《瓦尔登湖》描述的那个美好世界成了余杰心头一个多年萦绕不去的梦想。最后,余杰素有"北大怪才"之称,在创作中一贯坚持一种怀疑精神、批评立场和边缘化姿态。有读者曾如此评价:"在世纪末的灰暗生活中,当我对世界完全失去信心之际,幸亏遇到了两位北大才子,余杰让我敢于思考,孔庆东则带给我生活的乐趣。"④梭罗对自由的追求和对机构体制化的质疑也很容易被有着"大陆第一个李敖,北大第二个王小波"之称的余杰引为同道。

① 余杰:《瓦尔登湖:大地的眸子》,载《清明》,2003 年第 6 期,第 149 页。
② 余杰:《瓦尔登湖:大地的眸子》,载《清明》,2003 年第 6 期,第 150 页。
③ 余杰:《瓦尔登湖:大地的眸子》,载《清明》,2003 年第 6 期,第 152 页。
④ 张林:《我眼中的余杰》,http://blog.sina.com.cn/s/blog_4c584892010007rs.html(访问时间:2018 年 2 月 24 日)。

六、梭罗在台湾地区的翻译出版及相关研究

进入 20 世纪 90 年代以来,台湾地区翻译界和学术界继续对梭罗的名作 *Walden* 保持着密切关注。根据台湾图书馆网站的检索信息(检索时间:2018 年 2 月 13 日),发现在此期间台湾地区总共新出或再版 28 个版本的 *Walden* 译本,其中较受欢迎或出版次数较多的是孟祥森、康乐意、孔繁云和李淑贞的译本。20 世纪 90 年代以来台湾地区推出的 *Walden* 译本的情况如下所示:

1990—2017 年台湾地区推出的 *Walden* 的中译本情况

译者	译著名称	出版社和出版年份
孟祥森	《华尔腾:湖滨散记》	台北:远景出版,1991,1993
	《湖滨散记》	台北:书华出版,1993,1995,1999
	《湖滨散记》	台北:桂冠图书,1994
	《湖滨散记》	台北:锦绣出版社,1999
	《湖滨散记》	台北:探索文化出版,1999
康乐意	《湖滨散记》	台北:金枫出版社,1990,1991
	《湖滨散记》	台北:久大文化,1991
	《湖滨散记》	台北:万象出版,1998
李淑贞编译	《湖滨散记》	台北:九仪出版社,1998
	《湖滨散记》	台北:理得出版事业公司,2002
	《湖滨散记》	台北:经典文库,2002
孔繁云	《湖滨散记》	台北:志文,1990,1991,1994,1997,1999,2002,2003
	《湖滨散记》	台北:撰者,2006
沈漠	《湖滨散记》	台北:寂天文化事业有限公司,2002
	《湖滨散记》	台北:语言工厂出版,2004
吴丽玟编译	《湖滨散记》	台北:远志,1990
吴明实	《湖滨散记》	台北:台湾英文杂志社,1990
文国书局编译部编译	《湖滨散记》	台北:文国,1992
顾淑馨	《湖滨散记》	台北:天下,1992
陈次云	《华潭》	台北:编译馆,1994

续表

译者	译著名称	出版社和出版年份
陈柏苍	《湖滨散记》	台北:高宝国际集团有限公司,1998
成维安	《湖滨散记》	台北:华文网,2005
吴云丽	《瓦尔登湖畔的沉思》	台北:顺达文化出版社,2006
迪恩编,周亦培译	《湖滨书简》	台北:聊经,2007
乐轩	《湖滨散记》	台北:台湾商务,2010,2011,2014,2017
徐迟	《湖滨散记:树林中的生活》	新北:远足文化,2012
徐崇信、林本椿	《湖滨散记》	台北:高宝国际出版,2013
文真明	《湖滨散记》	台北:海鸽文化出版,2013,2017

除了《瓦尔登湖》(即《湖滨散记》)之外,在此期间,台湾地区的译者还把关注的目光投向了《种子的信仰》、《冬日漫步》、《缅因森林》等梭罗其他的作品,视域比20世纪70、80年代明显扩大了许多。20世纪90年代以来台湾推出的梭罗的其他作品的译本情况如下所示:

1990—2017年台湾地区出版的梭罗其他作品的中译本情况

译著	译者	出版社和出版年份
《种子的信仰》	金恒镳、杨永钰	台北:大树文化事业股份有限公司,1995,1996
《种子的信仰》	陈义仁	台北:果力文化出版,2017
《冬日漫步》	夏济安	台北:洪范书店有限公司,1997
《河岸周记》	郑淑芬	台北:蓝瓶子文化出版社,1999
《心灵散步》	蓝瓶子文化编译小组编译	台北:蓝瓶子文化出版社,1999
《卡德海峡》	蓝瓶子文化编译小组编译	台北:蓝瓶子文化出版社,1999,2000
《缅因森林》	蓝瓶子文化编译小组编译	台北:蓝瓶子文化出版社,1999

续表

译著	译者	出版社和出版年份
《看海:梭罗·鳕鱼海岬》	黄正蓉	台北:蓝瓶子文化出版社,2000
《玩山:梭罗·缅因森林》	黄正蓉	台北:智达国际出版,2000
《阅读:想象知识的王国》,	唐泽译写	台北:格林文化出版,2000
《孤独的巨人:梭罗的生活哲学》	林玫莹	台北:小知堂文化事业公司,2002
《康考特牧歌:重回梭罗的华腾湖》	David R Foster 著,辛巴译	台北:新新闻文化出版,2002
《世界最优美的散文选》	徐汉林	台北:德威国际文化出版,2012,2013
《一个人的远行》	董晓娣	新北:自由之丘文创出版,2012
《公民,不服从!:梭罗最后的演讲》	刘粹伦	台北:红桌文化,2012
《梭罗:绿色先知》	Carol Spenard LaRusso 著,邓伯宸译	新北:立绪文化出版,2013
《我所向往的生活:亨利·梭罗的公民不服从和他的政治书写》	谢孟宗、陈苍多	台北:商周城邦文化出版,2015
《野果》	石定乐	新北:自由之丘文创出版,2015,2016

从上述译本的统计情况不难看出,《瓦尔登湖》在台湾地区梭罗所有作品的译介中依然保持着绝对的优势,梭罗著作在台湾地区翻译并不均衡的情况并没得到实质性的改变。鉴于翻译是了解异域文化的一扇重要窗口,“一个国家翻译外国文学的作品本身就意味着这个国家对外来文学的接受,也是外国文学对该国文学产生影响的表现”,①因此台湾地区的读者主要是通过《瓦尔登湖》中的字字句句

① 上海外语学院外国语言文学研究所编:《中西比较文学手册》,四川人民出版社 1987 年版,第 104 页。

来看取和接受梭罗,这自然在一定程度上限制了人们对梭罗全方位的了解。值得注意的是,进入21世纪之后,中国大陆和台湾地区在梭罗作品的翻译出版方面出现了积极的互动:2010年,台湾译者孔繁云的译本《湖滨散记》更名为《瓦尔登湖》后交由贵州人民出版社出版。2012年和2013年,徐迟、徐崇信和林本椿翻译的《瓦尔登湖》更名为《湖滨散记》,分别由新北的远足文化和台北的高宝国际出版发行。除此之外,石定乐翻译的《野果》也于2015年和2016年被新北自由之丘文创出版引进。

与梭罗作品翻译出版如火如荼的局面类似,台湾研究梭罗的学位论文和期刊论文一样数量众多,这显示了台湾地区学术界对梭罗的一往情深。进入21世纪之后,台湾地区尽管没有出现直接以"梭罗"为题的博士学位论文,但有3篇博士学论文却把梭罗作为重要的论述对象。2004年,台湾成功大学的刘煌城完成学位论文《美国文学的生态意识论述》,该文运用生态批评分析了梭罗、约翰·缪尔(John Muir)、阿勒多·李奥帕德(Aldo Leopold)、爱德华·艾比(Edward Albee)在美国自然文学中呈现出来的生态意识演化。论文重在阐述这四位作家在自然文学的文本中如何彰显大自然不可侵犯之生存权,通过文本研究探讨他们如何建构生态意识,重建人与自然的和谐关系。2006年,台湾高雄师范大学的许玉长在学位论文《美国民主心声:从美国十九世纪早期文学探究其民主精神》中认为,美国19世纪早期的文学家,如爱默生、梭罗和惠特曼均在尝试表达新心声,亦即美国民主心声,以庆贺新国家新经验。台湾高雄师范大学的金大卫在《探讨艾默生、梭罗、惠特曼等诗人笔下的自然、灵性、民主等议题,及其伪似佛学的理论》(2012)中旨在驳斥超验主义与东方哲学,尤其是印度教和佛教哲学有关的主张。金大卫认为,爱默生、梭罗和惠特曼等超验主义作家的形而上学思想更接近于基督教的世界观,他们的作品都无法呈现出佛教的基本信仰。自20世纪90年代以来,台湾地区还出现了15篇以"梭罗"为专题对象的硕士学位论文,具体情况如下所示:

1990—2017年台湾地区以"梭罗"为题的硕士学位论文

年份	论文标题	姓名	系所专业	毕业院校
1991	《〈湖滨散记〉与〈温和不服从论〉中的正/负面孤独》	张志雄	英国语文学研究所	中国文化大学
1992	《亨利·大卫·梭罗〈湖滨散记〉中的劳动、个体性与自然:以马克思主义论之》	邱正祥	英语学系	台湾高雄师范大学

续表

年份	论文标题	姓名	系所专业	毕业院校
1993	《梭罗〈湖滨散记〉中的道家思想》	黄进发	英国语文学研究所	中国文化大学
	《梭罗理想与现实之探讨》	曾敏芳	英美语文学研究所	台湾中央大学
	《探讨〈湖滨散记〉的中译概况及发展趋势》	彭健铭	翻译研究所	台湾师范大学
1995	《良心至上:梭罗政治社会思想研究》	陈育忠	美国研究所	淡江大学
1997	《梭罗的自然写作观点:建构〈湖滨散记〉中的深层生态学》	许铨羲	英语学系	台湾师范大学
	《梭罗〈湖滨散记〉教育蕴义之探究》	李瑞珊	教育学系	台湾师范大学
1998	《自愿简朴:亨利·大卫·梭罗〈湖滨散记〉中的环保实践》	叶惠敏	英语学系	台湾高雄师范大学
2000	《〈湖滨散记〉两个中译本比较分析》	刘怡芬	应用外语系	台湾科技大学
2001	《不同种类及功能之副文本探究:梭罗〈湖滨散记〉之翻译》	黄月狄	应用英语系	台湾高雄第一科技大学
2004	《梭罗〈湖滨散记〉对生命教育之启示》	陈豫怡	教育学系	台湾台北教育大学
2004	《建造空中楼阁:〈湖滨散记〉中梭罗的改革理念探讨》	曾培蕙	英美语文学系	台湾中央大学
2004	《公民为何不服从? 探讨〈公民不服从〉的意义及其对公民社会的反思》	刘杰闵	教育学系研究所	台湾嘉义大学
2005	《梭罗的〈瓦藤湖〉、谬尔的〈我们的国家公园〉、与李奥帕德的〈沙郡年纪〉中的环境伦理》	谢东哲	外国语文学系	台湾中山大学

与20世纪80年代研究梭罗的学位论文侧重于采用中西比较的方法相比,20世纪90年代以来的学位论文在研究内容上更趋向于多元化,其中既有传统的与中国文化思想的比较研究,又涉及梭罗的生态思想、教育理念、政治观、梭罗作品的翻译等不同领域,这表明台湾对梭罗的研究逐步走向深入和多元化。根据台湾期刊论文索引系统的检索信息(检索时间:2018年2月12日),笔者发现在此期间台湾地区发表了41篇研究梭罗的期刊论文,具体情况如下所示:

1990——2017年台湾地区发表的以“梭罗”为题的期刊论文

作者	论文题目	发表刊物和时间
涂成吉	《美国民族文学——超越主义:人本理想与自然性灵的和谐》	《醒吾学报》,2008(12)
	《梭罗文学思想之改革意识:从“自我教化”到“边界生活”的务实取向》	《醒吾学报》,2010(2)
	《梭罗借自然花木鸟兽的“重生”隐喻》	《醒吾学报》,2010(7)
	“Thoreau's Political Double Trios: Civil Disobedience and His Utopia”	《醒吾学报》,2010(7)
	《由疏离到关怀:梭罗思想的实用与利他性》	《实践博雅学报》,2011(1)
	《梭罗从个人到社群思想之演进》	《人文社会学报·台湾科技大学》,2011(6)
	《梭罗思想中的清教意识》	《醒吾学报》,2011(7)
	《梭罗政治理想与公民“暴力”不服从之研究》	《万窍》,2011(11)
	《罗尔斯“正义论”与梭罗理想国与“暴力”不服从之研究比较》	《醒吾学报》,2011(12)
	《孤岛人生:梭罗的友谊与爱情》	《醒吾学报》,2012(7)
	《梭罗的“无感”政治哲学:论其“个人国”之“权宜”政府政治与不服从论》	《南台学报》,2012(12)
	《梭罗“超越式”人际伦理观之研究》	《育达科大学报》,2014(4)

续表

作者	论文题目	发表刊物和时间
单德兴	《失者何处觅?:梭罗的公案》	《人生杂志》,2005(6)
	《梭罗与佛法》	《人生杂志》,2006(1)
	《笔写美国——寻访梭罗的足迹 1-7》,	《人生杂志》,2007(12)
温素美	《梭罗的穿衣哲学》	台湾《南开学报》,2004(3)
	《如何面对不合理体制——探讨梭罗"非暴力抵抗"》	台湾《南开学报》,1997(6)
刘月珠、涂成吉	《梭罗思想中的儒家意识》	《嘉义大学通识学报》,2012(11)
	《〈湖滨散记〉中梭罗之儒家意识研究》	《仁德学报》,2013(6)
刘月珠	《理想不曾弃守的孤岛:梭罗从孤隐诗人到激进政治门士之历程》	《崇右学报》,2010(5)
徐克谦	《梭罗与庄子的比较》	《中国文化月刊》,1993(11)
陈佩民	"Thoreau: Lover of Nature and Life"	《辅英学报》,1995(12)
黄碧端	《自然的生命力——梭罗〈种子的信仰〉问世》	《精湛》,1996(5)
George W. Lytle	"Just Say No to Consumerism: The Continuing Relevance of Henry David Thoreau"	《华冈英语学报》,1996(7)
范瑞芬	"The Archetypal Significance of *Walden*"	《醒吾学报》,1996(11)
张其羽	"A Comparison of the Political Thoughts of Emerson, Thoreau, and Whitman"	《华冈英语学报》,1999(7)
不详	《拾手可得的生活乐趣· 湖滨散记》	《绿生活杂志》,1998(10)
许月娥	《绿意书廊——鸟巢展览会、岛屿时光、梭罗·缅因森林……》	《绿生活杂志》,1999(10)
王岚	《查尔河畔忆梭罗》	《联合文学》, 2000(5)
刘煌城	"A Comparative Study of Thoreau and Wordsworth"	《黄埔学报》,2001(1)

续表

作者	论文题目	发表刊物和时间
李太春	"Thoreau's Transcendentalism and Philosophy"	台湾《南开学报》,2001(7)
吴若己	《梭罗在华腾湖之生活:二十一世纪的梦境》	《台湾高雄海院学报》,2002(12)
威尔森	《科学·给梭罗的一封信》	《书与人》,2002(12)
程一骏	《给梭罗的一封信——评 Edward O. Wilson 著、杨玉龄译〈生物圈的未来〉》	《科学月刊》,2003(10)
石樱樱	《梭罗与泰戈尔的人文对话》	《侨光技术学院通观洞识学报》,2007(6)
张春荣、颜荷郁	《梭罗的大自然之爱——西洋名人智慧语赏析》	《国文天地》,2008(6)
陈静妍节译	《〈纽约时报〉新视界——变调的〈湖滨散记〉》	《讲义》,2009(5)
张登翰	《梭罗〈湖滨散记:孤寂篇〉:暗喻与转喻之结合》	《真理大学人文学报》,2009(10)
陈延辉	《从〈湖滨散记〉到〈公民不服从〉:谈亨利·大卫·梭罗的思想》	《中华人文社会学报》,2010(3)
陈智慧、薛绍楣	"The Taoist - like Vision in Thoreau's *Walden*"	*Hwa Kang English Journal*, 2010(7)
白思明	《〈湖滨散记〉定位的务实经验主义与浪漫理想主义之争》	《高雄师大学报》,2011(12)

从上表可以看出,这些论文主要刊登于《醒吾学报》、《人生杂志》和台湾《南开学报》,其内容主要围绕梭罗的政治思想和比较研究展开,主要研究者有涂成吉、单德兴、温素美和刘月珠,其中涂成吉一人就发表了 12 篇学术论文。从研究类型来看,这些文章有的侧重于严谨的学术研究,有的倾向于平易通俗的介绍,但无疑它们都推动了梭罗在台湾地区更大范围的流传。进入 20 世纪 90 年代之后,台湾地区还出版了 3 本梭罗研究专著。以 20 世纪 80 年代发表的系列论文为基础,1991 年陈长房推出了专著《梭罗与中国》(三民,1991),这是台湾地区首部、也

是整个中国首部研究梭罗的学术专著。它分别探讨了梭罗作品中的孔子形象、《瓦尔登湖》与儒家思想、梭罗与四书英译、梭罗与道家思想、梭罗与庄子比较等话题,其内容多为后来的研究者借鉴引用。涂成吉是进入 21 世纪之后台湾学术界涌现的梭罗研究权威,他除了发表了大量期刊论文,还出版了两部学术专著:《梭罗的文学思想与改革意识》(秀威资讯科技出版社,2009)和《由疏离到关怀:梭罗的文学与政治》(秀威资讯科技出版社,2010)。前者从《湖滨散记》和《论公民的不服从》等作品切入,分析了美国这位 19 世纪知名作家的文学和政治思想。后者则从不同的角度出发剖析了梭罗文学思想的根源、梭罗与孔子、梭罗由疏离至关怀的文学、自然意象与象征意涵、"最小政府"的政治思想、反奴与乌托邦三部曲这样几个议题。

与台湾相比,20 世纪 90 年代以来香港地区对梭罗的关注并不太多,不过也推出了 2 本译著:2005 年,三联书店香港有限公司推出了廉萍翻译的《公民抗命》。2013 年,香港中和出版有限公司出版了董晓娣翻译的《远行》。

七、小结

进入 20 世纪 90 年代以来,梭罗在中国的传播和接受进入了一个繁荣兴旺的时期。这主要表现在梭罗的名作 *Walden* 在内地一版再版;《瓦尔登湖》被选入高中语文教材;内地研究梭罗的学位论文、期刊论文和学术专著不断问世;梭罗研究先后获得教育部人文社科项目和国家社科后期项目立项资助;梭罗的作品在台湾得到大量翻译出版;台湾研究梭罗的学位论文和期刊论文数量稳步增长;葛红兵、余杰、韩少功、张炜等中国作家都曾撰文提及梭罗对自己产生了深远影响。当然,梭罗在中国的传播进入繁荣期是由多种因素造成的。生态环境的日益恶化、对环境保护的警觉意识、梭罗作品译本的不断问世、有关梭罗英文资料的不断引进和中外教育文化交流的日趋频繁等因素都对梭罗在中国的进一步流传起到了推动作用。梭罗在中国的传播呈现出繁荣局面固然可喜,但繁荣背后也不是没有问题。目前国内无论是对梭罗的翻译还是对梭罗的研究,都过多依赖《瓦尔登湖》,研究和翻译容易出现重复和资源浪费的弊端。与此同时,梭罗的《科德角》、《缅因森林》等游记、20 卷的日记以及政论文等作品却遭到了不公正的冷遇。与同时期美国梭罗研究的多元化局面相比,国内对梭罗的翻译、介绍和研究工作都存在一定的不足。梭罗研究本身的艰深以及接触媒介的限制,使得此时中国接受视阈中的梭罗在呈现出集生态思想的先驱和非暴力主张的提倡者于一身的形象的同时,梭罗的其他层面都不同程度地遭到了忽视。梭罗的作品依然有待于进一步阐释,梭罗的形象依然有待于进一步描摹。

第二章

中国学界对梭罗作品的主题思想研究

主题思想又叫主题，它是文艺作品蕴含的基本思想，是作品所有要素的辐射中心和创造虚构的制约点，是文艺家对现实生活的认识、评价和理想的表现。“篇幅较大的文艺作品有时有一个以上的多重主题，内容复杂的作品的主题常有多义性。”①文学界有说不尽的莎士比亚的美谈，莎士比亚之所以无法说尽，在很大程度是缘于其作品主题思想的丰富深刻。美国作家梭罗在世界文学史上的地位自然无法与莎士比亚相提并论。然而纵观人类历史，在生活的年代受到忽视而在辞世多年之后，能在自己国家最主要的作家及世界上最有影响力的作家行列取得一席显赫的位置，这样的案例并不多见，而梭罗恰好就是这样的一位作家。②

梭罗能从故纸堆中被人们重新发掘出来，自然与其作品在当时属于超前的主题思想现在得到了人们的理解，从而为后人的不断言说提供了丰富的解读空间有关。梭罗一生虽然短暂，但却阅历丰富。根据梭罗本人的描述，他在人生的不同时段曾做过教师、园丁、农夫、木匠、油漆工、泥瓦匠、土地测量员，打过散工，制造过铅笔，制作过砂纸，写过散文和诗歌。此外，作为一位著名作家，梭罗对生活和人生具有独特深刻的洞察力，所有这一切使得他的作品呈现出丰富的思想内涵。早在 20 世纪 70 年代，奥古斯特·德尔斯（August Derleth）就曾宣称，“现在研究梭罗的期刊文章和书籍规模庞大”。③ 历史的车轮转至 21 世纪的时候，本部位于美国康克德的梭罗研究会在全世界至少 20 个国家拥有 1500 多名会员，梭罗的阅读、翻译和研究无疑已经成了一道世界性的文化和学术景观。目前，国内学界对梭罗作品的自然观、政治观、教育观等主题思想进行了不同程度的研究，在取得一定实绩的同时也存在不少问题。

---

① 夏征农主编：《辞海》（中），上海辞书出版社 1999 年版，第 3411 页。

② August Derleth, “Foreword”, in August Derleth, *Concord Rebel: A Life of Henry David Thoreau*, Philadelphia: Chilton Book Company, 1971, p. ix.

③ August Derleth, *Concord Rebel: A Life of Henry David Thoreau*, Philadelphia: Chilton Book Company, 1971, p. 383.

早在1994年，吴元迈曾经提出，我国的学术界应该重视对外国文学研究进行再研究，并将这样的研究分支称之为"外国文学学"。外国文学学其实就是学术史研究，它表面上有点类似文献综述，但在研究目的和研究方法上却与文献综述有着本质的区别：文献综述是学术研究的辅助部分，是在已有成果中寻找不足并提出本研究力图突破的地方，文献综述主要是为作为主体的学术论证部分服务。而外国文学学本身就构成了研究的对象和主体，它既包括研究成果，也涵盖了研究者、读者、学术刊物、研究机构、评价机制、传播接受环境等多重要素。当然，开展外国文学学研究的前提是相关外国文学研究已经取得了相当的积累。鉴于梭罗作品的翻译、研究和阅读在我国都已经产生了大量的成果，本章将根据梭罗作品主题思想的不同，对我国关于梭罗的已有学术成果进行梳理剖析。

第一节　对梭罗自然观的研究

自然观是人们关于自然界以及人与自然关系的总的看法，是人们对世界的最基本的哲学观点之一。梭罗常被人们看成是一位伟大的自然文学作家（nature writer），"是作为文体形式的自然散文之父（the father of the nature essay as a literary form）"；"在书写自然方面，在美国文学史上再也没有其他作家能比梭罗和卡森写得更加动人深刻"。①梭罗最重要的作品，如《瓦尔登湖》、《康科德和梅里马克河上的一周》、《缅因森林》和《科德角》等，都充满了对自然景物大量的细腻描写。评论界认为，正是梭罗最先启蒙了美国人感知大地的思想，梭罗因此几乎成了美国文化的偶像，成了一名"绿色圣徒"。② 程虹声称："论及美国自然文学时，也就不能不提及梭罗。甚至可以说，他是美国自然文学源流中最有影响的作家。"③梭罗关于自然的思想之深邃和论述之重要由此可见一斑。但整体来看，国内学界对梭罗自然观的研究起步并不太早，进入21世纪之后才巍然成为风气。在此之前除了台湾地区的一些硕士学位论文和期刊论文之外，中国大陆只有零星的几篇论文和1篇博士学位论文以"梭罗的自然观"为题或涉及梭罗的自然观。这种批评

① Paul Brooks, "Author's Note" and "Introduction: A Century of Changing Values", in Paul Brooks, *Speaking for Nature: How Literary Naturalists from Henry Thoreau to Rachel Garson Shaped America*, San Francisco: Sierra Club Books, 1980, pp. ix, xii.

② Lawrence Buell, *Writing for an Endangered World: Literature, Culture, and Environment in the U. S and Beyond*, Cambridge: Belknap Press of Harvard University Press, 2001, p. 7.

③ 程虹：《寻归荒野》，生活·读书·新知三联书店2001年版，第103页。

走势与外国文学研究领域的生态批评在我国的发展演变基本保持一致。

一、梭罗自然观研究的纵向概述:从星星之火到燎原之势

1971 年,Wu Ta - Cheng 在台湾重要的外国文学评论刊物 *Tamkang Review* 上发表英文论文"T' ao Chi' en and Thoreau: A Note on Two Different Attitudes toward Nature",这是我国研究梭罗自然观的第一篇论文,也是 20 世纪 80 年代之前中国大陆和台湾地区研究梭罗的为数不多的论文之一。进入 20 世纪 80 年代之后,梭罗的自然观依然没有得到学术界太多的关注。就硕士学位论文和期刊论文来看,此时台湾地区的梭罗批评注重采取比较文学的研究手法,20 世纪 80 年代涌现的 2 篇硕士学论文均体现了这一特点:1986 年,台湾大学的王清思在《深层生态与道家思想:论梭罗之生态意识》中结合西方新兴的深层生态理论和我国的道家思想,论述了梭罗《瓦尔登湖》、《缅因森林》、《散步》中的生态意识。王文认为,梭罗的自然观揭示了他二元对立的思维范式,梭罗无法摆脱西方人与自然、灵与肉对立的文化遗产的影响。三年之后,淡江大学的吴素真完成论文《自然与灵性:梭罗〈湖滨散记〉与〈庄子〉内篇之比较研究》,她对梭罗《瓦尔登湖》与《庄子》内篇中的自然与灵性进行了比较研究。吴素真认为,庄子与梭罗在灵性成长的探究与回归方面有着深刻的相似,他们共同相信人的存在意义,可以向更大的存在——自然去寻求答案与皈依。20 世纪 80 年代大陆地区发表的梭罗研究论文数量不多,不过《十九世纪美国浪漫主义文学的优秀成果——梭罗的散文集(华尔腾)》(载《文史哲》,1983 年第 3 期)、《梭罗和他的〈瓦尔顿湖〉》(载《外国语文教学》,1985 年第 3 期)还有《梭罗和他的湖》(载《读书》,1988 年第 5 期)在行文中都涉及梭罗的自然观念,只是这些文章对自然的论述在全文中所占的比重微乎其微。

从 20 世纪 80 年代中期到 90 年代初期,我国学术界就生态文学和生态文艺学展开过讨论,发表了一些研究成果,如杨显川的《略论我国古代文学与自然生态》(载《红河学院学报》,1986 年第 2 期)、许贤绪的《当代苏联生态文学》(载《中国俄语教学》,1987 年第 1 期)、张琢的《人文生态与文学的多样化》(载《文学评论》,1987 年第 1 期)、潘定智的《民间生态文学简论》(载《思想战线》,1989 年第 1 期)、王荣伟的《论文艺共生态——〈文艺社会学论稿〉之五》(载《齐齐哈尔师范学院学报(哲社版)》)、由之翻译的《国外生态美学(上下)》(载《国外社会科学》,1992 年第 11 期、12 期)、李欣复的《论生态美学》(载《南京社会科学》,1994 年第 12 期),但这些讨论似乎并未对梭罗的自然观研究抑或是梭罗研究产生太大的影响。在 20 世纪 70、80 年代研究的基础上,20 世纪 90 年代台湾地区梭罗自然观的研究处于缓慢的进展状态。在此期间台湾地区出现了 3 篇硕士学位论文和 2 篇

期刊论文,它们分别是:台湾高雄师范大学邱正祥的《亨利·大卫·梭罗之〈湖滨散记〉中的劳动、个体性与自然:以马克思主义论之》(1992),台湾师范大学许铨羲的《梭罗的自然写作观点:建构〈湖滨散记〉中的深层生态学》(1997),台湾高雄师范大学叶惠敏的《自愿简朴:亨利·大卫·梭罗〈湖滨散记〉中的环保实践》(1998),陈佩民的"Thoreau: Lover of Nature and Life"(载《辅英学报》,1995年第12期),黄碧端的《自然的生命力——梭罗〈种子的信仰〉问世》(载《精湛》,1996年第5期)。

在中国大陆,曹雷雨1993年曾以"自然"为核心词,在《英语知识》上撰文介绍梭罗的《瓦尔登湖》,但曹文偏于平面介绍而非深度研究。1997年,隋刚发表论文《自然在美国文学中的神秘化和非神秘化的几种表现方式》(载《北京第二外国语学院学报》,1997年第5期),在论及美国整个自然文学的发展历程时,隋刚提到梭罗,认为梭罗不仅把自然精神化,而且亲身拥抱自然。与此相呼应,梭罗还强烈反对当时盛行的商业主义,谴责商业主义腐蚀人心,败坏道德。1998年,中国梭罗自然观研究和整个梭罗研究史上出现了一部标志性的作品,这就是程爱民的博士学位论文《论梭罗的自然观》,这是我国第一篇以"梭罗"为题的博士学位论文,而论述的主题就是梭罗的自然观念。

之所以选择以梭罗的自然观作为研究对象,是因为程爱民觉得梭罗是美国19世纪文学的重要代言人,而当时国内外的梭罗研究却存在许多尚未深入探讨的问题,如梭罗在对待自然与生活、自然与社会的关系上所表现出来的矛盾态度、梭罗自然观的内涵、成因和影响等等。针对这种现状,程文通过研究梭罗的生活、家庭以及当时的历史、自然、思想和文化背景,通过剖析梭罗在其作品中对自然的大量论述和描绘,试图揭示梭罗热爱自然的心路历程,阐释和论述其自然观,发掘在梭罗与日俱增的名声和瓦尔登湖的神话之下的潜在因素。程文主要由七章组成:第一章"家庭和康科德:梭罗自然情节的形成"和第二章"《瓦尔登湖》:梭罗自然情节的巅峰"主要从社会心理学的角度出发,来探讨梭罗的自然情结及其对梭罗自然观形成产生的影响。第三章"梭罗的自然观:哲学理念的嫁接"、第四章"自然:作为实体"、第五章"自然:天人合一"、第六章"自然;自我实现的媒介"和第七章"人是自然重要的组成部分"分别阐述了梭罗自然观的主要内容,并追踪了这些观点的源流——东西方自然哲学思想以及这些思想观点对其自然观的形成产生的影响。作为国内第一篇以"梭罗"为题的博士学位论文,程爱民对梭罗自然观的梳理比较全面,也颇能启发后学的思路。

进入21世纪后,由于我国生态危机日趋严峻,由于生态文明建设越来越受到重视,我国的外国文学批评界开始注重从生态批评的视域出发开展研究,这直接推动了梭罗自然观研究的进展。根据王诺的考察,"Ecocriticism"这个术语第一次出现在我国的外国文学研究界乃至整个中国学界是 1999 年,不过当时将其译为"生态学批评"。① 2002 年,王诺在《文艺研究》第 3 期发表《生态批评:发展与渊源》,韦清琦在《外国文学》第 3 期发表《方兴未艾的绿色文学研究——生态批评》,它们系统评介了西方生态批评的发展及其主要成就。这两篇论文连同张皓的《全球化语境中的生态批评》(载《文艺报》,2001 年 12 月 25 日)、赵冬梅的《"全球化与生态批评"专题研讨会综述》(载《文艺研究》,2001 年第 6 期)、张虎升和朱建东的《生态文艺学批评在当前的发展态势》(载《文艺报》,2002 年 7 月 3 日)、鲁枢元的《生态批评的知识空间》(载《文艺研究》,2002 年第 5 期)、陈晓兰的《为人类"他者"的自然——当代西方生态批评》(载《文艺理论与批评》,2002 年第 6 期)等相关文章共同宣传了生态批评的理念。自此之后,"生态批评视角的外国文学研究著述井喷一般地涌现"。② 受这一潮流的影响,我国梭罗自然观的研究走上了蓬勃发展之路,这在已经发表的数量众多的期刊论文、学位论文和已经出版的学术专著中体现得非常明显。

在中国知网以"梭罗"为篇名可检索到 584 篇文献(检索时间:2018 年 2 月 21 日),其中"自然"、"自然观"、"生态思想"、"人与自然"是浮现频率非常高的关键词,这反映了学界整体的关注重心。被引率和下载率在一定程度上可以代表学术成果的影响力。在被引次数排名前十的论文中,有 7 篇论文的篇名中出现了"自然"的字眼,其中苏贤贵的《梭罗的自然思想及其生态伦理意蕴》(载《北京大学学报(哲社版)》,2002 年第 2 期)被引 141 次、陈凯的《绿色的视野——谈梭罗的自然观》(载《外国文学研究》,2004 年第 4 期)被引 53 次、卢凌的《崇尚自然:梭罗〈瓦尔登湖〉的审美价值》(载《安徽大学学报》,2003 年第 2 期)被引 43 次。在下载次数最多的十篇论文中,有 6 篇与自然或生态有关,其中排名前四位的都是对梭罗自然观的解读,它们分别是:郑慧的《走向瓦尔登湖:人与自然的道德精神家园》(山东师范大学,2010)被下载 4746 次,苏贤贵的《梭罗的自然思想及其生态伦理意蕴》(载《北京大学学报(哲社版)》,2002 年第 2 期)被下载 4318 次,卢凌的《崇尚自然:梭罗〈瓦尔登湖〉的审美价值》(载《安徽大学学报》,2003 年第 2 期)被下载 4005 次,童慧雁的《对亨利 · 梭罗〈瓦尔登湖〉的生态解读》(对外经济贸

---

① 王诺:《生态批评视角的外国文学研究》,见陈建华主编:《中国外国文学研究的学术历程》(第 2 卷　外国文学研究的多维视野),重庆出版社 2016 年版,第 156 页。

② 王诺:《生态批评视角的外国文学研究》,载陈建华主编:《中国外国文学研究的学术历程》(第 2 卷　外国文学研究的多维视野),重庆:重庆出版社,2016 年,第 157 页。

易大学,2005)被下载 3935 次。

硕博士学位论文的选题也是学术界的一张晴雨表。2001 年,广西师范大学的黄珊完成《回归自然:陶渊明与梭罗的自然哲学》,华中师范大学的李小重完成《世界存在于自然之中:论梭罗的环境意识》,辽宁大学的高莲红完成《评梭罗〈瓦尔登湖〉的主题及其现实意义》,这是中国大陆研究梭罗最早的一批硕士学位论文,其中有 2 篇围绕梭罗的自然观做文章。根据中国知网博硕士学位论文数据库和国家图书馆的检索信息(检索时间:2018 年 2 月 21 日),发现从 2001 年至 2017 年,中国大陆总共发表了 133 篇研究梭罗的硕士学位论文,其中 75 篇侧重从不同角度剖析梭罗的自然观或生态思想,这在研究梭罗的所有硕士学位论文中占到了 56.4%。具体情况如下表所示:

2001—2017 年以"梭罗自然观"为题的硕士学位论文所占百分比

年份	2001	2002	2003	2004	2005	2006	2007	2008	2009
篇数	2	0	2	1	7	4	9	9	6
百分比	66.7%	0%	100%	100%	63.6%	44.4%	75%	69.2%	54.5%
年份	2010	2011	2012	2013	2014	2015	2016	2017	
篇数	5	5	3	8	4	2	4	4	
百分比	100%	55.6%	42.9%	44.4%	40%	28.6%	44.4%	66.7%	

青年研究生是学术批评重要的后备力量,他们构成了学术梯队中极为关键的一环。除了人数众多,我们还可以发现,选择把"梭罗自然观"作为毕业论文选题的硕士研究生专业早已超出了英语语言文学、外国语言学及应用语言学、比较文学与世界文学等传统的专业范围,而漫溢到了科学技术哲学、伦理学、世界史、马克思主义理论、文艺学、哲学等学科领地。这一方面表明了梭罗自然观充满了丰富的解读空间,另一方面也体现了现在的研究生思维敏锐、视野开阔的特点。相比之下,博士学位论文专门致力于挖掘梭罗自然观的并不太多。在生态批评大潮的触动下,2007 年南开大学的陈茂林完成了博士学位论文《诗意栖居:亨利·大卫·梭罗的生态批评》,这里留待下文评述。2012 年,台湾高雄师范大学的金大卫完成《探讨艾默生、梭罗、惠特曼等诗人笔下的自然、灵性、民主等议题,及其伪似佛学的理论》,这是迄今为止台湾地区研究梭罗的第一篇,也是唯一的一篇博士学位论文。金大卫撰写此文的目的是推翻学术界认为梭罗、爱默生等超验主义作家拥有佛教特质的观点,而证明超验主义作家的形而上学思想更接近于基督教的世界观,只是这些作家采取的立场对基督教的世界观有所修改,并将自然、个人与人

类直觉作为他们神学系统的中心。

研究梭罗自然观或生态思想的专著有 3 本，这占到了大陆地区梭罗研究专著数量的 50%。2007 年，蒋竹怡推出了《从生态视角看梭罗：重读〈瓦尔登湖〉》（中国商务出版社），这是大陆地区研究梭罗的第一本学术专著，该书总结了国内对《瓦尔登湖》的研究状况，从三个不同的角度对《瓦尔登湖》表现出来的矛盾双重性进行了较为深入的探讨。在博士学位论文的基础上，2009 年陈茂林出版了英文专著《诗意栖居：亨利·大卫·梭罗的生态批评》（*Poetic Dwelling: An Ecocritical Study of Henry David Thoreau*，浙江大学出版社）。在研究思路上，该书梳理了生态批评理论，把梭罗放在生态批评的理论框架中，联系目前生态危机日益严重的现实语境，全面考察其生态思想的来源，系统深入地透视、阐释梭罗散文作品中体现的生态意蕴。在研究方法上，该书借助心理学批评、传记批评、福柯的权力与话语理论，分析诠释梭罗生态思想的成因及内涵，阐释梭罗的自然生态，社会生态和精神生态思想，它“提出了独到的见解，弥补了迄今为止梭罗研究中的不足”，“其研究在国内当属领先”。① 2013 年，孙霄申报的“梭罗散文生态诗学研究”获得教育部人文社科规划基金项目立项资助，这是我国梭罗研究首次获得省部级课题立项。四年之后，结项成果《梭罗散文生态诗学研究》交由吉林大学出版社出版。孙著共分七章，它首先介绍了生态诗学的定义，然后从空间性抒写、时间性叙写、宗教性体验、梭罗散文的生命诗性、梭罗散文的文化诗性等方面探讨了关于梭罗散文的生态诗学研究。

进入 21 世纪后，中国大陆推出了大量研究生态批评、环境美学等方面的博士学位论文或学术专著。虽然不以“梭罗”为专题研究对象，但鉴于梭罗在生态批评史上的重要地位，这些著述均用不少的篇幅论及梭罗的自然观。程虹的博士学位论文《自然与心灵的交融：论美国自然文学的缘起、发展与现状》（中国社会科学院，英语语言文学，2000）和学术专著《寻归荒野》（生活·读书·新知三联书店，2001）在第三章“抛洒在旷野之上的辉煌”中专设一节“梭罗：绿色的呼唤”，用于论述梭罗作品中的自然观。曾建平的博士学位论文《自然之思——西方生态伦理思想探究》（湖南师范大学，伦理学，2002）在追溯西方生态伦理思想的孕育历史时，在第二小节以“‘瓦尔登湖’的召唤”为题论述了梭罗的生态思想。作为国内第一部欧美生态文学方面的研究专著，王诺的《欧美生态文学》（北京大学出版社，2003）在第二章“浪漫主义时代的生态文学”一节中提到了梭罗。在第三章“生态

---

① 严启刚：“序”，见 Chen Maolin, *Poetic Dwelling: An Ecocritical Study of Henry David Thoreau*, Hangzhou: Zhejiang University Press, 2009.

文学的思想内涵”中,王诺以梭罗的《瓦尔登湖》和自然历史散文等具体作品为例,从质疑人类干扰自然进程、征服自然的权利、工业化造成生态系统的紊乱和自然资源的枯竭、欲望膨胀导致疯狂的掠夺自然等角度入手剖析了梭罗的生态思想内涵。类似的著述还有朱新福的博士学位论文《美国生态文学研究》(苏州大学,比较文学与世界文学,2005),宋丽丽的博士学位论文《文学生态学建构——生态批评的思考》(北京语言大学,比较文学与世界文学,2005),王颖的学术专著《十九世纪“另类”美国作家研究》(山东教育出版社,2007),王诺的博士学位论文《欧美生态批评研究》(山东大学,文艺学,2007),王诺的学术专著《欧美生态批评》(学林出版社,2008),张晓琴的博士学位论文《中国当代生态文学研究》(兰州大学,中国现当代文学,2008),程虹的学术专著《宁静无价:英美自然文学散论》(上海人民出版社,2009),杨文臣的《当代西方环境美学研究》(山东大学,文艺学,2010)等等。

在20世纪70、80和90年代,无论是在中国大陆还是台湾地区,梭罗自然观的研究尚处于起步阶段,相关论述犹如星星之火,数量甚少。但进入21世纪之后,在生态批评大潮的推动下,致力于解读梭罗自然理念的成果却发展成了燎原之势,无论在数量还是种类上都出现了激增。

二、梭罗自然观研究的横向归纳:多点开花,中西比较

对国内梭罗自然观的研究历程进行了纵向梳理之后,我们不妨再对梭罗自然观的研究进行横向归纳,以便剖析目前国内学界对梭罗自然观的研究主要从什么角度进行切入:

(一)梭罗自然观的形成原因或思想来源

要想更好地认清梭罗的自然观,首先必须了解梭罗自然观的形成原因或思想来源。在《论梭罗的自然观》中,程爱民主要从社会心理学的角度出发,在第一章“家庭和康科德:梭罗自然情节的形成”中,探讨了父母家人及家乡康科德的自然、社会环境在其自然情结形成中产生的重要影响。在第三章“梭罗的自然观:哲学理念的嫁接”中程爱民指出:除了受到西方的古典自然哲学、欧洲浪漫主义诗人和哲学家、爱默生和超验主义的影响之外,梭罗的自然观还从东方哲学,尤其是中国哲学中受益良多。梭罗的自然观包含“古典—浪漫—超验—东方”的背景在内,是“一个复杂的统一体”,是他“独特地吸收和‘嫁接’了多种自然观念的产物”。①当然,在把诸种自然观糅合在一起的过程中,也出现了一些崭新的东西,或许这就是

① 程爱民:《论梭罗的自然观》,南京大学,1998年,第63、66页。

梭罗的自然观看起来可能并不具有原创性,但却完全具有梭罗个人特点的原因所在。

耿殿磊在《梭罗自然观的跨文化渊源》一文中指出,从理论源流上来说,梭罗的自然思想是多元文化相互撞击、多门学科共同塑造的结果:“从学科门类看,梭罗关于自然的论述令人惊叹地涉及天文、地理、生物、文学、历史、宗教、社会、政治、文化、交通、农业等多个领域”;“从文化时空看,他的自然思想不论从当代新英格兰本土的超验主义,还是从古代东方的印度教义和儒家哲学来解释,都能找到客观的依据”。①因此,我们不妨可以说,梭罗具有现代生态伦理意义的自然观的形成,得益于他能转益多师,能将世界上多种文化的优秀成果兼容并蓄,从而自成一家。从古希腊罗马田园文学、中国儒家哲学、欧洲浪漫主义和美国建国初期的农业共和国理想中,梭罗汲取了自然具有审美情趣和道德力量的观点;从德国唯心主义先验论、爱默生超验主义哲学、印度教义和印第安人万物有灵论中,梭罗接受了自然具有精神价值、人与自然应合而为一的观念。进行如此的有机综合之后,梭罗形成独特的自然观是水到渠成的事情。应该说,耿殿磊这篇文章的学术视野是比较开阔的。

陈茂林在《诗意栖居:亨利·大卫·梭罗的生态批评》的第二章“梭罗生态理念的来源”中,从梭罗儿时的生活环境、康科德当时的文化环境、美国超验主义的影响、美国印第安文化的影响和东方文化的影响五个方面追溯了梭罗生态理念的思想来源。陈茂林认为,梭罗的生态理念是“多种不同思想的混合物。正如坎比所说的那样,梭罗思想的创新性在于其混合之中”。②无独有偶的是,在描述梭罗的自然观时,陈茂林使用的是“混合(blending)”③一词,而程爱民使用的则是“嫁接(grafting)”,两者均表示梭罗自然观来源的多样性。但只要略一沉思,我们就会发现“blending”和“grafting”还是存在明显的区别:“blend”指的是“mix (a substance) with another substance so that they combine together as a mass”,④而“graft”的意思是“insert a shoot or bud of one plant or tree into the stem or trunk of another,

① 耿殿磊:《梭罗自然观的跨文化渊源》,载《武汉科技大学学报(社科版)》,2008年第6期,第77页。

② Chen Maolin, *Poetic Dwelling: An Ecocritical Study of Henry David Thoreau*, Hangzhou: Zhejiang University Press, 2009, p. 73.

③ 陈茂林借用了坎比的说法,参阅 Walter Harding (ed.), *Thoreau Handbook*, New York: New York University Press, 1959, p. 97.

④ Judy Pearsall and Patrick Hands (eds.), *The New Oxford English - Chinese Dictionary*, Shanghai: Shanghai Foreign Language Education Press, 2007, p. 214.

where it continues to grow, becoming a permanent part”。① “混合”仅仅表示两种或多种物质掺在一起,不存在主次之分,而“嫁接”则显然有主有次。在梭罗自然观的形成过程中,显然梭罗不是简单地将来自多方面的自然观念混合在一起,毕竟梭罗的自然观作为一个整体仍属于西方哲学的范畴,“梭罗自然观的根是西方的”。②因此,本书更倾向于程爱民使用的“嫁接”一词。

探讨梭罗自然观成因的论述还有田芳和张霞的《论梭罗环境意识的形成》(载《长江大学学报(社科版)》,2004 年第 6 期),吴迪的《梭罗自然意识的来源》(载《郑州轻工业学院学报(社科版)》,2007 年第 1 期),唐亚兰的《梭罗自然观中的古希腊文化渊源探析》(载《大众文艺》,2016 年第 22 期)等等。

(二)对梭罗自然观的整体研究

梭罗对自然没有进行系统的论述,他的这些思想散落在众多的自然文学作品和日记中。因此只有将这些作品作为一个整体进行研究,才能全面地廓清梭罗的自然思想。

程爱民在《论梭罗的自然观》中,花了大量篇幅来论述梭罗复杂多样的自然观。在程爱民看来,梭罗的自然观主要包含如下内容:自然是一个具有生命或灵魂的机体;自然与上帝是一体,自然是上帝的表象,与自然交流就是与上帝交流;回归自然是自我完善和对抗工业社会异化力量的主要手段;人类与自然是和谐统一的,人类是自然的一部分。苏贤贵在《梭罗的自然思想及其生态伦理意蕴》(《北京大学学报(哲社版)》,2002 年第 2 期)中认为,梭罗发现并表述了自然界各个部分协调统一的生态学思想,梭罗关于自然的基本思想是超验主义的;在梭罗看来,最完美的人是最符合自然的人。梭罗关于自然的论述非常丰富,但他并没有直接提出一种关于人与自然之间道德关系的生态伦理学。

陈初的《梭罗的生态思想研究》(厦门大学,2007)的思路与众不同,它主要是按照时间顺序,对梭罗主要作品中的生态思想的发展过程进行了概述。与陈初的观点有些类似的是,刘鹏也认为梭罗的自然观经历了一个动态的演化过程:早期的梭罗显然受到人类中心主义特别是爱默生自然思想的影响,但“随着对自然的理解日益深刻,到了后期,特别是 1850 年之后,他基本上已经摆脱了人类中心主

---

① Michael Agnes (ed.), *Webster's New World College Dictionary*, 4thed, Shenyang: Liaoning Education Press, 2001, p. 616.

② 程爱民:《论梭罗自然观中的“天人合一”思想》,载《外国文学研究》,2009 年第 2 期,第 68 页。

义的影响;《瓦尔登湖》的问世“开启了生态中心主义哲学的大门”。① 韩德星的《论梭罗的人格特质与荒野情结》(载《电影文学》,2009 年第 14 期)论述的路子非常新颖。韩文指出:梭罗对自然的热爱和研究已经超越一般的层面,而升华为一种“荒野情结”。韩德星主张,对梭罗的“荒野情结”不应仅从文化批判这一外部视角去理解,将荒野视为梭罗对抗工业文明的阵地和拯救人性的家园,还需要进一步挖掘梭罗的人格气质特征,从他的生物人格层面揭示其荒野情结形成的内在原因,并探讨梭罗荒野情结衍生的理论形态——自然化的生存理念。

简功友(《“第二天性与生态危机——消费文化视域下梭罗生态思想论》,(载《湖南社会科学》,2016 年第 5 期)经过研究指出,对梭罗来说,人类的第二天性是对自然天性的背离,这是一切生态危机的根源所在。梭罗主张构建一种以遏制“第二天性”为导向的生态文明,从而为人类摆脱生态危机找到良策。类似的著述还有陈凯的《绿色的视野——谈梭罗的自然观》(载《外国文学研究》,2004 年第 4 期),吴长青等人的《梭罗的自然中心主义生态观研究》(载《湖北工业大学学报》,2014 年第 6 期),王炎的《论梭罗超验主义的自然书写》(载《广东外语外贸大学学报》,2014 年第 4 期),陈茂林的《和谐交融:梭罗的自然观及其启示》(载《外语教学》,2015 年第 5 期),姚秀娟的《个人价值与生态和谐:亨利·大卫·梭罗的矛盾和统一》(载《学术交流》,2016 年第 3 期)等等。除了对梭罗自然思想的内涵进行剖析外,还有些研究成果在自然文学的发展历程中对梭罗的自然观进行透视。张丽军在《生态文学无名状态的结束——从英国“浪漫派文学”到前苏联“自然哲理小说”》(载《吉林省教育学院学报》,2007 年第 5 期)中指出,梭罗的《瓦尔登湖》对美国自然文学进行了改写,扩充了自然文学的表现内容和精神内涵。美国自然文学发展到梭罗那里,终于提升到了生态文学的新境界。李世存的《美国 19 世纪浪漫主义作家自然描述中的现实关怀》(载《宜宾学院学报》,2008 年第 11 期)认为,美国 19 世纪浪漫主义作家对自然的描述既具有浪漫主义的想象,又具有现实主义的关怀,其中梭罗对自然的描述包含了鲜明的自然生态伦理思想。梭罗具有一种自然崇拜精神和环保意识,他对自然的描述成了美国早期生态文学的经典文本。类似的著述有申扶民的《论生态浪漫主义——从卢梭到梭罗》(载《哈尔滨工业大学学报(社科版)》,2016 年第 6 期)。

在梭罗自然观的研究著述中,非常值得一提的是杨靖的《“疾病的隐喻”:梭罗论健康与自然》(载《外国文学评论》,2015 年第 1 期),这是为数不多的发表在影

---

① 刘鹏:《从人类中心主义到生态中心主义:梭罗生态哲学阐释》,载《齐鲁学刊》,2009 年第 1 期。

响因子最大的外国文学类刊物上的批评文章。杨靖指出，对梭罗而言，内部机能与外部环境保持平衡是身体健康的保证。梭罗以疾病作为隐喻，告诫人们：自我与疾病、自我与身体的"双重战争"无时无刻不在体内发生，唯有节制欲望，回归自然，才能享受健康生活。

(三)《瓦尔登湖》中蕴含的自然思想

作为梭罗思想的集大成者，《瓦尔登湖》是美国文化发展史的一个里程碑，曾被劳伦斯·布伊尔誉为美国文学史上的"绿色圣经"。① 在梭罗的所有作品中，《瓦尔登湖》被译成汉语传入中国的时间最早。因此，《瓦尔登湖》总不缺乏中国研究者的关注。卢凌的《崇尚自然：梭罗〈瓦尔登湖〉的审美价值》(载《安徽大学学报(哲社版)》,2003 年第 2 期)认为，《瓦尔登湖》重述了一个在现代人心目中渐渐淡漠的、有关人类与自然和谐共存的故事。卢凌从思想内容、审美价值及文体风格等方面对《瓦尔登湖》进行了评析，指出《瓦尔登湖》表达了人与自然和谐共存、人生的最高准则是过俭朴生活的观点。

国内学界还借助新近涌现的各种理论致力于探讨《瓦尔登湖》中蕴含的自然思想。鲁枢元在《生态文艺学》中曾将生态学思想分为社会生态、精神生态和自然生态，②这种三分法也被运用到了对《瓦尔登湖》的研究之中。王学良的《社会、文化、自然——生态批评视野里的〈瓦尔登湖〉》(北京大学,2003)从生态文艺学的角度出发对《瓦尔登湖》进行解读，认为《瓦尔登湖》中存在三个世界——绝望的社会生态世界、古典的文化生态世界和诗意的自然生态世界，并且指出了这三个世界之间的关系，即绝望的社会生态需要从古典的文化生态和诗意的自然生态当中寻求出路，以改善社会生态。挪威哲学家阿伦·奈斯(Arne Naess)于 1973 年提出"深层生态运动"的概念，运用新近的深层生态学理论剖析《瓦尔登湖》也是一种时尚的做法。在张小花和马文芸(《诗意的栖居——〈瓦尔登湖〉中的深层生态学思想探析》,载《辽宁行政学院学报》,2014 年第 11 期)看来，深层生态学的核心内容是"生态智慧"与"自我实现"，倡导人与自然和谐相处的价值观念、消费模式、生活方式与社会制度，这些可总结为"诗意的栖居"的生活方式。《瓦尔登湖》正是这一思想的集中体现，其中的生态智慧和梭罗对人与大自然关系的思考和时间价值值得深入探究。张伟(《梭罗的〈瓦尔登湖〉中蕴含的深层生态学思想》,中国海洋大学,2007)认为，梭罗在《瓦尔登湖》中对自然的描写处处渗透着一种深层

---

① Lawrence Buell, *The Environmental Imagination: Thoreau, New Writing, and the Formation of American Culture* ,Harvard: Harvard University Press, 1995.

② 鲁枢元:《生态文艺学》,陕西人民教育出版社 2000 年版,第 143 - 149 页。

生态学思想;《瓦尔登湖》中的自然是一个各部分组成的、相互联系的和谐整体;梭罗在《瓦尔登湖》中多次质疑人类对自然的统治权利;他平等地看待自然中的一切生命,主张人与自然应该和谐相处。

环境美德伦理学是一门新出现的跨学科应用型伦理学,郭旭明(《环境美德伦理学视角下〈瓦尔登湖〉解读》,载《长江大学学报(社科版)》,2011 年第 5 期)将其运用到对《瓦尔登湖》的解读之中。赵英的《〈瓦尔登湖〉生态思想和中国的接受》(厦门大学,2009)的思路与众不同,她首先梳理了《瓦尔登湖》中的生态思想,继而对《瓦尔登湖》在中国的接受状况做了简要的回顾,最后从翻译的角度讨论了在《瓦尔登湖》的几个权威中文译本中,在生态思想的传译中存在的诸多不足和失误。

在《瓦尔登湖》出版 152 周年之际,程爱民(《论瓦尔登湖的生态学意义——纪念〈瓦尔登湖〉发表 152 周年》,载《外语研究》,2007 年第 4 期)通过考察梭罗以"回归自然"为核心的自然观以及作者在瓦尔登湖畔的生活实践,阐述了《瓦尔登湖》具有的生态学意义。程爱民指出:梭罗在瓦尔登湖畔进行的生活实践代表了一种追求完美的原生态生活方式,表达了一个对当代人很有吸引力,也很实用的理想。岳庆云(《物质与精神的取舍,心灵与自然的对话——〈瓦尔登湖〉的生态学思想解读》,载《时代文学》,2006 年第 2 期)从回归物质俭朴、崇尚精神自由和心灵与自然的对话三个方面切入,对《瓦尔登湖》蕴含的生态学思想进行了解读。蒋汉通和胡志红(《当代人的生态启示录——对〈瓦尔登湖〉的生态解读》,载《当代文坛》,2006 年第 6 期)认为,《瓦尔登湖》远非一般的生活记录,梭罗在书中将自然、人类和文化联系在一起,其根本目的在于维护人的灵魂与肉体的和谐,人与自然的合一。对于生活在当今时代的人们来说,《瓦尔登湖》就是一部生态启示录。基于《瓦尔登湖》中"禽兽为邻"和"更高的规律"两章的文本细读,杨靖(《从"禽兽为邻"到"更高的规律"——梭罗生命伦理解读》,载《外语研究》,2016 年第 5 期)运用身体话语,从生机论入手解读梭罗的生命伦理观,即人不仅是自然性、生物性的存在,同时也是社会性、精神性的存在。类似的研究还有王瑞和李德义的《从〈瓦尔登湖〉看梭罗的生态智慧》(载《东北农业大学学报(社科版)》,2012 年第 2 期),张岩和孙立言的《诗意栖居与精神守望:梭罗〈瓦尔登湖〉生态思想论析》(载《南华大学学报(社科版)》,2013 年第 3 期),刘小勤的《关于〈瓦尔登湖〉的生态意蕴解析》(载《贵州大学学报(社科版)》,2013 年第 4 期),包庆德和宋凌晨的《亲近自然:异化劳动的扬弃与进化的谨慎追求——梭罗〈瓦尔登湖〉异化与生态思想解读》(载《内蒙古大学学报(哲社版)》,2015 年第 5 期),孙静和蔡影的《人与自然的精神家园——生态批评视域下的〈瓦尔登湖〉》(载《牡丹江大学学报》,2015 年第 11 期),王玉明的《梭罗的中庸之道:读〈瓦尔登湖〉》,(载《江淮论坛》,2016 年第 4 期),赵莹和张建国的《物质生态批评视角下〈瓦尔登湖〉再解读》(载《井冈山大学学报(社科版)》,2017 年第 2 期)等等。

(四)梭罗与爱默生及其他英美作家自然观的比较研究

在美国文学史上,大概没有哪两个作家之间的关系像爱默生和梭罗那样剪不断理还乱。一方面,爱默生在梭罗的生活中扮演着长者和导师的角色,另一方面两人的关系后来又趋于淡漠,甚至变得极为紧张。对梭罗与爱默生之间的关系、包括两人的自然观进行比较研究自然是个十分有趣的话题。

1997 年,牛励强等人(《论美国十九世纪超验主义运动代表人物爱默生与梭罗之异同》,(载《长春大学学报》,1997 年第 3 期)分析了梭罗与爱默生之间的种种异同,着重指出二者在自然观、宗教观、社会政治观、认识方法和社会实践等方面存在的差异。爱默生的超验主义路线可归结为理论认识——自然启示和人的灵感——理论阐述。而梭罗则与此不同,他的认识路线可总结为理论认识——实践——自然启示与人的灵感——理论升华。台湾的朱立民认为,梭罗在读到爱默生的《自然》以前,早就有了与他类似的思想,“爱默生并未创造一个新的梭罗,他只是加快了梭罗发现自己的过程”。①黄丹在《从星空到大地——论爱默生、梭罗和惠特曼笔下的“自然”主题》(南京师范大学,2005)中指出,爱默生、梭罗和惠特曼作品中的自然不仅是作家的主要表现对象,而且自然因他们的独特理解和表现而呈现出不同的含义。爱默生笔下的自然是理性的自然,梭罗笔下的自然是可以触摸的自然,而惠特曼笔下的自然则是具体的自然。

陈才忆的《青出于蓝——梭罗与爱默生的异同》(载《西南政法大学学报》,2005 年第 6 期)指出,虽然梭罗在爱默生的关照和启发下走向成熟,但实际上梭罗却形成了与爱默生截然不同的、在现代社会中更有影响力的敬畏自然的生态观。梭罗对自然的态度明显超越了爱默生的自然观。梭罗认为大地是独立于人的意识之外而存在的,大地并非上帝或人的意识的反映,而是有着自己的生态体系。曹蕾在《〈瓦尔登湖〉的生态学哲思——梭罗思想解读》(大连理工大学,2006)中,探讨了梭罗与爱默生在自然观方面的相似和相异之处。在审美角度、象征意义、自然的益处以及自然是个统一体方面,梭罗和爱默生的观点基本一致。但在对待自然的态度及行事态度上,梭罗与爱默生却存在一些不同。从总体来看,梭罗关于自然的思想是超验主义的,梭罗和爱默生都强调自然的精神意义,强调自然给

① 朱立民:《美国文学(1607—1860):殖民地时代到内战前夕》(修订版),书林出版有限公司 2000 年版,第 435 页。

人美的享受和道德的熏陶,但梭罗的自然观是实在的、具体的,自然不只是服务于人的手段,自然本身的存在就有价值、目的和理由。梭罗的自然观是生态的,它为以后生态自然思想的发展奠定了基础。

李存安也对爱默生与梭罗自然观的异同进行了探究,以期探索人与自然之间的关系(《爱默生与梭罗自然观异同初探》,载《安徽文学(下半月)》,2006 年第 10 期),类似的论述还有马金羽的《论爱默生与梭罗的自然观》(载《华章》,2008 年第 9 期),李莉的《爱默生与梭罗自然观之生态比较》(载《考试周刊》,2008 年第 23 期),孙益敏的《自然是一首失传的诗——爱默生超验主义自然观与华兹华斯、梭罗自然观比较》(苏州大学,2009),何山石的《从生态美学的"参与审美"看梭罗自然观对爱默生自然观的超越——以〈瓦尔登湖〉与〈论自然〉为文本依据》(载《武汉理工大学学报(社科版)》,2015 年第 2 期)等等。

除了把梭罗与爱默生的自然观进行比较外,有些研究者还探讨了梭罗与其他英美作家之间的关系。欧阳闻捷(《荒野与人的生态解读——梭罗、穆尔和福克纳的个案研究》,(北京大学,2007)从梭罗、穆尔和福克纳三位作家对荒野的阐释出发,提出荒野与人类的具体关系,并指出荒野在拯救人类精神世界中的意义。欧阳闻捷指出:梭罗论述荒野的着眼点在于他走进其中时所感受到的肉体与精神体验,而穆尔是一位典型的自然作家,他继承了爱默生和梭罗的荒野观念,但同时又超脱了超验主义和人本主义的藩篱。谢满兰(《试析梭罗和德莱塞创作主题的异同》,载《经济与社会发展》,2005 年第 4 期)则对梭罗和德莱塞的创作主题进行了比较,指出两位作家虽然创作理念、风格特色迥然不同,但在对回归自然的渴望和对都市化的厌恶方面,应该说都达到了异曲同工的效果。张箭飞和杨丽(《从乡村到荒野:华兹华斯与梭罗"自然"之比较,载《长江学术》,2015 年第 3 期)聚焦华兹华斯和梭罗,细察浪漫主义的"自然崇拜"核心概念如何本土化和个性化,指出两位作家之间的差异反映了英国浪漫主义与美国超验主义的差异。林丽婷和徐朝旭(《梭罗与莱易斯生态幸福观的比较及启示》,载《理论月刊》,2016 年第 3 期)经过研究得出结论,梭罗与莱易斯尽管相隔一个世纪,但两者的生态幸福观共同构成了当代社会幸福观发展的新方向。他们的生态幸福观在有关消费与幸福、自然与幸福即社会制度与幸福的论述上表现出一致性和差异性,这对推动当今世界的生态幸福研究具有重要启示。

(五)梭罗与中国作家自然观的比较及其对中国生态散文的影响研究

早在《生活的艺术》中,林语堂就曾指出梭罗与陶渊明两人的精神特质存在类似之处,对梭罗与陶渊明的自然观进行平行比较也是中国学人津津乐道的一个话题。蒲立昕和苏明海(《回归自然的意义——陶渊明和梭罗的自然观比较研究》,

(载《聊城大学学报(社科版)》,2005 年第 5 期)从回归自然的角度,从哲学渊源和回归自然的意义两个层面切入,对梭罗和陶渊明这两位作家进行了比较分析,以期为他们提供一种对话的可能。蒲立昕和苏明海认为,虽然梭罗继承了美国超验主义的衣钵而陶渊明深受魏晋玄学的影响,但他们在扬精神生活和抑物质生活上持有相同的看法。他们认为崇尚自然、回归自然是保全并防止人们产生异化的最佳途径。

杨琳等人(《运世间之万象,舞心灵之双翼——梭罗与陶渊明作品意象之所寄》,载《山西农业大学学报(社科版)》,2013 年第 6 期)指出,梭罗和陶渊明作品中的意象不仅提升了读者的审美情趣,而且蕴含了珍贵的生命意识,并在中美不同的文化建构中生发出生命话题的默契以及对人类心灵痼疾与现世人性的拷问与劝谏。米彦青的《论自然美学观照下的陶渊明与梭罗的诗学走向》(载《内蒙古大学学报(哲社版)》,2012 年第 4 期)认为,东方的哲学思想是陶渊明和梭罗能在精神上相契合,并在东西方不同的国度和时代中践行抱朴守真诗学的思想基础。他们的诗学思想体现在审美取向上有所不同。梭罗远离尘世的生活使他与浮华世事和流行社会保持一段距离,并用文字构筑另一种世界,从而保证生活的真正自若。自然在陶诗中,较之梭罗笔下更多一层含义,既是外在的自然环境,也是宇宙万物内在的本然状态,更是一种宗教信仰乃至理想生命形式的象征。

鲁枢元是我国从事生态美学研究的领军人物之一,他和马治军共同完成的论文《元问题:人与自然——关于陶渊明与卢梭、梭罗的比较陈述》(载《文艺研究》,2011 年第 2 期)较之常规的平行比较更显论述的深度。该文宣称,“人与自然”问题是一个“元问题”,在时间上先于、在空间上笼罩其他所有问题,是其他所有问题的根本。遗憾的是,现代人对它的解答长期处于层层迷雾之中。中国古代诗人陶渊明、法国 18 世纪思想家卢梭、美国诗人兼学者梭罗,三位不同时代不同国度的哲人,面对“人与自然”这一元问题,却给出相近的答案,即要热爱自然,顺应自然,珍惜人的天性,像大自然一般自然地生活,在与自然的交流融汇中享受天地间至高的精神愉悦。

除了对梭罗与陶渊明进行比较,中国学人还对梭罗与沈从文以及其他中国作家的生态观进行了比较。赵慧芳(《〈河上一周〉与〈湘行散记〉——一个生态批评视野中的比较研究》,载《淮北煤炭师范学院学报(哲社版)》,2008 年第 1 期)对梭罗的《河上一周》和沈从文的《湘行散记》进行了比较,指出,梭罗和沈从文均早已抵达了人类生态思考的一个历史性深度。央泉(《〈边城〉与〈瓦尔登湖〉中的水意象比较研究》,载《江西社会科学》,2007 年第 8 期)则对《瓦尔登湖》与《边城》中的水意象进行了比较研究,认为在这两部作品中水不仅是作家创作的背景和源泉,也是作家认识世界、礼赞自然和思索生命的载体,具有丰富的内涵,是其作品的灵魂。类似的著述有李德义等人的《梭罗与沈从文的生态共鸣》(载《理论观察》,2015 年第 12 期),吕娟霞的《梭罗与沈从文的生态意识比较研究》(载《长春师范大学学报》,2017 年第 11 期),任舒翼的《论陆游和梭罗的"重归荒野"》(载《时代文学(上)》,2010 年第 3 期)孙霄的《乡村叙事中"自然"情怀的分野——刘亮程〈一个人的村庄〉与梭罗〈瓦尔登湖〉之比较》(载《文艺争鸣》,2012 年第 11 期)等等。

主持国家社科基金项目"当代中国'生态文学'研究"(2006)的赵树勤和主持国家社科基金后期资助项目"生态中国:文学呈现与跨文化研究"(2013)的龙其林主要就《瓦尔登湖》对中国生态作家的影响发表了系列成果。其中最典型的是赵树勤和龙其林《当代生态散文的兴起——兼论〈瓦尔登湖〉及其外来文学影响》,该文刊登于《文学评论》2010 年第 5 期,《文学评论》是中国文学研究领域影响因子最大的学术刊物。该文认为《瓦尔登湖》是中国当代生态散文发展过程中一个重要文化参照。它启迪了中国作家开拓散文创作的新格局,这主要体现在对于人与自然和谐相处生态佳境的表达、恢复了语言的有机性和扩展伦理观照的范围等方面。中国作家在吸收、融合《瓦尔登湖》的生态思想的同时,也对作品存在着各种误读,其根源在于接受主体的定位不同,导致了他们在接受异质文化时存在着不同的途径,为全球化背景下考察中国文学的世界性因素和传统文化资源的关系提供了一个范本。类似的成果还有赵树勤和龙其林的《〈瓦尔登湖〉与中国当代生态散文》(载《湘潭大学学报(哲社版)》,2012 年第 1 期),龙其林的《〈瓦尔登湖〉与张炜生态散文语言的自然属性》(载《东方论坛》,2015 年第 5 期),龙其林的《重寻荒野价值与融入野地情结——论〈瓦尔登湖〉与张炜生态散文》(载《青岛科技大学学报(社科版)》,2015 年第 2 期),陈春华的《〈瓦尔登湖〉与中国当代生态散文分析》(载《喀什大学学报》,2016 年第 5 期)。

(六)梭罗与道家自然观的比较研究

美国的利曼・凯迪(Lyman Cady)曾经指出:梭罗虽然没有利用道家的思想资源,但《瓦尔登湖》与《道德经》两书却在观点上有着惊人的相似性。①鉴于这种显而易见的类似,国内学界也有不少论文对梭罗与道家的自然观进行比较研究。

颜晓川和付玲的《梭罗作品中的道家思想因素》(载《东北大学学报(社科版)》,2003 年第 4 期)认为,在人与自然的关系问题上,中国先秦的老子和庄子同

---

① Lyman Cady, " Thoreau' s Quotations from the Confucian Books in *Walden*", *American Literature*, Vol. 32, 1962, pp. 31 – 32.

美国的梭罗有着共识。于立亭就梭罗和老庄如何审视人与自然的关系、所倡导的生活方式、所持的政治态度及表达思想的手法进行了比较，认为从中可以看出梭罗的思想中包含了道家因素："梭罗一生都在追求与自然的冥合，这恰巧与道家追求的'天人合一'的最高境界如出一辙。"此外"梭罗、老子和庄子在他们的文学作品中都是采用水的意象来传达他们的思想精髓"。①在对庄子和梭罗散文思想内涵的相似和相异之处进行对比分析之后，张建国宣称：在崇尚自然上，梭罗和庄子都以自然界作为标准来批判社会文化，都极力肯定自然的无为状态。虽然如此，但"庄子崇尚自然意味着绝对地否定人为，毫无保留地师法自然万物；而梭罗崇尚自然则意味着要人像自然万物一样简单、悠闲、自由地生活……应在大自然中努力修身养性，以臻于最高、永恒的境界"。②

何颖的《梭罗对〈庄子〉的吸收与融通》（载《甘肃社会科学》，2010 年第 3 期）指出，通过《瓦尔登湖》与《庄子》的比较研究，可见酷爱东方哲学的梭罗深受《庄子》道家思想的影响，《庄子》哲学成为梭罗思想的源泉和文学创作的题材。王清宇则旨在从道家自然观来透视梭罗的生活追求，他的看法是：梭罗的自然观与道家思想的契合"体现的是人与自然、精神与物质的和谐"，虽然两者从思想进程上看没有多少可比性，但他们却给人"留下了相同的启示：尚美、简朴却超越"。③在回归自然本真和崇尚天人合一这两点上，安鲜红承认梭罗和庄子有着内在的一致性，但"庄子所说的'自然本真'就是自然之本然性状，即无人工介入的本真、原初之状态"，而梭罗"认为人只有回归自然，在自然中人的灵魂才能得到精华，人的思想才能充实"。④在另一篇文章中，安鲜红主张：庄子强调的是人的个体存在，而梭罗强调的是人对自然的依赖，但两人都对生命对人类的生存走向表示特别的关注，都认为人与自然能够和谐相处，都主张人类应从人为存在回到自然存在。⑤经过一番研究之后，彭威也认为：在审视人与自然的关系方面，梭罗和老子存在相似之处："老子这种强调人与自然之统一、和谐、'天人合一'的思想是与梭罗的自然主义思想相吻合的。梭罗在瓦尔登湖畔的两年独居生活可以说是老子思想内

---

① 于立亭：《梭罗与道家思想》，载《长春理工大学学报（社科版）》，2005 年第 1 期，第 83 页。

② 张建国：《庄子和梭罗散文思想内涵之比较》，载《河南大学学报（社科版）》，2005 年第 5 期，第 49 页。

③ 王清宇：《尚美·简朴·超越——从道家自然观看梭罗的生活追求》，载《南京林业大学学报（人文社科版）》，2007 年第 4 期，第 48、52 页。

④ 安鲜红：《试探庄子和梭罗人生观的内在一致性》，载《商丘师范学院学报》，2006 年第 4 期，第 20 页。

⑤ 安鲜红：《试探庄子与梭罗自然观的异同》，载《黄冈师范学院学报》，2006 年第 5 期。

涵的一种实践。”①王继燕(《梭罗与中国儒家、道家之自然观的契合》,载《内蒙古师范大学学报(哲社版)》,2008 年第 6 期)把梭罗与儒道的自然观进行了对比,认为在天人合一的自然观上,梭罗与中国古代的儒道思想是相互契合的,他们都主张:世界有着共同的本源,自然是一个有机的活的整体、人与自然是“天人合一”的关系。类似的成果还有崔曦的《从“自愿贫穷”到精神的独立与自由——试探庄子与梭罗人生观的内在一致性》(载《怀化学院学报》,2008 年第 12 期),汪愫苇和张慧荣的《翩翩蝴蝶飞翔在湛蓝的瓦尔登湖畔——从〈庄子〉与〈瓦尔登湖〉看庄子和梭罗的精神链接》(载《海南大学学报(人文社科版)》,2011 年第 2 期),杨丽的《论梭罗与道家思想之共性》(载《新乡学院学报(社科版)》,2013 年第 1 期)等等。

在对梭罗作品进行剖析的过程中,其自然观始终是中国学人重点关注的对象。从不同的理论视角切入,国内对梭罗自然观的研究积极与国际学术界进行对接,借鉴经典的和最新的学术文献,研究呈现出多点开花的良好局面。有一点值得指出的是,国内大多数学者有着明确的文化立场和主体意识,他们能够发挥熟稔中国文化的优势,在中西比较的视野中对梭罗的自然观予以阐发,从而使其论述在一定程度上有别于西方学人的研究。

三、小结:过于依赖《瓦尔登湖》的研究现状之分析

在对梭罗作品主题思想的研究中,对其自然观的探讨无疑是取得成果最为丰硕的一个领域。经过过去几十年,尤其是进入 21 世纪以来十余年的辛勤努力,目前国内学界对梭罗自然观的探究已经形成了边界相对清晰的几大模块,这包括对梭罗自然观思想来源的剖析,对梭罗自然观的整体透视,对《瓦尔登湖》中蕴含的自然思想的解读,对梭罗与爱默生等英美作家自然观的比较研究,对梭罗与陶渊明等中国作家自然观的对照分析,对梭罗与中国道家自然观的异同辨析等。而且,中国大陆第一本有关梭罗的博士学位论文和研究专著都以梭罗的自然观为研究对象。此外,还有数量众多的期刊论文和硕士学位论文也都将梭罗的自然观纳入自己的研究范围。可以说,由于“当今梭罗被认为是美国文学史上第一位主要的自然阐释者和美国的第一位环境主义圣徒”,②由于全球(当然包括中国)生态

① 彭威:《论梭罗和老子思想的契合之处》,载《内蒙古农业大学学报(社科版)》,2007 年第 4 期,第 354 – 355 页。

② Lawrence Buell, “Thoreau and the Natural Environment”, in Joel Myerson (ed.), *The Cambridge Companion to Henry David Thoreau*, Shanghai: Shanghai Foreign Language Education Press, 2005, p. 171.

环境的日益恶化、人们环保意识的逐渐觉醒和生态批评在中国的崛起,梭罗的自然思想已经引起了国内学者的很大关注。然而,通过仔细分析就会发现,近年来国内学界对梭罗自然观的研究还存在不少欠缺之处,这主要表现在:

一、研究不够系统,视域不够开阔,这正如近十年前陈茂林所说的那样,"目前尚无学者把梭罗的全部作品作为一个整体进行综合研究,未见国内系统、整体、全面研究梭罗生态思想的著述"。①从整体来看,对梭罗自然思想的解读还存在巨大的阐释空间。劳伦斯·布伊尔曾经说过,梭罗今天之所以能被人们铭记,是因为在其一生中他必须努力尝试着去深刻地理解自然。②布伊尔的言辞虽然不无夸大的成分,但却是道出了梭罗在阐释自然方面做出的卓越贡献。然而,梭罗的思想复杂多变,很难公式化地将其统一表述出来,其自然观亦不例外:"在其一生当中,梭罗提出的许多问题往往不变,而他提供的答案却只是临时性的",因为"梭罗作品中某一时刻的'真理'可能不会体现其对某一既定主题的全部认识"。③例如,梭罗《缅因森林》中的《卡登山》("Ktaadn")、④《康科德和梅里马克河上的一周》还有《瓦尔登湖》的第一稿都是在其独居瓦尔登湖期间写成。但在成功登上卡登山山巅之后,梭罗却如此写道,"眼前的自然景观,尽管美丽绝伦,却十分可怕且野性十足";"我充满敬畏地伫立于此,对这个我所追求的事物,竟然感觉如此陌生……它们让我颤栗惊恐"。⑤这样的描述与梭罗在其他作品中对自然的那种典型的温和描述形成了鲜明对比。对此,詹姆斯·麦金托什(James McIntosh)总结说道:"此时的梭罗并非持有一种自然观,而是能够有意识地接受不同甚至相反的观点。"⑥承认梭罗自然思想的复杂多变并非表示无法对其进行勾勒,只是我们在研究中应该注意避免先入为主地对梭罗的自然观进行简单化处理。

二、现有的研究大多集中于或过于依赖《瓦尔登湖》,研究不够全面,容易出现

---

① Chen Maolin, "Introduction", in Chen Maolin, *Poetic Dwelling: An Ecorcitical Study of Henry David Thoreau*, Hangzhou: Zhejiang University Press, 2009, p. 11.

② Lawrence Buell, "Thoreau and the Natural Environment", in Joel Myerson (ed.), *The Cambridge Companion to Henry David Thoreau*, Shanghai: Shanghai Foreign Language Education Press, 2005, p. 171.

③ Walter Harding and Michael Meyer (ed.), *The New Thoreau Handbook*, New York and London: New York University Press, 1980, p. 122.

④ 梭罗的《缅因森林》实际上由三篇游记组成,它们分别是《卡登山》("Ktaadn"),《雀森库克湖》("Chesuncook")和《河拉嘎须湖及东支流》("The Allegash and the East Branch")。

⑤ [美]梭罗:《山·湖·海》,台湾蓝瓶子文化编译小组译,中国对外翻译出版公司2000年版,第178-179页。

⑥ James McIntosh, *Thoreau as Romantic Naturalist: His Shifting Stance toward Nature*, Ithaca: Cornell University Press, 1974, pp. 126-127.

重复扎堆的现象。当然,这既与《瓦尔登湖》的重要地位也与国内对梭罗作品的译介现状有关。根据潘庆舲的考察,在19世纪的美国文学中,"《瓦尔登湖》被公认为是最受读者欢迎的非虚构作品,迄至今日已有200种以上不同的版本"。①如前所述,中国大陆自20世纪90年代以来也陆续推出了137个不同的中文版本。中国的外国文学研究很多时候仰仗翻译,《瓦尔登湖》的不断重译为研究者的探讨提供了诸多便利的同时,也对其视野造成了一定的遮蔽。目前国内研究梭罗其他作品所蕴含的自然观的著述数量稀少,仅有陈才忆的《〈美洲越橘〉与梭罗健康自然的生活观》(载《外国语文丛书·第4辑》,四川大学出版社,2010)、何云燕的《梭罗的自然写作》(载《贵州大学学报(社科版)》,2017年第1期)等少数几篇。

综观梭罗的创作生涯,可以发现在《瓦尔登湖》之前和之后,梭罗有许多作品涉及自然这一主题。可惜的是,这些作品似乎并没引起国内学人的太多注意。在梭罗早期的作品中,《四季》("The Seasons")是现存的最早的一篇散文。尽管《四季》绝对谈不上是一部伟大的文学作品,但它却体现了一个十岁的儿童对自然早已显示出来的浓厚兴趣及其对自然的感知。《马萨诸塞的自然史》("The Natural History of Massachusetts",1842)是梭罗最早发表的自然散文,其中心思想是揭示梭罗在身边自然世界中感到的快乐。《马萨诸塞的自然史》中写得最为出色的是有关麝鼠和钓鱼的那几个段落,它们几乎可以在梭罗的名作《瓦尔登湖》中值得拥有一席之地。《冬日漫步》("A Winter Walk",1843)是梭罗最好的散文之一,整篇文章的精神接近于《瓦尔登湖》中对自然描述最为精彩的部分。《瓦尔登湖》有时甚至还重复了来自前者的部分字词语句。对于《冬日漫步》,有的学者如此说道:或许它是"梭罗曾经写过的最能唤起人的回忆、最具抒情色彩的短篇散文";"梭罗开始超越一般的观察","而对自然的观察更加深刻,反应更加敏锐";"这就是梭罗因之出名的那种对自然进行的具有移情作用的密切观察。梭罗没有高高在上,没有把自然界的生物拟人化,也没有进行道德说教。相反,他在自己的知识和理解允许的范围内,找到了审视自然万物的途径"。②

进入20世纪50年代以后,尽管梭罗密切关注奴隶制和美国的消费至上这样的社会政治问题,但他还是逐渐地转向科学立场,将大多数注意力献给了自然研究。而且在1860年后,"梭罗的思想重心又移回大自然"。③ 梭罗在生命晚期创

① 潘庆舲:《译者序》,见梭罗:《瓦尔登湖》,潘庆舲译,中国国际广播出版社2008年版,第3页。

② 转引自 Walter Harding and Michael Meyer (ed.), *The New Thoreau Handbook*, New York and London: New York University Press, 1980, p. 37.

③ 常耀信:《美国文学史》(上),南开大学出版社1998年版,第258页。

作了许多有关自然史的作品，根据撰写时间排序，这些作品包括《漫步》（“Walking”，1851），《加拿大游记》（“An Excursion to Canada”，又名“A Yankee in Canada”，1851），《秋色》（“Autumnal Tints”，1858—1859），《野苹果》（“Wild Apples”，1859—1860），《越橘》（“Huckleberries”，1860—1861），《野果》（“Wild Fruits”，1860—1861），《森林的演替》（“The Succession of Forest Trees”，1860），和《种子的传播》（“The Dispersion of Seeds”，1860—1861）等。虽然人们通常认为，梭罗的生命后期是其创作的衰退期，但其实正是在这些后期作品中，“梭罗发出了‘我想为自然辩护’的呼唤，提出了‘只有在荒野中才能保护这个世界’的观点，表述了野生自然与健康的人类文明之间的关系”。①梭罗晚期的自然史著作强调的重点有所不同：《森林的演替》和《种子的传播》带有高度的科学色彩，《漫步》和《野苹果》具有预言性，而《加拿大游记》初看则与自然关系不大。所有这些晚期创作的作品实际上在两方面达成了一致：自然能比人类近视的眼睛看到更多的东西；保存新世界、保存更好的自我取决于要学会比现在的我们能更加自然地去观看，去生活。

《加拿大游记》一般被认为是梭罗晚期作品中最缺乏灵性的一部，因为梭罗没有看到他想看到的自然。梭罗在开篇伊始如此说道：“对于加拿大恐怕我没太多要说的，我也没有看到太多的东西。”②加拿大的风景令梭罗感到失望，因为梭罗原想看到和讲述的是漫游者心目中神圣的荒野，而不是加拿大的城市展示出来的那个民族国家。《森林的演替》提供了一种正在进行的森林演替的模式，凭借这些能够察觉的规则，人们可以进行可靠的预测。在这部作品中，梭罗做出的贡献在于使自然中的这种变化得以标准化，他所揭示的自然是一个由各种现象和进程构成的网络，正是这一点使得梭罗成了在“生态学”这一词汇创立之前的生态学家。③《漫步》由写于 1851 年的两篇演讲稿《漫步》（“Walking”）和《荒野》（“The Wild”）组成：前者讲述的是在自然中散步的乐趣，散文首先回顾了“Walking”的词源学意义，继而赞美了每天把许多时间用于探索荒野的益处；后者则倡议文明人不时回归自然以获取滋养和活力。《漫步》是梭罗短暂一生中的绝唱，梭罗对荒野价值的新发现在于：“他打破了人们对荒野的陈旧观念。走向荒野不是走向原始和过去，不是历史的倒退。相反，荒野意味着前途和希望。”④在《秋色》这篇“体现

---

① 程虹：《宁静无价：英美自然文学散论》，上海人民出版社 2009 年版，第 47 页。

② Henry David Thoreau, *A Yankee in Canada with Anti - slavery and Reform Papers*, Boston: Houghton Mifflin Company, 1888.

③ Joel Myerson (ed.), *The Cambridge Companion to Henry David Thoreau*, Shanghai: Shanghai Foreign Language Education Press, 2005, p. 165.

④ 程虹：《宁静无价：英美自然文学散论》，上海人民出版社 2009 年版，第 47 页。

出梭罗思想和风格上的成熟、标志作者生活和文学事业的顶峰”①的散文里,梭罗按照秋叶展示自身的时间顺序描写了秋天所有明亮的色彩。在梭罗的笔下,新英格兰的树叶可以满怀喜悦地给人教育,给人灵感,起到告诫作用。这些树叶告诉人们,自然界尤其是新世界的自然界非常优美,应该对之极力歌颂。对画家、雕塑家、诗人、哲学家还有神话学家来说,最好的教育是从树叶这所学校中获得的。

《野苹果》是梭罗在自然散文写作方面所做的最为成功的尝试。在这篇散文中,从伊甸园到自家的后院,从种子到果实,梭罗追溯了苹果树的历史,描述了野苹果树为了生存而与奶牛进行的抗争。这些描述不仅形象生动,而且还是有关自然史的出色作品。支撑整篇散文的是梭罗基本的哲学思想,即从自然中人们只能得到曾经给予的东西。如同《漫步》、《秋色》和《野苹果》一样,《越橘》认为对自然超验式的感知和与自然的关系是拯救伊甸园和新世界人类的方式。除此之外,《越橘》还探讨了与自然有关的不同审视维度,这包括从经济的、审美的、道德的和精神的视角看待自然。《野果》则按照时间顺序,娓娓动听地详细描述了各类野果在北美地区的分布状况,它们开花、结果的具体时段和各自的形态等艺术生命,以及这些野果与当地的各类昆虫和鸟兽之间的关系。《种子的传播》的大部分内容讲述的是种子的传播和森林的演替,但其主导思想却是人类必须把这种知识运用到森林管理当中。通过把森林树种这种表面神秘的轮作归因于自然规律,梭罗就将其纳入了自然的生态经济当中。当然,《种子的传播》在具有极为强烈的世俗色彩的同时,那个超验主义的梭罗并未完全消失。对于超验主义者来说,所有的自然事实都具有精神的重要性,梭罗把种子看作神圣的孩子和救赎者,从而使得阅读《种子的传播》成为一部有机的福音书。

梭罗一生著有多达20卷、长至7000余页的日记,是日记得以全部出版的第一位美国作家。②梭罗将自己日记的功能界定为“自说自话”(“Say I to Myself”),也就是无意于将这些日记予以发表,而只是使其为日后更加正式的创作服务。因此,其日记内容几乎无所不包,这正如梭罗本人所说的那样,写日记的想法“来自罗盘的所有角度,来自地下和天上”。③尽管梭罗日记的内容极其驳杂,但里面不少文字还是体现了作者的自然思想。美国文学和文化批评家萨克文·伯科维奇

---

① 程虹:《宁静无价:英美自然文学散论》,上海人民出版社2009年版,第50页。

② Lawrence Buell, *The Environmental Imagination: Thoreau, Nature Writing, and the Formation of American Culture*, Cambridge, Massachussetts and London, England: The Belknap Press of Harvard University Press, 1995, p. 341.

③ Bradford Torrey (ed.), *The Writings of Henry David Thoreau · Journal I*, Boston and New York: Houghton Mifflin and Company, 1906, p. 413.

(Sacvan Bercovitch)认为:"在梭罗的日记中,自然界及四季的变化成了他自始至终观察、追踪和记录的对象。"①赵白生更是将梭罗日记誉为"自然爱好者的《圣经》"和"生态理性的范本"。② 只有对《瓦尔登湖》及在此之前和之后梭罗创作的众多自然文学作品进行全面考察和综合衡量,并在充分借鉴国外经典文献和最新研究成果的基础上,我们才能把国内有关梭罗自然观的研究推向一个新的高度。

第二节 对梭罗政治观的考察

梭罗是一名描写大自然的当之无愧的高手,是"能以神来之笔描写大自然而形成独具一格文学结构"之作家中的"个中翘楚",③因此谈到梭罗,人们一般首先会想到他的超验主义思想和自然文学作品。诚然,梭罗远不是一位政论家。与他那些具有个人生活性质的散文、游记和日记相比,梭罗的社会政治评论作品数量要少得多,而且在一生之中梭罗也从未试图构建一套完整全面的理论体系。然而,梭罗对社会政治问题的论述却在政治思想史上产生了重要的影响,只是相对来说人们较少关注这方面的研究而已。在 20 世纪 60 年代的美国,黑人民权运动和反越战运动使得人们提出了政治责任的问题,梭罗的政论文因而得到了广泛的阅读。与此同时,政治哲学家们开始谈论政治责任及其局限的问题,当时的哲理文学经常援引梭罗的《论公民的不服从》,但人们似乎更多的是引用梭罗的名言而非对其加以研究。④南希·罗森布拉姆(Nancy L. Rosenblum)认为:"除了 20 世纪 60 年代人们对作为社会批评家与公民不服从思想提倡者的梭罗颇感兴趣之外,文化研究已经忽视了他的政治思想。"⑤在中国,学术界对梭罗的政治观也有一定研究,只是成果的数量远不及对梭罗自然观的研究。本节拟对国内学术界对梭罗政

① [美]萨克文·伯科维奇主编:《剑桥美国文学史第二卷》(散文作品 1820 年—1865 年),史志康等译,中央编译出版社 2008 年版,第 562 页。

② 赵白生:《生态理性的范本》,见[美]梭罗:《梭罗日记》,朱子仪译,北京十月文艺出版社 2005 年版,第 1 页。

③ 潘庆龄:《译者序》,见梭罗:《瓦尔登湖》,潘庆龄译,中国国际广播出版社 2008 年版,第 4-5 页。

④ Nancy L. Rosenblum, "Introduction", in Nancy L. Rosenblum (ed.), *Political Writings: Henry David Thoreau*, Beijing: the China University of Political Science and Law Press, 2003, p. xxiv.

⑤ Nancy L. Rosenblum, "Introduction", in Nancy L. Rosenblum (ed.), *Political Writings: Henry David Thoreau*, Beijing: the China University of Political Science and Law Press, 2003, pp. xiii, xiv.

治观研究的既有成果进行考察,并对目前研究中存在的不足进行反思。

国内学术界对梭罗政治观的考察始于译介,起步于20世纪60年代的台湾地区,只是早期的研究时断时续,成果缺乏系统性,且多夹杂于对梭罗的整体论述之中。1978年出版的《美国文学简史》(上册)(人民文学出版社)和1988年何怀宏的《梭罗和他的湖》(载《读书》,1988年第5期)均提到了梭罗的政治理念。进入20世纪90年代之后,大陆和台湾地区出现了研究梭罗政治理念的数篇专题论文和硕士学位论文,对梭罗政治观的考察开始取得独立的地位。自21世纪以来,梭罗政治观研究取得了迅猛的发展,在期刊论文数量实现增长的同时还出现了博士学位论文和研究专著,其中尤其以台湾地区涂成吉的研究最为引人注目。

一、20世纪90年代之前:对梭罗政治观的零星研究

1962年,台湾的《大学生活》杂志第20期刊登了朱亮琮翻译的《不合作主义的祖师梭罗的学说》,这应算作我国对梭罗政治观研究的开端。1976年,香港世界图书和台北五洲同时出版了梭罗的《不服从论》(大陆一般将其译为《论公民的不服从》),为人们了解梭罗的非暴力抵抗思想提供了便利。1985年,台湾《云林工专学报》第5期刊登了张仕钟的"A Study of Henry David Thoreau's Social Criticism",这是研究梭罗政治理念最早的一篇期刊论文。

与台湾地区相比,由于特殊的历史境遇,大陆学界对梭罗政治观的考察起步要晚一些。但在"文化大革命"结束之后推出的一些美国文学研究和梭罗研究著述中,还是不时地出现对梭罗政治思想的评介。1978年初版的《美国文学简史(上册)》(人民文学出版社)是新中国出版的第一本美国文学史,它构思于20世纪70年代,后又经过多次修订,但无论是从措辞还是结论来看,对梭罗政治观的论述仍然难脱用僵化的阶级论进行分析的影子。在行文涉及梭罗的简朴生活主张时,《简史》如是说道:"梭罗的这种主张包含了对资本主义的一定批判。""尽管如此,梭罗提出的问题是深刻的。如他不仅一般地批判资产阶级的拜金主义和对物质的贪婪,而且还暗示资本主义发展本身的食人性质。"①在对梭罗的政治思想进行总结时,《美国文学简史》(上册)一面肯定梭罗的思想在一定历史条件下有其进步作用,一面又用并未真正吃透的马克思主义理论对梭罗的政治思想进行了批判:

但是他的思想还是以个人主义为核心,如他所提倡的"忠于自己""绝对自由""绝对野性"等等都可以成为资产阶级损人利己、侵略扩张的理论根据。他说:

---

① 董衡巽、朱虹等编:《美国文学简史》(上册),人民文学出版社1978年版,第63页。

“当橡树果与栗子紧挨着掉在同一个地方，哪个也不会保持原封不动去给另一个让路；相反，两下里都会按照各自的法则谋求生长、求得繁荣，直到其中一个掩盖并毁灭了另一个。”这就是“忠于自己”的“绝对自由”之一例，显然是在为资本主义自由竞争的弱肉强食辩护了。①

《美国文学简史》（上册）的初版问世于“文革”结束不久之后的1978年，对梭罗政治理念的评价带有主流政治意识形态的舆论痕迹、行文尚未完全剥离模式化语言的左右也是情理之中的事情，后人自然不该脱离历史语境对其求全责备。然而，随着思想的解放和外文资料掌握的充裕，《美国文学简史》分别于1986、2003和2007年进行了再版。然而令人感到遗憾的是，对梭罗政治观所下的总体结论几乎没有进行调整。仔细对照1978年版和之后版本的《美国文学简史》，笔者发现只有一处文字进行了改动：在论述梭罗的简朴生活主张时，1978年的版本认为这是“从浪漫主义出发，找不出解决矛盾的办法，只好回到自然中去”，②而1986年的版本则将其改为“只是对丑恶的现实发出浪漫主义的抗议”。③

1988年，何怀宏想为梭罗的《瓦尔登湖》打破一点寂寞，于是就有了《梭罗和他的湖》（载《读书》，1988年第5期）。何怀宏认为，梭罗不仅有着避世而且也有着入世的一面，梭罗是某种隐士和斗士的奇妙结合。何怀宏还用片言只语对梭罗和废奴主义者约翰·布朗（John Brown）进行了简单的比较：“虽然不是约翰·布朗那样进行暴力反抗的斗士，而是作为最早主张非暴力反抗的斗士，但他（指梭罗）的看法似乎比前者更清醒、更深刻，看到了问题的更深症结所在。”④何怀宏还指出，梭罗对人类社会中他认为是恶的东西的憎恨程度不下于他对大自然的热爱。虽然没对梭罗的政治观发表长篇大论，但何怀宏所下结论较为客观辩证。把何怀宏的论文与1986年版《美国文学简史》中涉及梭罗政治观的部分进行对比，支撑论者行文背后的思维观念之差异清晰可见。1989年，赵一凡主编的《美国的历史文献》（三联书店）收录了张礼龙翻译的《论公民的不服从》，这为苦于不懂外语但却渴望了解梭罗政治思想的诸多学人提供了阅读的方便。

二、20世纪90年代：研究梭罗政治观的扛鼎之作出现

进入20世纪90年代，梭罗研究在早期译介的基础上逐渐走向细化和深入，

---

① 董衡巽、朱虹等编：《美国文学简史（上册）》，人民文学出版社1978年版，第63、64页。
② 参见董衡巽、朱虹等编：《美国文学简史》（上册），人民文学出版社1978年版，第63页。
③ 董衡巽、朱虹等编：《美国文学简史》（上册），人民文学出版社1986年版，第74页。
④ 何怀宏：《梭罗和他的湖》，载《读书》，1988年第5期，第109页。

对梭罗政治观的考察开始摆脱早期附属于泛泛而论的局限,取得相对独立的地位。此时,国内重要期刊《美国研究》和《读书》杂志上刊登了数篇论及梭罗政治观的论文。《美国研究》是中国社会科学院美国研究所和中华美国学会共同主办的学术性杂志,是目前我国美国问题研究中唯一公开的学术性刊物,它为中国的美国问题学术研究做出了重要贡献。正如《美国研究》的扉页所言,它是中国所有从事研究美国问题的学者们共同的园地,是大家交流对美国的认识和理解的一个中心。《美国研究》杂志的地位之重要由此可见一斑。1993 年和 1994 年,《美国研究》上接连发表了两篇高质量的长文和一篇短文论述梭罗的政治思想。

姜新浩(《从"革命之子"到"云游仙人"——美国早期自由主义政治观的兴衰》(载《美国研究》,1993 年第 2 期)没有对梭罗的政治思想进行孤零零的研究,而是将其置于美国从建国到内战之后、早期自由主义政治观思潮的兴衰演变中进行透视。在这种视阈的观照下,姜新浩对梭罗的基本定位是:梭罗与托马斯·潘恩同是美国"众多自由主义思想家中二位杰出的人物,同时也是这一思潮在美国历史上兴盛和转折时期的代表人物"。① 姜新浩认为,生活在美国早期自由主义开始衰落的时期,梭罗这个极端自由主义者以实际行动发出了早期自由主义者对现实的微弱不满和反抗。在《论公民的不服从》中论述个人与国家的关系时,梭罗力图回到早期自由主义者的理论原点上。如同美国早期自由主义的先驱们一样,梭罗认为最少管事的政府是最好的政府,政府只不过是一种权宜之计,而在实际中政府却要使其存在永久化。因此,公民需要与政府的这种不良倾向和对人民的任意支配进行斗争。

不过,梭罗与美国早期的自由主义者的政治理念也不完全相同,比较而言他对政治和国家的态度更加偏执。梭罗对政府无能的劣迹和国家专制的特性有着深刻的体验。虽然梭罗一再声明不能马上废弃政府,但在本质上他却对政府实施"大拒绝"。梭罗的不服从论就是自由主义者在人与政府和国家关系上所持立场的典型代表。梭罗拒绝缴纳人头税,以此鼓吹一种不流血的、拒斥政府权威的"和平革命"。在姜新浩看来,梭罗提出的这种不合作态度不是积极鼓励人们去改革现状,而是更多地沉迷于对自由的幻觉之中。

姜新浩最后用批判的眼光总结道:在不公道的政府统治强盛不衰的趋势面前,梭罗以为,自由主义者的真正归宿只能是走进监狱。梭罗的行为与提倡革命的潘恩大相径庭,二者的相同之处在于对自由主义基本价值观念的执迷和郁闷乖

---

① 姜新浩:《从"革命之子"到"云游仙人"——美国早期自由主义政治观的兴衰》,载《美国研究》,1993 年第 2 期,第 134 页。

戾般的倔强性格。姜新浩论述该文的学术视野较为开阔,从梭罗政治思想生成的具体语境出发,来考量梭罗在美国自由主义衍变这根大链条中所占据的重要位置。但对于姜文中的个别说法,本书觉得有待进一步商榷。比如,"虽然梭罗一再声明不能马上废弃政府,但在本质上却是对政府实施'大拒绝',认为'一事不管的政府才是最好的政府'"。①如果梭罗果真与政府一刀两断的话,他怎么可能坦言"事实上,我以我自己的方式,无声地宣布了同州政府的战争,虽然我仍像通常的情形一样,尽量地对其予以使用和利用"②呢?看来,梭罗在极力谴责政府不公道行径的同时,并未钻入真空般地完全拒绝政府的存在。

倪峰的《梭罗政治思想述评》(载《美国研究》,1993 年第 4 期)也是一篇有相当分量的好文,它把梭罗的政治思想作为独立的研究对象。倪峰"对梭罗以'公民不服从'论为核心的政治思想及其影响,进行了全面系统的述评,客观公允,富有创见。尤为值得称道的,是倪峰从人类几千年文明史的大视野的角度和高度来评价梭罗政治思想的意义、影响和对人类的贡献"。③ 倪峰在论文开篇伊始即道出了梭罗在政治思想史上的重要地位:"在美国政治思想史上,梭罗是一位独特的巨人……梭罗的政治思想在大多数时间中都处于遁隐状态。直到谢世之后一个世纪,他对个人自由执著的追求,他对社会生活和国家政治特有的视角,以及由此采取的个人行为,才被人们所重新发现和认识,并在现代社会的政治进程中扮演了一股充满理性的推动力量,成为美国自由传统不可缺少的一部分,并对世界产生了深刻的影响。"④对梭罗的《林中散步》和《论公民的不服从》,倪峰将其誉为美国文学和政治思想史上的绝唱,评价不可谓不高。接下来,倪峰提纲挈领地介绍了梭罗的政治理念:梭罗在社会政治思想方面的阐述,是以作为独立个体的个人与其所处的社会和自然环境为中心展开的。从总体上说,它分为两个层面:一是个人与社会和自然的关系,二是个人与国家、政府和法律的关系。在梭罗看来,个人与社会之间存在相互否定的关系,这是梭罗政治学说中一个最为深刻的命题。

从性质上来说,梭罗的政治思想属于美国早期自由主义的范畴,但梭罗将作为早期自由主义核心的个人主义发展到了一个前所未有的高度。他接受了以人本主义为基础的近代西方民主主义的基本观念,深深地受到了英国政治家洛克的影响。近代西方资产阶级民主主义的政治理论,通过梭罗这里(当然不是梭罗一

① 姜新浩:《从"革命之子"到"云游仙人"——美国早期自由主义政治观的兴衰》,载《美国研究》,1993 年第 2 期,第 144 - 145 页。

② 何怀宏编:《西方公民不服从的传统》,吉林人民出版社 2001 年版,第 33 页。

③ 李道揆:《喜读〈梭罗政治思想述评〉》,载《美国研究》,1994 年第 4 期,第 140 页。

④ 倪峰:《梭罗政治思想述评》,载《美国研究》,1993 年第 4 期。

个人)完成了一个轮回,实现了一次否定——肯定——否定的循环。梭罗与同时代欧洲的非理性主义大师们基本上持有相同的社会观点,其所处境遇基本类似,但他们之间的差异也显而易见。和平革命理论和消极抵抗原则的提出是梭罗对人类政治思想的发展做出的伟大贡献,它第一次为摒弃变革中的残暴行径和血腥杀戮提供了理论上的可能性,标志着人类自我反省和判断能力达到了一个新的水平。当然,梭罗的政治理念在具有积极意义的同时也并非完美无缺。梭罗主张依靠个人解决社会问题,但人类作为一种奇怪的矛盾统一体,其发展需要社会合理的机制来制衡人性中的弱点。否则,人类演化的结果可能是朝向梭罗为之神往的理想境界,也可能会是弱肉强食的丛林世界。

倪峰的论文大开大合,读来令人不得不拍手称快。李道揆读完之后,就“倍感欣喜。所以如此,原因有二。一是喜见国人研究梭罗政治思想的论文问世,二是喜得一篇高质量的佳作,多有启迪,获益匪浅”。① 李道揆接下来从倪峰论文诞生的大背景分析了该文的价值所在:改革开放以后,尽管我国学人对美国的研究蓬勃发展,取得了累累硕果,对美国政治的研究也取得了可喜进展,出现了高质量的专著和论文,但对美国政治思想的研究却依旧冷冷清清,至于对当代政治产生了重大影响的梭罗的政治思想,在此之前,则一直无人问津。李道揆分析道,在从1979至1989年的十年间,我国评论梭罗的几篇文章都是把梭罗作为文学家来评论,而没有一篇文章专门评论梭罗的政治思想。因此,倪峰“这篇开创性论文的出现,是很令人感到喜悦和鼓舞的”。②

1995年,钱满素发表《守法与犯法》(载《读书》,1995年第6期),主要是试图剖析梭罗的《论公民的不服从》。钱满素获得哈佛大学美国文明史的博士学位,在《爱默生和中国》(三联书店,1996)一书中曾用一定篇幅论及梭罗。钱满素的《守法与犯法》也是一篇质量不错的论文。钱满素认为:梭罗主要围绕政府与公民、法律与道德、少数与多数、思想与行动这四种基本政治关系阐明自己的观点,并据此构建关于公民不服从的理论。在对《论公民的不服从》的具体解读中,钱满素也是从这四方面入手进行条分缕析。钱满素还指出:梭罗的这些政治观点与清教传统和美国革命的思想显然一脉相承。但梭罗在继承前人思想的同时,也做出了自己

① 李道揆:《喜读〈梭罗政治思想述评〉》,载《美国研究》,1993年第4期,第139页。

② 李道揆:《喜读〈梭罗政治思想述评〉》,载《美国研究》,1993年第4期,第139页。李道揆的个别说法不够准确。根据本书检索的信息,从1979年至1989年,我国大陆共有5篇而非4篇论述梭罗的文章问世,具体可参见本书第一章。另外,1979年至1989年期间研究梭罗的论文一般内容涵盖面极广,几乎无所不包,因此很难说它们只局限于论述梭罗的文学思想和文学作品。

独特的贡献——他以超验主义的个人主义对它们加以充实发展,使之成为一种崭新的理论——一种非暴力的公民个人革命的理论,以此来对抗合法的不公正。最后,钱满素总结说道:公民的不服从作为一种政治行为,显然必须具备两个要素:首先,这种行为必须公布于众,其次它必须采取非暴力的方式。

在钱满素看来,梭罗的不服从理论固然有其宝贵的价值,但它并非总是一剂灵丹妙药,因为不服从的成功必须建立在一定的社会条件之上。首先,这必须是一个基本实行法制的国家,至少法律经过合法程序产生,并有可能在舆论的压力下进行修改,对不服从者的处置也能依据一定的法律程序执行。此外,在公民的不服从中潜藏着相当的危险,为了进行补救,公民的不服从必须按照一定的规则和平地进行。在这一点上,钱满素和倪峰持有类似的见解,但《守法与犯法》认为"公民动辄不服从,必然滋长无政府倾向,法律也将丧失威严",①这种提法似乎有点过于武断,因为公民的不服从和无政府倾向之间并非完全可以画上等号。阅读《论公民的不服从》这篇美国超验主义个人主义的经典之作,钱满素以为最受震撼的还是作者那强烈的公民意识和个人意识。

在 20 世纪 90 年代的台湾地区出现了 3 篇研究梭罗政治理念的论文,它们分别是淡江大学陈育忠的硕士学位论文《良心至上:梭罗政治社会思想研究》(1995),温素美的《如何面对不合理体制——探讨梭罗"非暴力抵抗"》(载台湾《南开学报》,1997 年第 6 期),张其羽的"A Comparison of the Political Thoughts of Emerson, Thoreau, and Whitman"(载《华冈英语学报》,1999 年第 7 期)。陈育忠认为,服从良心的原则是梭罗政治思想中的核心理念,亦是检验对错的最后评判。陈文通过分析梭罗的政治著作来探究其对个人自由的追寻、道德权利的实践、政治理想及其自身对众生的人道关怀。

20 世纪 90 年代研究梭罗政治观的著述绝对数量不算太多,但姜新浩的《从"革命之子"到"云游仙人"——美国早期自由主义政治观的兴衰》和倪峰的《梭罗政治思想述评》绝对算得上其中的扛鼎之作。这些高质量的学术成果刊登于影响因子大的《美国研究》和《读书》杂志,好文加名刊的组合有力地促进了梭罗政治理念在我国的传播。

三、2001 年至 2017 年:梭罗政治观研究的勃兴

研究梭罗政治观的几篇力作在 1993 年至 1995 年横空出世后,钱满素的《守法与犯法》的发表标志着国内学界对梭罗政治理念的研究小高潮暂告一个断落。

---

① 钱满素:《守法与犯法》,载《读书》,1995 年第 6 期,第 64 页。

直到2001年,又是何怀宏率先打破了这一寂寞,在大陆和台湾学者共同的推动下,国内对梭罗政治观的研究开始出现了勃兴的局面,其中尤以台湾涂成吉的研究成果最为突出。21世纪以来的梭罗政治观研究可以2009年涂成吉《梭罗的文学思想与改革意识》(秀威资讯科技出版社)的出版为界线,分为前后两个时期。前期在成果形式呈现为翻译和期刊论文,后期则在期刊论文的基础上又增加了重要的学术专著和博士学位论文。

2001年,何怀宏主编了《西方公民不服从的传统》(吉林人民出版社),里面收有张晓辉翻译、何怀宏校正的《论公民的不服从》,书前附有《引言:公民义务与公民不服从》,书后附有何怀宏的论文《关于"civil disobedience"的翻译——答肖阳的批评》。该书提供了透视梭罗政治理念的宏大视野,是研究梭罗政治观非常重要的一篇文献。比多(Hugo Adam Bedau)曾经指出,公民不服从思想有三个最为重要的根源:苏格拉底,梭罗和马丁·路德·金,而自梭罗起公民不服从的思想开始与宗教脱钩。何怀宏在引言中援引比多的这一观点,但他的论述却首先从约翰·罗尔斯(John Rawls)成熟、综合的不服从理论开始,然后再反过来分别评述从苏格拉底、梭罗和马丁·路德·金那里发展而来的不服从思想及其遭遇的批评。根据美国前高等法院法官阿贝·福塔斯(Abe Fortas)提供的说法,"梭罗是一个富于灵感的形象和一个伟大的作家,但他的书不应该作为政治科学的手册来读"。①

在《引言》的第三部分"出自个人良知的公民不服从"中,何怀宏专门剖析了梭罗的不服从政治理论。何怀宏继续借用福塔斯的看法,认为梭罗是个典型的个人道德主义者;梭罗的《论公民的不服从》一文虽然只有两万字,但它却对社会政治造成了巨大的影响,在政治思想史上占有显著的地位,这在历史上并不多见。目前,尚无证据表明是梭罗创造"civil disobedience"这个术语的,最早把"civil disobedience"这个词归之于梭罗的一般被认为是甘地。②何怀宏主要对梭罗的不服从理论发表了如下看法:第一,梭罗把个人看得比政府更重要,正是由于强调个

① 何怀宏:《引言》,见何怀宏编:《西方公民不服从的传统》,吉林人民出版社2001年版,第18页。

② 何怀宏:《引言》,见何怀宏编:《西方公民不服从的传统》,吉林人民出版社2001年版,第21页。根据梭罗研究专家哈定和迈耶的说法,梭罗最初并没使用《公民不服从》("Civil Disobedience")这一标题。1848年1月和2月,梭罗在康科德讲堂发表了题为"The Relation of the Individual to the State"(包括两部分)的演讲。1849年5月,该文最初以"Resistance to Civil Government"的标题刊登在皮博迪主办的《美学杂志》(*Aesthetic Papers*)上。梭罗过世之后,该论文被收入梭罗的作品集,并被易名为"Civil Disobedience",有时也被称作"On the Duty of Civil Disobedience"。参见Walter Harding and Michael Meyer (eds.), *The New Thoreau Handbook*, New York and London: New York University Press, 1980, p. 41.

人,强调个性,所以梭罗对以大众和多数裁决为基本规则的民主政治深怀警惕。第二,梭罗的主张有别于无政府主义者。在梭罗那里,存在着一种奇特的矛盾的结合:一方面是骨子里对政治的深深冷淡和对任何政府都不抱大希望,另一方面却又热切地关注政治,直指根本,直接采取行动,并采取一种相当激烈的、与政府毫不妥协的态度。第三,梭罗与苏格拉底的主张同中有异:两人都从必须坚持道德正当出发,同样不太信任公众的舆论和多数的判断。但与苏格拉底相比,梭罗采取了一种"间接的公民不服从"的形式,通过拒绝纳税来反对美国政府允许的奴隶制和对墨西哥发动的侵略战争。第四,梭罗的反抗兼有罗尔斯定义的"公民不服从"和"良心的拒绝"两方面的特征。

朱小琳的《重读梭罗:公民为何不服从》(载《北京第二外国语学院学报》,2003 年第 6 期)从"良知"、"政府"和"变革"三个关键概念的阐释出发,探讨梭罗在《论公民的不服从》中提出的个人拥有权利以抵制不公正社会事实这一思想系统 ,指出其思想来源于美国清教主义传统、爱默生的超验主义思想以及美国《独立宣言》所倡导的平等精神。朱晓琳认为,对"良知"、"政府"和"变革"三个概念的认识构成了一个系统,它们显示了梭罗的思想脉络和走向。杨金才和蒲立昕(《梭罗的个人主义理想与个人的道德良心》,载《南京师大学报(社科版)》,2005 年第 4 期)认为,梭罗的个人主义深受美国传统渊源的影响,同时也颇具个性,这主要体现在他对"个人道德良心"的呼唤。梭罗把个人良心看作是比法律更高的一种道德原则。他主张个人利益高于机构利益。任何机构化的组织都不能将自己的意志强加于人,而应当尊重每一个人的权利,使人人有机会按自己的良心行事,实现自己的生活目标。梭罗的《论公民不服从》和《瓦尔登湖》这两部作品集中表达了他的个人主义观点,梭罗正是从个人道德良心的角度来阐释其个人主义主张的。

丁兆国的《从自我改革到社会改革——浅谈梭罗的社会政治思想》(载《四川外语学院学报》,2008 年第 1 期))在对梭罗主要作品进行细读的基础上,从自我改革作为社会改革的基础、消极抵抗的策略和形式、劳动分工批判及强调行动的重要性四个方面来论述梭罗的社会政治思想。丁兆国宣称,虽然与其他思想家相比,梭罗很少涉及政治思想史的宏观论述,因而显得比较缺乏系统性。但仔细翻阅梭罗的著作,我们就会发现他的社会政治思想更多地关注个人与国家的关系,主张通过自我改革来实现社会改革。显然,弄清自我改革的内涵是理解梭罗社会政治思想的关键。丁兆国以为,梭罗社会政治思想的这四个方面紧密相关:消极抵抗的策略和形式是通过实现个人改革,以达到社会公平和政治民主的保证,而这种消极抵抗也包含了对劳动分工的批判和对行动重要性的强调。梭罗的政治观也存在一个缺陷,那就是:他没有指出“克己复礼”的具体途径,这是他梦想依靠个人改革来实现社会正义和政治民主的软肋。

马雪松和刘乃源(《在“积极隐士”与“伦理相对主义者”之间——梭罗政治思想内在张力评析》,载《社会科学辑刊》,2008 年第 6 期)认为,在梭罗的政治思想中,存在着良知反思与外向抗争之间、消极不服从与暴力抵抗之间的双重张力。审视这样的张力,进而思考在梭罗的思想中是否存在化解这些冲突的一致性具有极为重要的意义。梭罗的政治思想主要建立在其对良心、直觉和个人的理解之上,它们分别构成了梭罗政治思想的宗教维度、哲学维度和生活维度。梭罗思想的这三种观念维度相互蕴含,共同构成了一幅关于梭罗生活的宁谧图景。前期类似的研究成果还有张东瑞的《解读〈论公民的不服从〉中梭罗的政治思想》(载《安康学院学报》,2009 年第 1 期),杨礼银的《论罗尔斯和哈贝马斯的“公民不服从“理论》(载《武汉大学学报(人文科学版)》,2009 年第 4 期),曾培蕙的硕士学位论文《建造空中楼阁:〈湖滨散记〉中梭罗的改革理念探讨》(台湾中央大学,2004),刘杰闵的硕士学位论文《公民为何不服从? 探讨〈公民不服从〉的意义及其对公民社会的反思》(台湾嘉义大学,2004),廉萍翻译的《公民抗命》(三联书店香港有限公司,2005),刘粹伦翻译的《公民,不服从! ——梭罗最后的演讲》(台北:红桌文化,2012)等等。

涂成吉于 2009 年出版了专著《梭罗的文学思想与改革意识》(秀威资讯科技出版社),21 世纪梭罗政治观研究的高潮由此开启。涂成吉主要从事区域研究,2007 年从淡江大学美国研究所获得博士学位。《梭罗的文学思想与改革意识》认为,梭罗一生思想找寻者不外是个人内心世界永恒之路,同时他也提醒人与自然一体的概念,人非自然唯一的中心。瓦尔登湖水如镜,梭罗不过希望每一个人看到真实的自我,不法世俗,勇敢选择自己的生活,所有的人言、传统皆不足畏。一年之后,涂成吉推出了另外一部专著《由疏离到关怀:梭罗的文学与政治》(秀威资讯科技出版社),这是一部功底非常扎实的著作,主要由“总论”、“梭罗文学思想的根源”、“梭罗与孔子”、“梭罗的文学:由疏离至关怀”、“自然意象与象征意涵”、“梭罗的‘最小政府’政治思想”、“梭罗的反奴与乌托邦三部曲”和“结论”八章组成。该书的“梭罗的‘最小政府’政治思想”和“梭罗的反奴与乌托邦三部曲”两章与梭罗的政治观研究尤为相关,它们涉及梭罗走出林外的探索、“权宜统治”的理论与渊源、“公民不服从”论、湖滨“大同世界”与不反抗思想、邻里之治与和平革命、乡镇国家与暴力不服从、约翰·布朗与消失的乌托邦等诸多的话题。

从 2010 年开始,涂成吉、刘月珠等台湾学者还在台湾的《醒吾学报》、《南台学报》等刊物上发表了 11 篇探讨梭罗政治理念的论文,它们分别是:《梭罗文学思想之改革意识:从“自我教化”到“边界生活”的务实取向》(涂成吉,载《醒吾学报》,2010年第2期),《从〈湖滨散记〉到〈公民不服从〉:谈亨利·大卫·梭罗的思想》(涂成吉,载《中华人文社会学报》,2010年第3期),《理想不曾弃守的孤岛:梭罗从孤隐诗人到激进政治门士之历程》(刘月珠,载《崇右学报》,2010年第5期),“Thoreau's Political Double Trios: Civil Disobedience and His Utopia”(涂成吉,载《醒吾学报》,2010年第7期),“The Taoist - like Vision in Thoreau's *Walden*”(陈智慧、薛绍楣,载 *Hwa Kang English Journal*, 2010年第7期),《由疏离到关怀:梭罗思想的实用与利他性》(涂成吉,载《实践博雅学报》,2011年第1期),《梭罗从个人到社群思想之演进》(涂成吉,载《人文社会学报·台湾科技大学》,2011年第6期),《梭罗思想中的清教意识》(涂成吉,载《醒吾学报》,2011年第7期),《梭罗政治理想与公民“暴力”不服从之研究》(涂成吉,载《万窍》,2011年第11期),《罗尔斯“正义论”与梭罗理想国与“暴力”不服从之研究比较》(涂成吉,载《醒吾学报》,2011年第12期),《梭罗的“无感”政治哲学:论其“个人国”之“权宜”政府政治与不服从论》(涂成吉,载《南台学报》,2012年第12期)。

中国大陆推出的梭罗政治观研究成果虽然在数量上不如台湾那么多,但还是涌现了一批非常值得一提的著述。2010年,南京大学的陈乐福完成博士学位论文《亨利·戴维·梭罗“自我完善”式社会改革思想研究》,这是我国研究梭罗政治理念的首篇博士学位论文。针对大多数研究者认为梭罗只重视“自我完善”或个人道德改革,而不关心社会改革的看法,陈文认为,“自我完善”观点正体现了梭罗社会改革思想的主要内容,其不仅涉及个人道德改革,而且包含了在资本主义市场经济中实现“自我完善”的途径,以及致力于“自我完善”的个人在现实政治中的自我定位问题。陈乐福以“自我完善”为切入点,试图对以上问题做出较为全面深入的探讨。论文主要由三章组成,第一章探讨梭罗对内战前美国社会改革者的态度以及他个人道德改革优先的观点。第二章讨论梭罗“自我完善”式社会改革思想的第二方面,即在资本主义市场经济条件下个人应如何进行“自我完善”的问题。第三章探讨致力于“自我完善”的个人在现实政治中的自我定位问题。最后,陈文指出,梭罗“自我完善”式社会改革思想的特点在于重视社会改革的个人基础以及个人在促进社会改良和进步中的作用,具有一定的实际意义。然而作为一种社会改革方法,它存在如下几个方面的问题:强调一种超然世外的个人生活,但同时又渴望一定的社会政治影响力;强调在市场经济中保持独立,但却对资本主义对个人主体的建构作用认识不足;强调个人道德良知作为政治行动的唯一准则,但却对其潜在的主观性和不现实性缺乏批判。

普惠红和张瑞华的《论梭罗的公民不服从》(载《求索》,2011年第1期)宣称,梭罗的不服从视野是地区性的或是基于现实的,而非全球性的或理论性的,这种政治哲学汲取了古希腊自然法精神的精华,接近于洛克和卢梭的近代民主思想。2013年第2期的《外国文学评论》刊登了毛亮的《“疏离”与“参与”:梭罗与〈公民的不服从〉》,该文试图梳理梭罗文章中始终存在的两个对立和矛盾的维度:其一是对于不义政府的对抗,其二是对于政治本身的怀疑、疏离和厌恶。联系梭罗其他的政治文章,毛亮试图说明梭罗的政治观念服从于他的浪漫主义原则,即对“个体生活的圆满”以及“个体生命力”的重视,而参与或退出政治的选择都基于“非政治”的浪漫主义原则。换而言之,《论公民的不服从》讨论了政治问题却非政治性的文章,因此,对该文作单纯政治性的解读往往容易忽视梭罗对浪漫主义自我实现理念的坚持。

夏蓓洁也先后撰写了2篇透视梭罗政治理念的论文。《自由个性的积极张扬——梭罗文学作品的政治哲学基础》(载《学术界》,2016年第4期)认为,梭罗在诸多作品中张扬了追求自由和平的强烈个性,宣扬了激进的个人主义,质疑政体存在的必要性,揭示了资产阶级政府与个人自由权利之间存在的尖锐矛盾,并号召人们消极抵抗政府的统治。《通往理想家园的现实主义路径——梭罗作品的政治哲学解构》(载《南昌大学学报(人文社科版)》,2017年第2期)指出,梭罗及作品外在矛盾的表象皆是内在统一思想的反映。他积极参与取消政府的活动与疏离社会以期完善自我的矛盾行为,实质上皆统一于对个人主义理想家园的追求中。这一时期类似的研究成果还有《梭罗的政治思想研究》(李莉,山东大学,2011),《从〈瓦尔登湖〉看梭罗的激进个人主义》(载《安徽工业大学学报(社科版)》,2015年第1期),秦红霞的《论梭罗个体自由诉求下的政治观》(载《长春师范大学学报》,2015年第11期)等。

四、小结:《论公民的不服从》一枝独秀的研究现状之反思

从上述分析看来,国内对梭罗政治观的研究取得了一定成就,这主要表现在姜新浩、倪峰、钱满素、何怀宏、涂成吉、陈乐福、毛亮等学者推出了一些见解十分深刻的论述,而梭罗的名篇《论公民的不服从》也不时进入我国研究者的视线。但客观来说,梭罗的政治思想远不及他的自然观那样受到人们的关注。国内对梭罗政治思想的研究依然存在诸多不足,这主要表现在以下几个方面:

(一)对梭罗政治理念的研究不够全面,不少论文过于集中探讨《论公民的不服从》或过多援引其中的句子作为例证,研究出现了明显的重复和扎堆现象。其实,除了《论公民的不服从》之外,梭罗还在不少论文中阐述了自己的政治理念。在1840年完成的《仪式》(“The Service”)中,梭罗就最早论述了个人与社会之间

的关系。虽然从文学的角度来看,《仪式》明显存在瑕疵,但它却显示了梭罗早期和日后在改革问题上持有的种种极端立场。阅读《仪式》一文对理解梭罗的政治思想非常重要,因为梭罗后来的见解不过是对《仪式》中的政治观进行了更为简洁的表述而已。《复乐园》("Paradise to be Regained", 1843)也没有引起国内学者的注意,它是梭罗的一篇时文。当时乌托邦主义者约翰·阿道弗斯·埃策尔(John Adophus Etzler)主张凭借技术,无须多大努力在几年之内就可建立一个人间乐园,《复乐园》就是梭罗对此做出的回应。梭罗在文中提出了两种改革的路径:有人主张首先进行自我改革,然后延伸至自然和周围环境的改革,另外有些人的主张则恰好相反。很显然,梭罗与埃策尔所持的改革观针锋相对。①

1844年,梭罗受邀前往波士顿就当时的改革运动发表演讲《改革与改革家》("Reform and Reformers"),其总的立场依然强调自我修养是所有社会改革的基石。虽然梭罗对当时的改革家一般都进行了严厉批评,但他还是对诸如纳撒尼尔·罗杰斯(Nathaniel P. Rogers)和温德尔·菲利普斯(Wendell Philips)这样的个人改革者满怀敬意。1844年,梭罗在《日晷》杂志发表了政论文《自由先驱》("Herald of Freedom")。梭罗之所以对罗杰斯赞誉有加,是因为罗杰斯的社会改革主张并不只是局限在某一特定的社会丑恶现象上,而是对所有的恶行表达了发自内心的愤慨。对于《自由先驱》的意义,温德尔·格里克(Wendell Glick)在《梭罗与激进废奴主义》("Thoreau and Radical Abolitionism")中的总结可谓一语中的:"关于梭罗对罗杰斯的评论,最为重要的一点在于:它标志着梭罗初次偏离了那个孤身一人、与道德宇宙进行交流的改革家的政治理想。"②《康科德讲堂面前的温德尔·菲利普斯》("Wendell Phillips Before Concord Lyceum")是梭罗写给主张废奴主义杂志《解放者》(*Liberator*)的主编威廉·加里森(William Lloyd Garrison)的信件,后来发表于1845年3月28日的《解放者》上。在信中,梭罗就菲利普斯的演讲主题以及菲利普斯对国家和教会的失败提出的批评赞赏不已。在梭罗看来,菲利普斯犹如罗杰斯一样是个模范改革家,因为他的关注视野远远超过了身边某一具体事件的局限。

1854年,针对马萨诸塞州政府逮捕黑奴安东尼·彭斯并将其遣返回弗吉尼亚以及此前类似的捕获黑奴西姆斯事件,梭罗在废奴集会上发表演说《马萨诸塞的

① 关于"Paradise to be Regained",参见 Walter Harding (ed.), *The Selected Works of Thoreau*, Boston: Houghton Mifflin Company, 1975, pp. 774 – 789.

② 转引自 Walter Harding (ed.), *The New Thoreau Handbook*, New York and London: New York University Press, 1980, p. 39.

奴隶制》(“Slavery in Massachusetts”)。梭罗在文中左右同时出击,主张一要对个体实行改革,二要摧毁正在腐蚀人类的那些体制机构。尽管《马萨诸塞的奴隶制》是梭罗针对某一特定事件做出的回应,但对追求更高的道德标准来说,它却具有超越时间的普遍性魅力。

对于约翰·布朗的起义,梭罗接连写了三篇文章以为之辩护,它们分别是《为约翰·布朗队长请命》(“A Plea for Captain John Brown”),《约翰·布朗的殉道》(“Matyrdom of John Brown”)及《约翰·布朗最后的日子》(“The Last Days of John Brown”)。在《为约翰·布朗队长请命》中,梭罗声称“布朗首先是个超验主义者,是个有思想和原则的人”,这显然就为梭罗本人与布朗观念的差异做出了自圆其说的解释。布朗系列文章的与众不同之处在于:它们把梭罗早期论文中的一些原则应用到了某个特定的人物身上和某种特定的场合之中,虽然该人物的性格及其行为中的某些重要因素与梭罗的某些原则存在冲突。有学者认为,在梭罗改革哲学的演变中,《为约翰·布朗队长请命》标志着梭罗迈出的最后、在某些方面也是最为激进的一步。①《约翰·布朗的殉道》又名《约翰·布朗死后》(“After the Death of John Brown”),但该文除了进一步表明梭罗对布朗满怀兴趣之外,并无多大价值。正如《为约翰·布朗队长请命》一样,《约翰·布朗最后的日子》也是梭罗对布朗所做的激情辩护。这篇文章之所以能够吸引研究梭罗政治思想的学人,是因为在该文中,梭罗首次公开放弃了人性本善的超验主义主张。②阅读《论公民的不服从》之外梭罗其他的政论文,有助于我们更好地对其政治观进行全面解析。

(二)将梭罗的政治观视为静态的思想体系,忽视了对梭罗政治观本身的嬗变进行研究。梭罗虽然一生短暂,且政论文并非其主打作品,但梭罗的政治观也非一成不变。综观梭罗的政论文,就会发现:梭罗的改革理念毫无疑问地体现了其从消极被动到积极主动的立场变化。沃尔特·哈定认为:“在梭罗的三篇反对奴隶制的主要文章——从《论公民的不服从》到《马萨诸塞的奴隶制》,再到《为约翰·布朗队长请命》——中,无疑存在一种演进,那就是对州政府作为一种体制的抵抗愈加强烈。”③国内个别学者也注意到了梭罗自身政治理念前后发生了变化,如丁兆国就认为:从梭罗著作中,我们确能发现他态度的一些转变,如他反对奴隶制

① Joel Myerson (ed.), *The Cambridge Companion to Henry David Thoreau*, Shanghai: Shanghai Foreign Language Education Press, 2005, p. 207.

② Walter Harding (ed.), *The New Thoreau Handbook*, New York and London: New York University Press, 1980, p. 58.

③ Joel Myerson (ed.), *The Cambridge Companion to Henry David Thoreau*, Shanghai: Shanghai Foreign Language Education Press, 2005, p. 196.

的态度在《马萨诸塞的奴隶制》等后期文章中表现得日益激烈。随着废奴运动日益高涨,1850 年通过《逃往奴隶法令》,1854 年发生西姆斯事件,梭罗的政治思想更趋激进。《马萨诸塞的奴隶制》比《论公民的不服从》更富有战斗性。①但这样的论述在整篇论文中不是一笔带过就是所占比重甚微。我们不妨可以说,正是对梭罗政治观的了解不够全面才导致大多数研究者没有注意到梭罗政治理念内部的嬗变。

梭罗深知自己需要的是个尊重个人尊严和价值的世界,只是他在运用什么手段最能有效地实现这一目标上摇摆不定。也就说,梭罗看重的不是改革的方法,而是改革的目标所在。于是,在不同的时刻,梭罗灵活地采取了不同的立场。对梭罗来说,生命并不总是在浪漫的超然和沉思的超验中度过,生命中还有对民主社会的欣赏或积极抵抗。梭罗要过的是几种而非一种生活。在所有这些变动中唯一的不变就是:民主社会为所有这些立场的变化提供了可能。其实,只要细读梭罗的政论文,读者自会深切体会到梭罗政治立场的复杂多变。人们通常把梭罗与甘地和马丁·路德·金的非暴力抵抗思想联系在一起,但显然,梭罗在为布朗的辩护中已经超越了其早期的改革观。在 1844 年和 1845 年,梭罗相继撰文高度赞扬罗杰斯和菲利普斯,这暗示梭罗的改革思想开始出现微妙的变化。至少在这些特定事件上,不少人认为梭罗与他曾经抨击过的激进废奴主义者和有组织的改革分子实现了结盟。②关于梭罗政治理念的演变,还是温德尔·格里克阐述得最为周详:在至少八年(1837 年至 1845 年)的时间内,梭罗认为社会改革应该永远托付于个人内部的力量和宇宙。居留瓦尔登湖畔期间,梭罗与政府产生冲突,这促使梭罗愿意援助激进的废奴主义者来摧毁奴隶制。离开瓦尔登湖之后,梭罗断定,潜藏在政治体制内部的罪恶的危害性比自己青年时候察觉的更加强烈,于是梭罗主张必须利用一切可以利用的方式来抗击罪恶。当然,这包括在诉诸个人良知的同时来减弱体制的力量。1845 年以前,梭罗一直坚定地提倡内部改革,然而此时这一主张已不足以应对社会现实。结果就是,到了 19 世纪 50 年代末的时候,梭罗陷入了困惑之中。对于此时的梭罗来说,哪怕任何改革手段具有一丝成功的可能性,他也乐于采用。

对梭罗政治观的研究不够全面与忽视对梭罗政治理念自身嬗变的研究其实

① 丁兆国:《从自我改革到社会改革——浅谈梭罗的社会政治思想》,载《四川外语学院学报》,2008 年第 1 期,第 33 – 34 页。

② Joel Myerson (ed.), *The Cambridge Companion to Henry David Thoreau*, Shanghai: Shanghai Foreign Language Education Press, 2005, p. 200.

是两个紧密相连而又逐步递进的问题。这自然与研究者学术视野的开阔程度和研究材料的占有是否充裕有关。从本书掌握的资料来看，在梭罗所有的政论文中，目前国内只翻译出版了《论公民的不服从》，语言的障碍自然限制了多数研究者对梭罗政治思想的进一步了解。此外，鉴于《论公民的不服从》在世界范围内产生的深远影响："《论公民的不服从》是世界上最有影响的政治文献之一，只有马克思的《共产党宣言》在影响力上能与之匹敌"，①选择从该文入手探讨梭罗的政治观也是合情合理的事情。但问题的关键在于：管中窥豹，只能见得一斑。对梭罗政治理念的研究可以从《论公民的不服从》开始，但却绝不能止步于此。

其实，就是梭罗的《论公民的不服从》也依然存在不少可以发挥的空间。例如，美国历史学家沃农·路易·帕灵顿(Vernon Louis Parrington)在《美国思想史：1620—1920》(*Main Currents in American Thought*：1620—1920)中曾经指出：假如读过爱默生的《日记》或葛德温的《政治正义》(*Political Justice*)，对梭罗的《论公民的不服从》会使人产生作者是在提倡无政府主义的错觉就会烟消云散了。梭罗很可能从未读过葛德温，葛德温的政治哲学在《政治正义》中阐述得也非常含蓄，但梭罗通过自己的方式得出同样的结论。《论公民的不服从》中的内容"几乎在《政治正义》中都曾出现过，只是梭罗走得更远"。②根据帕灵顿的提示，将梭罗的《论公民的不服从》与葛德温的《政治正义》进行比较研究或许会是个不错的选题。

最后一点需要指出的是，中国人之所以容易对梭罗政治思想的认识产生某些偏颇，在某种程度上是因为人们对梭罗的"civil disobedience"的主张多少有些隔膜。《不列颠百科全书(国际中文版)》(第4册)、杨岂深和龙文佩主编的《美国文学选读》(第一册)及李宜燮和常耀信主编的《美国文学选读》(上册)均将"civil disobedience"译为"非暴力反抗"，而《新编美国文学史》(第一册)、董衡巽等的《美国文学简史》一般译为"论公民的不服从"。如果仔细辨别概念之间的差异，就会发现"非暴力反抗"的译名无法准确传达"civil disobedience"的原义，而且容易给学术的进一步探讨造成障碍。按理来说，将"civil disobedience"译为"公民不服从"应该来说是一种极为简单便捷的译法。那为什么国内不止一位学者却舍近求远，选择了"非暴力反抗"呢？从译者的翻译动机来看，也许可以这样理解：以前中国历史上几乎从来没有产生"civil disobedience"这样的一种实践和运动，甚至连

---

① Walter Harding (ed.), *The Selected Works of Thoreau*, Boston: Houghton Mifflin Company, 1975, p. 772.

② [美]沃农·路易·帕灵顿：《美国思想史：1620—1920》，陈永国等译，吉林人民出版社2001年版，第705页。

进行这种运动的社会和精神条件都不具备。对国人来说,“civil disobedience”还是一种比较陌生的事物,所以人们常从既有的经验框架出发加以理解。于是,在我国以往武装夺取政权的暴力革命与美国现在的这种在忠于法律的范围内违反法律的抗议行为之间,“非暴力反抗”就可以算是一种折中的方案。深入思考“civil disobedience”的不同中文译名背后译者的翻译动机和翻译策略,会更有助于更好地在中国的语境中理解梭罗的政治理念。

第三节　对梭罗教育观及其他理念的探源

因为《瓦尔登湖》等大量自然文学作品的问世,因为《论公民的不服从》这篇政论文的深远影响,梭罗的自然观和政治观引起人们的关注实属必然,但梭罗在其作品中也不时地对当时的教育现状、印第安人处境和科学发展等问题发表过自己的看法。

一、对梭罗教育观的评析:以大自然为课堂,以万物为教材

梭罗并非专门的教育理论家,但他开办过学校,从事过具体的教学改革工作。梭罗对教育问题虽然没有进行系统的理论论述,但其教育理念却散见于《野果》、《瓦尔登湖》还有《约翰·布朗最后的日子》等诸多作品中。在过去的一个多世纪中,关于超验主义的研究成果数量不在少数,不过说起来有点奇怪的是,诸如爱默生、梭罗和布朗森·阿尔科特(Amos Bronson Alcott)这样著名的超验主义者虽然都当过教师,但对他们作为教育者的角色却很少有人给予关注。①因此,系统地梳理梭罗的教育观,对我们理解一个真实的、多面的梭罗大有裨益。

根据中国知网和台湾图书馆的检索信息(检索时间:2018 年 2 月 22 日),发现目前中国大陆有 3 篇期刊论文,台湾地区有 2 篇硕士学位论文致力于剖析梭罗的教育理念,成果的数量委实不算太多。台湾地区对梭罗教育观的探讨起步早于大陆,1997 年,台湾师范大学的李瑞珊发表《梭罗〈湖滨散记〉教育蕴义之探究》,2004 年,台北教育大学的陈豫怡完成《梭罗〈湖滨散记〉对生命教育之启示》。两位作者均毕业于教育学系,他们采取的研究路径大体类似,即对《湖滨散记》(大陆译为《瓦尔登湖》)进行文本细读和概念分析,并对其对当今生命教育的启示进行

---

① Christopher Allen Heafner, “Transcendental Teaching: A Reinvention of American Education”, University of South Carolina, 2005.

探究,期望能开启生命教育的新视野。

大陆地区3篇期刊论文的论述思路则比较偏于宏观:王彦力的《创意人生,源于生活教育——梭罗教育思想解析》(载《华东师范大学学报(教育科学版)》,2004年第4期)是研究梭罗教育理念的首篇期刊论文。王文首先解读了梭罗的教育思想:在梭罗看来,凭借教育人们应该学会去过一种摆脱工具理性控制的新生活。梭罗提倡一种不受各种规则禁锢、使人们能够发挥创造力的教育。这种教育是种贯穿人一生的生活教育,其根本职能在于促进个体的发展。继而,王文阐释了梭罗教育理念的关键在于发挥创造力,而发挥创造力的教育的最关键因素在于个体内在素质的培养。蔡云艳在《梭罗教育哲学思想探究》(载《西南科技大学学报(哲社版)》,2009年第4期)中试图从"从做中学"的思想、大众教育和反对权威迷信三个方面来剖析梭罗的教育哲学思想及其现实意义。关于"从做中学"和反对权威迷信的教育主张,王彦力四年之前曾经论述过,只不过蔡云艳将其往前推进了一步。蔡云艳指出,梭罗的学校是美国历史上最早采取"从做中学"这一教学原则的学校之一,其教育主张后来在杜威的《民主主义与教育》中得到了深化:教育即生活,教育即成长,教育的过程就是学生生活和成长的过程。梭罗不但关注学校教育,而且还把目光投向了大众教育:人们要简化物质生活,去丰富精神生活。杨靖在《未被倡导的思想——试论梭罗教育思想及其现实意义》(载《江西师范大学学报(哲社版)》,2009年第4期)中认为,梭罗教育思想的特色之一在于培养学生的创新思维能力和实践能力,梭罗和爱默生与其他超验主义者一起开创了"主动性学习的传统"("the tradition of active learning")。梭罗不但重视实践知识和动手能力,而且也不忽视通过阅读经典来获取知识。此外,梭罗还提出通过建立讲习所(lyceum)和图书馆来普及民众教育。梭罗的教育思想和教育实践因为具有浓厚的空想色彩,所以在实践中难以长时间贯彻下去,但它却为人们提供了一种可能的生活方式,这是其价值所在。

从上述文献回顾来看,目前国内对梭罗教育观的研究比较薄弱,这主要体现在如下两点:首先是研究成果数量太少,其次是现有成果的参考文献过于依赖《瓦尔登湖》。其实,如果仔细阅读梭罗的其他作品,就会发现梭罗在这些作品中也不时对教育问题发表感慨。例如,在晚期的散文力作《野果》中,梭罗经常提及自然这座大课堂蕴含的教育价值:"我从未为这些演练预习(指采越橘)交过半文学钱,也没置过装,但我从中学得到的反而比在任何学校学得还要实在,而且获得回报";"长浆果的地方本身就是一所大学,在这所大学里,不用听斯托里、沃伦和韦尔耳提面命,你也能学到永远不会过时的法学、医学和神学知识,田野比这些哈佛教授不知强多少";"那一天里我的疯狂'拓展'(指采越橘)经历无论用什么好学问来换,我也不换。所有的文化都必然通往自由和发展,我顿悟到的远胜过我在书中学到的”。“那里对我就像一间教室,所有值得听取、值得见习的我都能听到、见到,而且我无法不好好上课,因为身边一切都在给我上课。正是这种经历(通常能不断体验到),最鼓舞人奋进,终于促使人去深造,好生研究。”①除了认识到自然的这些教育作用和意义,梭罗还认为自然提供了最好最健全的教育体制,教育不应该只局限于学校教育:“我们总洋洋得意地自夸自己的教育体系如何高明,但为什么把教育仅限在学校和教师职责之内呢?我们人人都是老师,而广袤天地就是学校。只关注研读书本或上学上课,却没想到眼前的万千风光就是一本内容丰富的教科书,这岂不是很可笑吗?”②

在《约翰·布朗最后的日子》中,梭罗将当时的教育斥责为“奴性教育”(“servile education”),而极力倡导有利于自由的博雅教育:“我们似乎已经忘了:‘博雅教育’这个术语在罗马人那里最初指的是培养自由人;而仅仅只是为了谋生而学习贸易和专业被认为只是培养奴隶。明白了‘liberal’这个词语的意思之后,我会更加深入一步地宣称:虽然致力于艺术,科学或文学,但却完全不是有钱人和有闲暇的人,而只有那些诚挚自由的人才会在真正的意义上受到博雅教育。在诸如美国这样一个蓄奴制的国家,国家不可能容忍博雅教育这样的事物。不管知识多么渊博,那些在暴政下心满意足的奥地利和法国的学者只可能接受奴性教育。”③梭罗还斥责大学教师没有起到应有的思想引路人的作用:“教育的顺序已经颠倒过来了……在布道之后,一位颇有影响的大学教师觉得有必要告诉自己那些已是成人的学生:起初他也像那位牧师当时的想法一样,不过现在他觉得布朗是对的。但人们却认为,学生的想法远远超前于这位教师,正如他的观念领先于那位牧师一样。我确切地知道,在家里有些年龄很小的孩子就已略带惊讶地向自己的父母提出疑问,为什么上帝不来拯救布朗呢。在这两种情形下,这些教师只是似懂非懂地意识到:他们没有起到引导作用,而是随着时间的流逝和力量的损耗,他们被拖曳着(being dragged)前行。”④

在《论公民的不服从》中,梭罗声称自己拒绝交纳什一税,但却不反对交纳教育税:“我不明白为什么教师应该交税给牧师,而不是牧师交税给教师。尽管我不

---

① [美]梭罗:《野果》,石定乐译,新星出版社 2009 年版,第 82、83、85 页。

② [美]梭罗:《野果》,石定乐译,新星出版社 2009 年版,第 352 页。

③ Nancy L. Rosenblum (ed.), *Political Writings: Henry David Thoreau*, Beijing: the China University of Political Science and Law Press, 2003, pp. 167 – 168.

④ Nancy L. Rosenblum (ed.), *Political Writings: Henry David Thoreau*, Beijing: the China University of Political Science and Law Press, 2003, p. 164.

是这个州的教师,但我自愿捐款来支持自己。我不明白为什么不像教堂那样,讲习所也亮出账单,让州政府满足自己的要求呢。"①除了没有充分利用《野果》、《约翰·布朗最后的日子》和《论公民的不服从》等材料外,国内的研究者对梭罗教育思想也没有进行适当的归类,对其中有些维度的论述也不够清晰。仅从教育类型来看,梭罗在不同著作中论及了中小学教育,批判了大学教育,主张进行社区和社会教育。梭罗的许多教育理念与19世纪末20世纪初美国涌现的进步教育运动(progressive education movement)——进步教育运动是为适应工业革命、城乡变化、边疆开发和大量移民的需要而出现的社会改革运动的一个有机组成部分,该运动反对当时美国沿袭欧洲形式主义课程、因循守旧的教材教法、繁多的清规戒律以及教育与生产严重脱节的倾向,而主张代之以全新的课程设计和新颖的教学方法 ——的许多理念不谋而合。梭罗强调"从做中学"而不是被动地在室内接受知识,梭罗主张学习当地历史,研读自然而不是死记硬背那些与当地当下无关的教材内容。后来,杜威阐述的"从做中学"的教育主张风靡全球,传入我国后对陶行知、蒋梦麟等一批现代著名的教育家产生了深远影响,但其实在此多年之前梭罗就已经用实际行动阐明了这一概念。

在教学方法上,梭罗的做法同样颇有进步教育运动论者的味道。梭罗采用的主要教学方法是理解法和诉诸儿童的道德感:"我想使教育成为一件对教师和学者来说都令人愉悦的事情。这种教学,我们希望持续到老,不应该时而在课堂,时而在大街上。如果能对学生更有帮助的话,我们应该力求成为学生的同伴,和学生一起学习。"②在教育理论方面,梭罗认为:儿童本性为善,学校应该帮助促进儿童的内部发展,使其趋向完美。梭罗深信,通过实现人的全部潜能,可以建立一个人间乐园,梭罗的教育哲学就是以此为目标。

梭罗还对当时的大学教育和高校师资提出了严厉批评。他在给爱默生的信中声称:哈佛大学教授各种学科知识,但却没有触及知识的本源,太多的教学时间花在了研究理论而不是实际应用上。实际上,梭罗主张的教育是博雅教育和功利教育的合二为一。梭罗批评当时的大学教师"只是哲学教授,而不是哲学家"。③他们对寻求真理不感兴趣,而是生活在业已建立的制度的阴影之下,他们把光阴都用来捍卫现状了。在梭罗看来,真正的教育家应该致力于开拓学生的视野。梭

---

① Walter Harding (ed.), *The Selected Works of Thoreau*, Boston: Houghton Mifflin Company, 1975, p. 800.

② 转引自 Walter Harding and Michael Meyer (ed.), *The New Thoreau Handbook*, New York and London: New York University Press, 1980, pp. 148 – 149.

③ Henry David Thoreau, *Walde*, Princeton: Princeton University Press, 1971, p. 14.

罗还对成人教育做出了贡献,这主要在当时的讲习所运动中体现出来。从 1829 年康科德讲习所成立到 1862 年梭罗离开人世,梭罗一直是这个讲习所的积极分子。梭罗在康科德讲习所演讲 19 次,还有几次担任了讲习所的所长。在《瓦尔登湖》中梭罗声称:宁肯不去修桥,也要把更多资金用在讲习所上。①

二、对梭罗科学观的认识:超验的科学研究和多样的贡献

梭罗教育观的研究受到的关注不大,只有屈指可数的 5 篇成果。相比之下,梭罗科学观的研究受到的关注更少。迟至 2016 年,我们才在《外国文学评论》第 3 期看到杨靖发表了论文《"浪漫的"科学——论梭罗后期写作的转向》。与前期明快的自然文学书写和敏锐的社会观察不同,进入 19 世纪 50 年代之后,梭罗更多地转向田野调查和动植物研究。这类写作在一些批评家看来无非是数据的罗列,单调乏味,表明作家创作力在衰退。杨靖尝试从科学及浪漫主义的源流入手,以华兹华斯、雪莱以及梭罗的作品为例,揭示在 19 世纪后期严密的科学体系尚未建立之前,确实存在着一种与"真正的"科学不尽相同的"浪漫的"科学。杨靖指出,一方面梭罗孜孜不倦地从事科学研究和著述,另一方面他又对科学的局限性保持着清醒的认识。

在杨文出现之前,我们发现国内不少论文在剖析梭罗的自然理念时会顺便提及梭罗不满于当时科技的发展,但关于梭罗科技批判的分析却显然只是服务于对其自然观深入了解和评论的需要。然而,实际的情况是梭罗的科学观与其自然观紧密地纠结在一起,难以完全剥离开来。对于梭罗的科学观,尼娜·贝姆(Nina Baym)认为有生态的、人文的和象征的三种解读方法,②其实这三种方法都只触及了梭罗科学观的某一层面。梭罗科学观的真实面貌远比这其中的某种见解要复杂许多,下面将对梭罗的科学观做一简单阐述。

与梭罗对自然的反应密切相关的是梭罗的自然史写作及其对待科学的观念。尽管梭罗用科学的眼光研究自然,并将其发现结果细致地记录下来,但梭罗对那些只知道积累有关自然知识的人却心怀疑虑:"科学的描述与诗意的生动描述不同,这有些类似于我们看厌了的照相一样。科学的描述也不同于绘画和素描,尽管这种比较对科学过于不利。"③在写于 1860 年的同一篇文章中,梭罗继续宣称:

---

① Henry David Thoreau, *Walden*, Princeton: Princeton University Press, 1971, pp. 109 – 110.

② Nina Baym, "Thoreau's View of Science", *Journal of the History of Ideas*, Vol. 26, 1963.

③ Bradford Torrey (ed.), *The Writings of Henry David Thoreau · Journal XIV*, Boston and New York: Houghton Mifflin and Company, 1906, p. 117.

所有的科学都是权宜之计，都是通向绝不可能实现的目标的一个手段。毕竟，最为真实的描述，那种人类可以最为方便地认识花朵的描述，就是目睹此物时心中所激起的一种无法衡量而又生动感人的描述。尽管你可以计算，测量，分析似乎是组成花朵的每一个原子，但科学的描述却无法满足这种需要。①

令梭罗更感兴趣的是去感知自然而不是照相般机械地记录自然知识。不过与其他超验主义者相比，梭罗对自然事实有着更加浓厚的兴趣，因为通过这些自然事实，他可以窥见有关自身内部精神风景的更大真理。梭罗对当时的科学持有一种负面看法，其中的部分原因在于当时的科学强调对物种进行分类。美国批评家兼自然主义者约瑟夫·克鲁奇（Joseph Wood Krutch）曾经指出："梭罗了解的唯一正规的科学是那些最不能激起哲学思想的内容"，"梭罗生活在一个解剖学家和分类学家的极盛时期行将结束的时代。那时的自然史既不表示研究习性和生命史"，"更不试图把人类看作是自然的一部分"。②梭罗从来不会为了进行解剖而急于杀死动物，因为他认为这不是获取真正知识的方法。"匆忙地杀死一只鸟或动物，使活物变成骨骼……让我想起了那个杀鸡取卵的寓言。这个案例与杀鸡取卵毫无二致。"③不是把鸟儿捧在手中进行解剖，梭罗宁可用喜爱之情托着小鸟。

由于梭罗更倾向于主观而非客观，因此梭罗观察结果的精确性和价值经常受到人们的质疑。1906 年版的《梭罗日记》的编辑布拉德福德·托里（Bradford Torrey）就认为：梭罗"让当今的读者心中感到纳闷，这么热切的一位学者为何花了这么多年的时间，却只学到了相对来说这么少的知识"。④ 梭罗本人也意识到，很少有人能理解他进行科学观察的目的。当受邀加入美国科学促进会时，梭罗在日记中写道：他之所以拒绝这一邀请是因为"事实上我是一个神秘主义者，一个超验主义者，此外还是一个自然哲学家"；"我本来应该立刻告诉他们，我是一个超验主义者。这就能最为方便地使他们明白：他们不会理解我做出的种种解释"。⑤

客观评论，梭罗在进行自然观察中也出现了一些失误，其个中原因不难理解。

---

① Bradford Torrey (ed.), *The Writings of Henry David Thoreau · Journal XIV*, Boston and New York: Houghton Mifflin and Company, 1906.

② 转引自 Walter Harding and Michael Meyer (eds.), *The New Thoreau Handbook*, New York and London: New York University Press, 1980, pp. 127 – 128.

③ Bradford Torrey (ed.), *The Writings of Henry David Thoreau · Journal XIV*, Boston and New York: Houghton Mifflin and Company, 1906, p. 109.

④ Bradford Torrey (ed.), *The Writings of Henry David Thoreau · Journal I*, Boston and New York: Houghton Mifflin and Company, 1906, p. xiii.

⑤ Bradford Torrey (ed.), *The Writings of Henry David Thoreau · Journal V*, Boston and New York: Houghton Mifflin and Company, 1906, pp. 4 – 5.

首先，梭罗缺乏足够的科学设备。直到1854年，梭罗才拥有了观鸟镜，接着有了望远镜而非更加高效的双目镜，他还用帽子当作采集植物标本的盒子。如果需要，显然他必须向别人借用显微镜，但梭罗有意不采用这些科学设备进行观察，因为在梭罗看来，这些设备扭曲了自然的景象。其次，当时也没有足够可供参考的资料，图书馆中能找到的自然史图书大都出自英国人之手，因为没有能与之相媲美的美国同行。最为重要的是，当时的美国科学正处于发展的初级阶段。

假如梭罗能读到当今的生态学研究成果的话，他很可能会对当时科学视野的狭隘少些抱怨。有一点值得指出的是，有些现在的科学家对梭罗视野开阔的研究流露出欣赏之意。从今天的视角来看，梭罗的研究固然不够复杂，但它却对环境整体的复杂关系表现出了敏感性。梭罗曾被1972年版的《牛津英语词典》（*Oxford English Dictionary*）和诸多的生态学教科书认为最早使用了"生态学"（"ecology"）这一词语。虽然进一步的研究表明这只是一次失误，"生态学"术语的提出者是德国博物学家海克尔（E. Haeckel），提出时间是梭罗逝世后的1866年，①但这也从一个反面证明了梭罗思想中的的确确蕴含着类似当今生态学的质素。

梭罗还被认为对科学研究的几个领域做出了重要贡献：梭罗独立完成了一篇论述森林演替理论的长文（指"The Succession of Forest Trees"），到现在为止它依然被认为是关于这一主题的一流作品。此外，梭罗在日记中还对康科德周围的动植物做了巨细无遗的记录。对研究美国自然史的学者来说，这是一笔宝贵的资源。对湖泊学家、生物学家、气象学家以及其他领域的自然科学家来说，梭罗的观察记录也极为重要，因为这些科学家发现，在从事相关研究时，梭罗做的这些田野笔记值得一再引用。

三、对梭罗印第安人观的感知：游走于现实与理想之间

自从美洲新大陆被发现和白人大批移居北美以来，美国文学对印第安人的描写就从未中断过。从整体来看，17世纪、18世纪还有19世纪美国文学的许多作品对印第安人的描摹强化了一种模式化的印象，然而随着西部边疆和印第安人部落的逐渐消失，诸如维拉·凯瑟（Willa Cather）、威廉·福克纳（William Faulkner）还有罗伯特·沃伦（Robert Penn Warren）等一些后来的作家开始对以往文学作品中关于印第安人的陈套看法提出质疑，并尝试着去塑造一些有血有肉的印第安人

① 林祥磊：《梭罗、海克尔与"生态学"一词的提出》，载《科学文化评论》，2013年第2期。

形象。①梭罗(1817—1862)生活的年代恰好处于印第安人新旧两种形象塑造的过渡阶段,他对印第安人也曾给予密切的关注,并在许多作品中对此有所反应。然而,如同梭罗的科学观一样,梭罗的印第安人观也没有受到国内梭罗研究者的青睐。2017 年第 1 期的《齐齐哈尔大学学报(哲社版)》刊登了蒋颖的《梭罗〈缅因森林〉中印第安向导群像的文化信息》,这是我国研究梭罗印第安人观最早的成果,也是迄今为止唯一的一篇文献。蒋颖认为,在《缅因森林》中,梭罗在深入考察森林生态系统的同时也刻画了四个印第安向导的形象。这组群像透露出重要的文化信息:印第安人世代积累和传承的"印第安智慧"来自狩猎生活与森林生态系统的互动,又保障了森林的生生不息和印第安人的繁衍,这是一种神奇的智慧。不过随着资本主义工业文明的侵入,森林和印第安人的传统生活方式遭到破坏,独立战争后一代印第安人身上的"印第安智慧"开始走向衰微。其他的一些研究成果,如陈乐福的《梭罗:一个后殖民作家》(载《外语研究》,2005 年第 2 期)虽然也提到了梭罗对印第安人的评论,但全文论述的重心并非梭罗的印第安人观。因此,从整体来看,对梭罗印第安人观的研究也几乎处于一种被人遗忘的状态。

陈乐福在探讨梭罗作品的后殖民性时,曾以《康科德和梅里马克河上的一周》为例论及梭罗的印第安人观。陈乐福指出,美国独立以后涌现了大量描写殖民地时期的美国史书,这些历史书籍主要勾勒白人与印第安人之间的斗争史。由于民族主义情绪的高涨和殖民主义价值观的影响,这些史书往往充斥着对印第安人的敌意和偏见。在书写《康科德和梅里马克河上的一周》时,梭罗曾大量参考这些书籍,但梭罗却形成了与之截然不同的印第安人观。在梭罗看来,白人种族主义者眼中"野蛮"、"愚昧"的印第安人却是与自然和睦相处的理想生活的化身。梭罗不但同情印第安人的命运,而且对美洲内地已经消失的充满原始野性的印第安文化痛心不已。陈乐福的片言只语触碰到了梭罗印第安人理念的某个层面,但事实上,梭罗的印第安人观也不是如同陈乐福说的那么简单。

从孩提时代起,梭罗就对与印第安人有关的一切怀有浓厚的兴趣。在乡间散步时,梭罗很早就开始注意搜集印第安人遗留下来的物品。1848 年之后,梭罗开始大量阅读涉及印第安人的书籍资料。在生命最后的十四年中,他至少阅读了 200 本有关方面的图书,做了大约 3000 页的笔记。这超过 50 万字的笔记主要是选自相关图书、小册子及杂志上刊登的文章的一些摘记,它们清楚地揭示了梭罗

① Keri Leigh Overall, "In the Footsteps of Thoreau: The Evolution of the Native American as Character and Symbol in the Works of Warren, Cather, and Faulkner", University of South Carolina, 2001.

对印第安人的理解。①

梭罗一生都在寻求一种理想的生活,这带来的一个不可避免的结果就是:他也在寻找自己心目中理想的人类,就是那种能与自然完美感应的人:“正是灵魂与自然的融合才使得智力富有成效,才催生了想象。”②梭罗之所以迷恋印第安人,这与他对荒野的兴趣直接相关:“对我而言,印第安人的魅力在于他们在自然中能自由自在,无拘无束;他们是自然的居民而不是客人,他们在自然中能够从容优雅地过日子。”③为了解印第安人是什么类型的人,他们在那里如何生活,他们与自然之间的关系,他们的艺术和风俗,他们的想象和迷信,梭罗曾花大量时间阅读有关印第安人的书籍。梭罗明白印第安人的生活具有一种有机完整性,这种理解有助于当代文明生活获得新生。印第安人的生活体现了一种自然标准,这是与通常用来衡量人类文明的标准相抗衡的另外一种标准。梭罗主要关注的是历史上而非现实中的印第安人:

在美国的白人文化里,安息日沉闷无趣,人们顺从于毫无乐趣的工作和昂贵的舒适品。“印第安的”一直是批判美国白人文化的一个基点。“印第安的”意味着悠闲和健康。如果无知落后的野蛮人注定要毁灭的话,那么正如印第安斗士吃掉敌人的心脏一样,获得重生的野蛮白人或超验的印第安人也能汲取野蛮人的种种优点。④

梭罗把现实中的印第安人看成是历史上印第安人的影子。现实中的印第安人受到白人文明的腐蚀,但却无法吸纳白人文明的益处。梭罗受到了当时的白人种族主义者对印第安人的许多陈规看法的影响。虽然通过大量阅读及 1857 年与缅因森林的印第安导游乔·波利斯的相遇,梭罗了解了不少有关印第安人真实生活的情况,但他却从来没有完全摆脱对印第安人的思维偏见。在 1859 年的《为约翰·布朗队长请命》中,梭罗还把印第安人说成是口是心非的小人:“他们(指那些并不理解布朗的报社编辑)设想的是一个有信仰和宗教原则的人,而不是一个政

① Walter Harding and Michael Meyer (ed.), *The New Thoreau Handbook*, New York and London: New York University Press, 1980.

② Bradford Torrey (ed.), *The Writings of Henry David Thoreau · Journal II*, Boston and New York: Houghton Mifflin and Company, 1906, p. 413.

③ Bradford Torrey (ed.), *The Writings of Henry David Thoreau · Journal I*, Boston and New York: Houghton Mifflin and Company, 1906, p. 253.

④ Robert F. Sayre, *Thoreau and American Indians*, Princeton: Princeton University Press, 1977, p. 213.

客或印第安人。”①梭罗把印第安人与自己蔑视的政客归为一类，这清楚地表明他的见解难以完全摆脱当时美国主流社会对印第安人的文化偏见，即认为印第安人缺乏精神追求。梭罗珍视印第安人的许多价值理念，然而“人们可能会暗自忖度：像他这样一个具有批判精神的独立的人，怎么会受到这些文化偏见的影响呢”。②由此可见，梭罗接受的关于印第安人的知识并不完整。

梭罗赞美诸如海因斯、默尔温和古德温这样的康科德猎人，因为他们与自然保持着亲密接触，但在大多数康科德人的眼中，这些人不过是些流浪者。有两次，梭罗声称海因斯使他想起了印第安人。③梭罗曾经断言：“伐木人及其伐木经历更应受到注意。或许与任何其他人相比，伐木人的行为更应该在冬天标志着新的纪元。既然印第安人已经消失了，那么伐木人就是最接近自然的人了。”④但正如印第安人一样，伐木人也存在一个致命的缺陷，那就是他们缺乏精神的和审美的意识。不管是过去还是现在，梭罗在现实中都无法找到自己心目中理想的人，因此，他只能寄希望于未来，希望将来能够出现这样一种完美的人物。

四、小结：走近那个被忽视的梭罗

在当今社会，人们熟知的梭罗是生态批评的先驱和非暴力思想的提倡者。然而，作为作家的梭罗之所以伟大在于他展现出来的复杂的多面性，这就仿佛那海上的冰川，浮在水面的终究是小小的一角而已，而冰川位于海面之下的巨大部分尚处于少为人知的黑暗状态。在我国学术界，对梭罗的教育观、科学观、印第安人观等其他主题思想的探讨就是梭罗研究中被掩蔽的那部分冰山。梭罗，不仅仅是“绿色的”，也不仅仅是“非暴力的”。通过对梭罗教育观的评析、科学观的认识和印第安人观的感知，我们就会看到一个与众不同然而却更加真实的梭罗。

当然，进行这样的探讨并不是要颠覆原先那个“绿色的”和“非暴力的”梭罗形象，只是这样的解读更有助于丰富人们对梭罗的认识，避免盲人摸象般的偏颇

---

① Nancy L. Rosenblum (ed.), *Political Writings: Henry David Thoreau*, Beijing: the China University of Political Science and Law Press, 2003, p. 147

② Robert F. Sayre, *Thoreau and American Indians*, Princeton: Princeton University Press, 1977, p. 194.

③ 参见 Bradford Torrey (ed.), *The Writings of Henry David Thoreau · Journal VI*, Boston and New York: Houghton Mifflin and Company, 1906, p. 233; Bradford Torrey (ed.), *The Writings of Henry David Thoreau · Journal III*, Boston and New York: Houghton Mifflin and Company, 1906, p. 290.

④ Bradford Torrey (ed.), *The Writings of Henry David Thoreau · Journal III*, Boston and New York: Houghton Mifflin and Company, 1906, p. 244.

而已。其实,无论是对自然观和政治观的阐发,还是对教育观、科学观和印第安人观的言说,梭罗最终的目标都指向了同一个方向,那就是希望人们能摆脱当时大多数人所过的那种静静的绝望生活,扔掉文明和物质追求的枷锁,而去追求一种有意义的、具有精神自由和独立思考能力的生活。就这样,在一步一步逼近的时候,我们看到了梭罗的变与不变,我们甚至还会隐隐约约地窥见梭罗内心深处白人文化优越论的鬼魅。

第三章

梭罗在中国接受语境中的热点问题评析

热点是指在一定时期,一定场合,人们议论关注的中心或兴趣普遍集中的地方。热点问题总是不乏人们的注意,而热点之所以成为热点,就在于有大量的人曾对其进行过关注或正在热切地关注它,就在于该话题曾在不少人心中引发过共鸣。对于社会热点,人们往往留意的是其表象的火爆,而对接受群体内在的心理机制缺少深入探究。梭罗在中国一百多年的流传中也曾引发过几个热门话题,梭罗与中国古代文化的关系研究以及以《读书》杂志为主要阵营的梭罗真假隐士之争就是其中的两个典型案例。美国比较文学理论家韦斯坦因(Eric W. Weisstein)曾经说过:"文学'接受'的研究指向了文学的社会学和文学的心理学范畴。"①本章旨在运用社会心理学的方法,从接受主体的角度出发,对梭罗在中国接受语境中引发的上述两个热点问题产生的原因及其实质进行探根寻源。

第一节 梭罗与中国古代文化关系研究的再思考

梭罗在思想形成过程中,曾通过阅读英译本和法译本的儒家经典以及其他途径在一定程度上受到儒家思想的启迪。梭罗与中国古代文化的关系问题很早就引起了国内有关人士的注意。著名作家林语堂就曾说道:"梭罗对于人生的整个观念,在一切的美国作家中,可说最富于中国人的色彩";"如果我把梭罗的文章译成中文,说是一个中国诗人写的,一定不会有人有疑心的"。②国内有关梭罗与中国古代文化关系的研究始于 20 世纪 70 年代。1971 年,台湾地区的 Wu Ta - Cheng 在 *Tamkang Review* 第 4 期发表英语论文"T' ao Chi' en and Thoreau: A Note

---

① [美]乌尔利希·韦斯坦因:《比较文学与文学理论》,刘象愚译,辽宁人民出版社 1987 年版,第 47 页。

② 林语堂:《生活的艺术》,赵裔汉译,陕西师范大学出版社 2008 年版,第 139 页。

on Two Different Attitudes toward Nature”,这是可以检索到的我国研究梭罗与中国古代文化关系最早的一篇论文,也是台湾地区研究梭罗的第一篇论文。中国大陆学术界对这一话题的研究起步要晚一些,1985 年第 1 期的《外国文学研究》刊登了常耀信的《中国文化在美国文学中的影响》一文,其中谈到“梭罗曾说过他对东方经典的熟练程度胜过圣经,那些东方经典里就有孔子的学说。在他的名著《沃尔登湖畔蛰居记》里引用四书达十处之多,每条引言都使用得恰到好处。爱默生和梭罗受孔子影响颇深”。①1988 年,王守仁在《外国语》第 2 期上发表了“Thoreau and Confucianism”,论文指出:梭罗与孔子对生活的观念较为相似,二者都主张人生在世要过简朴的生活,以追求知识和真理,以完善人性。梭罗的《瓦尔登湖》一书渗透着儒家思想,在梭罗身上可以看到儒家学说和印度瑜伽对他的影响,其中前者的影响更为显著。从此之后,这一研究一直受到我国大陆和台湾地区评论者的关注,成为国内梭罗研究领域的一个热点所在。目前国内关于梭罗与中国古代文化关系的研究主要从梭罗与儒家思想、与道家学说、与禅宗和墨家思想以及与陶渊明创作的异同比较等角度入手进行阐释。鉴于目前尚无确切证据表明梭罗曾读过道家、禅宗、墨家或陶渊明的著作,且在导论和第二章中曾对这些方面略有提及,因此本节主要讨论的是梭罗与自己曾经有过密切接触的儒家思想之间的关联。

一、研究特点:强调儒家学说对梭罗的影响

研究梭罗与儒家思想关系的著作和论文数量不在少数。陈长房的《梭罗与中国》(1991)是国内研究梭罗与中国古代文化关系的首部著作,多为国内从事相关研究者所借鉴。早在 1976 年,陈长房就在《幼狮月刊》第 10 期发表《华尔腾湖滨一哲人:亨利 · 戴维 · 梭罗》,从 1976 年至 1988 年,陈长房先后在《幼师月刊》、《思与言》、《世界华学季刊》等刊物发表了 10 篇研究梭罗的论文,这为专著《梭罗与中国》的出版提供了丰厚的前期条件。陈长房的著作主要从如下三个方面探讨了梭罗与儒家思想的关系:首先,梳理了梭罗作品中孔子的形象。在陈长房看来,梭罗心目中的孔子不但是中国的至圣先师,而且还是一位远瞩高瞻的东方智叟。虽然梭罗塑造的孔子形象主要以转手的四书译本为依据,但回顾梭罗的几部重要作品所给我们的印象是,“梭罗对于孔子此一‘智叟型’的典范人物的服膺着迷”;“贯穿梭罗一生作品的思想脉络,基本上实与精深博大的儒家思想冥相契合”。②

① 常耀信:《中国文化在美国文学中的影响》,载《外国文学研究》,1985 年第 1 期,第 47 页。
② 陈长房:《梭罗与中国》,三民书局 1991 年版,第 23 - 24 页。

其次,剖析了《瓦尔登湖》对儒家格言的引用。陈长房指出:《瓦尔登湖》摘引自儒家四书的格言并非源自同一个译本,而是从三种不同的译本中引录下来。“一脉相传的思想,却引用了三种不同的译著,尽可印证梭罗对于中国儒家思想喜爱的程度。”①再次,对梭罗在《日晷》中对儒家四书的英译进行了探究。经过逐一辨析,陈长房指出,“综览《日晷季刊》里选录儒家经典所刻画出的中国人,基本上是承袭孔孟的思想精华。深深吸引梭罗的是:孔孟思想中所阐释的个人与家、国的关系;弃物质尚精神的高贵心灵;和万物有神的观念。”②

在由中国哈佛——燕京学者第一届学术研讨会论文选编组成的《中美文化的互动与关联》(上海外语教育出版社,1997)中,王守仁认为,中国古代文化思想对梭罗有一定影响,但“梭罗在‘创造性阅读’中国典籍时,也常常发生误读”。梭罗从19世纪一个美国思想家的角度解读孔子和孟子,因此他“曲解原文字面意思在所难免。他的误读也反映出不同的文化价值”。③ 刘岩所著的《中国文化对美国文学的影响》(河北人民出版社,1999)是季羡林先生主编的“东学西渐丛书”之一,它分别阐述了中国文化对19世纪的美国文学、现代美国文学和当代美国文学产生的影响。刘岩在书中宣称,中国文化对美国文学真正产生重要影响是在19世纪,主要是对以爱默生和梭罗为代表的超验主义者所产生的影响。“梭罗也接受了以孔子为代表的儒家思想,在关于个性发展的潜力、个性发展的必要性和迫切性方面,梭罗的思想都同儒家思想不谋而合”;《瓦尔登湖》中引用的儒家语录“处处引用得自然得体,可见他对中国古典哲学思想的了解和认同”。④受到国家社科基金资助的“九五”规划重点项目《新编美国文学史》(第一卷)(上海外语教育出版社,2000)较为关注中美两国文学的互动、交流与影响,张冲在第一卷中专辟“超验主义与中国古典哲学思想”一节,这在中国学者以往编写的外国文学史中是从来没有出现过的。张冲写道,爱默生和梭罗等人的超验主义思想,在相当程度上受到东方哲学的影响:“作为以改造人类社会为宗旨的道德哲学出现的儒家思想,经爱默生、梭罗等人的一番解读、契合、借用甚至误读,成为美国超验主义思想的内在组成部分之一”;“孔子等人的古老智慧经爱默生、梭罗等人的选择和引用,显得很适用于现代,而爱默生、梭罗等人凭着超验直觉所选择的,也的确是儒

① 陈长房:《梭罗与中国》,三民书局1991年版,第25页。

② 陈长房:《梭罗与中国》,三民书局1991年版,第60页。

③ 王守仁:《论中国古代文化思想对梭罗的影响》,见刘海平编:《中美文化的互动与关联:中国哈佛——燕京学者第一届学术研讨会论文选编》,上海外语教育出版社1997年版,第208、212页。

④ 刘岩:《中国文化对美国文学的影响》,河北人民出版社1999年版,第2页。

家思想中不朽的精华”。[①] 张弘等人撰写的《跨越太平洋的雨虹》(宁夏人民出版社,2002)是“十五”国家重点图书的跨文化丛书书系之一,它主要从中国形象的正与负、哲理和诗美的携手、回流激荡黑海洋和文明的苦魂四个模块入手探讨了美国作家与中国文化的关系。冒键在该书的“实验之路:梭罗对儒家经典的选择”一节中,将《瓦尔登湖》对儒家语录的引用分为三类:为梭罗开创理性中的合理新生活的实验提供依据;借以指代超验主义哲学信奉的“超灵”;强调道德和自我修养对激扬人性善的关键作用。当然,冒键也指出,“《瓦尔登湖》里也有的引语,是涉笔成趣的文采,未必有什么严肃的含义”,[②]这与刘岩以为梭罗“处处引用得体”的观点有所不同。

除这些学术论著之外,谢志超和李洁的博士学位论文也有专门的章节论及梭罗与中国儒家学说的关系。谢志超(《爱默生、梭罗对〈四书〉》的接受——比较文学视野中的超验主义研究》,上海师范大学,2006)指出,梭罗根据自身思想和文化发展的需要,借鉴和引用了四书的语录,多方位、多模式地接受了儒家学说,补充和发展了超验主义思想。超验主义对儒家四书的接受模式分为吸收继承、借鉴佐证和误读改造三种。李洁(《论梭罗和中国的关系》,复旦大学,2008)论述了梭罗眼中的中国形象,探究了梭罗和儒家思想的接触、对儒家思想的择取以及儒家学说对梭罗的多重意义。经过层层论证之后,李洁断言:“梭罗吸收到了儒家思想的部分精神因子,却没有全盘接受儒家思想背景的制度和体系。儒家学说对社会组织和生活习俗的规范与要求,他更是一知半解”;“梭罗对儒家思想取其所需用之,在和自己的个性与其他东方思想的思考结合起来后,形成了近似老庄的道家气质,于是引起了中国人对他喜爱和联想”。[③]在硕士学位论文中,唐加玲(云南大学,2007)、杜新宇(吉林大学,2008)、徐玉红(哈尔滨工程大学,2011)、杨燕来(海南大学,2013)、徐轩(西华大学,2014)、杨璐夷(北京外国语大学,2016)、谢力延(台湾政治作战学院,1979)等人也都分析了梭罗《瓦尔登湖》中呈现的儒家思想。此外,中国知网上也有几十篇论文涉及梭罗与中国儒家思想的关系。

从研究成果涵盖的类型和出版发表的数量来看,国内对梭罗与中国古代文化,尤其是儒家思想关系的研究完全可以说得上是一个热点所在。这些研究成果呈现出如下两个特点:第一,研究内容侧重于比较《瓦尔登湖》中对儒家语录的摘

---

① 张冲:《新编美国文学史》(第一卷),上海外语教育出版社2000年版,第301、311－312页。

② 张弘等:《跨越太平洋的雨虹——美国作家与中国文化》,宁夏人民出版社2002年版,第141页。

③ 李洁:《论梭罗和中国的关系》,复旦大学,2008,第59页。

引及其与中国四书原文的异同,旨在查明在具体语境中梭罗对儒家语录的引用是否妥当。第二,在研究结论上,大多数现有的成果往往强调中国儒家思想对梭罗产生的影响,比较典型的论断有:"中国文化在这一时期(指19世纪)对美国文学产生了重要的影响,最主要表现在儒家文化对以爱默生和梭罗为代表的超验主义者所产生的影响";①"梭罗哲学思想的形成很大程度上与中国传统文化有着密切的关系,他深受中国传统文化的熏陶与影响,是肥沃的中国传统文化给了他灵感,使其形成了自己的思想体系,进而影响着一代又一代美国文人"。②

二、研究动因:对西方研究的不满·主体意识的觉醒·东学西渐的触动

国内众多研究者如此热衷于探究梭罗与中国儒家思想的关系,实在是一种非常有趣的现象,但迄今却鲜见有人对学人群体的研究动因进行透析。"研究动因"英文为"research motivation",其中的"motivation"意为"the reason or reasons one has for acting or behaving in a particular way"。③ 对国内梭罗研究动因的考察,不可避免地涉及西方的学术研究现状及国内相关研究群体的社会心理。

(一)对西方学界过于强调印度文化之于梭罗影响的不满

毫无疑问,国内对梭罗与中国儒家思想之关联的研究不仅在时间上晚于西方,而且还深深地受到了西方相关研究的影响。前面已经提过,中国大陆关于梭罗与儒家学说关系的研究始于1985年常耀信在《外国文学研究》上发表的《中国文化在美国文学中的影响》一文,但若进一步追问其教育背景,我们就会发现常耀信于1985年在美国坦普尔大学获得博士学位,博士学位论文题目即为《爱默生、梭罗和庞德作品中的中国影响》("Chinese Influence in Emerson, Thoreau, and Pound")。四年之后,华盛顿州立大学的谭洪波也完成了博士学位论文《爱默生,梭罗和四书研究:历史语境中的超验主义和新儒学经典》("Emerson, Thoreau, and the Four Books: Transcendentalism and the Neo – Confucian Classics in Historical Context",1989)。由华人在美国完成的类似的硕士学位论文则有王力的《梭罗作品中的东方》("The Orient in Henry David Thoreau",1949),林明松的《梭罗政治哲学中的中国影响》("Chinese Influence in Thoreau's Political Philosophy", 1971)以

① 章以华:《互文视角下梭罗对儒家文本的接受》,载《北京第二外国语学院学报》,2013年第2期,第31页。

② 李艾红:《从梭罗哲学思想与儒道思想的相似性看中国传统文化对美国文人的影响》,载《理论导刊》,2007年第4期,第141页。

③ Judy Pearsall and Patrick Hanks (eds.), *The New Oxford English—Chinese Dictionary*, Shanghai: Shanghai Foreign Language Education Press, 2007, p. 1383.

及董亚兰的《从〈日晷〉、〈瓦尔登湖〉和〈论公民的不服从〉看梭罗的儒家思想》(“Thoreau's Confucianism in *The Dial*, *Walden* and 'Civil Disobedience'”, 1990)。

华人在美国从事的梭罗与中国儒家思想关系的研究成果传回国内,引发了国内对这一领域的研究。此后随着相关英文资料的获取日益方便和出国进修机会的逐渐增多,国内学界终于形成了对梭罗与儒家思想关系研究的热潮。这种研究热潮的形成与西方学界对梭罗与东方关系的研究现状有着密切的关系。在美国,研究东方文化对梭罗产生影响的开山之作当属亚瑟·克里斯蒂(Arthur Christy)的博士学位论文兼学术专著《美国超验主义中的东方:对爱默生、梭罗和阿尔科特的研究》。克里斯蒂在书中梳理了梭罗对东方文化兴趣的产生及其演变,用了大量篇幅强调印度古代哲学思想对梭罗产生的影响,而对梭罗与中国儒家学说的关联则极力加以淡化。克里斯蒂宣称,“中国对美国超验主义的贡献主要在于其实际伦理”,然而“梭罗的性情中基本没有儒家思想的因子”;“儒家思想的信徒绝对不会前往瓦尔登湖”;“在梭罗身上,我们不可能找到爱默生与孔子之间那同样的相似性”。①克里斯蒂的结论在很大程度上左右了此后相关研究者的论断,即在讨论梭罗与东方文化的关系时,他们大多把重点放在印度。至于梭罗与中国古代文化的关系,他们或语焉不详,或竭力贬低。利曼·凯迪(Lyman Cady)在《梭罗在〈瓦尔登湖〉中对儒家著作的摘引》(“Thoreau's Quotations from the Confucian Books in *Walden*”)一文中赞同克里斯的观点,认为“梭罗与印度的思想和印度精神极为接近”,而“中国儒家对梭罗思想的影响基本可以忽略不计”;梭罗创造性地引用儒家语录是为了“给他那独具特色的极端个人主义观点增添异国情调,予以强化。简而言之,大多数时候梭罗是以一种非儒家的方式援引儒家著作的材料”。② 查阅美国的学位论文数据库ProQuest,我们就会发现研究梭罗与印度哲学思想关系的论文数量远远超过了研究梭罗与中国儒家学说联系的论文。据不完全统计,这样典型的博士学位论文有《梭罗:印度圣人的学徒》(Jeswine Miriam Alice,“Henry David Thoreau: Apprentice to the Hindu Sages”, University of Oregon, 1971),《自治与自立:从〈薄珈梵歌〉和〈摩奴法典〉到爱默生、梭罗和甘地作品中对自我及其原则的阐释》(Adisasmito Smith, Steven Eric. “Svaraj and Self - reliance: Translating the Self and Its Rule from the 'Bhagavad - Gita' and 'Manusmr -

① Arthur Christy, *The Orient in American Transcendentalism: A Study of Emerson, Thoreau, and Alcott*, New York: Octagon Books, 1963, pp. 29, 195.

② Lyman Cady, “Thoreau's Quotations from the Confucian Books in *Walden*”, *American Literature*, Vol. 32, 1962, p. 31.

ti' to the Works of Emerson, Thoreau, and Gandh", University of Illinois at Urbana - Champaign,2003)等。硕士学位论文有《论印度对梭罗作品的影响》(Ellen Marie Raghavan,"Hindu Influence on the Works of Henry David Thoreau", University of Houston, 1978),《梭罗:西方的瑜伽信徒》(David Hassher,"Thoreau as Western Yogi", University of Pennsylvania,1999),还有《河水汇合之处:论〈瓦尔登湖〉与印度〈薄珈梵歌〉》(Rosanne Di Pietrantonio,"Where the Waters Meet: *Walden* and *The Bhagvat - geeta*", California State University, Long Beach, 2001)等等。

不满于西方学界对梭罗与中国古典哲学思想关系的忽视,中国学者从《日晷》对四书语录的摘录以及《瓦尔登湖》对儒家学说十则援引的事实出发,极力认为"中国古代文化思想对梭罗有一定影响",①这在客观上丰富、完善了国际梭罗研究界对梭罗与东方文化关系的考察。

(二)研究主体意识的觉醒

在不满于西方学界对梭罗与中国古典哲学思想的关系忽视贬低的同时,国内研究者的主体意识也在逐渐觉醒,其文化立场和学术自信日益强化。其实,不仅文学创作需要具备主体意识和凸显中国风格,文学研究也同样需要体现学者的自信自觉,需要形成中国学术独有的风格气派。

20 世纪中国的外国文学研究走过了一条坎坷不平的道路,其间既收获了一定的成绩,也有不少负面的教训。进入新时期以来,包括外国文学在内的文学研究方向与方法的探讨争鸣从未停止过,20 世纪 80 年代还形成了几次探讨文学观念和方法的热潮。1994 年,权威刊物《外国文学评论》开辟了"外国文学研究方向与方法探讨"的专栏,"以期在这个牵动文学研究大局的问题上,总结各种经验,继续开拓前进"。②易丹率先在该栏目中发表《超越殖民文学的文化困境》(载《外国文学评论》,1994 年第 2 期)。面对文化差异这一课题显现在外国文学研究领域势必使我们处于一个相对尴尬的境地,易丹提出了外国文学研究中三个令人深思的问题:我们在哪里?我们用的是什么方法?什么是我们的策略?本着一种强烈的责任意识,易丹对当时我国的外国文学研究敲响了一声警钟:"如果现在仍然不对我们的困境有所意识,我们就没有可能超越这个策略阶段,没有可能建立我们可以依赖的文化立场,我们外国文学研究领域的文化困境和'殖民主义'的尴尬就将

---

① 王守仁:《论中国古代文化思想对梭罗的影响》,见刘海平编:《中美文化的互动与关联:中国哈佛——燕京学者第一届学术研讨会论文选编》,上海外语教育出版社 1997 年版,第 204 页。

② 吴元迈:《也谈外国文学研究方向与方法——关于一次有意义的探讨》,载《外国文学评论》,1995 年第 4 期,第 125 页。

一如既往地延续下去。"①易丹的文章犹如一石激起千层浪,此后黄宝生、张弘、赵炎秋等学者先后在《外国文学评论》上发表了《外国文学研究方法谈》(1994 年第 3 期)、《外国文学研究怎样走出困惑》(1994 年第 4 期)、《民族文化与外国文学研究的困境》等文章,就易丹提出的相关问题展开进一步的讨论和回应。

1999 年,《外国文学》组织了有关"文化身份(cultural identity)"的讨论。文化身份是文化研究中的一个热门话题,主要诉诸文学和文化研究中的民族本质特征和本民族印记的文化本质特征。王宁认为,在一个文化多元杂交的时代,研究外国文学的中国学者面临着更为巨大的挑战,在学术背景和西文功底上均处于一种"文化身份"的两难境地。② 2004 年,在苏州大学召开了"本土视角与外国文学"的专题研讨会,大会明确指出:"用本土视角来研究外国文学,是一个基本的方法,因为从实际经验来看,研究者在外国文学研究方面做出的成就,往往与他的本土文化修养是分不开的。"③《外国文学评论》当时的主编盛宁在大会上提出,"对于外国文学研究所面临的危机,学人应有自己的立场,应当在研究中调整视角,关注值得关注的重大问题";欧鍈认为:"每个国家的外国文学的研究、翻译和借鉴,都受到本土意识的影响。人们会自觉不自觉地将本民族文化的特点作为参照项。"④

除了这些集中的讨论,主张在中国从事外国文学研究的学者应有自己的主体意识、明确的文化立场和学术自信的论文还有许多,它们主要包括王志耕的《外国文学研究的主体意识》(载《外国文学研究》,1987 年第 1 期),吴元迈的《面向二十一世纪的外国文学——在中国外国文学学会第五届年会上的发言》(载《外国文学评论》,1995 年第 1 期),盛宁的《世纪末·"全球化"·文化操守》(载《外国文学评论》,2000 年第 1 期),王腊宝的《阅读视角、经典形成与非殖民化——关于我国外国文学研究的一点反思》(载《外国文学研究》,2000 年第 4 期),刘林的《新时期外国文学研究的回顾与反思》(载《文史哲》,2000 年第 5 期),王宁的《文化身份与中国文学批评话语的建构》(载《甘肃社会科学》,2002 年第 1 期),王予霞的《建立外国文学教学与研究的中国体系》(载《集美大学学报》,2002 年第 2 期),王守仁的《现代化进程中的外国文学与中国社会现代价值观的构建》(载《外国文学评论》,2004 年第 4 期),阎嘉的《文学研究中的文化身份与文化认同问题》(载《江西

① 易丹:《超越殖民文学的文化困境》,载《外国文学评论》,1994 年第 2 期,第 116 页。
② 王宁:《文学研究中的文化身身份问题》,载《外国文学》,1999 年第 4 期。
③ 严蓓雯:《"外国文学与本土视角"研讨会综述》,载《外国文学评论》,2004 年第 4 期,第 142 页。
④ 严蓓雯:《"外国文学与本土视角"研讨会综述》,载《外国文学评论》,2004 年第 4 期,第 143 - 144 页。

社会科学》,2006 年第 9 期),王予霞的《外国文学研究中的文化身份问题》(载《集美大学学报(哲社版)》,2007 年第 4 期),高玉的《本土经验与外国文学接受》(载《外国文学研究》,2008 年第 4 期),曾艳兵的《外国文学学科的困境与出路》(载《天津师范大学学报(社科版)》,2008 年第 1 期)等等。

从这些论争可以看出,对于在中国的语境下如何研究外国文学,国内学界自新时期以来一直给予了较多的关注。也就是说,什么是外国文学、我们应该以什么标准研究和评价外国文学以及我们为谁研究外国文学这些带有根本性的问题曾一次次引起人们的诘问和探讨。其实,在本书作者看来,开展外国文学研究不可避免地带有比较的成分,因为研究者都是站在自己的立场上,从自己的眼光出发,根据自己的知识和文化积累去从事外国文学研究。此外,在对外国语言文学的谙熟程度上,我们与在海外土生土长且同样从事"外国"文学研究的学者无法相提并论,而"我们对自己的文化,无论在知识储备上,还是由血肉到精髓的体验上,都具有不可否认的优势,也最能说到位,最有发言权。想在世界文化对话上发出自己的声音,不可脱离这种优势"。①在进行外国文学研究时,本着扬长避短的原则,我们应该自觉地强调本土视角,因为对于外国文学研究者来说,要想真正提高研究工作的水平和得到国内外学术界的认可尊重,我们"必须依靠自己踏踏实实的原创性探究,在全球化学术体系中创新。在外国文学研究中出新,本土视角越发显得重要。本土视角意味着充分利用丰富的中国文化资源和中华民族的智慧经验,对外国文学与文化进行独特的阐释"。②

围绕外国文学研究者的主体意识、文化立场和学术自信的讨论持续时间长,参与人数多,参与人员多为来自国内重点院校的知名学者,且论文发表的刊物档次一般都比较高,因而在外国文学研究领域产生了良好的导引作用。而梭罗与中国儒家思想的关系恰好是跨文化交流中一个非常典型的个案,因此国内从事此类研究的学者不可避免地参与或受到了上述论争的影响,③在具体研究中注重从中国学人的立场出发,坚持将中国文化的主体意识作为自觉的指导思想,从而力图

---

① 杨义:《经典的发明与血脉的会通》,载《文艺争鸣》,2007 年第 1 期。

② 王守仁:《现代化进程中的外国文学与中国社会现代价值观的构建》,载《外国文学评论》,2004 年第 4 期,第 104 页。

③ 如论争的重要参与者之一王守仁早在 20 世纪 80 年代就发表过论文"Thoreau and Confucianism"(载《外国语》,1988 年第 2 期),进入 20 世纪 90 年代后,又在第一届中国哈佛—燕京学者学术研讨会上宣读过《论中国古代文化思想对梭罗的影响》,这是国内发表的有关梭罗与儒家思想的较早的学术成果。王守仁是当时南京大学外国语学院的院长、教授、博士生导师,兼任中国外国文学学会副会长、中国英语教学研究会副会长、全国美国文学研究会副会长等多个职务,是外国文学研究界享有声望的学者之一。

做出有别于西方学人的价值判断。唯其如此,国内的梭罗研究学者才能在立足本土文化的基础上屹立于国际学术的前沿,才能与全球学术共同体进行真正的对话交流。

(三)东学西渐的触动

"东学西渐"是一个与"西学东渐"相对应的词汇,它们指的是互相补充的东西方文化交流过程。文化具有传播性,文化不论大小,一旦出现就必然会向外流布。东学西渐有着悠久的历史,对世界文化的发展曾产生过十分深远的影响。季羡林曾经说过:"在中西文化交流史上,'东学西渐'从来就没有中断过。"①国内有的学者曾将广义的中学西渐划分为七个历史阶段:从距今万年以上的石器时代的"中学西渐的起点",到 20 世纪 50 年代至今的全球化时代的中学西渐。②在东学西渐的历史发展过程中虽然出现过几次高潮,但人们一般认为:"只有在 16—18 世纪,东西方才开始第一次真正的文化交往,也只有这次交往,构成了东西方两个伟大文明之间的第一次真正实质性接触。"③但从 19 世纪以来,随着中西力量对比以及历史条件的变化,西学东渐却压倒东学西渐成了中西文化交流的主要潮流。大量的西方著作源源不断地译介到我国,而相对来说,"东学西渐"却显得有些软弱无力,情形不容乐观,东西文化交流出现了明显的不均衡现象。今天的中国人对西方的了解可以说远远超过了西方人对中国的了解,学术研究中出现的东西逆差现象亦是十分严重:"总的说来,系统研究中国文化和文学对外国文学影响的论著,与研究外国文化和文学对中国文学影响的论著相比,为数确实不多。"④

不过,中国现在的形势已经发生了翻天覆地的变化,早已摘掉了当年东亚病夫的帽子。当今的中国经济发展迅猛,国力强盛,国际地位日益提升。相应于此,复兴民族文化、提高民族文学地位的愿望也日益强烈,于是"在全球化背景下,无论是中国政府还是我们国家的专家学者,都不约而同地主张加强本土文化建设"。⑤ 为了向世界大力弘扬中国的传统文化,2004 年中国政府启动了海外孔子学院,截至 2016 年 12 月底,已在全球 140 个国家或地区建立了 512 所孔子学院和

---

① 季羡林:《东学西渐与东化——为东方论坛"东学西渐"栏目而作》,载《东方论坛》,2004 年第 5 期,第 2 页。

② 冯国荣、侯德彤:《中学西渐的历史线索及相关研究课题》,载《东方论坛》,2004 年第 5 期。

③ 王军、孟宪凤:《西学东渐与东学西渐——16—18 世纪中西文化交流特点论略》,载《北方论丛》,2009 年第 4 期,第 91 页。

④ 乐黛云:《序》,见张弘等:《跨越太平洋的雨虹——美国作家与中国文化》,宁夏人民出版社 2002 年版第 2 页。

⑤ 王守仁:《现代化进程中的外国文学与中国社会现代价值观的构建》,载《外国文学评论》,2004 年第 4 期,第 103 页。

1073个孔子课堂。[①]2007年还召开了“中译外——中国走向世界之路”的翻译高层论坛。在学术研究中,一些有着强烈责任心和开阔视野的知识分子也参与到了这一“东学西渐”的潮流之中。20世纪90年代上半叶,北京大学和南京大学的比较文学学者曾合力主编了一套“中国文学在国外”的丛书(花城出版社,1990—2002),法国比较文学专家艾田伯(Ren Etimble)曾经专门为此写序祝贺。1999年,季羡林先生主编的一套“东学西渐丛书”(总共7部)由河北人民出版社出版,该丛书“全面深入地论述了中国文化对世界文明的影响和贡献”。[②] 2002年,由南京大学和北京大学完成的“外国作家与中国文化丛书”(共8卷)由宁夏人民出版社发行,这套丛书被列为“十五”国家重点图书。2006年,乐黛云主编的“中学西渐丛书”(第一辑)经过五年的策划,由首都师范大学出版社推出,该套丛书对在中国文化进入西方文化主流过程中做出过重大贡献的西方代表性历史人物进行研究,并因此荣获了2007年首届国家图书政府奖。

艾田伯曾经说过:研究中国文学与文化对外国文学的影响是一个极有价值、极富潜力的课题,他希望有更多中国学者进行这方面的研究。[③]在涉及梭罗与中国古代文化的关系这个个案研究时,我们看到国内不少的梭罗研究者有意无意地卷入到力图推进东学西渐这一大的时代思潮中,其中刘岩和冒键在参与河北人民出版社和宁夏人民出版社分别推出的两套“东学西渐”丛书的撰写时,都在专门的章节中谈到了梭罗,以期对梭罗与中国儒家学说的关系进行剖析。

三、研究补遗:探究接触媒介·合理估量影响·重视多元描述

在梭罗与中国古代文化关系这个问题上,有几点是国内学者在研究中经常遗漏的,但这几点对全面、充分地认识梭罗与中国古代文化的关联又必不可少。

(一)探究梭罗接触中国的媒介

梭罗虽然谙熟英语、法语、德语等多门语言,但却不懂汉语,一生也从未踏上大洋彼岸的中国的土地。他是在爱默生的引荐下,通过阅读英译本和法译本的有关著作得以了解中国的。目前,国内学界一般认为梭罗主要阅读和借鉴了如下三种译本的儒学著作:乔舒亚·玛什曼(Joshua Marshman)的《孔子的著作》(*The Works of Confucius*, Serampore: Mission Press, 1809);大卫·科利(David Collie)的

① 《关于孔子学院/课堂》,http://www.hanban.edu.cn/confuciousinstitutes/node_10961.htm/(访问时间:2018年1月29日)。

② 谢霖:《〈东学西渐丛书〉评介》,载《社会科学论坛》,2000年第5期,第62页。

③ 乐黛云:《序》,见张弘等:《跨越太平洋的雨虹——美国作家与中国文化》,宁夏人民出版社2002年版,第1页。

《中国古典:通称四书》(*The Chinese Classical Works, Commonly Called the Four Books*, Malaca: Mission Press, 1828);法国汉学家博迪耶(M. G. Pauthier)翻译的法文本《孔子与孟子——中国道德与政治哲学的四本书》(*Confucius et Mencius, les Quatre Livres de Philosophie Morale et Politique de la Chine*, Paris: Charpentier, n. d. 1840)。

玛什曼的《孔子的著作》含有原文,带有翻译,前面还附有一篇关于汉语语言文字的论文。在1843年第4期的《日晷》杂志上,梭罗在"各族经典:孔子语录"("Ethical Scriptures—Sayings of Confucius")的栏目下,摘录了孔子语录21条,采用的就是玛什曼的译文,这些语录大多选自《论语》。科利的《中国古典:通称四书》"一反当时传统的翻译,在译文中还不时夹杂许多注脚和评论。"①这三种译本中,梭罗比较偏爱的应属科利的译文。在1843年第10期的《日晷》杂志上,梭罗又在"各族经典:中国四书"("Ethical Scriptures—Chinese Four Books")的栏目下,分六个模块共摘录了儒家语录42段。这一次援引的儒家语录主要来自《孟子》,也有选自《论语》和《中庸》的部分。在该期《日晷》的前注中,梭罗如是说道:"这个译本(指科利的《中国古典:通称四书》)似乎是为了学习汉语的习作之用,它是迄今为止我们所曾见过的关于中国文学的最有价值的贡献。书中崭新的一部分是分为《上孟》和《下孟》两册的《孟子》。"②在《瓦尔登湖》中援引十条儒家语录时,梭罗则是把上述三种译本的儒家作品用来相互借鉴,相互佐证。

其实除了国内研究者经常提到的这三个译本,梭罗还阅读过有关中国的其他作品,只是这些资料并没引起国内研究者的太多注意。刘岩经过考察指出,1835年出版过一本匿名人士编辑的《凤凰:古代奇文拾遗集》(*The Phoenix: A Collection of Rare Fragments*),该书的第一章集中介绍了孔子的思想,说它"影响了美国的文人学者,尤其影响了超验主义大师爱默生和梭罗"。③ 根据克里斯蒂提供的信息,1852年,埃瓦利斯特·里吉斯·赫克(Evariste Regis Huc)发行了《鞑靼、西藏和中国游记:从1844年到1845、1846年》(*Travels in Tartary, Thibet, and China: During the Years* 1844 -5 -6, New York: Appleton 1852, 2 vols)。④梭罗对游记中讲述的

① 陈长房:《梭罗与中国》,三民书局1991年版,第26页。

② Henry David Thoreau, "Ethical Scriptures—Chinese Four books", *The Dial*, No. Dec, 1843.

③ 刘岩:《中国文化对美国文学的影响》,河北人民出版社1999年版,第2页。

④ 根据阿尔德里奇·克里斯蒂(Aldrich Christie)的研究结果,梭罗阅读的这本游记的书名叫作 *A Journey Through Tartary, and China, During the Years* 1844, 1845, *and* 1846,该书是由天主教遣使会修士赫克和伽贝特两人合力完成。转引自 J. Gerald Dollar, " In Wildness is the Preservation of China: Henry Thoreau, Gao Xingjian, and Jiang Rong", *Neohelicon* , Vol. 36, 2009, p. 414.

那个故事深深着迷:两个天主教修士化装成云游的喇嘛,他们发现在整个西藏、蒙古和中国境内,大门都对他们敞开,他们受到了热情的接待。从这本厚厚的游记中,梭罗摘抄了许多句子,记在自己的摘录本中。梭罗的日记表明他曾读过赫克的这部游记。在日记的第四卷中,梭罗这样写道:

所有这些民族的问候语和日常琐事,我们听起来经常会觉得极为正规,但它们却总是与其生活的环境非常匹配,从他们的需要孕育而来。鞑靼人逢人就问:"雨水充足吗?你家的羊群兴旺吗?你家的马群多产吗?"对方则会回答:"我们的家园一切太平。"静谧祥和,犹如圣经一般,没有任何人为的捏造。赫克先生在中国遇到了特别热情好客的一家人。①

在另外一处地方,梭罗记下了这样的句子:"他们两手空空、身无一物地四处旅行,所到之处皆是他们想去之地……人们或许会说,他们是受到了某种神秘力量的影响,这种力量驱使他们不断地向前行走。"②虽然梭罗声称自己从未读过小说,因为"小说中缺乏真实的生活和思想",③但他却的确读过一本名为《玉娇梨》(Abel Rémusat, *Ju - Kiao - li*; *ou*, *Les Deux cousines*; *roman chinois*, Paris: Moutardier, 1826)的法文译本的中国小说。梭罗对这部中国小说的兴趣可以在日记的第十一卷(第65、66页)中得到证明:"在这部名为《玉娇梨》或《双美奇缘》的中国小说中,我发现其中的一章引用了一句格言:'智者千虑,必有一失。'在酸涩的李子变得甘甜之前,有必要做多少准备呀!……但假如至高的幸福在一小时内就能获得,那么生命中最高贵的情感还有什么用呢?④在日记第十一卷的第81页,梭罗还有这样的记载:"《玉娇梨》这部中国小说大概写于八百多年之前,其作者似乎欣赏杨柳之美。为了能在余生饮酒作诗,书中的男主人公苏友白在晚年时候迁出闹市,搬到二十英里之外、岸边长有柳树的溪边居住。他把女主人公的眉毛描写为宛若浮在水面的柳叶。"⑤

---

① Arthur Christy, *The Orient in American Transcendentalism*: *A Study of Emerson*, *Thoreau*, *and Alcot*, New York: Octagon Books, 1963, p. 319.

② J. Gerald Dollar, " In Wildness is the Preservation of China: Henry Thoreau, Gao Xingjian, and Jiang Rong", *Neohelicon*, Vol. 36, 2009, p. 413.

③ [美]罗伯特·塞尔编:《梭罗集》(上),陈凯、许崇信等译,生活·读书·新知三联书店1996年版,第63页。

④ Arthur Christy, *The Orient in American Transcendentalism*: *A Study of Emerson*, *Thoreau*, *and Alcott*, New York: Octagon Books, 1963, p. 320.

⑤ Arthur Christy, *The Orient in American Transcendentalism*: *A Study of Emerson*, *Thoreau*, *and Alcott*, New York: Octagon Books, 1963, p. 320.

（二）合理估量儒家学说对梭罗的影响

梭罗的确比较推崇中国的儒家思想，在抨击当时新英格兰习俗的弊端时，梭罗借用他人的话语说道："'毫无疑问'，一位法国翻译家在谈及中华民族和印度民族的古老和持久，谈及他们的立法者的智慧时说，'那儿存在着一些统治世界的永恒法律的遗迹。'"①不仅如此，在把大多数西方人心目中至高无上的《圣经》贬为"不可思议"、"荒谬可笑"的绊脚石的同时，梭罗也宣称："我最喜欢读的便是这几个民族的经典，然而碰巧我对印度人、中国人和波斯人的圣典比我最后涉猎的希伯来人的圣典更熟悉。"②在梭罗看来，把中国、印度、波斯、希伯来等几个民族的经文集或圣典收在一起作为人类的圣经印成书，将是那个时代非常值得做的一件事情。而在事实上，梭罗也的确把关注的目光投向了儒家学说，并对其中的许多观点产生了认同。可以说，中国的儒家思想给了梭罗一定的启迪。

在从事具体的研究工作中，国内不少的梭罗研究者却喜欢夸大这种影响，过于强调儒家学说对梭罗产生的作用。"影响"对应的英文词汇为"effect"或"influence"。"effect"意指"the power or ability to bring about results"；"influence"的意思是"the power of persons or things to affect others, seen only in its effects"。③ 根据《韦伯斯特新世界大学词典》（*Webster's New World College Dictionary*，2001）的解释，影响主要体现在结果上。具体到儒家思想之于梭罗来说，就是梭罗在《日晷》杂志中摘引儒家语录和在著作中不断对其加以援引，但结果和影响之间并非全然可以画上等号。更多时候，影响是一种没有固定形状的东西，很难进行准确的衡量，于是对于同一件事实，影响的估量也就因时因地因人而异，夸大或贬低成了常有的事情。

梭罗一生涉猎广泛，在东方文学、英语文学、美国历史、游记文学、西方古典作品以及印第安人历史等多个领域均用力颇勤。梭罗基本上并不是一个具有原创性的思想家，对此梭罗传记作家亨利·塞德尔·坎比（Henry Seidel Canby）说道："梭罗的思想都是借来的，其创新性就在于混合之中。"④如同美国所有其他的超验主义者一样，梭罗采取的是一种高度折中的阅读方法。也就是说，他们进行大

① [美]罗伯特·塞尔编：《梭罗集》（上），陈凯、许崇信等译，生活·读书·新知三联书店1996年版，第120页。

② [美]罗伯特·塞尔编：《梭罗集》（上），陈凯、许崇信等译，生活·读书·新知三联书店1996年版，第22页。

③ Mihcael Agnes (ed.), *Webster's New World College Dictionary*, 4th ed, Shenyang: Liaoning Education Press, 2001, pp. 453, 733.

④ 转引自 Walter Harding and Michael Meyer (ed.), *The New Thoreau Handbook*, New York and London: New York University Press, 1980, p. 91.

量的阅读,但从阅读中却只是吸纳那些对他们特别有吸引力的观点,而对其余的一切则视而不见。在日记中,梭罗就曾坦言道:“我一点也不在乎我的观念从何而来,也不在意它们存在的语境。”①从特定的阅读中,梭罗还经常汲取与作者原意相悖的观点。因为能更好地阐明自己的观点,他也不觉得这样的误引有所不值。晚年的时候,梭罗曾经有过这样的一番夫子自道:

不管是在物质上,精神上还是道德上,人们只会接受他们乐意接受的东西。我们只会倾听和理解我们已经一知半解的事物。如果某物与我无关,与我不符,凭我的经验或天性我都不会对其进行关注的话,那么不管这个事物多么新奇或与众不同,即使有人说了,我也不会去听;即使有人写了下来,我也不会去读;或者假如我读过了,它也不会给我留下什么印象。②

梭罗对一切阅读均持此种拿来主义的折中态度,对包括中国四书在内的东方文学的浏览也不例外。在东方文学中,梭罗找到了一些观点用来支持自己关于独处和沉思的必要性和价值,也找到了一些观点用以驳斥西方那些仅凭物质来衡量成功的价值准则,从而将儒家学说纳入了自己的思想体系之中。对此,克里斯蒂说道:“超验主义者在孔子身上找到了一些高效的原则,凭借这些原则可以处理人际关系。”“梭罗从印度、中国还有波斯经典那里汲取的一切的共同特征就是对自然神秘的爱……这是他在宗教文学和哲学文学阅读中最重要的一部分。”③常耀信则宣称:“对于完善自我的信仰、对于人类改善自身的信念以及服务于人类的愿望,把19世纪美国的超验主义学者同中国古代的哲学家联系在了一起。”④刘岩的论述则更为清楚地指出了梭罗与中国儒家学说的共同点:超验主义者与儒家思想的契合之处在于他们共同关注和提倡自我完善和自我修养。梭罗“从孔子的语录中找到了生存的方式——如何做一个君子,如何保持坚强的意志,如何忍受清贫的生活。孔子的学说给了他的生活以力量,也给了他的理论以支持”。⑤

诚然,梭罗阅读过、援引过儒家的经典语录,其思想观念与儒家学说存在某些相似之处。但这并不等于说,中国的儒家学说就对梭罗产生了深刻的影响。我们

---

① Bradford Torrey (ed.), *The Writings of Henry David Thoreau*: *Journal VIII*, Boston and New York: Houghton Mifflin and Company, 1906, p. 135.

② Bradford Torrey (ed.), *The Writings of Henry David Thoreau*: *Journal XIII*, Boston and New York: Houghton Mifflin and Company, 1906, p. 77.

③ Arthur Christy, *The Orient in American Transcendentalism*: *A Study of Emerson*, *Thoreau*, *and Alcott*, New York: Octagon Books, 1963, pp. xi, 199.

④ 常耀信:“The Thoreau of *Walden* Confucianism”,见常耀信主编:《多种视角——文化及文学比较研究论文集》,南开大学出版社1995年版,第200页。

⑤ 刘岩:《中国文化对美国文学的影响》,河北人民出版社1999年版,第76-77页。

应该承认,两者之间的差距是相当大的:"对于孔子及其门徒来说,人是以社会为中心的;对于梭罗来说,人则是以自然为中心的。"①关于儒家思想与梭罗的关系,还是刘玉宇总结的比较到位:"与其说梭罗受儒家思想影响,毋宁说他是在尽可能地援引与主流的西方工业和基督教文明不同的、属于古老传统的思想,为他所要反抗的工业文明树立一个对立面。在此意义上,'中国'与'印度'、'波斯'等有着相似的地位,是梭罗借以表达自己思想的符号而已。"②如此看来,国内不少学者过于夸大儒家学说对梭罗产生的影响实在有点一厢情愿,因为梭罗并不是真正要去彻底地研读儒家思想,而且在对待儒家学说的态度上也的确有些"随心所欲"。毕竟从根本上来讲,梭罗"能容忍各种哲学,原子论,圣灵论者,无神论者,有神论者——柏拉图、亚里斯多德、留基伯、毕达哥拉斯、琐罗亚斯德以及孔子。比起这些人物所做的任何观点交流,他们的态度更使我们感到兴趣"。③

(三)重视梭罗对中国的多元描述

历史学者史景迁(Jonathan Spence)认为,中国四百年来对西方具有一种复杂的魅力,日本、印度、中东(波斯或者伊朗)都从未如此强烈地吸引过西方。④此种论断也大致适用于美国。在爱默生的引导下,早在1838年8月22日,梭罗就在日记中对包括中国文学在内的东方文学发表了最早的评论:"荷马史诗、阿斯维陀古经或孔子著作等最为古老书籍中的高尚情感是多么令人激动!这是通过无数时代的岛屿,乘着时间之风漂流而来的音乐。正是这种高尚,我们才能接近、听到这些妙音。"⑤此后,梭罗又在《日晷》杂志上摘录了中国"四书"的语录,在《瓦尔登湖》、《康科德和梅里马克河上的一周》及《论公民的不服从》等著作和政论文中援

① Lyman Cady, " Thoreau's Quotations from the Confucian Books in *Walden*", *American Literature*, Vol. 32, 1962, p. 31.

② 刘玉宇:《从〈瓦尔登湖〉中的儒学语录看梭罗的儒家渊源》,载《外国文学评论》,2009年第3期,第205页。

③ [美]罗伯特·塞尔编:《梭罗集》(上),陈凯、许崇信等译,生活·读书·新知三联书店1996年版,第133页。

④ [美]史景迁:《文化类同与文化利用——世界文化总体对话中的中国形象》,北京大学出版社1990年版,第12页。

⑤ Bradford Torrey (ed.), *The Writings of Henry David Thoreau · Journal I*, Boston and New York: Houghton Mifflin, 1906, p. 55.

引了儒家的语录。①当然,梭罗在《日晷》杂志上摘引中国四书中的句子和在《瓦尔登湖》中援引十则儒家语录是众所周知的事情,但梭罗在其他著作中对儒家学说的引用也应引起注意,如"孟子曰:'人有鸡犬放,则求之;有放心而不知求。学问之道无他,求其放心而已矣'";"孔子曰:'无友不如己者'";"孔子曰:'君子以友辅仁'",②再如"孔子讲得好:'邦有道,贫且贱焉,耻也;邦无道,富且贵焉,耻也"。③陈长房认为,在不断的摘录和援引中,梭罗勾勒出了"一位智慧圆熟、性情仁厚、人格独立坚强、对万物持诚敬庄穆态度的中国人"④的形象。中国学者在研究梭罗与中国古代文化的关系时,也大多强调的是梭罗对中国和中国文化做出的正面评价。但事实上,梭罗在著作中对中国的评价呈现出一种多元性,其中不乏褒扬的语句,亦有不带任何感情色彩的评论,还有一些充满了贬抑之情的叙述。

1. 褒扬的态度:国内不少学者喜欢翻阅梭罗的著作,精心选择一个又一个段落来证明梭罗喜好中国文化。事实上,在梭罗的作品中的确不乏这样的语句。在呼吁人们生活要简朴时,梭罗说道:"关于奢侈与舒适,最明智的人生活得甚至比穷人更加简单和朴素。中国、印度、波斯和希腊的古哲学家都是一个类型的人物,外表生活再穷没有,而内心生活再富不过。"⑤在批判人们无法理解约翰·布朗的暴力抗争时,梭罗设想假如布朗起义发生在中国,情况又会怎样:

我们梦见了异域的国度,梦见了其他的时代和其他种族的人们,把他们放置在历史或空间中的一定距离之外。但是如果允许诸如目前这样的一个重要事件发生在我们中间,那么就会经常发现我们与最近的邻居们之间存在的这种距离和陌生感。这些邻居就是我们的奥地利,中国和南海诸岛。我们原本拥挤的社会实

① 梭罗在《日晷》杂志中摘引中国四书的句子和在《瓦尔登湖》中援引十则儒家语录是众所周知的事情,但梭罗在《康科德和梅里马克河上的一周》及《论公民的不服从》中也引用过儒家语录,如"孟子曰:'人有鸡犬放,则求之;有放心而不知求。学问之道无他,求其放心而已矣'";"孔子曰:'无友不如己者'";"孔子曰:'君子以友辅仁'";(参见[美]罗伯特·塞尔编:《梭罗集》(上),陈凯、许崇信等译,生活·读书·新知三联书店 1996 年版,第 238、244、253 页。)再如"孔子讲得好:'邦有道,贫且贱焉,耻也;邦无道,富且贵焉,耻也。'"参见 Henry David Thoreau, Walden *and* "*Civil Disobedience*", New York: Airmont Publishing Company, Inc., 1965, p. 245.

② [美]罗伯特·塞尔编:《梭罗集》(上),陈凯、许崇信等译,生活·读书·新知三联书店 1996 年版,第 238、244、253 页。

③ Henry David Thoreau, Walden *and* "*Civil Disobedience*", New York: Airmont Publishing Company, Inc., 1965, p. 245.

④ 陈长房:《梭罗与中国》,三民书局 1991 年版,第 3、60 页。

⑤ [美]梭罗:《瓦尔登湖》,徐迟译,上海译文出版社 2008 年版,第 12 页。

然看起来变得井井有条，干净漂亮，成了一个千里之外的都市。①

在提倡人们要响应大自然的召唤和保护自然资源时，梭罗宣称："一个镇区里的原始森林在另一个腐朽的原始森林之上成长——这样的城镇不仅适合种植玉米和土豆，更适合滋养后来的诗人和哲学家。荷马和孔子等就是在这样的土壤中成长起来的。"②在力劝人们要回归自然时，梭罗看到新英格兰的自然资源日益遭到严重的破坏，于是他不禁感叹道："我们长着双翼的思想已经变成了家禽，它们不再展翅翱翔，只停留在庄严的中国，特别是上海。你一定听说过的那些伟大的思想，伟大的人。"③仔细品味这些语句就会发现，一般是在梭罗不满于美国当时的社会生活和文化并欲对此进行批判的时候，他对中国和中国文化就会持一种褒扬的态度。这时的中国俨然是一个光明的国度和理想的天堂，是作为当时美国社会的对立面而存在的，是很大程度上梭罗将"自我所渴求的、所构想的，以及在现实中无法满足的，都幻化为一种'他性'投射于东方"。④

2. 中性的描述：有时候，梭罗在著作中对中国的描述并没什么过多的实际意义，仅仅是为了增添一丝异国情调和卖弄腹中的渊博知识而已。在评价人们的实际行动和付出的代价时，梭罗宣称："城里有过一个疯子要挖掘一条通到中国去的隧道，掘得这样深，据说他已经听到中国茶壶和烧开水的响声了；可是，我想我决不会越出我的常规去赞美他的那个窟窿的。"⑤在坚持人人有罪的时候，梭罗对自己的罪过也毫不讳言："有一次我还杀了一条蹂躏我的蚕豆田的土拨鼠——它颇像鞑靼人所说的在执行它的灵魂转世——我吃了它。"⑥在呼吁人们要探索自己的内心世界并竭力追求精神生活的丰裕时，梭罗说道："现在就开始探险吧，走上那最远的西方之路，这样的探险并不停止在密西西比，或太平洋，也不叫你到古老的中国或日本去，这个探险一往无前，好像经过大地的一条切线。"⑦在谈到漫步，

---

① Henry David Thoreau, "A Plea for Captain John Brown", in Nancy L. Rosenblum (ed.), *Political Writings: Henry David Thoreau*, Beijing: the China University of Political Science and Law Press, 2003, p. 145.

② [美]梭罗：《心灵漫步·河上一周》，林志豪译，海南出版社·三环出版社2007年版，第36页。

③ [美]梭罗：《心灵漫步·河上一周》，林志豪译，海南出版社·三环出版社2007年版，第62页。

④ 乐黛云：《世界文学总体对话中的中国形象——序史景迁〈北大讲演录〉》，见[美]史景迁：《文化类同与文化利用——世界文化总体对话中的中国形象》，北京大学出版社1990年版，第5页。

⑤ [美]梭罗：《瓦尔登湖》，徐迟译，上海译文出版社2008年版，第53页。

⑥ [美]梭罗：《瓦尔登湖》，徐迟译，上海译文出版社2008年版，第54页。

⑦ [美]梭罗：《瓦尔登湖》，徐迟译，上海译文出版社2008年版，第299页。

自己喜欢朝着西南或西方前行的时候,梭罗号称:“东方的鞑靼人认为西藏是最西边,他们说:‘那里是世界的尽头,再过去就只有无边无际的海洋了。’他们住在最东边。”①在康科德和梅里马克河进行为期两周的旅行时,梭罗看到了一艘顺流而下的平底船,在与船员聊天时,梭罗说道:“他们或许会游览福克兰群岛和中国海,然后开始进入梅里马克河流域,也许永远不会按原路返回。”②

3. 贬抑的色彩:历史上美国人的中国观受到了欧洲中国形象论的左右,在两百多年的中美交往中,美国人心目中的中国形象不断在“爱与恨两个极端之间摇摆”。③ 哈罗德·伊罗生(Harold Isaacs)曾将这种摇摆划分为六个阶段:尊敬时代:18 世纪;蔑视时代:1840—1905;仁慈时代:1905—1937;赞美时代:1937—1944;失望时代:1944—1949;敌意时代:1949—。④从这个阶段划分可以看出,梭罗生活的年代恰好处在美国人的中国观从尊敬时代向蔑视时代过渡交替的时期。处于这么一种大的时代氛围之中,梭罗的中国观也无形之中受到了一定的影响。在描写鱼类的生命力旺盛和分布地域极广时,梭罗说道:“中国人收受贿赂用罐子或中空的芦杆把鱼卵从一个省带到另一个省,或是用水禽将鱼卵运到山间小湖和内地湖泊里。”⑤在谈及新英格兰人民生活中颇多陈规陋习时,梭罗用中国作为反例,敲响了长鸣的警钟:“请想想中国的自大和那种人类的凝滞的自满。这一世代庆幸自己为一个光荣传统的最后一代。”⑥在描写自己离开被关押了一天的监狱而感到的变化时,梭罗声称:

> 不过我更加清楚地觉得,我所居住的州发生了变化。我看见在多大程度上我周围的人们可以被视作好邻居、好朋友;我看见他们之间的友谊就像夏天的气候一样善变;我看见他们并不十分打算执行正义;我看见他们就像中国人和马来人一样,充满了迷信和偏见,成了一个远方的种族。⑦

---

① [美]梭罗:《心灵漫步·河上一周》,林志豪译,海南出版社·三环出版社 2007 年版,第 11 页。

② [美]梭罗:《心灵漫步·河上一周》,林志豪译,海南出版社·三环出版社 2007 年版,第 150 页。

③ Steven Mosher, *China Misperceived: American Illusions and Chinese Reality*, New York: New Republic Book, 1990, p. 214.

④ 潘志高:《中国在美国的形象:变与不变》,载《解放军外国语学院学报》,2003 年第 2 期,第 120 页。

⑤ [美]罗伯特·塞尔编:《梭罗集》(上),陈凯、许崇信等译,生活·读书·新知三联书店 1996 年版,第 22 页。

⑥ [美]梭罗:《瓦尔登湖》,徐迟译,上海译文出版社 2008 年版,第 307 页。

⑦ Henry David Thoreau, *Walden and "Civil Disobedience"*, New York: Airmont Publishing Company, Inc. 1965, pp. 248 – 249.

关于中国人的迷信，梭罗还在晚年完成的《野果》中宣布："杰拉尔德声称鞑靼人（Tartars）一直对菖蒲的根非常看重，'他们对此看重到这一地步，没有浸泡过菖蒲根的水不能饮用。他们只喝用菖蒲根浸泡过的水。'"①在《没有原则的生活》（*Life Without Principle*）中，梭罗更是直接否定了中国人存在的历史价值："各个民族！各个民族又是什么呢？鞑靼人，匈奴人还有中国人！如同昆虫一般，他们蜂拥而入。历史学家们费劲了气力，也没有使他们为人铭记。"②在对中国古代文化赞誉有加的同时，梭罗心中的美国文化优越感也不时地浮现出来，这时他看到的自然是一个停滞不前的自大盲目的中国，看到的是一群充满了迷信和偏见的中国人，于是梭罗得出了一个如今看来荒谬透顶但却颇具时代感的结论：中国人的存在不具有历史价值。

四、小结

梭罗在阅读和写作中，曾经借助和挪用过中国的儒家语录，这一点对具有自身文化优势的中国学者来说尤其具有吸引力，这也是促使不少国内学人对梭罗与中国古代文化的关系进行研究的客观原因。但从更大的视角来看，这一课题之所以成为国内学界研究的热点，恐怕更多的是与国内学人对西方的梭罗研究现状以及东西文化交流和学术交流失衡的不满有关。在梭罗与东方古典哲学思想关系的研究领域中，西方学者过于强调印度文化之于梭罗的重要性，而往往对儒家学说之于梭罗的启迪有所忽视。于是，中国学者反其道而行之，致力于强调学术研究中的东学西渐，研究者的主体意识日益觉醒，民族立场和文化自觉也日益明确。但说起来有点遗憾的是，国内不少梭罗研究者的这一做法却多少有些矫枉过正，在资料掌握并不充分或并没有进行仔细研读的情况下，在民族情感的驱使下过于夸大了儒家学说对梭罗产生的影响，而对梭罗蔑视中国文化的言辞却有意或无意地选择置之不理。

克里斯蒂认为，"显然，从19世纪末一直持续到今天，对东方的想象本身创造了两个浪漫的'东方世界'"，③从梭罗对儒家语录的引用和对中国的多样性描述中，我们就已经多少看到了这种浪漫想象的影子。毕竟不管怎么来说，一种文化对另一种文化的利用总是极其复杂的：制约着西方的中国形象的主要不是中国的

---

① ［美］梭罗：《野果》，石定乐译，新星出版社2009年版，第10页。

② Henry David Thoreau，" Life Without Principle"，in Joseph Wood Krutch（ed.），*Walden and Other Writings*，New York：Bantam Books，1962，p. 367.

③ Arthur E. Christy，*The Asian Legacy and American Life*，New York ：Greenwood Press，1968，p. 49.

现实而是西方自身的需要和问题,西方人之所以对中国产生兴趣是因为“需要通过‘他性’,创造一个‘非我’来发泄不满和寄托希望”。[①]不管赞扬,丑化还是纯粹掉书袋,梭罗描绘的都不是一个完整真实的中国,而是将中国文化加以改头换面的虚饰,“将东方打碎后按西方的趣味和利益重组一个容易被驾驭的‘单位’”。[②]马克思曾经说过,“任何真正的哲学都是自己时代精神的精华”[③],但作为时代精神的精华,既可指其永恒性,也可指其时代的局限性。当今的国人往往容易对外国朋友的赞扬中国不加分辨地喜形于色,而对他们的反面言辞则一律报以横眉怒目。因此,在全球兴办孔子学院和大力倡导中国文化走向世界的今天,正确认识和理性评价梭罗与中国古代文化的关系实在很有必要。

第二节　以《读书》杂志为主要阵营的梭罗真假隐士论争

在今天看来,美国作家梭罗是否是位中国传统意义上的隐士在学理上已经无须太多争议,但在梭罗在中国的传播和接受历程中,这一问题却曾经引起轩然大波。虽然梭罗从未声称自己是名隐士,而且在《瓦尔登湖》中毫不隐瞒地说道:“我本性就非隐士。”(“I am naturally no hermit”)[④]但说起来有些吊诡的是,在逝世一百多年进入中国这一新的文化语境后,梭罗却愣是被扣上了真隐抑或假隐的帽子。如今重新谈起这一话题,不是为了梭罗究竟是真隐还是假隐讨个公道,而是力图透过历史的尘埃,去检视梭罗在中国的流布中,中国的文化语境起到了怎样的选择和过滤作用。

一、真假隐士论争的历史回顾:针锋相对,余波犹存

谈起围绕梭罗进行的真假隐士论争,就不能不提《读书》杂志。《读书》由生活·读书·新知三联书店主办,这是一本以介绍点评书籍为中心的思想文化评论

---

① 乐黛云:《世界文学总体对话中的中国形象——序史景迁〈北大讲演录〉》,见[美]史景迁:《文化类同与文化利用——世界文化总体对话中的中国形象》,北京大学出版社1990年版,第8页。

② 朱立元:《当代西方文艺理论》(第2版·增补版),华东师范大学出版社2005年版,第418页。

③ [德]马克思、恩格斯:《马克思恩格斯选集》(第一卷),中共中央马克思恩格斯列宁斯大林著作编译局,人民出版社1956年版,第121页。

④ Joseph Wood Krutch (ed.), *Walden and Other Writings*, New York: Bantam Books, 1982, p. 208.

刊物,内容涉及重要的文化现象和社会思潮,包括文史哲和社会科学以及建筑、美术、影视、舞台等艺术评论和部分自然科学,并一向以引领思潮闻名全国。1996年,程映红在影响颇大的《读书》杂志第5期发表了《瓦尔登湖的神话》一文。程文在承认《瓦尔登湖》是英语散文中一本杰出作品的前提下,认为瓦尔登湖被某种神话笼罩着,很多人之所以被打动"纯粹是由于那个'隐居'的故事,它触动了现代人的一根虽没有实际功能却总是多愁善感的神经"。①鉴于现代人的"某种矫情和幻觉"致使梭罗被后世奉为楷模,程映红急欲揭穿梭罗那"乡曲之誉和身后的盛名并不相称"背后的真相。②于是,在试图解构瓦尔登湖神话的过程中,程映红以"隐士"和"隐居"为核心词,不断进行发难:"为什么既然要过一种遗世独立的生活,要尝试一种与庸碌的物质的尘世全然不同的生存方式,哪怕只是两三年,却又选择了一个离文明社会相距咫尺之地?"③"有很多事实是被传记作者们——更不用说被梭罗自己——或是闭口不提或是轻轻带过,因而对很多崇拜者来说是从未知晓的。例如,梭罗这两年的真正生活离他所宣称的隐居和简朴差得很远";④虽然没有人认为梭罗的隐居仅仅是为了从一场名誉危机中解脱出来,但无疑其真正的动机并非如他所说的那样或如多数崇拜者所相信的那样只是为了某种生活方式的尝试,只是纯粹为了某种超然的精神目的;"梭罗在《瓦尔登湖》中对隐居生活的赞美和对世俗社会的抨击也给人以故作姿态和过甚其辞之感";"仅就文字而论,这里给人的感觉也是炫耀多于自白。……我们不由得想说:如果对奢侈的夸耀令人厌恶的话,那么对简朴的过分的自炫也难免让人起腻并怀疑其动机"。⑤

在列举了梭罗的种种"恶行"之后,程映红继续指出:不管后人将这个行动(指梭罗在瓦尔登湖畔独居两年)看得多么严肃,多么富于诗意和象征性,对很多镇民来说很可能这只不过有点像一出乡村喜剧罢了。在东方文化的参照下,论者还宣称:对于梭罗想要模仿的一些东方圣人来说,隐居和简朴不过是一种存在方式,无须宣示,更不奢望被人铭记,"而对于梭罗来说却成为了一种姿态,并惟恐不被人所知。我们也许还可以补充说:想要隐士的声名却又不想过真正隐士的生活,这在某种程度上正是梭罗的本意"。⑥

程映红一连串的质疑犹如一颗重磅炸弹,投进了原本平静的"湖"中。八年之

---

① 程映红:《瓦尔登湖的神话》,载《读书》,1996年第5期,第144页。
② 程映红:《瓦尔登湖的神话》,载《读书》,1996年第5期,第144、141页。
③ 程映红:《瓦尔登湖的神话》,载《读书》,1996年第5期,第140页。
④ 程映红:《瓦尔登湖的神话》,载《读书》,1996年第5期,第141页。
⑤ 程映红:《瓦尔登湖的神话》,载《读书》,1996年第5期,第143页。
⑥ 程映红:《瓦尔登湖的神话》,载《读书》,1996年第5期,第143页。

前,何怀宏还曾说道:《瓦尔登湖》“永远不会引起轰动和喧嚣,在它成为一部世界名著之后它也依然是寂寞的”。① 为此,何怀宏还专门撰文力图为《瓦尔登湖》这本寂寞的书打破一点寂寞。真是有心栽花花不开,无意插柳柳成荫,《梭罗和他的湖》的发表似乎有些超前于时代,而《瓦尔登湖的神话》问世后却立即引发了激烈的论争。1996 年第 9 期的《读书》杂志同时刊登了汪跃华和石鹏飞的两篇文章。汪跃华原本是一个梭罗的崇拜者,由文及人,对犹如高寒地带秋日的天空一样深旷的作者梭罗内心探索生活真实的勇气肃然起敬。但读了《瓦尔登湖的神话》后,汪跃华“偏偏现在知道了这湖畔有过梭罗那样多的劣迹”,梭罗原来“不过是一个易感而虚伪的矫揉造作的‘该死的混蛋’,一个不负责任的自私又孤独的虚荣的极端个人主义者”。② 于是自然而然地,汪跃华心中的梭罗像易碎的石膏体一趟坍塌了,“瓦尔登湖的神话由于这些不名誉的事情注定要破灭了”。③如果说汪跃华的文字还显得有些情感用事和措辞有点委婉的话,那么石鹏飞则一针见血地指出:“梭罗其实是个‘假隐’,对此,程文已经揭露无疑。”④

在部分学人和普通读者对梭罗表达了失望之情和提出严厉批评的同时,也有一些学者相继撰文,力图捍卫梭罗的声誉。在 1997 年第 3 期的《读书》杂志上,对梭罗颇有研究的何怀宏发表了《事关梭罗》,对程映红提出的质疑一一做了回应。何怀宏指出,程映红提供的材料从性质上说并不是属于那种可以容易隐瞒的材料,程文并不是提出了一些梭罗罕为人知,被他自己有意或别人长期隐藏起来的“劣迹”。由于旨在消解瓦尔登湖的神话,所以在选择和处理相关事实材料时,程映红过于明显的叙述立场“看来却对这种叙述产生了过于强烈的影响”,⑤如此得出的结论和幻灭感未免过于仓促了一点。最后,何怀宏建议,要想理解梭罗,最好的方式还是去仔细阅读他的作品,因为毕竟《瓦尔登湖》的文字是很难作假的,那些文字不容易骗人。大概是由于回应文章的思路限制,何怀宏主要是用较为翔实的材料为梭罗做了辩护。匡建刚则觉得,就连何怀宏的辩护也显得有些多余,因为梭罗之所以能长时间地吸引不少读者,是因为梭罗“作为一个‘人’的存在,一个自始至终热忱地生活着的、活生生的人,一个极具个性魅力,而心灵如此丰富的人”。⑥ 不是将梭罗和《瓦尔登湖》作为神灵、偶像和神话供奉于心的祭坛,而是将

---

① 何怀宏:《梭罗和他的湖》,载《读书》,1988 年第 5 期,第 104 页。

② 汪跃华:《两个瓦尔登湖》,载《读书》,1996 年第 9 期,第 156 页。

③ 汪跃华:《两个瓦尔登湖》,载《读书》,1996 年第 9 期,第 156 页。

④ 石鹏飞:《文明不可拒绝》,载《读书》,1996 年第 9 期,第 157 页。

⑤ 何怀宏:《事关梭罗》,载《读书》,1997 年第 3 期,第 132 页。

⑥ 匡建刚:《事关人性》,载《读书》,1997 年第 10 期,第 98 页。

其拉下神坛,使之复原为人。所以在崇敬梭罗的同时,匡建刚从来也不怀疑梭罗有另一面,因而梭罗的"弱点也使他更贴近了我们"。① 张克峰和徐晓雯也为梭罗进行了辩护,但他们的行文又与匡建刚有所不同。张和徐首先以退为进地坦言,因为程文所举各事都翔实可信,我们承认,梭罗的雕像在我们头脑中的确震撼得不轻,但"梭罗依旧是梭罗,既不是'混蛋',也不是'大隐','中隐'或'小隐',更不是'假隐',因为梭罗的成就终究是一个作家的成就,'隐'与'非隐'干系不大"。② 在张克峰和徐晓雯看来,评价一个作家重要的是其作品与思想,而不能因人废文。张克峰和徐晓雯采取的其实是一种折中的立场,即在不否认梭罗"劣迹斑斑"的同时又接受了梭罗作为一名伟大作家的身份。

论争的上述两方的意见可谓针锋相对,虽然论述的内容后来不断深化,但论争基本上还是围绕"隐士"这一核心词展开。但说起来有点可惜的是,本书作者并未见到程映红、汪跃华还有石鹏飞再有不同意见诉诸笔端。发生于 1996 年和 1997 年的这场争论从表面上看似乎就此偃旗息鼓了,但事实远非如此,关于梭罗与隐士关系讨论的余波在学术界和创作界依旧存在,经久不息。由于《瓦尔登湖的神话》揭讦和贬损了梭罗,作家苇岸在《世界文学》(1998 年第 5 期)上刊登了《我与梭罗》一文,系统地阐述了自己对梭罗的看法。苇岸以为:"梭罗到瓦尔登湖去,并非想去做永久'返归自然'的隐士,而仅是他崇尚'人的完整性'的表现之一。"③杨金才也撰文(《梭罗的遁世与入世情怀》,载《南京社会科学》,2004 年第 12 期)指出,梭罗并不像一般评论认为的那样,只是一个消极遁世的自然作家,而是 19 世纪中期美国社会现实的积极应对人,梭罗不仅出世而且十分入世。一年之后,曹亚军发表了《特立独行:在中国现代语境中接受梭罗》(载《深圳大学学报(人文社科版)》,2003 年第 5 期),曹亚军认为,虽然在当今一些中国读者的眼中,梭罗是个遗世独立、沽名钓誉的"假隐",但实际上梭罗在瓦尔登湖畔进行的生活实验及其生活哲学表明他并非中国传统意义上的隐士。对于梭罗这样一位以丰富的著述和特立独行的一生塑造了美国民族性格的重要作家和哲学家,"以其所谓生活中的'劣迹'之传说,将其打入'假隐士'另册,并称其哲学思想与实践为破灭的'神话',实在太显狂躁和轻率;而将其冷落一旁则又使 19 世纪美国文学研究缺失了重要一环"。④

---

① 匡建刚:《事关人性》,载《读书》,1997 年第 10 期,第 98 页。

② 张克峰、徐晓雯:《为梭罗辩护》,载《博览群书》,1997 年第 3 期,第 38 页。

③ 苇岸:《我与梭罗》,见苇岸:《太阳升起以后》,中国工人出版社 2000 年版,第 126 页。

④ 曹亚军:《特立独行:在中国现代语境中接受梭罗》,载《深圳大学学报(人文社科版)》,2003 年第 5 期,第 53 页。

其实,真假隐士论争波及的不仅只是学者和文人,普通读者的阅读也受到了这场论争的影响,这从报纸上刊登的一些文章可以看得非常清楚。2002 年 8 月 21 日的《中华读书报》上刊登了题为《"假行僧"——梭罗的隐居岁月》的书摘一篇,文章斥责梭罗打着隐居的幌子,实际干的却是欺世盗名之事。书摘指控梭罗所用的事例来自《西方文明的另类历史》一书,但指控的罪名却几乎可断定是书摘作者自己所撰。2003 年 5 月 9 日,《中国工商时报》刊登了《瓦尔登湖:不如心远地自偏》,文章对梭罗隐居起来写作的日子颇不以为然。该文的作者黄波在否定韩少功的新作《山南水北》的同时,也不忘讽刺挖苦《山南水北》借鉴的蓝本《瓦尔登湖》及其作者梭罗的"隐居"生活:梭罗"选择的瓦尔登湖却是一个离文明社会相距咫尺的地方,而且他每天都要到繁华的镇上转悠,最后他在瓦尔登湖不过住了两年,又回到了他曾经猛烈批判的社会中"。①就连普通中学生在写《瓦尔登湖》的读后感时,也提到了梭罗的隐士身份,如杨梦佳就曾发表《梭罗、隐士及其他》的读后感一篇。

二、真假隐士论争的实质:一个伪命题

其实,要想讨论梭罗究竟是否是个隐士,我们不妨还是回到梭罗的作品本身。在《瓦尔登湖》中,梭罗再三声明自己前往瓦尔登湖独居及事后离开的原因所在:

我到林中去,是因为我希望过着深思熟虑的生活,只是去面对生活中的基本事实,看看我是否能学得到生活要教育我的东西,免得到了临死的时候,才发现自己根本没有生活过。我不愿过着不是生活的生活,生活是这样的可爱;我不愿过无所事事的生活,除非是万不得已。我要生活得深深地把生命的精髓都吸到。②

在此之后,梭罗再次提到,"我到瓦尔登湖去的目的,并不是去节俭地生活,也不是去挥霍,而是去经营一些私事"。③ 至于为何只在瓦尔登湖畔"隐居"两年旋即返回文明社会,那是因为梭罗从来就没打算脱离人类文明,而且两年之后他也已经完成了既定的目标。对此,梭罗交代得也非常明白:"我离开森林,就跟我进入森林,有同样的理由。我觉得也许还有好几个生命可过,我不必把更多时间来

① 黄波:《瓦尔登湖的仿制品还有意义吗?》,载《工人日报》,2007 年 1 月 19 日。

② Joseph Wood Kructh Henry (ed.), *Walden and Other Writings*, New York: Bantam Books, 1982, p. 119.

③ Joseph Wood Kructh Henry (ed.), *Walden and Other Writings*, New York: Bantam Books, 1982, p. 172.

交给这一种生命了。"①从梭罗的这些话语来看,梭罗原本就未打算伪装成隐士,前往瓦尔登湖以及事后的离开都不过是进行一场生活的实验而已。为了避免被人误以为是隐士,梭罗则干脆在《瓦尔登湖》的《访客》("Visitors")一章中斩钉截铁地说道:"I think that I love society as much as most, and am ready enough to fasten myself like a bloodsucker for the time to any full - blooded man that comes in my way. I am naturally no hermit, but might possibly sit out the sturdiest frequenter of the bar - room, if my business called me thither."("我想,我也跟大多数人一样喜爱交际,任何血气旺盛的人来时,我一定像吸血的水蛭似的,紧紧吸住他不放。我本性就非隐士,要是我的职业让我去坐酒吧间的话,在那里坐得最长久的人也未必坐得过我。")②

"Hermit"意为"a person living in solitude as a religious discipline; any person living in solitude or seeking to do so"③或"a person who lives alone in a lonely or secluded spot, often from religious motives"。④ 关于"隐士",《辞海》和《汉语大词典》均将其解释为"隐居不仕的人"。⑤ 其实,这样的释义只是指出了隐士的身份资格"可以仕",并不十分精确。"隐士"由"隐"和"士"两个字构成,"隐居不仕的人"强调的是"隐",最多指称的是"隐者",但却未必就是"隐士"。《南史·隐逸》云:隐士"须含贞养素,文以艺业。不尔,则与夫樵者在山,何殊异也"。⑥《南史·隐逸》在这里指出了隐者与隐士的分野所在,并非渔夫、樵夫、引车卖浆者之流皆可称为隐士。隐士属于士的一部分,是与仕士相对立的那部分士。一般意义上的从隐之人充其量只能称为隐者,根本算不上士,因为"就隐士的诞生说来,自然是先为文士,然后才为隐士"。⑦从词典的释义来看,"hermit"与"隐士"是两个悬殊非常大的概念。

由于中西不同的思维模式、文化语境等具体因素的影响,在西方历史发展的

---

① Joseph Wood Kructh Henry (ed.), *Walden and Other Writings*, New York: Bantam Books, 1982, p. 343.

② Joseph Wood Kructh Henry (ed.), *Walden and Other Writings*, New York: Bantam Books, 1982, p. 208.

③ Judy Pearsall and Patrick Hands (eds.), *The New Oxford English - Chinese Dictionary*, Shanghai: Shanghai Foreign Language Education Press, 2007, p. 986.

④ Michael Agnes (ed.), *Webster's New World College Dictionary ,4th ed*, Shenyang: Liaoning Education Press, 2001, p. 667.

⑤ 罗竹风主编:《汉语大词典》(11),上海辞书出版社 1986 年版,第 1119 页。

⑥ 陈传席:《隐士和隐士文化问题》,载《书屋》,2001 年第 6 期,第 61 页。

⑦ 徐清泉:《中国传统人文精神论要——从隐逸文化、文艺实践及封建政治的互动分析入手》,上海社会科学院出版社 2003 年版,第 124 页。

进程中并未出现过中国式的隐士及其群体。虽然也有类似隐士性质的个人或群体出现,但其数量小得多,影响也不显著,因此西方似乎没有与中国的隐士相对应的专称。蒋星煜曾在英语中找到"隐士"的两个近义词"a retired scholar"和"a private gentleman",①但其实英语中的"hermit"在某种程度上更接近于中国的"隐士"。"Hermit"主要是指出于宗教动机而脱离社会隐居的人。例如在公元3世纪,罗马皇帝德西乌迫害基督教徒,有些教徒不堪忍受,为了坚持自己的宗教信仰,便逃到旷野中隐居起来,像底比斯的圣保罗和埃及的圣安东尼都是西方最早的hermit。与外国的宗教隐士不同,中国的隐士并非完全出于宗教目的而隐居,"中国的隐士是世俗中人,这同外国的宗教隐士有很大区别"。②

梭罗否认自己是西方意义上的宗教隐士,当然梭罗更不可能是中国传统意义上的隐士。也就是说,讨论梭罗究竟是真隐还是假隐其实是个伪命题。按照这样的逻辑分析,围绕梭罗进行的真假隐士论争原本就缺乏讨论的根基,即使有论者提出这一命题,也会因其价值不大而不会引起太多关注。然而令人意想不到的是,程映红解构瓦尔登湖神话的努力以及汪跃华和石鹏飞等人的附和却激起了巨大的反响。梭罗与其《瓦尔登湖》进入中国这个新的空间,在新的接受历程中,与中国的文化和文学相遇了。这种相遇"不仅是认识和欣赏,还包括相互的以新的方式重新阐释。即以原来存在于一种文化中的思维方式去解读(或误读)另一种文化的文本,因而获得对该文本全新的诠释与理解"。③如此看来,梭罗之所以在中国的传播与接受中沾惹上真隐抑或假隐的是是非非,主要是因为在跨文化的文学交流中,中国的文化语境对读者群体的接受异域文本起到了一定的选择和过滤作用。

三、真假隐士论争的背后:文学误读和文化过滤

比较文学就其本质而言,是研究跨民族、跨语言或跨文化的文学现象之间存在的种种关系:具体分析,其主要研究甲国作者及其文学作品与乙国作者及其文学作品之间的关系。中美两国处于截然不同的文化体系之中,有着迥异的文化模子,文化模子的不同必然会引起文学表现的歧异。当一种文学文本在异于自身的文化模子中进行传递和交流时,接受者由于文化背景的不同必然会对其进行选择

① 蒋星煜:《中国隐士名称的研究》、《中国古代隐士称谓考释》,见蒋星煜:《中国隐士与中国文化》,上海人民出版社2009年版,第13、104、105页。

② 马华、陈正宏:《隐士的真谛》,国际文化出版公司1997年版,第37页。

③ 乐黛云:《多元文化发展中的两种危险及文学理论的未来》,见北京大学比较文学与比较文化研究所主编:《多边文化研究》,新世界出版社2001年版,第56-67页。

性的接受或拒绝。同时，由于文化过滤的作用，接受者必然会对传播方的文学进行一定程度的误读。文化过滤指的是“文学交流中接受者的不同的文化背景和文化传统对交流信息的选择、改造、移植、渗透的作用”。① 文化过滤导致了文学误读，如果文化过滤存在于文化交流的始终，那么文化误读也必然伴随着文化交流的全过程。在美国文艺理论家哈罗德・布鲁姆（Harold Bloom）看来，任何阅读都是一种“误读”的批评。文学误读是在文化过滤过程中诸多因素合力作用下的产物，“就是研究主体按照自身的文化传统、思维方式、自己所熟悉的一切去解读另一种文化系统的文学现象，从而产生理解上的错位，按我所需地加以切割、加工，读出研究对象所没有的意义”。②

在跨文化的文学交流中，接受主体由于成长于特定的时空，受到社会、历史、文化语境和民族心理等因素的制约，从而形成了独特的文化心理和欣赏习惯，这种独特的文化构成必然会影响接受者对域外文学文化的接受。也就是说，接受者对交流的文学信息存在着选择、变形、伪装、渗透、叛逆和创新的可能性。当作品和读者遭遇的时候，首先相遇的就是读者的接受屏幕。这一屏幕决定了在他的心目中作品的哪些部分可以被接受而发生共鸣，哪些部分可以激发他的想象而加以再创造，哪些部分被排斥在外以致视而不见。不同文化系统的读者显然有不同的接受屏幕，这种不同反映着他们本身不同的文化形态和心理结构。接受屏幕不同，期待视野也会有所不同。期待视野主要指“读者在阅读理解之前对作品显现方式的定向性期待，这种期待有一个相对确定的界域，此界域圈定了理解可能的限度”；“期待视域既是阅读理解得以可能的基础，又是其限制”。③也就是说，读者的期待视野可以树立一种审美尺度，根据时代社会的国情和民族心理的个性需要，接受者会对异域的文学文本进行选择扬弃，改造转型，从而推陈出新。对外国作品的接受往往可以作为一面镜子，反映出接受者的不同个性，在对“外来作品中某种成分拒绝或接受或改造的复杂过程，我们不仅可以充分发掘出作品的潜能，而且也可以了解不同文化体系的特点”。④

那么具体到本节所涉及的话题，我们接下来要谈论的就是中国文化体系的哪些因素诱发了围绕梭罗进行的真假隐士论争。前面已经分析过，中国的隐士与西

---

① 曹顺庆主编：《比较文学教程》，高等教育出版社 2006 年版，第 99 页。

② 黎跃进：《外国文学研究的创新：对象、角度与误读还原》，载《上海师范大学学报（哲社版）》，1999 年第 3 期。

③ 朱立元主编：《当代西方文艺理论》（第 2 版・增补版），华东师范大学出版社 2005 年版，第 289 页。

④ 乐黛云：《比较文学简明教程》，北京大学出版社 2004 年版，第 111、110 页

方的 hermit 有着本质的差异,梭罗绝对不是中国传统意义上的那种隐士。但假设梭罗与中国的隐士风马牛不相及的话,两者也就不会无缘无故地牵扯在一起,看来两者在存在本质差异的同时多少还是有某种程度上的相似之处。对此,周晓立说道:“梭罗和中国的归隐之士虽然在出发点有不同之处,但在许多方面却是一致的。他们对物质的需求是最基本的,对精神的追求是最根本的。‘一年中 6 个星期的劳动所获’与‘三斗米’都是生活基本所需的表达方式。”①也许,正是这种程度上的相似,才使中国的学人群体和普通读者愿意把梭罗与中国历史上的隐士进行比较和辨异。

凡是对中国历史和文化略有所知的人都会清楚,中国历史上隐士很多,他们几乎存在于历朝历代之中,经久不衰,从未灭绝。我们不妨可以说,隐士这个名词及其代表的一类人物是中国社会的特产,是中国文化之树上绽放的奇异花朵。根据传说,早在上古的尧舜时代,中国即已出现了最早的隐士。南朝范晔所著《后汉书》首辟《逸民列传》,郑樵《通志》称之为“范史始立隐逸传,谓之逸民”。② 范晔之后,其他史家纷纷进行效仿,《晋书》、《宋书》、《南史》、《北史》、《南齐书》、《梁书》、《魏书》等多数正史便以“隐逸”、“逸民”、“处士”等名目,为历史上著名的隐士树碑立传,记言记行。对隐士事迹的这些记载和褒扬几乎到了不绝于正史的程度。此外,各种野史稗抄、小说笔记、地方史乘和诗词曲赋也有可观的记录,甚至还有专门为隐士留名的书籍,如《高士传》、《续高士传》等等。由此观之,中国历史上曾经存在过一支数量庞大的隐士队伍是无可争议的事实。中国古代的隐逸文化相当发达,几经嬗变,隐士史与中国文化的历史基本保持同步,先后“经历了先秦至两汉的酝酿期,魏晋至隋唐的逐渐成熟期和中唐以后的衰变期这样三个大的发展阶段”。③ 作为历史上的人物,隐士虽已退出了时代的舞台,但隐逸文化和隐逸人格精神却在中国历史文化中留下了深深的印痕,甚至作为宏大的历史背景影响了中国文化对外来文学的接受。

(一)隐逸精神的集体无意识

在中国古代,儒家学说居于传统文化结构的表层,佛道思想则居于这一结构的深层,三者互为表里,相辅相成,共同汇成了中国传统文化的滔滔长河。“作为中国传统文化系统中鼎足而三的儒、道、释,都与隐逸文化有着非常密切的关

---

① 周晓立:《美国文学中稀有的隐逸文学作品〈瓦尔登湖〉》,载《华侨大学学报(社科版)》,1996 年第 3 期,第 111 页。

② 郑樵:《通志:隐逸传》,中华书局,1987 年版。

③ 王毅:《中国士大夫隐逸文化的兴衰》,载《文艺研究》,1989 年第 3 期,第 57 页。

系”,①这其中尤以道家为最。隐士的大量出现和隐逸行为的普及是中国文化发展中特有的现象。

作为一种文化现象和社会心理,作为一种价值选择和人格模式,隐逸文化的影响不仅波及那些遁入山林的隐士,而且几乎成为中国古代士人处世持身的一种获得集体认同的、现实的人格模式和价值选择。中国古代的社会不但具备了隐逸文化生长的土壤——中国古代社会政治制度和哲学文化思想,还有时时给它以浇灌的刺激源——社会评价机制。中国古代的一切阶层,从政治精英到文化精英,从上层统治者到普通的文人墨客甚至平民百姓,多半都对隐逸持一种赞誉和欣赏的态度。从多数正史中“隐士列传”的开辟,到封建帝王以制举的形式征召名隐,安车蒲苇迎至京师,委以显宦,尊以显位,隐士头上的光环越来越耀眼。这光亮的光环,编出了古代士人的“集体隐逸心理”。后来的隐士,无论是有条件而隐,还是无条件而隐,在很大程度上是在这种集体心理的驱使下,以这些被理想化的隐士作为楷模而走进山林。

隐逸在中国古代极其普遍,那时的多数士子难免或多或少会受到隐逸文化的影响。有学者甚至声称,“在中国古代只有没有隐居经历的文学家,而没有不受隐逸文化影响的文学家”。②隐逸风气的盛行、隐士地位的崇高使隐逸文化日渐成为一种具有全社会影响的时尚。在此情形下,普通文士大多也会将隐士作为典范来学习。对这些文士而言,隐逸人格精神的形而上的感召作用远远超过了隐士形而下的作为。

中国历史上的隐逸以及由此派生出来的隐逸文化,绵延传承上千年。隐逸人格精神不仅对中国历史上的知识分子产生了重大影响,其影响和余韵在现当代的知识分子身上仍然有所显现。中国隐逸文化在千余年的发展中形成了一种历史积淀,“隐逸人格精神以一种类似于‘社会共同心理’,或者说‘集体意识’及‘集体无意识’的流传方式浸渗到了现当代知识分子的肌体中”。③杜维明曾经指出:“中国的知识分子——包括许多一贯的反传统主义者——不知不觉地,经常无意识地、在生活的每一个层面,行为、态度、信仰、献身等方面,保持了传统文化的延续性。”④大量事实表明,当今可用隐逸人格精神进行分析的许多相关影响依旧存

---

① 李继凯:《隐士与中国文化》,载《华夏文化》,1995 年第 2 期,第 120 页。

② 张晓军:《隐逸对中国文化的调适作用》,载《解放军外国语学院学报》,1999 年第 5 期,第 96 页。

③ 徐清泉:《中国传统人文精神论要——从隐逸文化、文艺实践及封建政治的互动分析入手》,上海社会科学院出版社 2003 年版,第 171 页。

④ [美]杜维明:《道学政:论儒家知识分子》,上海人民出版社 2000 年版,第 170 页。

在，因为近现代的中国知识分子依然很难说已经完全割断了隐逸这根文化纽带。隐逸文化不断从人们意识的深处泛起，“成为近现代不少知识分子安顿良心、安顿人生的一种精神寄托方式”。①

（二）作为道德楷模的隐士

中国历史上曾经存在数量众多的隐士这类人物是确凿无疑的事情，但隐士的名称则杂乱分歧，颇不一致，其中比较主要的有“隐士”、“高士”、“处士”、“逸士”、“幽人”、“高人”、“处人”、“逸民”、“遣民”、“隐者”、“隐君子”等十一种。②这些不同的称呼尽管在内涵上存在细微的差异，但其共同特征是“把隐逸行为与道德评价联系在一起，把归隐看作高尚的行为，认为隐士具有高洁的人格”。③ 隐士受到历代修史的士人的赞誉和激赏，在中国历史上始终扮演一种受人喝彩拍掌的角色。这种占据道德制高点的角色定位，不仅是隐士自我标榜的道德资本，而且得到广泛的认同与嘉许，成为士人艳羡乞求的理想境界。

中国传统文化颇为看重道德二字，古人有太上有立德，其次立功，其次有立言三不朽之说，看来隐士是因为立了德，所以才与帝王将相、功臣烈士、文人墨客、烈女贞妇等显赫一时的人物一起被载入了史册。关于隐士的德行，典籍上记载很多。按照史书的记载，隐士的德行有各种各样的表现，他们或是事亲至孝，或是仗义好施，或是学识渊博，或是恬淡冲默，或是不事王侯，高尚其事，或是安贫乐道，淡泊名利，或是特立独行，卓尔不群。总之，隐逸本身确在一定程度上成为高风亮节的标志。在中国古代，无论皇帝大臣还是一般臣民，普遍认为隐士具有较高的道德水准，认为隐士具有道德名人的偶像效应，能进一步带动整个社会风气有效地纳入道德秩序。关于隐士的德行起到的社会效应，《魏书·逸士传序》的一段记录可谓描述得极为恰当：

盖兼济独善，显晦之殊，其事不同，由来久矣。昔夷齐获全于周武，华矞不容于太公，何哉？求其心者，许以激贪之用；督其迹者，以为束教之风。而肥遁不反，代有人矣。夷情得丧，忘怀累有。比夫迈德弘道，匡俗庇民，可得而小，不可得而忽也。自叔世浇浮，淳风殆尽，锥刀之末，竞入成群，而能冥心物表，介然离俗，望

① 孙适民、陈代湘：《引论》，见孙适民、陈代湘：《中国隐逸文化》，湖南出版社1997年版，第3－4页。

② 蒋星煜：《中国隐士名称的研究》，见蒋星煜：《中国隐士与中国文化》，上海人民出版社2009年版，第12页。

③ 胡翼鹏：《论中国古代隐士的价值取向及其社会意义》，载《学术论坛》，2002年第5期，第110页。

古独适，求友千龄，亦异人矣。何必御霞乘云而追日月，穷极天地，始为超远哉！①

隐士在中国古代之所以被当作教化的工具，能够影响社会风气，正是由于隐士在人格和精神上超越了一般士民。而社会对隐士的青睐，也恰恰在于他们以高尚其事为目的，这同一些汲汲名利、贪恋权势的人有着本质的区别。姑且不论所有的隐士是否都能真正做到高尚其事，也不论所有的隐士是否真都会对社会起到历浊激贪的作用，至少在人们心目中，隐士的形象是比较好的，人们赋予了隐士以美好的人格理想。宋代文豪范仲淹就曾对东汉隐士严光赞誉有加，认为“云山苍苍，江水泱泱，先生之风，山高水长”。②

隐士作为中国古代社会中众多身份的一种，不仅具有个人意义，而且对中国古人，尤其是读书人有着特殊的意义。隐士以不仕为自己的身份特征，以追求精神的独立和超越为理想境界。此外，隐士还是一种形象，在多数中国人的心目中，他们意味着飘逸、潇洒、清高、淡泊，这些都成为中国传统文化中独具意义的品格，为世人所仰慕。而许由、夷齐等典型的古代隐士的行为事迹在后世的不断称引中，逐渐淡化为价值中心的意义背景，而他们的名字却升华为价值符号，成为道德象征，被用作一种身份类型的称谓，指称隐士整体。而且最重要的是，人们在接受这些隐士时，常常把他们作为一种标准，以他们的行动、品性衡量其他人物。

（三）中国隐逸文化视阈中的梭罗

真正的隐士在中国历史上素来扮演着道德楷模的角色，隐逸的人格精神化成了集体无意识，流淌在现当代中国学人的血液中。所以，在遇到言行和思想有几分类似中国隐士的美国作家梭罗时，中国读者的接受屏幕和期待视野自然而然地就对梭罗进行了文化过滤，这“决定了他阅读的重点，也决定了他对作品的基本态度与评价”。③ 而乍看之下，梭罗的行为及作品表面类似隐士的种种特征、记号、暗示等也唤起了读者群体的期待视野，这反过来又强化了他们对梭罗持有的褒贬态度和评判标准，在他们看来，作为“隐士”梭罗存在以下几个问题：

1. 隐居时间太短：中国的隐士之所以能够称得上隐士，自然有其确立独特身份的根本因素。胡翼鹏认为有三种因素决定了隐士的身份：隐遁、不仕和有德。④

① 转引自高敏：《我国古代的隐士及其对社会的作用》，载《社会科学战线》，1994 年第 2 期，第 158 页。

② 出自范仲淹的《严先生祠堂记》。范仲淹任睦州知州时，因仰慕严子陵的高风亮节，特意为他修建了祠堂，并写了一篇传诵千古的《桐庐郡严先生祠堂记》，赞他“云山苍苍，江水泱泱，先生之风，山高水长”。

③ 陈惇、孙景尧等主编：《比较文学》，高等教育出版社 2004 年版，第 475 页。

④ 胡翼鹏：《古代隐士的称谓分类及其身份特制研究》，载《唐都学刊》，2007 年第 3 期，第 64 页。

张立伟也认为在隐士的身份问题上,人们达成了三点共识:首先,隐必得入山林而不返;其次,隐得有超然世外的心境;再次,隐是要妙有生之极。①总之,隐居就要反对动心,反对介入,即指向冷漠。这些概念或命题并非仅由隐士阵营提出,不仅隐士如此看,朝士也如此看,由此可见隐应冷漠——准确地说是隐后应该冷漠已在相当范围内形成了社会的共识。因为隐士在中国历史上享有崇高的地位,所以人们对隐士寄予了很高的期望,往往采用非常理想化的标准来评判隐士。从历史上看,名气最大且被人们谈论最多的隐士莫过于有"千古隐逸诗人之宗"(《诗品》)之称的陶渊明,但陶渊明也是在几次出仕之后,最终才归隐于田园。陶渊明的隐居也并非隐就得隐到死,隐死不再参与政治,不再介入社会。隐逸,其实往往很少是个人终其一生的行为,很多人都在仕进和隐逸的路上进进出出,就连最能代表古代隐逸文化的陶渊明也不例外。尽管事实如此,但说起来非常奇怪的是,非隐士心目中的隐士,却是一些声闻不彰、息影山林的人物。在这样的期待视野下,梭罗在瓦尔登湖畔只是断断续续地住过两年,在中国读者看来自然算不上真正的隐居,况且隐而复出也有失隐士的气节。

2. 隐居地点有误:中国的隐逸文化在漫长的历史发展进程中并非一成不变。从明朝中叶到清代康乾时期,隐逸精神日趋世俗化,隐士从山林走向闹市,从自然走向社会,从超逸走向世俗,这在当时已经成为一种普遍现象和文化潮流。隐士不是不再避世,而是不再讲究避世的地点或方式,不再固守传统习俗或成见,而"只重我心,重心隐,不重形隐"。②其实历史上庞杂的隐士阵营从来就不是铁板一块,人们曾对隐士类型进行各种样式的划分,其中诗人白居易曾根据隐居地点的不同,将隐士分为隐于朝的大隐、隐于市的中隐和隐于野的小隐三类,隐于野甚至被认为是种低级的隐居。不过,在一般学人和普通读者看来,既然决定隐逸,就要有意识地选择置身于相对封闭、相对隔绝的空间,使自己的行为不为公众知晓,从而远离世俗纷扰而隐居清静之地,寻求心灵的沉寂与精神的自由。

而恰恰就在隐居地点上,梭罗独居的瓦尔登湖也不符合中国读者心中理想的隐居地点。中国古籍在提到隐士的时候,常用"山林隐逸"和"岩穴上士"这两个词语。也就是说,中国隐士的分布有着明显的偏倚性,"从自然地理的角度来观察,隐士分布在平原的极少,大部分在山谷和丘陵地;从人文地理的角度来观察,

---

① 张立伟:《归去来兮——隐逸的文化透视》,生活·读书·新知三联书店 1995 年版,第 152、153、155 页。

② 何鸣:《遁世与逍遥——中国隐逸简史》,敦煌出版社 2006 年版,第 70 页。

分布在城市的极少,大部分在乡村”。①而梭罗的隐居地点距离文明社会只有咫尺之遥:坐在梭罗的小木屋外,可以看到连接林肯和康科德的公路,康科德镇离开此地只有两英里,最近的邻居不过在一英里之外,爱默生的住宅就在散步的距离之内。难怪程映红感叹,在新英格兰难以计数的湖泊和森林中,“就远离文明社会而言,瓦尔登湖也许是最不够资格的”。②

3. 隐居动机不纯:中国古代的士人之所以走上隐居之路,往往有着复杂的主客观原因。有的是出于洁身自好,有的是出于冷漠排斥,有的是为了追求精神上的完全自由,有的是出于忧郁苦闷,还有的是出于保身行乐而隐。范晔在《后汉书·逸民列传》的序文中曾经列举了隐逸的种种动机:“或隐居以求其志,或曲避以全其道,或静己以镇其躁,或去危以图其安,或垢俗以动其概,或疵物以激其清。”③范晔列举的隐居动因实际上可以进一步归纳为两种,即维护个体的人格独立和维护个体的生命安全,也就是为了个体的精神和肉体的需要而隐。当然我们不能不承认,古代也有一些所谓的隐士存在一些身在江海、心存魏阙的人格分裂现象,有将隐逸作为终南捷径的投机分子,但多数士人的隐逸“更多的是出于个体道德自律的追求,而且这种性质的隐逸更多地受到士大夫自己的推崇”。④ 也就是说,在隐士那种傲然独立于世的背后都有着极其强大的精神支柱,做隐士是一种德行的体现。

程映红虽然没有直接肯定梭罗的隐居动机不纯,但他在行文中显然对梭罗的隐居目的提出了怀疑:在 1844 年春引发了一场森林火灾后,梭罗在镇上的名声变得非常糟糕,“在那个时候的康科德镇民眼中,梭罗作为‘游手好闲者(idler)’所引起的反感远逊于他被称为‘焚毁树林的人’”。⑤于是,朋友们“建议他找个地方避避风头”,所以无疑梭罗独居瓦尔登湖畔真正的动机并不仅仅如他所说的那样或者如多数崇拜者所相信的那样“只是纯粹为了某种超然的精神的目的”。⑥ 在程映红看来,梭罗的“隐居”难免多少是为了摆脱名誉危机而采取的权宜之计。

4. 隐居期间生活方式不妥:中国隐士的物质生活一般比较贫乏,在中国古代

① 蒋星煜:《中国隐士的地域分布》,见蒋星煜:《中国隐士与中国文化》,上海人民出版社 2009 年版,第 50 页。

② 程映红:《瓦尔登湖的神话》,载《读书》,1996 年第 5 期,第 141 页。

③ 高敏:《我国古代的隐士及其对社会的作用》,载《社会科学战线》,1994 年第 2 期,第 154 页。

④ 陶东风、徐丽萍:《死亡·情爱·隐逸·思想——中国文学四大主题》,杭州大学出版社 1993 年版,第 115 页。

⑤ 程映红:《瓦尔登湖的神话》,载《读书》,1996 年第 5 期,第 141 页。

⑥ 程映红:《瓦尔登湖的神话》,载《读书》,1996 年第 5 期,第 142 页。

的士林中,最清高、最贫困的当属隐士。名士阮籍的父亲阮瑀曾有《隐士》诗一首为证:“四皓潜南岳,老莱窜河滨。颜回乐陋巷,许由安贱贫。伯夷饿首阳,天下归其仁。何患处贫苦,但当守明真。”①中国隐士不但住的地方简陋不堪,而且衣着一般来说比较粗劣:《晋书·张钟传》云“冬则褞袍,夏则带索”;《宋史·苏云卿传》云“布褐草履,终岁不易”。②隐士经济生活的贫困还体现在饮食上:《高士传·焦先传》曰“或数日一食”;《国朝先正事略·卷四十五》曰“南枝贫无隔宿炊”。③中国隐士经济生活贫乏的程度,几乎令人难以置信:颜回困守陋巷,辞世于盛年;陶潜曳杖江村,游行以乞食,都是悲惨的事实。清贫成为隐士的美德和传统,隐士本身也认为非贫穷不足以表现其乐以忘忧的高尚精神。

以中国隐士贫穷的物质生活对照梭罗的湖畔生活,程映红“如愿以偿”地发现:梭罗这两年的真正生活离他所宣称的隐居和简朴差得很远,而且“梭罗对节欲和简朴的说教有时到了近乎虚伪的地步”。④ 于是自然而然地,在程映红看来,梭罗想要的只是隐士之名而非隐士之实,梭罗不过是如同我国唐朝卢藏用一样的假隐罢了。

四、小结

程映红从中国隐士文化和隐逸人格精神的期待视野出发,从隐居时间、隐居地点、隐居动机及隐居期间的生活方式等方面进行综合考察,结果在历史时空的错位中误读了梭罗,判定梭罗为欺世盗名的假隐,并由此引发了国内以《读书》杂志为主要阵营的梭罗真假隐士论争。其实,美国作家梭罗究竟是真隐还是假隐并不十分重要,重要的是透过这场论争,我们看到了中国学者和读者群体在对外来文学文化的吸收或摒弃中,中国文化实实在在地发挥了主体性和选择性,在其中起到了一定的过滤作用。此外,如果进一步追问,我们不禁产生疑虑:是什么因素促使程映红认为梭罗是个假隐,觉得瓦尔登湖成了神话。程映红在文章中竭力解构瓦尔登湖神话的意图显而易见,但程映红之所以这么做,与其说是看到梭罗在刻意地塑造和渲染,倒不如说是看到了现代人在理解梭罗问题上的某种矫情和幻觉。

---

① 转引自马华、陈正宏:《隐士的真谛》,国际文化出版公司 1997 年版,第 81 页。

② 蒋星煜:《中国隐士的经济生活》,见蒋星煜:《中国隐士与中国文化》,上海人民出版社 2009 年版,第 38 页。

③ 蒋星煜:《中国隐士的经济生活》,见蒋星煜:《中国隐士与中国文化》,上海人民出版社 2009 年版,第 39 页。

④ 程映红:《瓦尔登湖的神话》,载《读书》,1996 年第 5 期,第 141、143 页。

瓦尔登湖位于美国马萨诸塞州的康科德镇,原本只是一个绿树环绕的普通湖泊。然而由于梭罗曾经在此湖畔短暂停留两年,并留下了名闻遐迩的杰作《瓦尔登湖》,于是瓦尔登湖不再只是一个具体地点,而成了一种追求完美的原生态生活方式的象征,它吸引着人们回归自然,去追寻理想生活的梦想。每年,在景色怡人的季节,这里总是车水马龙,成千上万的仰慕者来到此地朝圣。这一切,就是因为梭罗曾经在此与瓦尔登湖进行过对话:“在当代梭罗的读者和游人的眼中,瓦尔登湖已经变成了一块圣土,并因这位现代文学巨匠的传奇故事而染上了一层神秘的色彩。”①而梭罗,也“似乎永远地留在了瓦尔登湖,成为一个神话般的人物”。②程映红正是看到了现代人的矫情和幻觉致使瓦尔登湖笼罩上了神圣的光环和《瓦尔登湖》存在着过度经典化的趋势,③于是本着祛魅的目的,他力图戳破那个在此背后作祟的所谓梭罗“隐居”的故事。在程映红看来,在四周乡野所剩无几的当今社会,与其追随时尚地去瓦尔登湖朝圣,去乡野进行观光旅游,倒不如安分守己地留在自己一手营建起来的城市里,把同类之间的关系搞得融洽一些。程映红的初衷其实非常美好,他不但试图解构瓦尔登湖的神话,而且还为现代人指出了一条自己设想的寻求精神家园的道路。只是程映红预设的立场和先入之见过于明显,论争的语气相当尖锐,所以才引起了梭罗究竟是真隐抑或假隐的激烈论争。

---

① 程爱民:《论〈瓦尔登湖〉的生态学意义——纪念瓦尔登湖发表152周年》,载《外语研究》,2007年第4期,第101页。

② 程虹:《宁静无价:英美自然文学散论》,上海人民出版社2009年版,第46页。

③ 在初版后的一百年中,《瓦尔登湖》重印了150多次,参见Walter Harding, *The Days of Henry Thoreau*, New York: Alfred A. Knopf, 1965, pp. 340－341。罗伯特·塞特梅耶认为:《瓦尔登湖》在经典中牢牢占据了一个位置,但与此同时,这种位置却因其过度经典化(overcanonization)而有点值得怀疑。在当今时代,《瓦尔登湖》的地位远远高于梭罗的其他作品,获得了一种超经典(hypercanonical)的位置。而一百年前,《瓦尔登湖》与《科德角》、《缅因森林》的销量相差无几,那比较有利于全面地理解和评价梭罗的全部作品。对《瓦尔登湖》过度经典化造成的一个不幸后果就是:《瓦尔登湖》这个经典文本有点脱离时间和历史的语境,而被放入了据说是永恒的不朽作品之列。参见Robert Sattelmeyer, "*Walden*: Climbing the Canon", in Sandra Harbert Petrulionis and Laura Dassow Walls (eds.), *More Day to Thoreau: Thoreau's Walden for the Twenty－first Century*, Amherst and Boston: University of Massachussetts, 2007, pp. 25－26.

第四章

梭罗与中国作家关系的个案研究

梭罗与中国作家关系的个案研究是个非常有弹性的概念,它既可表示与梭罗存在事实影响的中国作家,也可指代与梭罗的作品仅有精神相似性的中国作家的作品。鉴于本书论述的主旨是东学西传后的西学中渐——梭罗在现代中国的传播,强调的是影响接受而非平行研究,因此本章所探讨的中国作家仅限于与梭罗有过“实际接触”的作家作品。从对梭罗在中国传播轨迹的回顾中,发现可以纳入该章讨论范围的作家有郁达夫、林语堂、徐迟、张爱玲、海子、苇岸、余杰、葛红兵、韩少功、张炜等众多作家。在这些人之中,林语堂、徐迟还有苇岸均与梭罗保持了长达十多年甚至几十年的“接触”,在时间段的分布上三人有一定的衔接性(分别从1936年到1950年,20世纪40年代末到20世纪90年代,1986年到1999年),几乎做到了在梭罗作品接受史上的前后相承,而且三人对梭罗影响的接受各有侧重,具有一定的代表性,因此本章最终选择了林语堂、徐迟和苇岸这三位作家与梭罗的关系作为讨论对象。

第一节　林语堂与梭罗:文化批评研究

自诩“两脚踏东西文化,一心评宇宙文章”的林语堂(1895—1976)一生最大的贡献,莫过于“向中国人讲外国文化,而向外国人讲中国文化”。[①] 1937年出版的《生活的艺术》(*The Importance of Living*)是林语堂最为畅销的著作。根据十余年前有关学者的统计,“《生活的艺术》在世界各地的译本不少于50个,这在中国现

---

① 林语堂在《八十自叙》中说道:“有一位好作月旦的朋友评论我说,我的最长处是对外国人讲中国文化,而对中国人讲外国文化,这愿意不是一种暗袭的侮辱,我以为那评语是真的。”参见林语堂:《八十自叙》,宝文堂书店1991年版,第112-113页。

代文学史上恐怕绝无仅有。"①其实,林语堂除了擅长对外讲中和对中讲外,他还写过一部对外讲外的著作,那就是1950年问世的《美国的智慧》(*On the Wisdom of America*)。无独有偶的是,在《生活的艺术》和《美国的智慧》这两部作品中,林语堂都不止一次提到了美国作家梭罗,由此可见林语堂对梭罗怀有不同一般的感情。但正如林语堂研究权威王兆胜所说:林语堂"与外国文化的关系源远流长、广泛而深厚。但迄今为止,学界较少有人对林语堂与外国文化的复杂关系进行全面和深入的探讨"。② 国内学界对林语堂与外国文学文化关系的研究尚且如此薄弱,对其与个别外国作家关系的剖析自然更是受到了极大的忽视。③鉴于这种现状,本节意欲探讨从1937年《生活的艺术》的问世到1950年《美国的智慧》的发行,在这十多年中,林语堂眼中的梭罗发生了怎样的变化以及是什么因素促成了这些变化的发生。

一、对外讲中:《生活的艺术》对梭罗的褒扬

《生活的艺术》在西方有着广泛深远的影响。吴慧坚曾做过一次不完全统计:"该书提到的中国名人或中国文学作品中人物共约80人,而外国的名人或外国文学作品中的人物却约有130人。"④梭罗就是林语堂在行文中不时提及的外国作家之一。在《生活的艺术》中,林语堂分别在六处提到了梭罗,它们分别是:第二章"关于人类的观念"的第二小节"与尘世结不结缘";第五章"谁最会享受人生"的第五小节"爱好人生者:陶渊明";第六章"生命的享受"的第二小节"人类的快乐属于感觉";第七章"悠闲的重要"的第二小节"中国的悠闲理论";第七章"悠闲的重要"的第三小节"悠闲生活的崇尚";第七章"悠闲的重要"的第六小节"美国三大恶习"。需要指出的是,《生活的艺术》是一本旨在向美国人介绍中国人生活艺术的作品,该书由十四章构成,可分为两大部分。第一部分谈论人性与人生哲学,从第一章到第七章,外加第十三章和第十四章。第二部分从第八章到第十二章,具体谈论了五种享受人生的方法,包括家庭的享受,生活的享受,大自然的享受,旅行的享受还有文化的享受。从梭罗在书中的浮现之处可以看出,林语堂主要是

---

① 王兆胜:《附录:林语堂研究的意义、现状与瞻望》,见林语堂:《林语堂与中国文化》,社会科学文献出版社2007年版,第346页。

② 王兆胜:《林语堂与外国文化(上)》,载《沈阳师范大学学报(社科版)》,2003年第5期,第28页。

③ 林语堂与克罗齐的关系或许是个例外,但克罗齐是意大利著名的文艺批评家、哲学家和历史学家,而非作家。

④ 吴慧坚:《文化传播与策略选择——从林语堂著〈生活的艺术〉说起》,载《福建论坛(人文社会科学版)》,2007年第9期,第86页。

在《生活的艺术》的第一部分,也就是在讨论人性和人生哲学时提到了梭罗。

林语堂在书中对梭罗基本上持一种褒扬的态度。林语堂认为,人类如要生活在世界上,就要属于这个尘世,对于孕育了万物的天地这个安身立命之所,人类必须有一种依恋之情,要把尘世当作尘世来看。梭罗觉得自己和土壤是属于同类,其快乐"也不过和土拨鼠的快乐很相似",且"有一种动物性的信仰,和一种动物性的怀疑",于是梭罗"这种整个的大自然性也是我们所应该保持的"。①在林语堂看来,我们之所以应该保持梭罗的这种整个的大自然性,还因为那些所谓的智识阶级过分着重精神,从而造成了灵与肉的分离,使人类对于天性无从造成一种整体完备的观念,因而过上一种身心协调的生活也就变得不再可能。

林语堂还认为,人类的快乐属于感觉,人类的一切快乐都发自生物性的快乐。心灵与肉体的快乐是无法完全分开的,要想欣赏最优美的情感和精神之美,只有凭借我们的触觉、听觉、视觉等各种感官。在论证这一点时,林语堂从东西洋许多酷爱人生的伟大人物当中,抽取了梭罗作为一个典型案例。林语堂声称,在听到蟋蟀的鸣叫时,梭罗产生了一种崇高的美感:"一只蟋蟀的单独歌儿更使我感到趣味";"它表现着成熟的智慧,超越一切俗世的思想";"它们的歌儿具有宁静的智慧,有着散文的平稳";"它们的歌儿像真理那样地永垂不朽。人类只有在精神比较健全的时候,才能听见蟋蟀的鸣声"。②林语堂不想让自己的论点流于空泛,于是选择了梭罗作为例子,来具体剖析梭罗什么时候感到最为快乐以及这种快乐与其感观具有怎样密切的关系。

在谈到中国传统的悠闲理论和闲适生活时,林语堂认为:"劳碌和智慧似乎是根本相左的。智慧的人绝不劳碌,过于劳碌的人绝不是智慧的,善于悠游岁月的人才是真正有智慧的。"③但非常不幸的是,在现代机械文明的引导下,20世纪30年代的美国人成了文明的"伟大忙碌者"。虽然对于在未来,美国人将会形成怎样的气质,谁也无从知道,但面对此种形势,林语堂还是做出了美好的设想:

假如美国能有短期的休息,我相信它也许会产生新的惠特曼,新的梭罗与新的罗威尔(Lowell)。到那时候,那种采金狂热所弄糟了的美国旧文化,也许会再开花结果。这样说来,美国将来的气质,不是又要跟今日的两样了吗?不是将接近于爱默生和梭罗的气质吗?④

---

① 林语堂:《生活的艺术》,赵裔汉译,陕西师范大学出版社2008年版,第27页。

② 林语堂:《生活的艺术》,赵裔汉译,陕西师范大学出版社2008年版,第139页。

③ 林语堂:《生活的艺术》,赵裔汉译,陕西师范大学出版社2008年版,第162页。

④ 林语堂:《生活的艺术》,赵裔汉译,陕西师范大学出版社2008年版,第161页。

在林语堂看来,梭罗式的生活不啻是对当时美国现代文明造成的过度忙碌的生活的一种纠正。林语堂进而谈到,对于消闲的浪漫崇尚绝不只是有产者的享受,它在根本上是平民化的。一个人只要有丰富的心灵,有简朴生活的爱好,有一种艺术家的性情和一种全然悠闲的情绪,即使没有金钱,他也能够享受悠闲的生活。"正如梭罗在《瓦尔登湖》(*Walden*)里所说的,要享受悠闲的生活,所费是不多的。"①借助梭罗这个个例,林语堂破除了现代美国人头脑中认为享受悠闲时光必须建立在金钱之上的谬见。

林语堂还以为,"讲求效率,讲求准时,及希望事业成功,似乎是美国的三大恶习。美国人之所以那么不快乐,那么神经过敏,原因是因为这三种东西在作祟。于是享受悠闲生活的天赋权利被剥夺了,许多闲逸的、美丽的、可爱的下午被他们错过了"。②因此,林语堂建议人们,与其把事情做好倒不如把事情放着不做。以写信为例,接到信件之后马上回信只会浪费光阴,假如三个月后再拿起信件来看,收信人就会觉得毫无回复的必要。所以,写信其实有时可以变成一种罪恶,它使写信者变成推销货品的优等掮客,能使大学教授变成有效率的商业经理。"在此种意义上,对那些时常上邮局的美国人抱轻视心理的梭罗,使我颇能了解他。"③

当然,从中国传统闲适文化的视野观之,林语堂觉得梭罗也并非完美无缺。林语堂认为,如果能把积极的人生观和消极的人生观念适度地配合起来,我们便会得到一种和谐的中庸哲学,便会产生一种一切文化和教育所欲达到的和谐人格。陶渊明就是中国文化史上最为和谐的产物:"以陶渊明为例,我们看见积极人生观已经丧失了愚蠢的自满心,玩世哲学已经丧失了尖锐的叛逆性,在梭罗身上还可找出这种特质——这是一个不成熟的标志,而人类的智慧第一次在宽容和嘲弄的精神中达到成熟的时期。"④这句话的英文原文为"In T' ao we find the positive outlook had lost its foolish complacency and the cynic philosophy had lost its bitter rebelliousness (a trait we see still in Thoreau a sign of immaturity), and human wisdom first reaching full maturity in a spirit of tolerant irony." 赵裔汉将"the cynic philosophy"译为"玩世哲学",但"玩世哲学"意指游戏人生,这种译法与"the cynic philosophy"还是存在较大出入。"cynic"作为名词,指的是"愤世嫉俗的人",用英文解释为"a person who believes that people do not do things for good, sincere or noble

① 林语堂:《生活的艺术》,赵裔汉译,陕西师范大学出版社 2008 年版,第 164 页。
② 林语堂:《生活的艺术》,赵裔汉译,陕西师范大学出版社 2008 年版,第 173 页。
③ 林语堂:《生活的艺术》,赵裔汉译,陕西师范大学出版社 2008 年版,第 174 页
④ 林语堂:《生活的艺术》,赵裔汉译,陕西师范大学出版社 2008 年版,第 127 页。

reasons, but only for their own advantage”。[①] 在林语堂看来,与最和谐最完美的陶渊明相比,梭罗可以说是白璧微瑕:梭罗有些愤世嫉俗,所以算是不够成熟。陶渊明虽然逃避政治,但却不会逃避生活本身:“他是今日真正爱好人生者的模范,因为他心中虽有反抗尘世的欲望,但并不沦于彻底逃避人世,而反使他和七情生活洽调起来。”[②]

二、跨文化传播的策略:《生活的艺术》品评梭罗的深层原因

从上述分析来看,此时的林语堂对梭罗总体上持一种肯定的态度,只是因为梭罗的愤世嫉俗而稍微嫌其不够完美和谐。但其实不管赞扬还是批评,在林语堂笔下,梭罗其人其事都是作为对中国的生活艺术之呼应或反衬而存在。陈才忆曾经说过:“林语堂在向西方介绍中国文化时,总是将中国文化与西方文化进行比较,其论点与西方近现代著名学者有影响的著作中的论点遥相呼应,尽力突出中国文化的长处,这就很能吸引西方人对博大精深的中国文化的兴趣和认同。”[③]按照陈才忆的说法,林语堂在《生活的艺术》中对梭罗的多处引用,就是因为在林氏本人看来,梭罗其人其言是林语堂在西方近现代著名学者(亦应包括文人)有影响的著作中找到的能与其论点相呼应的地方之一了。陈才忆的眼光不可谓不犀利,但其实在《生活的艺术》一书的注解中,林语堂早就指出了这一点:“梭罗对于人生的整个观念,在一切的美国作家中,可说最富于中国人的色彩:因为我是中国人,所以在精神上觉得很接近他”,“如果我把梭罗的文章译成中文,说是一个中国诗人写的,一定不会有人有疑心的”。[④]正是因为梭罗与中国人之间精神的相似性到了几乎可以以假乱真的程度,所以林语堂才会不止一次地推出梭罗作为论据。这一点也能在《生活的艺术·自序》中林语堂的夫子自道中找到依据:“用这种方法树立观念的人,会常常在惊奇中发现另外一个作家也曾说过相同的话,或有过相同的感觉,其差别只不过是它的表现方法有难易或雅俗之分而已。如此,他便有了一个古代作家替他作证人;他们在精神上成为永久的朋友。”[⑤]

我们必须承认的一点就是,林语堂在《生活的艺术》中提到的外国作家学者不

① A Shornby (ed.), *Oxford Advanced Learner's English - Chinese Dictionary*, *4th ed*, Beijing: The Commercial Press, 1997, pp. 354 - 355.

② 林语堂:《生活的艺术》,赵裔汉译,陕西师范大学出版社 2008 年版,第 127 页。

③ 陈才忆:《脚踏东西文化,评说宇宙文章——林语堂的中西文化观及其在西方对中国文化的传播》,载《重庆教育学院学报》,2003 年第 4 期,第 30 页。

④ 林语堂:《生活的艺术》,赵裔汉译,陕西师范大学出版社 2008 年版,第 139 页。

⑤ 林语堂:《自序》,见林语堂:《生活的艺术》,赵裔汉译,陕西师范大学出版社 2008 年版,第 3 页。

止梭罗一人，而且撰写《生活的艺术》一书时，林语堂只是“在几个月前才发现他（指梭罗），至今还觉得高兴”。① 鉴于当时林语堂阅读梭罗作品的时间并不太长，所以林语堂对梭罗自然谈不上有过深的了解。但偶然之中发现了梭罗，林语堂的感觉是“高兴”，“狂呼”，这不由得让人想起林语堂在《四十自叙诗》中所说的话：近来识得袁中郎，喜从中来乱狂呼。林语堂之所以喜从中来，原因在于他倾慕贝耐戴托·克罗齐（Bendetto Croce）的“表现说”，后来无意之中发现我国明朝袁宏道（袁中郎）的文艺主张与克罗齐的学说存在相似之处，所以才有此举动。看来，林语堂对梭罗的惊喜发现背后也有着深层的动因。

要想进一步厘清这个问题，我们就不得不回到《生活的艺术》这本著作问世的时代背景、林语堂的创作动机及其为此采取的叙事策略/传播策略上去进行剖析。应美国作家赛珍珠（Pearl S. Buck）之邀，林语堂以作家的身份于1936年赴美，由此开始了在国外长达三十年的定居生涯。来到美国这个异质的文化语境后，林语堂必须面对两个无法回避的问题：从个人角度来说，林语堂必须依靠手中这支笔，来获取西方主流或大众文化出版界的青睐，以便赚取稿费来解决生存问题。从另外一个更高的层次来讲，林语堂在美国已经不再仅仅是单独的个体，他在很大程度上担负着向海外传播中国文化的伟大使命。读者群体的变更、创作环境的改变、中美文化的碰撞、卖文为生的压力、中国形象的塑造等多种因素结合在一起，共同决定了林语堂在书写《生活的艺术》时采取的文化传播策略。

接受美学理论家沃尔夫冈·伊瑟尔（Wolfgang Iser）曾经说过：作家在进行创作时，头脑里都有一个“隐在的读者（implied reader）”，“写作过程便是向这个隐在的读者叙述故事并与其对话的过程。因此读者的作用已经蕴含在文本的结构之中”。②林语堂撰写《生活的艺术》时自然也不例外，也有着很强的读者针对性。从小处来看，林语堂创作的《生活的艺术》不是自由选择，而是出版社老板的命题作文。当时，林语堂原本打算翻译一些诸如《秋镫琐记》等足以代表中国生活艺术和文化精神的古典名著，然而出版社负责人的意见却是：

作《生活之艺术》在先，译名著在后。因为中国人之生活艺术久为西方人所见称，而向无专书，苦不知内容，到底中国人如何艺术法子，如何品茗，如何行酒令，如何观山，如何玩水，如何看云，如何鉴石，如何养花、蓄鸟、赏雪、听雨、吟风、弄月。……夫雪可赏，雨可听，风可吟，月可弄，山可观，水可玩，云可看，石可鉴，本来是最令西人听来如醉如痴之题目。《吾国与吾民》出，所言非此点，而大部分人

① 林语堂：《生活的艺术》，赵裔汉译，陕西师范大学出版社2008年版，第139页。

② 陈平原：《在东西方文化碰撞中》，浙江文艺出版社1987年版，第331页.

注目到短短的讲饮食园艺的《人生的艺术》末章上去,而很多美国女人据说是以奉此书为生活之法则。实在因赏花弄月之外,有中国诗人旷怀达观高逸退隐陶情遣兴涤烦消愁之人生哲学在焉。此正足于美国赶忙人对症下药。因有许多读者欲观此中底奥及一般吟风弄月与夫家庭享乐之方法,所以书局劝我先写此书。①

林语堂的这番回忆表明,创作《生活的艺术》显然有着极强的商业目的性,是出版社看到了美国读者有急于了解中国人生活艺术的巨大市场和利润空间使然。

从大处来看,当时的美国读者对中国人的认识极其片面。在现实生活中,他们在美国见到的中国人,大多是在中国餐馆和洗衣店里工作的华人。他们只知道在遥远的东方,有许多黄脸的东亚病夫。对于中国文化,他们只知道孔夫子、龙、玉、丝、茶、筷子、鸦片烟、男人头上的辫子、女人的小脚、狡猾的军阀、野蛮的土匪、保守的农民以及瘟疫、贫穷和各种痼疾等等。在阅读的书籍中,当时的美国人能接触到的多是些只在中国住过几年、回国后就以中国通自居的西方人撰写的丑化中国的作品,如基督教公理会来华传教士明恩溥(Arthur Henderson Smith)撰写的风行一时的《中国人的特性》(*Chinese Characteristics*)。"这些著作充其量不过是海外猎奇,或者是对小脚、辫子之类的丑恶大展览。"②由于普通美国人接触的华人阶层有限,由于有些西方作家有意或无意地在书写中曲解中国而起了相当大的误导作用,所以就如同好奇而又无知的儿童举起哈哈镜来打量周围的世界一样,当时一般美国大众眼中的中国和中国人成了扭曲变形的镜像。

就是在这样的具体语境之下,林语堂作为一个有着强烈责任感和文化自觉③的华人作家,在强大的西方文化面前,开始了戴着镣铐跳舞式的《生活的艺术》的创作。在跨语际跨文化的书写中,"为了能够充分表达自己的意图,所以他们在叙事过程中,采取不同的策略,借以达到他们各自所要表现的'中国形象'。换句话说,就是这些不同文化身份的作家,运用不同的叙事手段和策略,描述了异于自己,或者异于作品的读者的中国文化"。④林语堂认为,"在一切属于人类行为的东西,我坚信美国人跟中国人并没有什么不同",⑤人类天性既然相同,则在这个国家中能感动人的东西,自然也会感动别的国家的人类。这就为林语堂在谈论中国

---

① 李辉主编:《林语堂自述·关于〈吾国与吾民〉》,大象出版社 2005 年版,第 132 页。

② 施建伟:《林语堂传》,北京十月文艺出版社 1999 年版,第 351 页。

③ 林语堂一生的创作经历了三次转向,移居海外之后,林语堂继续用英语从事创作,其作品延续了 20 世纪 30 年代的文学风格,但少了一份"幽默",多了一份文化自觉的意识。参见李立平:《林语堂的认同危机与文化选择》,南京大学,2012 年。

④ 高鸿:《跨文化的中国叙事——以赛珍珠、林语堂、汤婷婷为中心的讨论》,上海三联书店 2005 年版,第 155 页。

⑤ 林语堂:《讽颂集》,东北师范大学出版社 1994 年版,第 13 页。

和美国之间灵活穿梭确立了一个基本的前提和汇通点。

在异质的文化语境中，要想成功地弘扬中国文化，并使这些文化在西方世界切实产生影响，林语堂必须精打细算，采取适当的文化传播策略。那么，何谓传播呢？传播又名传通，就是意义的分享，是受众运用已有的知识、经验，认识和理解传播的内容，如果受众对传播的内容缺乏理解，这种分享就不能真正实现。“传播要成功地让受众理解传播符号所表达的内容，传播者必须了解，寻找大多数受众与自己传播相通的经验范围，使自己的传播能切合受众的经验。”①有“传播学鼻祖”之称的威尔伯·施拉姆(Wilbur Schramm)认为：“传通双方可能传通的范围是很有限的，只有双方经验重叠的地方，才是他们可以传通的地方。传播内容一旦与原有经验接通以后，他对此项传播内容的理解，兴趣就可能扩展至相关部分。”②

林语堂对于如何在海外成功地进行文化传播颇有心得，而事实证明采用了适当传播策略的《生活的艺术》在影响力和销量上也取得了非常不错的成绩：“自发行以来，《生活的艺术》在美国重印40版以上，并被译成英、法、德、意、丹麦、瑞典、西班牙、葡萄牙、荷兰等十几种不同语言的译本”，到了20世纪80年代，布什总统在访华前，还曾“接受阁僚建议，阅读《生活的艺术》，以了解中国的文化”。③梭罗之所以撕毁《生活的艺术》的原稿而另起炉灶，是因为他想站在中西相通相似的角度，而不是从批判西方文化入手来倡导与之作为“对立面”存在的中国文化，因为林语堂经过思考后认识到：“生活的艺术并不独为中国国人所需要，其实西方人也同样需要，从根本方面说，人性是相通的。”④而且，在谈论生活的艺术时，林语堂也无意于发表客观意见，不想创立不朽的真理，只想表达个人的观点：“我也想以一个现代人的立场说话，而不仅以中国人的立场说话为满足，我不想仅替古人做一个虔诚的移译者，而要把我自己所吸收到我现代脑筋里的东西表现出来。”⑤在当时的时代语境中，在有选择地在海外弘扬中国文化时，林语堂采取的办法就是“很少孤立地谈论，往往总是将它放在世界理想文化的坐标中，与其他各国文化进行比较，试图在人类共通的价值原则下，看到其独特性和价值意义”。⑥也就是说，

① 郑兴东：《受众心理与传媒引导》，新华出版社2004年版，第99页。

② 郑兴东：《受众心理与传媒引导》，新华出版社2004年版，第105页。

③ 陈煜斓：《哲学的轻逸性欲微妙的常识性——从传播学层面看〈生活的艺术〉的成功创造》，载《江西师范大学学报(哲社版)》，2012年第5期，第68、69页。

④ 王兆胜：《林语堂：两脚踏中西文化》，北京出版社2005年版，第46页。

⑤ 林语堂：《自序》，见林语堂：《生活的艺术》，赵裔汉译，陕西师范大学出版社2008年版，第4页。

⑥ 王兆胜：《林语堂与中国文化》，社会科学文献出版社2007年版，第28页。

遵循文化普遍主义而非文化民族主义的精神,出于在异质文化语境下世界弱势文化进入强势文化的考虑,林语堂选择了与中国人的人生理念接近的梭罗作为一个有力的例证。

在《生活的艺术》中,林语堂对梭罗做出怎样的评价其实并不重要,因为他在直接向海外读者谈论中国的哲学文学时,在很大程度上蒙上了浓厚的主观色彩。而且,在"'对中国人讲外国文化'和'对外国人讲中国文化',在林语堂是有着非常明确的自觉意识的"。① 林语堂创作《生活的艺术》的出发点和最终的落脚点都是从西方读者的需求出发,用英文展示中国人艺术生活的魅力。成功地弘扬中国传统文化是最终目的,其余的一切都不过是在跨文化语境的创作中采用的传播手段和叙事策略而已。由此看来,梭罗只是林语堂在向西方"输出"中国的生活艺术时,下的一枚棋子,铺的一座桥梁罢了。

三、对外讲外:《美国的智慧》用东方人的眼光审视梭罗

林语堂与梭罗的关系,除了上述的分析之外,还有一点值得注意:《生活的艺术》和梭罗的《瓦尔登湖》应"在同一个书架上",因为它们不但存在"相似之处",而且都"用非系统性的方式阐释生活的本质和生活方式"。②马克·齐泽克(Mark Zizek)的这段话,大体也可以从另外一个角度解释林语堂在《生活的艺术》中再三提及梭罗的缘由所在。

《生活的艺术》问世十三年后,林语堂推出了《美国的智慧》一书,这是一本涉及美国社会生活方方面面的通俗哲学作品。《美国的智慧》虽然并不畅销,但它在林语堂数量众多的作品中却占有一个非常特殊的位置,因为自1936年赴美定居到晚年返台,在这长达三十年的创作成熟期中,林语堂主要致力于对外国人讲述中国文化。为此林语堂翻译了大量的中国古典文学作品,创作了苏东坡、武则天等人物传记,还推出了《京华烟云》、《风声鹤唳》等中国题材的英文小说。相比之下,《美国的智慧》就显得有些另类了,因为虽然同样是针对西方读者,但在这本书中,作者孜孜以求的是美国人的生存智慧。其实关于《美国的智慧》,林语堂早已酝酿良久。在《吾国与吾民》(*My Country and My People*)于1935年出版之后,林语堂就开始对美国社会及美国人内心世界的纵向观察,就有意识地以一个中国知识分子的责任与态度,脚踏在中西文化两条船上,想写一本有关美利坚的书。身

---

① 王兆胜:《林语堂:两脚踏中西文化》,北京出版社2005年版,第107页。

② [美]马克·齐泽克:《林语堂著〈生活的艺术〉简评》,吴万伟译,载《光明网—光明观察》,2009年2月10日。

居美国十几年后,有关美国的种种印象终于在林语堂脑海中形成,于是对异域文化有着长时间切身体悟的林语堂就在"大量参阅美国及西方博学之士文选的基础之上",①从个人的视角出发绘制出了这幅美国智慧的全景图。

在《美国的智慧》中,林语堂借用大量的引文来支持自己的观点。从开篇到总结,在整本书中,林语堂先生总共引用了三百余位古今中外思想家的作品,其中"引用文字较多的有:拉尔夫·沃尔多·爱默生、本杰明·富兰克林、戴维·格雷森、奥利弗·温德尔·霍姆兹、托马斯·杰弗逊、亨利·大卫·梭罗"②等等。林语堂之所以这么做,是因为他觉得从这些著名的美国哲学家、艺术家、政治家的经典著作中,能发现有关美国社会和集体的内心和外在的生活:"我们总结一个时代,谈到这一时代的精神,事实上我们只能以几个杰出的作家为例,由这些个人中看出时代的精神。"③也就是说,林语堂采取的是以点观面的手法,试图从精心选择的一粒沙子看到一个世界,从一滴水珠发现一片海洋。

在前言中,林语堂声称,他是以东方人的文化底蕴为依托,用现代人的眼光来审视时空不同的美国大地上形成的智慧,这就为林语堂对书中包括梭罗在内的人物的评价奠定了基调。林语堂把写作《美国的智慧》比作一次精神之旅,说自己以前从来没有这样"自由自在、全心全意地花时间观赏美国精神领域中所有激励人心的景致","我以前做过许多短途旅行,非常熟悉这类景观。而当这些景观近在咫尺供我悠闲欣赏时,我的喜悦无以复加"。④在林语堂提到的令他感到无比喜悦的美国景观中就有"梭罗的花岗岩独石柱"。⑤ 林语堂坦言,自己以前在短途旅行时非常熟悉这些景观,这很容易使人想起他在接触梭罗的作品仅仅几个月后,就在《生活的艺术》中,六处地方援引梭罗的文字作为例证。随着时光的流逝,撰写《美国的智慧》时的林语堂显然对梭罗其人其作多了一份了解,但初识梭罗时的欣喜之情却依旧如昨。

《美国的智慧》共由十六章构成。除了第四章"生命的旋律"、第十三章"爱"、第十四章"笑"和第十五章"战争与和平"外,林语堂在其余的十二章中都提到了梭罗,这一点与在《生活的艺术》中梭罗主要出现于作品的前半部分有所不同。在

---

① 尧阳:《林语堂解读美国智慧》,载《中国图书评论》,2009 年第 11 期,第 105 页。

② 刘启升:《译者序》,见林语堂:《美国的智慧》,刘启升译,陕西师范大学出版社 2007 年版,第 I 页。

③ 尧阳:《林语堂解读美国智慧》,载《中国图书评论》,2009 年第 11 期,第 105 页。

④ 林语堂:《前言》,见林语堂:《美国的智慧》,刘启升译,陕西师范大学出版社 2007 年版,第 1 页。

⑤ 林语堂:《前言》,见林语堂:《美国的智慧》,刘启升译,陕西师范大学出版社 2007 年版,第 1 页。

《美国的智慧》中,梭罗的分布点虽然比较零散,但还是主要集中在第七章“生活”、第八章“自由”和第十一章“自然”这三章中。从梭罗在作品中的分布情况可以看出,林语堂首先看重的还是梭罗的生活观、自然观和政治观。在《生活的艺术》“这个充满感知的世界”一节和《美国的智慧》的“人类的快乐属于感觉”中,林语堂对梭罗的评价基本一致,即都是以梭罗为例,认为人类只有借助听觉、视觉等感觉器官,才能享受生命的快乐。而且,林语堂在这两节中援引的文字都基本相同,都是梭罗听到蟋蟀鸣叫而产生快感的那段记录。这说明林语堂对梭罗的认识存在前后承继的一面,但这样直接的复制粘贴毕竟属于少数,更多的时候林语堂是对梭罗进行多方面的评价,虽然这些评价算不上严格意义上的学术批评。

四、辩证的考量:《美国的智慧》对梭罗多方位的评价

仔细阅读梭罗在《美国的智慧》中浮现的地方,我们可以发现林语堂大致从如下几个方面对梭罗进行了品评:

(一)对梭罗的定位:在《美国的智慧》中,林语堂对梭罗并非一味褒扬,而是根据梭罗的创作方式和将其置于当时的时代语境中对之作了一分为二的客观评价。“梭罗是一位有着种种局限性的伟大作家”①(“Thoreau was a great writer with limitations”)可谓是林语堂对梭罗进行点评的提纲挈领的句子,“伟大”和“局限”是林语堂认知梭罗的两个切入点。林语堂看到的梭罗的伟大之处在于如下两点:首先,也许可以这样断言,“在美国的作家队伍中,亨利·梭罗是为数不多的‘原始’思想家之一。他用第一手资料思考生活,他对生活的真正价值可能会发表最充分的看法”。②梭罗坚持走出家门进行实地考察,来探索人类生存的非凡事实,因而他的作品显然优于仅仅提供第二手资料和观点的大多数人。梭罗的伟大还表现在他把自己禁锢在自己的思想樊笼中,脚踏实地,情绪高昂而又纯洁无瑕。其次,在1845年至1855年新英格兰文化繁荣的十年时间内,大量在世界文坛上具有重要意义的一流创作问世。这些作品的价值相当于19世纪后期美国文学作品的总和,它们“标志着一种文化的繁荣,这种繁荣显示了创作的深度、独创性和多元化”,并“推动了新的精神领域的发展”。③ 在新英格兰文学繁荣期间诞生的不朽作品中,林语堂就提到了梭罗的《康科德和梅里马克河上的一周》和《瓦尔登湖》,由此可见梭罗的这两部作品在林语堂心目中的重要地位。

---

① 林语堂:《美国的智慧》,刘启升译,陕西师范大学出版社2007年版,第150页。
② 林语堂:《美国的智慧》,刘启升译,陕西师范大学出版社2007年版,第150页。
③ 林语堂:《美国的智慧》,刘启升译,陕西师范大学出版社2007年版,第113页。

在批判性地审视梭罗的时候，林语堂自然看到了梭罗的种种局限。在林语堂看来，梭罗的局限大致可分为思想性格的缺陷和作品创作的不足：梭罗思想性格的缺陷显而易见，无论作为人类的精神领袖还是一名成功的作家，他都有缺陷，因为他非常敏感，易于动怒。在林语堂看来，中国的中庸之道是人们能与他人和谐相处的典型特征。中庸也许意味着没有牢骚的个人主义，但梭罗没有做到这一点："成熟的人类思想总是与生活步调保持一致，可梭罗并非如此。"①在林语堂看来，梭罗虽然属于真正意义上的知识缔造者，但在文学才能的发挥方面，梭罗却不像爱默生那样稳定多产："梭罗在创作完《瓦尔登湖》后再无建树。"②对于梭罗的代表作《瓦尔登湖》，林语堂"斗胆"地认为，它被评价过高了，它太矫揉造作了，"这部代表作并不令人信服，而是让人感到厌烦。"③在写作技巧方面，梭罗的表现也未能让林语堂感到满意：梭罗的作品"满篇极尽嘲讽之能事，这降低了我们的阅读乐趣"。梭罗还经常使用一些充满矛盾的话语，而放弃了那种朴实、有力和明朗的风格。此外，句子大师和段落大师如同鱼和熊掌，往往难以兼得。虽然梭罗是驾驭生动诗行的大师，是那些令人神经紧张而又铿锵有力的句子的写作高手，但梭罗不是段落大师，即使"竭尽全力也往往只能写出段落的一部分"。④ 梭罗习惯于在笔记本上记录并完善自己的各种思想，然后，将这些思想碎片按照某个场合的需要整理在一起，或者把它们硬塞进段落里，这样形成的句子精彩却不协调。不仅如此，林语堂还"吹毛求疵"地对梭罗继续发动攻势：尽管梭罗是位有责任心的作家，在写作中绞尽脑汁对句子反复修改，但梭罗的文笔并不顺畅自然。此时的林语堂能够比较辩证地看待梭罗，不是一味褒扬，亦非一味抨击。这固然可喜，但从今天的视角来看，林语堂对梭罗所下的部分判定却值得进一步商榷。

（二）对梭罗与东方文化关系的剖析：在意识到梭罗与中国人存在精神相似性的基础上，擅长在东西方之间进行比较的林语堂在《美国的智慧》中又进一步指出，梭罗与东方的中国和印度文化之间存在相互影响和双向交流："爱默生和梭罗在其著述中都曾经随心所欲地引用过孔子和孟子的话语。作为一个中国人，发现东西方之间精神上的雷同现象和相互影响，我无法掩饰自己的欣喜之情。"⑤林语堂不但看出梭罗受到我国儒家学说的影响，还看到了梭罗从印度文化中汲取了有益的养分，"爱默生和梭罗这代人有胆有识、自由奔放，他们的思想四处扩散，传到

① 林语堂：《美国的智慧》，刘启升译，陕西师范大学出版社 2007 年版，第 151 页。
② 林语堂：《美国的智慧》，刘启升译，陕西师范大学出版社 2007 年版，第 151 – 152 页。
③ 林语堂：《美国的智慧》，刘启升译，陕西师范大学出版社 2007 年版，第 273、150 页。
④ 林语堂：《美国的智慧》，刘启升译，陕西师范大学出版社 2007 年版，第 156 页。
⑤ 林语堂：《美国的智慧》，刘启升译，陕西师范大学出版社 2007 年版，第 128 页。

了德国、英格兰、波斯、印度和中国,旨在追求他们迫切想要探索的崇高真理"。①

梭罗立足美国本土,"潜心研究"东方文化的精髓,转益多师,博采众长,形成了自己独特的思想。这"宛如海鸟从大洋彼岸衔来的一粒种子,东方的一种思想被带来并安放在另外一个内地的土地里;它们及时地萌发思想的新芽"。② 文化的交流往往并非单向进行,梭罗形成的新思想在林语堂看来,其"潜在的生命力没有消退,五十年或一百年后,作为回赠礼物又被带回原来的内地。在我看来,这似乎是由梭罗从中国和印度传输过来再输送回去的思想"。③林语堂还特意提到:自己和梭罗一样,一直非常推崇孔子与其弟子子路、曾点、颜渊还有子贡座谈的那则故事。林语堂亟不可待地坦言,孔子和梭罗都与曾点持有相同的看法,而自己也赞成曾点的意见。在这一点上,林语堂与梭罗达成了一致的意见。

关于梭罗其人其文在受到中国古典文化影响的同时,梭罗如何在西学中传的大潮中返回中国,中国又是如何接受他的,或许是史料的限制或许是当时的信息不够畅通,林语堂在《美国的智慧》中只字没提。然而,林语堂显然注意到梭罗在印度产生了一定影响:"美国很少有人能够领悟并效仿梭罗的极端个人主义思想。然而,除了圣雄甘地之外,梭罗在印度拥有不止一个门徒。"④至于梭罗的哪些思想启发了甘地,并引导甘地形成自己的理论主张,林语堂认为有如下几点:"蔑视法律;不流血的'和平革命';不仇视法律代言人;作为抗议与修正错误和非正义行为的手段,一个民族集体进入监狱的观点。"⑤

(三)对梭罗与自然关系的探讨:梭罗一生著有大量自然文学作品,因此梭罗的自然观往往颇能吸引读者的目光。林语堂认为:"梭罗同时扮演两种角色,正面的和反面的:一方面宣扬并谴责社会上的欺诈行为和徒劳无益的事情,另一方面又是一位对自然界抱有深厚感情的作家。梭罗的第二种角色无疑是相对优秀的。"⑥林语堂显然早在生态批评崛起之前就注意到了梭罗在自然文学书写方面的成就及其作品的价值所在。

林语堂认为,一个人只有在感官被充分唤醒的时候,才能真正享受自然本身,才能找到自然充满戏剧性的时刻。为此,林语堂提到了梭罗在《日记》中记载的追寻一头迷路的猪的经历,并从《无原则的生活》中援引了一些文字作为说明——通

① 林语堂:《美国的智慧》,刘启升译,陕西师范大学出版社 2007 年版,第 40 页。
② 林语堂:《美国的智慧》,刘启升译,陕西师范大学出版社 2007 年版,第 128 页。
③ 林语堂:《美国的智慧》,刘启升译,陕西师范大学出版社 2007 年版,第 128 页。
④ Lin Yutang, *On the Wisdom of America*, New York: The John Day Company, 1950, p. 190.
⑤ 林语堂:《美国的智慧》,刘启升译,陕西师范大学出版社 2007 年版,第 178 页。
⑥ 林语堂:《美国的智慧》,刘启升译,陕西师范大学出版社 2007 年版,第 156 页。

过与自然亲密接触,人们从自然那里获得生活的心意和道德的端正,并且恢复到健康、简单和快乐的生存状态:“在社会中你得不到健康,健康只能在大自然里才能找到…… 自然从不传授绝望的,精神或政治专制或奴役的信条,而是与你一起分享它的安详。”①

包括梭罗在内的超验论者走进自然,是为了同自然一道分享与月亮、星星和大地灵魂的真正交流,是为了清除掉所有的浅薄,恢复人类的真正的领地。梭罗在著述中明显谈到了与自然的神秘结合,他的作品透露出一种与自然的亲密感,许多理性主义者对此无法理解。与其说这是回归自然,还不如说与自然融为一体。梭罗梦想的不只是“从外部观察自然,而是‘成为自然的组成部分’”。② 林语堂这样的论述虽然并未完全摆脱人类中心主义的思维,但他对自然内在价值的认可颇有一些后世的生态整体主义的味道。

(四)对梭罗与政治关系的解读:林语堂在书中专门设立一节来讨论梭罗如何论述“国家和个人”的关系,在行文中林氏还大量引用了《论公民的不服从》中的文字作为例证。开篇伊始,林语堂即如是说道:“在某种很特殊的意义上来说,梭罗是个人的提倡者;当个人利益与国家利益发生冲突的时候,他又是个人的辩护者。”③梭罗的极端个人主义难以为身边的邻居接受,他们大多认为梭罗行为十分怪异,处在精神错乱的边缘。“对于普通意义上的美国智慧来说,梭罗的思想表现得有点偏激了。”④爱默生曾经宣称个人与国家平等,与教会平等,与其他任何人平等。梭罗在此基础之上,把爱默生的主张又往前推进了一步,其对事态的看法可谓高瞻远瞩:“梭罗对于现代人的重要性体现在,他认真、诚恳地提出了一个主张,即,个人比国家重要。他的这一主张清晰而又强烈,宛如一阵嘹亮的号角声。”⑤梭罗不但在思想上主张个人比国家重要,而且将自己的理论付诸实践。梭罗一向特立独行,其所作所为具有鲜明的个人特征。由于个人秉性与大多美国人迥然有别,所以美国很少有人能够领悟并效仿他的极端个人主义思想,“但东方人总是比美国人更容易理解梭罗的思想,因为梭罗的思想更接近于东方人的价值标准”。⑥

(五)对梭罗生活理念的体悟:梭罗的生活理念也引起了林语堂的注意。梭罗

① 林语堂:《美国的智慧》,刘启升译,陕西师范大学出版社 2007 年版,第 258 页。

② 林语堂:《美国的智慧》,刘启升译,陕西师范大学出版社 2007 年版,第 284 页。

③ 林语堂:《美国的智慧》,刘启升译,陕西师范大学出版社 2007 年版,第 174 页。

④ 林语堂:《美国的智慧》,刘启升译,陕西师范大学出版社 2007 年版,第 175 页。

⑤ 林语堂:《美国的智慧》,刘启升译,陕西师范大学出版社 2007 年版,第 176 页。

⑥ 林语堂:《美国的智慧》,刘启升译,陕西师范大学出版社 2007 年版,第 177 – 178 页。

不满于康科德周围邻居们那种充满“欺诈和幻觉、日常琐事和流言蜚语”的“卑躬屈膝、徒劳无益、背信弃义”①的生活。在林语堂看来,梭罗心目中全部生活的最高目标是寻求人类生活的真正价值标准。通过创作《瓦尔登湖》,梭罗传达了这样的信念:抛弃所谓职责的借口,通过发掘生活中真正的意义,去探索人类的内心世界。在林语堂看来,在梭罗之前没有人评述过生存这一主题,梭罗为此感到惊愕并发出诘难。

在搜集了美国历史上众多机敏睿智的思想家撰写的大量图书之后,林语堂认为,尽管这些著作学识渊博,学理深奥,气势恢宏,但鲜见有人关注人类生活幸福指数的话题。“梭罗直奔幸福的主题,而且他几乎就要抓住它了。他前进的方向是正确的,可他走得太远。”②在谈到工作的激励作用时,林语堂声称,幸福来自于工作,来自于出色地完成一项工作时所产生的那种快乐安宁的感觉。工作既是体力的消耗,也是脑力的付出。接着,林语堂引用了梭罗在《日记》中记载的自己在进行文学创作时体验到的那种身心愉悦的状态。

林语堂还认为,美国人乃至所有西方人都轻蔑贬损感官,这种行为令人感到失望。而东方人与此不同,东方人重视感官,了解感觉生活。所以作为东方人,热爱美食的林语堂对梭罗那种“担心享用一杯咖啡会使清晨的希望破灭”,“‘污损一个人的不是填进嘴里的食物,而是品尝食物的胃口’”③的主张不以为然。

(六)对梭罗与其他作家的比较:在《美国的智慧》中,林语堂还时不时地把梭罗与美国的其他作家并置在一起,在或隐或显的比较异同中进行思想的阐发。林语堂主要把梭罗与下列作家进行了对照:

1. 梭罗与戴维·格雷森(David Grayson):林语堂认为,格雷森能与大自然水乳交融,是位内心平和宁静的精神领袖。格雷森把伤人脑筋的哲学难题抛在脑后,而设法达到了梭罗所谓的生活“核心”。格雷森的平和在美国思想家中显得卓尔不群,但格雷森的思想并非无源之水。格雷森是在反复研读梭罗、蒙田(Michel Eyquem de Montaigne)还有阿诺德(Matthew Arnold)等前辈作品的基础上,经过了自己的“消化、吸收、整理、统一和检验;以这些思想为基础,产生了他自己的感想,并一一记录下来,宛如早晨的雏菊新鲜诱人,散发着真实的美国情感的气息”。④格雷森具有一颗充满悟性的和平心,可以清楚地看待这个世界,并从中得到乐趣。

---

① 林语堂:《美国的智慧》,刘启升译,陕西师范大学出版社 2007 年版,第 154 页。

② 林语堂:《美国的智慧》,刘启升译,陕西师范大学出版社 2007 年版,第 195 页。

③ 林语堂:《美国的智慧》,刘启升译,陕西师范大学出版社 2007 年版,第 239 页。

④ 林语堂:《美国的智慧》,刘启升译,陕西师范大学出版社 2007 年版,第 30 页。

相比之下,梭罗虽然曾经闪烁着精神的光芒,也了解幸福的真正内涵,但他身上明显出现了不和谐的音符。

2. 梭罗与奥利弗·温德尔·霍姆兹(Oliver Wendell Holmes):霍姆兹的《早餐桌上的霸主》(*The Autocrat of the Breakfast – Table*)充满了轻松、闲适,又很深刻的言论,其作者霍姆兹生活在一个美好的内心世界中,而非生活在由于政治斗争和思想反叛而动荡不安的他那个时代的客观世界中。在一些政治见解搅动着爱默生、梭罗和帕克的时候,霍姆兹却能做到不为局势所动。①在林语堂看来,与梭罗等人相比,霍姆兹并不缺乏同情心,只是他的心灵始终生活在别处,他更为关注人类的普通情感。

3. 梭罗与唐纳德·库罗斯·皮阿提(Donald Culross Peattie):林语堂注意到自然文学书写的发展嬗变,他认为在描写自然的文学作品中,现代人要比前人做得更好,因为现代自然文学作家更精确,他们为我们打开的世界也更宽阔,更奇妙。在现代非常出色的自然文学作家中,皮阿提就是其中的一个。在林语堂看来,梭罗的名作《瓦尔登湖》未免失之于矫揉造作,相比之下,“皮阿提的《草原丛林》是更优秀的文学作品,优秀之处不仅仅是信息的准确性和更广泛的科学知识,还在于文笔的优美,在于见解与学识的广度,以及以真正的科学想象为后盾的哲学理念”。②

4. 梭罗与爱默生:研究者向来对梭罗与爱默生之间的微妙关系深感兴趣,林语堂亦不能免俗。在《美国的智慧》中,林语堂多次谈及梭罗的时候也提到了爱默生。林语堂认为,从现在和过去的年轻人相对普遍的经历判断,爱默生可能极大地鼓舞了年轻时候的梭罗,并肯定了他思想轨迹的正确性。梭罗在思想形成过程中从爱默生那里多有受益是确凿无疑的事情,但梭罗与爱默生并非简单的师生关系。“当两位智者正面交锋,双方都放荡不羁”,“梭罗绝非奴颜婢膝的崇拜者;两人一起散步时,他总是反驳爱默生的观点”。③

记录在《美国的智慧》中的文字是林语堂作为一个现代中国人对美国智慧的所看、所爱、所感和所思。林语堂撰写此书的目的是试图剖析一个十分宏大的话题,是去“了解美国人的生活观,美国的一些伟大的思想家如何绞尽脑汁试图回答有关上帝、生命、不朽,以及人生的陷阱、争斗、快乐等诸多问题”。④ 当然,在思路

① 林语堂:《美国的智慧》,刘启升译,陕西师范大学出版社 2007 年版,第 103 页。

② 林语堂:《美国的智慧》,刘启升译,陕西师范大学出版社 2007 年版,第 273 页。

③ 林语堂:《美国的智慧》,刘启升译,陕西师范大学出版社 2007 年版,第 154,152 页。

④ 林语堂:《前言》,见林语堂:《美国的智慧》,刘启升译,陕西师范大学出版社 2007 年版,第 1 页。

梳理和具体书写中,林语堂自然有其个人的限定范围和遴选方式,“诸如作者的个人吸引力;我们的大脑被某些作者所吸引,而对其他作家则予以拒绝”。①最终的结果是,林语堂在《美国的智慧》一书和美国人智慧的考察中为梭罗留下了大量的位置,《美国的智慧》全书十二章不时援引梭罗就是最好的证明。

五、小结

从《生活的艺术》到《美国的智慧》,十三年的时光倏然而过,林语堂对梭罗的体悟也随着光阴的流逝逐步加深。在《生活的艺术》中,林语堂意欲在海外的异质文化语境中传播中国文化,所以在选择文化传播策略时,考虑到“想要尝试去了解一个异民族及其文化,尤其像中国那样根本与自己不同的文化,此种工作殆非常人所堪胜任”,②所以林语堂首先必须理解西方读者的文化背景和内在需求,从而给予准确、到位和贴切的解释。由于梭罗在思想形成过程中,曾经阅读过英译本和法译本的儒家四书,所以梭罗言行颇有一些中国人的格调。这样看来,林语堂在《生活的艺术》中之所以再三提及梭罗,显然其目的不是为了向美国人介绍梭罗其人其作,而是利用这位给人亦中亦西之感的美国作家,以减少当时对中国缺少了解的美国读者在接受中国文化时产生的障碍。在现代的美国读者与古典的中国生活艺术之间,梭罗更像是一座桥梁,起着沟通两者的作用。

与《生活的艺术》不同的是,《美国的智慧》是一部侨居海外的中国作家试图向美国人介绍美国社会生活方面的作品。因此,撰写《美国的智慧》时,林语堂没有构思《生活的艺术》时的种种顾虑,所以能够“野性”、“自由自在、全心全意”地搞清楚“美国作家作为个人是如何在一般意义上看待生活,看待生活的难题以及生活的艺术”。③这种思想的自由也集中体现了林语堂对梭罗的评论上。在《美国的智慧》中,林语堂对梭罗的评价涉及面极广,但从今天的视角来看,这些判定多是些感悟式的文字,缺乏学术研究严谨的深度剖析。其实,这样的吹毛求疵也许毫无必要,因为林语堂本来的目的就不是对梭罗进行整饬的学术探究,而且身为作家而非学者的林语堂对梭罗的评点也十分符合作家思维发散的特点。

林语堂涉猎广泛,融汇中西,在脚踏东西文化的基础上一心评宇宙文章,显示出宏大的气魄和世界文学的格局。在中国的作家当中,林语堂较早对梭罗表示了关注,并在不同时期的文字中将其记录了下来。林语堂对梭罗的留意程度在同时

① 林语堂:《美国的智慧》,刘启升译,陕西师范大学出版社 2007 年版,第 414 页。

② 林语堂:《吾国与吾民》,宝文堂书店 1988 年版,第 6 页。

③ 林语堂:《美国的智慧》,刘启升译,陕西师范大学出版社 2007 年版,第 414 页。

代的作家中极为少见。但如果说梭罗对林语堂产生了深远的影响,那实在是言过其实,因为林语堂一生博览群书,有着自己独立的思想和审美追求。或许,我们不妨可以说,从 1937 年至 1950 年期间,林语堂十分欣赏梭罗,并在作品中把对梭罗的阅读认知灵活地穿插了进去。

第二节 徐迟与梭罗:译介学研究

徐迟是我国著名的诗人、散文家、翻译家和报告文学家,著有《地质之光》、《哥德巴赫猜想》、《生命之树常绿》等一大批报告文学作品,在海内外曾引起强烈反响。徐迟的一生"美丽,神奇,丰富",①在多个领域都取得了杰出的成就。但若追根究源,其文学生涯还要始于外国文学作品的译介。徐迟一生译笔不辍,翻译出版了大量的外国文学作品,其译作中最负盛名的莫过于梭罗的 *Walden*。1949 年,徐迟翻译出版了入选"晨光世界文学丛书"的《瓦尔登湖》(当时译名为《华尔腾》)。进入 20 世纪 80 年代之后,徐迟又先后两次对《瓦尔登湖》进行修订,并在译文的前面补加了"译本序"。②可以说,徐迟与梭罗《瓦尔登湖》间的情缘持续了几十年时间。

目前,国内学界借助徐迟的译本对梭罗的《瓦尔登湖》进行翻译研究的成果不在少数,但这些成果多遵循传统的研究范式,较多侧重于对译作与原作之间语言转换中存在的问题进行分析,而较少把译者的翻译动机、译者对原作及原作者的认知、译作在译入语文化圈中的接受状况等翻译宏观层面上的研究纳入探讨范围。显然,在徐迟对梭罗《瓦尔登湖》的翻译这个问题上仍然存在巨大的阐释空间。

在论述原作与译作间的关系时,许钧认为:对译作与原作的关系研究势必会涉及译者与作者的关系问题,"从某种意义上说,原作是作者的化身,而译作则是译者努力的产物。当我们从这个角度来探讨译作与原作的关系时,不言而喻,作者与译者的某种联系或两者之间的关系或多或少会隐含在讨论中。反之亦

---

① 1956 年 6 月,徐迟曾到云南旅行,"一路上,为这个美丽的旅行所激动,写了一些诗,最后在安宁温泉住下来写,很快地完成了这样一本诗集"。参见徐迟:《魅力,神奇,丰富》,作家出版社 1957 年版。

② 至于《瓦尔登湖》"译本序"的具体完成时间,笔者尚未找到直接的证据。但徐迟在 1994 年第 8 期的《散文》杂志上曾经将《〈瓦尔登湖〉译本序》作为文章予以发表。

然”。①温秀颖也主张:“译者和译作作为翻译批评的对象,在批评的过程中是无法截然分开的,常常是在对译者的批评中包含着对译作的分析,在对译作的批评中又伴随着对译者的考察。如果说有什么不同的话,只是角度不同,侧重点不同罢了。”②许钧和温秀颖的这番话表明,译作、译者、原作、作者四方纠结在一起,难以将其完全剥离开来。因此,要想探讨作为译者的徐迟与作为作者的梭罗之间的关系,行文之中难免就会论及徐迟的译本和梭罗的原作。本节旨在探讨从20世纪40年代末到20世纪80和90年代,徐迟对梭罗的认知发生了怎样的变化,这些变化背后反映了什么问题,徐迟翻译的《瓦尔登湖》在国内外产生了什么影响以及徐迟译本在哪些方面存在不足。

一、阴阳两重天:20世纪40、50年代徐迟对梭罗的翻译选择

徐迟当然不是对梭罗表示关注的第一个中国作家,但他却最早把梭罗的代表作 *Walden* 译介到了中国。法国文学社会学家埃斯卡皮(Robert Escarpit)认为,译作“赋予作品一个崭新的面貌,使之能与更广泛的读者进行一次崭新的交流”;“它不仅延长了作品的生命,而且又赋予它第二次生命”。③多亏了译者徐迟,梭罗的 *Walden* 才在时间(20世纪)与空间(中国)的意义上得以极大的拓展且延续了自己的生命。德国功能翻译目的论(skopos theory)认为,任何翻译都是有目的的,如启迪读者,引进新的表达方法或传播异质文化等等。任何一个译者从事翻译都有一定的动机,而翻译动机首先体现在对翻译文本的选择上。那么,在涉及徐迟与梭罗之间的关系时,我们首先遇到的问题就是:徐迟为什么选择翻译梭罗的《瓦尔登湖》?徐迟在什么翻译动机驱使下着手进行《瓦尔登湖》的翻译?

在选择拟译的作家作品时,译者往往显示出主体性。王向远声称,不同时代、不同翻译家的“翻译选题有着复杂的背景和动机。在中国文学翻译史上,翻译家的翻译选题有两种基本的价值取向,一是自觉服从于时代与社会的需要,这是由翻译家参与社会的人生观和社会责任感所决定的,也是我国翻译文学选题的主流”。“另一方面,翻译家的翻译选题除了反映时代的需要和翻译家的社会责任感之外,也反映出翻译家的个性特征、审美趣味甚至一时的境遇与心情。”④翻译家杨晦也主张,从事文学翻译应该有明确的目的性:“我们花费了许多心血把异域的

---

① 许钧:《译作与原作的生命律动》,见许钧:《译道寻踪》,文心出版社2005年版,第35页。

② 温秀颖:《翻译批评——从理论到实践》,南开大学出版社2007年版,第107页。

③ 方梦之主编:《译学辞典》,上海外语教育出版社2004年版,第81页。

④ 王向远:《翻译文学导论》,北京师范大学出版社2004年版,第32、34页。

果实移植到中国来,到底为的是什么?我们为什么要译这一部书而不译另一部书?我们为什么要介绍这一位作家而不介绍另一位作家呢?这些都是应该经过认真的思考,从而逐渐消除盲乱译的现象。"①其实,像杨晦这样翻译动机十分明确的译者为数不少。在对我国一批卓有成就的老一辈翻译家的译事和译论进行探讨梳理时,许钧发现,"对他们来说,选择翻译对象,是他们首先考虑的重大问题。但这种选择,决不仅仅是个人的自由选择","还要受到时代、社会、意识形态等因素的限制"。②徐迟作为我国著名的翻译家,曾经翻译过《伊利亚特》、《托尔斯泰散文集》、《巴黎的陷落》、《我轰炸东京》、《帕尔玛宫闱秘史》等作品。徐迟译介的作家作品涵盖的国别多,文学类别也多,其中不少的译作已成为名译,至今仍然不失其学术参考价值。或许可以这样说,徐迟也是许钧所赞许的一位取得过卓越成就的翻译家,他也是在内外因素的驱使下才选择翻译梭罗的名作《瓦尔登湖》。

首先,《瓦尔登湖》是由费正清最早提议、中美双方精心合作、旨在促进中美文化交流、"比较完整而有系统地介绍一个国家的文学代表作的成套丛书"③的一部分。徐迟之所以选择翻译梭罗的 *Walden*,最主要的目的是为了避免当时"'我们的出版家对于西洋文学的介绍时那样的杂乱,毫无章则,毫无计划'",④使其成为系统地译介美国文学的一个组成部分。"美国文学丛书"计划(出版时改为"晨光世界文学丛书")的执行始于 1946 年,到 1949 年新中国成立前夕才告完成,它共计 18 种,20 卷。这套丛书的书目都编列书号,安排先后,具见匠心,丛书的第一种是现代美国文学史论,接下去是三部长篇小说,一部中篇集,五部短篇集,后面一部是散文集,三部诗集和四部剧本,这样"文学各个部门都有了代表作"。这样一套洋洋大观的丛书"可说是我国外国文学翻译史上的一大盛举"。⑤ 徐迟自始至终参与了该套丛书的有关工作,和友人冯亦代拟定了一个初步的选题计划送给郑振铎,并承担了从书中唯一的一本散文著作,即梭罗 *Walden* 的翻译工作。

面对在当时的中国文艺界,特别在专治外国文学的学者圈子中,美国文学一直没有得到应有的重视的情况下,拟定并翻译一套高质量的美国文学丛书,使其对我国读者认识美国的历史、社会风貌和思想文化能起到一定作用并非易事。当

① 王寿兰编:《当代文学翻译百家谈》,北京大学出版社 1989 年版,第 321 页。

② 许钧:《在选择中翻译》,见许钧:《译道寻踪》,文心出版社 2005 年版,第 23 页。

③ 赵家璧:《出版〈美国文学丛书〉的前前后后——一套标志中美文化交流的丛书》,见赵家璧:《编辑忆旧》,生活·读书·新知三联书店 2008 年版,第 306 页。

④ 姚君伟:《徐迟与美国文学在中国的译介》,载《外国文学研究》,2005 年第 4 期,第 145 页。

⑤ 赵家璧:《出版〈美国文学丛书〉的前前后后——一套标志中美文化交流的丛书》,见赵家璧:《编辑忆旧》,生活·读书·新知三联书店 2008 年版,第 305 - 306 页。

时作为这套丛书发起人的中国通费正清"要求我们开列一份适合中国读者的译书目录。他给了一本卡静的《在乡土的基础上》(Kazin: *On Native Ground*),供我们作选题的参考"。① 费正清只是提供了大致的选题方向和优越的稿酬,而具体的工作则要由中方负责完成。徐迟在回忆这段往事时说道:"这只是初次的谈话。以后见面,又谈论书目,但都是泛泛而谈。我当时不大相信,这样大的丛书计划,恐怕不容易编制出来。在重庆,我算是一个研究外国文学的人,龚澎他们在和美国人接触谈美国文学时,是把我作为咨询人的。"②在徐迟这个顾问看来,在当时要想系统地译介美国文学,这些美国作家作品"应当包括爱默生的论文集、梭罗的《林居》(即《瓦尔登湖》)、霍桑、爱伦坡的故事集,梅尔维尔的《毛倍·狄克》(即《白鲸》),特别是惠特曼的《草叶集》和马克·图文的《赫克·富英》(即《哈克贝里·费恩历险记》)"。③

徐迟一向重视对包括美国文学在内的外国文学的翻译、介绍和研究。最终出版的"美国文学丛书"中不但有老一代作家的作品,也有当年还算年轻但已享有盛名的一代作家的著述,还有一种各家小说合集及包含了二十九家,并附民歌三十八首的诗歌选集。由此来看,徐迟等人不但对美国文学的家珍极为熟稔,而且在美国文学译介方面的思考和构想是细致而全面的。梭罗的 *Walden* 是"美国文学丛书"中唯一的一部散文作品,由此可见徐迟对梭罗这部杰作的重视。选择翻译 *Walden* 绝对不是徐迟一时的心血冲动,而是他在经过认真思考和甄别之后做出的最终决定。在徐迟看来,梭罗是美国的代表性作家,《瓦尔登湖》也站在了美国散文作品的巅峰之列。翻译这样一部作品,自然有助于促进中美之间的文学和文化交流。

其次,徐迟作为译者个人的因素也在译本的选择中起了关键作用。显然,徐迟翻译梭罗的 *Walden* 承载着重大的历史使命。但在讨论译者对拟译本的选择时,如果只是一味夸大译者译本选择受时代特征和时代需要的影响,实际上强调的只是外部环境(外因)对译者译本选择的决定性作用。外因固然重要,但外因最终还是通过内因发挥作用。翻译家的选题除了反映时代的需要和翻译家的社会责任感之外,也反映出翻译家的个性特征和审美趣味,因为有的翻译家主张选题最好能与自己的趣味爱好相投。傅雷认为有两个因素决定了翻译的选材:

---

① 徐迟:《我的文学生涯》,百花文艺出版社 2006 年版,第 408 页。

② 转引自赵家璧:《出版〈美国文学丛书〉的前前后后——一套标志中美文化交流的丛书》,见赵家璧:《编辑忆旧》,生活·读书·新知三联书店 2008 年版,第 303 页。

③ 姚君伟:《徐迟与美国文学在中国的译介》,载《外国文学研究》,2005 年第 4 期,第 147 页。

（一）从文学的类别来说，译书要认清自己的所短所长，不善于说理的人不必强译理论书，不会作诗的人不要译诗，弄得不仅诗意全无，连散文都不像，用哈哈镜介绍作品，无异自甘作文艺的罪人。（二）从文学的派别来说，我们得弄清自己最适宜于哪一派：浪漫派还是古典派？写实派还是现代派？每一派中又是哪几个作家？同一作家又是哪几部作品？我们的界限和适应力（幅度）只能在实践中见分晓。①

人们通常认为，由徐迟来译梭罗的作品，正是合适的人选，因为梭罗在文学事业起步的时候，首先创作的是诗歌，只是后来在友人的建议下才转向了散文的写作，但即使如此梭罗的散文还是有着难以抹去的诗意。而徐迟既是诗人，又是散文家，行文中不知不觉地就会流溢出诗人的气质。徐迟的作品“不但有诗的语言和节奏，还有诗的想象和意境，文字生动优美，感情奔放；既富于哲理思考，又充满浓郁诗情”；②徐迟的创作风格和特色“富有鲜明的诗的气质”；③自始至终徐迟的“诗心没有变，散文、报告文学，他都是当诗来写的”。④徐迟本人也承认：“到老年了，我才知道，我至多只能写一点儿散文而已。我写得最好的诗也只是散文诗，或有点诗意的散文而已。”⑤游刃于诗与散文之间使得梭罗和徐迟的散文创作都或多或少带有一些诗意，也使得两人因趣味爱好基本相投而具有了真正沟通的基础。其实，早在与费正清和费慰梅初步交流的时候，徐迟就说：“他们问我要想译什么书？我说，曼尔维尔的《白鲸》（Melville：*Moby Dick*）或梭罗的《瓦尔登湖》（H. D. Thoreau：*Walden*）这两本书中一本。”⑥

至于徐迟为何最终舍弃麦尔维尔而选择了梭罗，并未查到任何证据。但本书作者以为，徐迟翻译 *Walden* 的确是找准了对象，因为小说创作并非徐迟所长。译者在研究他意欲译介的外国作家作品的时候，其实也需要对自己做一番研究，最好能找到与自己情趣相投、类型相仿的作家作品进行翻译，这样才能最大程度地与该作家及其作品产生共鸣。如果译者能与作者和原作心神交融，合为一体，达到心灵上的契合，那么，翻译成功的可能性就要大很多。徐迟显然对自己的所短所长有着清楚的了解。姚君伟认为：“把翻译和研究结合起来，并选译与自己性之

① 傅雷：《翻译经验点滴》，载《文艺报》，1957 年第 10 期。
② 邓伟志：《前言》，见邓伟志主编：《永远的徐迟》，上海远东出版社 2009 年版，第 2 页。
③ 张钟、洪子诚等：《当代中国文学概观》，北京大学出版社 1986 年版，第 182 页。
④ 邵燕祥：《徐迟：一个纯粹的诗人》，载《诗刊》，1997 年第 6 期。
⑤ 徐迟：《我的文学生涯》，百花文艺出版社 2006 年版，第 239 页。
⑥ 徐迟：《我的文学生涯》，百花文艺出版社 2006 年版，第 408 页。

所近、能打动自己的作家作品,这些特点大都体现在徐迟的翻译活动中。"①"美国文学丛书"在译者和拟议作品之间采取自由组合的方式,具体译什么由译者自己选择,这种"'认译'方式又保证了译者的爱好与长处相结合,翻译的质量是相当高的。"②

傅雷曾深有体会地写道:"选择原作好比交朋友。有的人始终与我格格不入,那就不必勉强;有的人与我一见如故,甚至相见恨晚。"③梭罗之于徐迟,在某种程度上大有酒逢知己千杯少的味道。在回忆当年翻译《瓦尔登湖》的时候,徐迟如是说道:"和一位美国作家,名叫梭罗(Henry D. Thoreau)的,一起徜徉吟咏于华尔腾……虽然身子没有去,心灵可以说已全部贯注在湖里面了。"这本书有很多片段很动人,很美妙。精辟之句,令人拍案而起。"我自己也不知道为什么爱这本书。明知此书难译,却就是要啃啃这硬东西,以为这才过瘾……觉得越译它,它越发美丽,佳妙,真切,深沉,有无穷的兴味。"④徐迟认为,《瓦尔登湖》这书很精彩,"这是一本光明的书,也是一本启示录。整个夏天,我就沉浸在这中间,舞文弄墨的同时,在瓦尔登湖的湖水中,过得很宁静,很满足,也很凉爽,很有意思,虽然周围的环境,竟完全相反"。⑤从这些叙述可以看出,徐迟的确是体悟到了梭罗《瓦尔登湖》的个中奥妙,所以才会觉得《瓦尔登湖》的思想太深刻了,文采太精美了。"这书这样美,译它也是一种享受,会感到愉快的。"⑥译完《瓦尔登湖》后,徐迟是"高高兴兴拿了这么一大叠的原稿就送交给郑安娜,请她转交耿小姐,就算完成了任务"。⑦其实,徐迟不仅是在完成了翻译任务之后因满意而高兴,就是在初识梭罗的时候,就已经一见钟情了。对此,好友冯亦代的追忆文章可资为证:"屈指算来,离故友徐迟企图要翻译梭罗的《瓦尔登湖》已经半个多世纪了,如今想到当年在重庆他首次读完梭罗原作(指《瓦尔登湖》),兴冲冲从他的草堂来到近在咫尺我的宿舍时那副激动样儿。"⑧

从初识梭罗到顺利完成《瓦尔登湖》的翻译,徐迟自始至终都满怀激动,这一是缘于促进中美文学文化交流的重大责任感使然,二是因为徐迟的确在梭罗那里

---

① 姚君伟:《徐迟与美国文学在中国的译介》,载《外国文学研究》,2005 年第 4 期,第 146 页。

② 李宪瑜:《二十世纪中国翻译文学史》(三四十年代·英法美卷),百花文艺出版社 2009 年版,第 158 页。

③ 傅雷:《翻译经验点滴》,载《文艺报》,1957 年第 10 期。

④ 徐迟:《我的文学生涯》,百花文艺出版社 2006 年版,第 491 - 492 页。

⑤ 徐迟:《我的文学生涯》,百花文艺出版社 2006 年版,第 493 页。

⑥ 高晓晖:《徐迟与〈瓦尔登湖〉的终生情缘》,载《长江文艺》,2005 年第 12 期,第 61 页。

⑦ 徐迟:《我的文学生涯》,百花文艺出版社 2006 年版,第 495 页。

⑧ 冯亦代:《宁静的瓦尔登湖》,载《读书》,1997 年第 11 期,第 52 页。

找到了心灵的共鸣,感受到了这湖水和文字都太纯洁的魅力。

1949年3月,*Walden*的中译本《华尔腾》终于问世了,尽管包括徐迟在内的许多译者都是中国现当代著名的学者或作家,包括《瓦尔登湖》在内的整套丛书的出版"标志着中国的美国文学研究进入了一个新阶段",①但丛书问世时正好举国上下热气腾腾,解放全中国的伟大战争取得了辉煌胜利,因此注意这本书的人很少。在"文革"期间,因为和"晨光世界文学丛书"沾了边,许多编委,特别是译者都受到了无理的审查,吃尽了苦头,全套丛书也被贬为一棵"毒草"。徐迟因为参与"美国文学丛书"的翻译出版,因为译介《瓦尔登湖》和费正清有过接触,所以"在'文化大革命'中,我和费正清的关系是主要审查内容,革命小将一个劲地审问我是否是美国的文化特务,后来平反了"。② 无论是翻译质量,还是图书的编排、装帧、印刷和用纸,包括《瓦尔登湖》在内的"晨光世界文学丛书"的出版可谓用心良苦,但由于中美两国的关系当时处于低潮、社会主义和资本主义两大阵营的对立以及其他的一些历史缘由,这套在当时确实有些不合时宜的丛书不但默默无闻地被人们遗忘了,而且后来居然被诬为一棵"大毒草",这大概是译者兼策划者徐迟绝对不曾想到的。

1949年,全国举行了第一届文代会,这是解放区和国(民党)统(治)区的两支文艺大军会师北京的盛会。解放区的代表献出了一套"中国人民文艺丛书",有五十册之多,均是作家们在毛泽东发表《在延安文艺座谈会上的讲话》以后推出的作品。徐迟作为代表也参加了这次会议,徐迟当时的感觉是:"捧在我手上时,我艳羡不止。国统区没有拿出成套的作品来。其实我们的那一套'美国文学丛书'也是可以表现为人类文化的一笔遗产,编辑、翻译、印刷、出版也都是很有功力的,不过因为时间条件的不同,在那时是见不得人的东西,只好藏拙,不能拿出来了。"③初识梭罗的时候,徐迟是激动不已;准备翻译*Walden*的时候,认为这是一本启示录。翻译完毕的时候,依旧觉得高高兴兴。但为何在第一届文代会上以及之后,

---

① 江宁康、金衡山、查明建等:《中国外国文学研究的学术历程》(第4卷美国文学研究的学术历程),重庆出版社2016年版,第32页。

② 赵家璧:《出版〈美国文学丛书〉的前前后后——一套标志中美文化交流的丛书》,见赵家璧:《编辑忆旧》,生活·读书·新知三联书店2008年版,第310页。

③ 徐迟:《我的文学生涯》,百花文艺出版社2006年版,第533-534页。

徐迟却觉得《瓦尔登湖》成了见不得人的东西甚至还为此遭到了严厉批判呢?①

要想得知徐迟对梭罗及其 *Walden* 的态度出现急剧变化的具体缘由,我们不妨回到当时大的时代背景并借助相关的翻译理论进行分析。翻译研究的文化学派认为,翻译是一种文化改写,也是一种文化操纵。西奥·赫曼斯(Theo Hermans)也主张:“所有的翻译都意味着出于某种目的而对原文某种程度上的操纵。”②“改写”和“操纵”这两个关键词揭示了译入语文化对于文学翻译的制约和利用的文化性质。那么,到底什么因素在操纵着文学翻译呢?安德烈·勒菲弗尔(André Lefevere)将其归结为三种力量在共同发挥作用,那就是意识形态、诗学和赞助人。在1949年之后社会文化处于“共名”③状态的情况下,中国的文学翻译基本上以满足时代的政治诉求为价值取向,外国文学作品的思想性不但成了“决定介绍与否的一个重要条件”,④而且也成了衡量和筛选已经翻译出版的外国文学作品的关键指标。1949年之后,国内居于主导地位的是以马列主义为理论基础的社会主义政治意识形态,文艺界盛行的是从苏联引入的社会主义现实主义的文学观念。在20世纪50、60年代,中国虽然没有制定明确的翻译政策和翻译选择标准,但当时的政治意识形态和一些文艺政策同样对文学翻译起到了制约和规范作用。主流意识形态对翻译提出的要求是翻译介绍“优秀”和“进步”的外国文学作品。从以上所说的诸种因素来衡量,徐迟翻译的《瓦尔登湖》显然并不具备揭露资本主义制度的腐朽残酷及强化国内主流意识形态,以对抗西方在政治、经济与文

---

① 徐迟在“文革”中之所以遭到批判是多种因素综合造成的结果。比如,佘树森和陈旭光就声称:“1965年,徐迟又写了反映汉剧名伶魏紫和姚黄生活故事的报告文学作品《牡丹》。这篇作品通过对两位艺人在‘后台’的悲剧遭遇,让人们认识到旧社会艺人的普遍遭遇,也歌颂了汉剧表演艺术家的卓越贡献。而恰恰是这篇作品,因为盛赞汉剧艺术而可能和江青当时搞的‘京剧革命’唱反调,从而为徐迟引来了杀身之祸。徐迟被公开点名批评,并从此搁笔长达十一年之久。”参见佘树森、陈旭光:《中国当代散文报告文学发展史》,北京大学出版社1996年版,第190页)。尽管如此,徐迟因为翻译梭罗的 *Walden* 在“文革”中遭到批判也是不争的事实,参见赵家璧:《编辑忆旧》,生活·读书·新知三联书店2008年版;龚翰熊:《西方文学研究》,福建人民出版社2005年版,第391页。

② Theo Hermans, "Introduction: Translation Studies and a New Paradigm", in Theo Hermans (ed.), *The Manipulation of Literary Translation*, London and Sydney: Croom Helm, 1985, p. 11

③ 所谓“共名”,指的是当时代含有重大而统一的主题时,知识分子思考问题和探索问题的材料都来自时代的主题,个人的独立性被掩盖在时代主题之下。在“共名”状态下,文化工作和文学创造都成了“共名”的派生。参见陈思和:《共名与无名》,载《上海文学》,1996年第10期。

④ 卞之琳、叶水夫等:《十年来的外国文学翻译和研究工作》,载《外国文学评论》,1959年第5期,第42页。

化等方面对新中国的遏抑和封锁的政治利用价值。而且从当时中美政治上处于极端对立的状态来看,中美之前联手打造的包括《瓦尔登湖》在内的“晨光世界文学丛书”遭到忽视,乃至被批判为“大毒草”就是情理之中的事了。

徐迟是一位优秀的翻译家,所译《瓦尔登湖》现在受到极高的评价。但在那特殊时代短短的几年之内,徐迟对梭罗及其《瓦尔登湖》的态度出现了一百八十度的大转弯,这说明徐迟对梭罗的认知还是不可避免地打上了时代的烙印。毕竟,如果译者的认识与译入语读者群体的意识形态不尽吻合的时候,作品又要经受接受环境的再次创造性叛逆。

二、借他者言说自我:20 世纪 80、90 年代徐迟对梭罗的新认知

1982 年,徐迟对《瓦尔登湖》细加修订之后,增加了“译后记”交由上海译文出版社发行。1984 年,赴美实地考察瓦尔登湖以及与美国有关学者进行交流后,徐迟对梭罗及其《瓦尔登湖》产生了更加深刻的认识,回国后经过多次修改终于完成了一篇译序。1997 年再版的《瓦尔登湖》就增加了目前我们可以看到的“译本序”。徐迟《瓦尔登湖》的“译本序”大致由三部分构成:第一部分主要类似于导言,第二部分为梭罗的生平介绍,在介绍中夹杂有评论,最后一部分是对《瓦尔登湖》具体内容的剖析。如果把 1982 年版的“译后记”和 1997 年版的“译本序”进行一番对照,我们就会发现:后者只是增添了第一部分而已。

徐迟《瓦尔登湖》的“译本序”绝不是草率之作,而是译者在经过反复思考之后才落笔形成的文字:“几年前,‘外国古典文学名著丛书’编委会决定,将它收入这套丛书,要我写一篇新序。”“只是这一篇新序却总是写不起来。1985 年写了一稿,因不满意,收回重写。然一连几年,人事倥偬,新序一直都没有写出来”,①只有等心灵完全安静下来之后,徐迟才完成了这个译本序。关于译序,纽马克(Peter Newmark)曾经指出,译者应当在译序中解释自己是如何处理原作的,对有争议的关键术语是如何理解的,自己的译作同旧译有何不同,为何不同。②纽马克其实是在告诉我们:译序是译作不可缺少的一部分,明智的翻译家应该重视译序的作用,因为读者通过译序,可以了解译者所阐发的翻译思想,翻译过程的感受,知晓译者对原著及作者的看法,译者从何处强调作品及作者,翻译时该国的文学状况如何。译序还是译者在完成译作之后进行的自我批评,“对自己在翻译选材、翻译策略、翻译方法、翻译效果等方面的成功与不足进行的总结和反思。他们往往通过译者

---

① 徐迟:《译本序》,见[美]梭罗:《瓦尔登湖》,徐迟译,上海译文出版社 2008 年版,第 1 页。

② Newmark, Peter, “A Textbook of Translation”, *Prentice Hall International*, Vol. 38, 1988.

序、跋、接受访谈或发表专题文章等方法,来发表自己对翻译的思考和体会"。①对徐迟而言,《瓦尔登湖》的"译本序"的确表明了他对梭罗其人和《瓦尔登湖》其书的体悟。对此,高晓晖说道:"这篇万字长文(指《瓦尔登湖》的译序)写成于他去世前几年,可视为他对《瓦尔登湖》钟爱一生的一个总结。"②高晓晖固然说得不错,但徐迟在此总结的又何止是其对《瓦尔登湖》的终生爱恋呢。联系徐迟走过的坎坷人生,细心阅读这经过精心打磨的译序,完全有理由认为:这篇译序绝不仅仅停留在徐迟对翻译《瓦尔登湖》中存在的得失进行总结的层面上,它倒更像是徐迟对自己一生从事酷爱的文学创作进行的深刻反思与委婉表白。

在译序的开篇伊始,徐迟就如是说道:"你能把你的心安静下来吗?如果你的心并没有安静下来,我说,你也许最好是先把你的心安静下来,然后再打开这本书,否则你也许会读不下去,认为它太浓缩,难读,艰深,甚至会觉得它莫名其妙,莫知所云。"③徐迟继而说道,在你的心静下来以后,你就会思考一些什么。在你思考一些什么问题时,你才有可能和这位亨利·戴维·梭罗先生一起,思考一下自己,更思考一下更高的原则。根据好友冯亦代的回忆,徐迟本人"喜欢沉思,沉思这个宇宙,沉思这个人类前途,像他翻译《瓦尔登湖》的作者梭罗一样"。④综合徐迟个人的习性以及他在去世不久之前,在心灵完全宁静下来之后完成的这篇译序,不妨可以设想:徐迟是在借撰写译序的机会,对自己的一生进行了全面盘点。

徐迟在一生中创作路向经历了一次巨大的转变,思想发生了两次突变。终其一生,徐迟被人评价为"属于一种'思想进步、艺术退步'的作家"。⑤徐迟早年从事的是新诗创作,写的是那种抒发个人恋爱与梦幻的"明丽之歌",⑥因而曾被左翼文艺批评家胡风讥笑为"是个只写一些恋爱、奶罩、三角裤之类的软绵绵东西的公子哥儿"。⑦但随着国内政治形势的发展,在完成《抒情的放逐》和一篇抒情散文《夏天的最后的玫瑰》后,徐迟与现代派分道扬镳,转而创作一些带着战火和硝烟

---

① 温秀颖:《翻译批评——从理论到实践》,南开大学出版社 2007 年版,第 81 页。

② 高晓晖:《徐迟与〈瓦尔登湖〉的终生情缘》,载《长江文艺》,2005 年第 12 期,第 63 页。

③ 徐迟:《译本序》,见梭罗:《瓦尔登湖》,徐迟译,上海译文出版社 2008 年版,第 1 页。

④ 冯亦代:《一颗明星的陨落》,见周明、向前主编:《难忘徐迟》,上海书店出版社 1997 年版,第 32 页。

⑤ 古远清:《徐迟与现代派》,载《外国文学研究》,2006 年第 4 期,第 155 页。

⑥ 《明丽之歌》为徐迟早年创作的诗集,其主要作品是《一天的彩绘》、《未完成的永恒证》和《静的雪神秘的雪》。参见徐迟:《〈明丽之歌〉自跋》,原载上海《新诗》第 1 卷第 5 期,1937 年 2 月 10 日出版,后收入王凤伯、孙露茜编:《徐迟研究专集》,浙江文艺出版社 1985 年版。

⑦ 徐鲁:《徐迟:猜想与幻灭》,大象出版社 2006 年版,第 38 – 40 页。

的文字,从而实现了思想的左转。在以后漫长的人生道路上,徐迟一直视自己的这个"觉醒"是一次"奥伏赫变",一次"自我革命"。在似乎是完成了一次思想信仰的新生与飞跃的同时,徐迟也终止了在文学上和现代主义道路上的另一些可能性的完成,放弃了对另一些彼岸的抵达。新中国成立后,文艺界强调文学创作从属于政治,为工农兵服务,诸如施蛰存、沈从文这样的作家因感到无法适应新的形势而过早地搁笔,终止了创作。徐迟虽然也曾有过短时间的困惑和矛盾,甚至是极其痛苦的抉择和挣扎,但他很快投入到了新的时代当中:"我想我怎么能不充当这一历史时期的记录员呢? 并且,我又怎么能不发为歌唱呢?"①此时的徐迟,力图按文代会的要求书写工农兵、赞美工农兵,可他被教条主义捆绑得连散文也写不出来,就似被废了武功的豪杰,形象思维的魔力完全失落。对于在 1949 年后至"文革"前这段时间内徐迟的创作特点,我们可以用《新诗与四个现代化》中徐迟的自我告白来作为论证:"我离开了温柔的氤氲的镣铐和美妙的格律的束缚,而投入了宽大的散文的怀抱,写了一些激动的和愤怒的,主要是论战性的粗糙的东西。"②

晚年在回顾自己走过的岁月和反思一生的追求时,徐迟的话语中"无处不显示着一种过来人将一切看透的苍凉——就仿佛是他的人生结论"。③撰写长篇回忆录 1949 年以后的部分时,徐迟从新中国成立讲起,差不多讲到"文革"前,但渐渐地这个回忆录越写越艰难了。这其中的原因非常复杂,然而最重要的因素是,他越来越对自己自 20 世纪 50、60 年代以来的生活、创作和追求产生了迷惘和怀疑。徐迟的这种迷惘与怀疑在《在共和国最初的日子里——〈江南小镇〉续集》的开端表现得一览无遗:"我现在只好叹叹气,对你们说:我只是一个幻梦家而已!而如今我的幻梦全幻灭了。幻梦! 幻灭? 是这样吗?""是这样的! 是的,你们也许还不信,我的幻梦是真的幻灭了。""我还清楚地想起,并清楚地看到我自己在那种依稀的蒙昧时代的得意洋洋的、磅礴浩荡的情绪。多么大的一个幻梦啊! 随着是多么悲哀的一个幻灭!"④徐迟在《我的文学生涯》中,也曾经对自己的一生的思想轨迹做过类似的剖白:"后来我也写了三四十年的所谓社会主义文学,而到晚年看法却又有变化了。发生了一次思想突变('奥伏赫变')以后,而整个世界又一

---

① 徐迟:《〈我们这时代的人〉后记》,见王风伯、孙露茜主编:《徐迟研究专集》,浙江文艺出版社 1985 年版,第 131 页。

② 徐鲁:《徐迟:猜想与幻灭》,大象出版社 2006 年版,第 67 - 68 页。

③ 方方:《遥望苍茫夜空》,见周明、向前主编:《难忘徐迟》,上海书店出版社 1997 年版,第 369 - 370 页。

④ 徐鲁:《徐迟:猜想与幻灭》,大象出版社 2006 年版,第 68 - 70 页。

次发生了巨大的变化了。"①

20 世纪 50 年代徐迟虽然感到有些困惑和痛苦,但还没有晚年的幻灭感。晚年在劝诫后学时,徐迟总是现身说法地坦言:"不要写那些应景的作品,要写真正的文学,真正的文学是有自己独立精神的。""不要学我一样,写杂了,把时间都浪费了。"②在一切都尘埃落定、一切浮华归于平淡的时候,徐迟清醒而尖锐地剖析自己,反思文学,并怀着一种刻骨的沉痛道出他,甚至他那一代人无意中或者是无奈中忽略的东西,即独立的文学精神。1996 年,从徐迟嘴里说出这样两段话让人震惊不已:"一是他说:人要尊严地活,如果不能这样,就不如死……二是,他回顾自己一生走过的路,总结出三个错误的选择,其中之一是:不该选择文学。"③

对文学真正价值的体悟及对自己写作生涯做出的否定评价,自然会使视写作为生命的徐迟感到幻灭,因为否定了写作,也就意味着否定了自己生命存在的价值意义。好友冯亦代在《宁静的瓦尔登湖》一文中写道:"有次他(指徐迟)来京,我们相见,曾经谈到各自游瓦尔登湖的心情,我提到'悲凉'二字,徐迟默然者久之,却说我尘缘未泯,然后两人大笑了一场。我们盛赞梭罗远离市廛的决心,认为他真是个超凡绝俗之人,而我们即使有志,也难做到,怎能望其项背呢?"④在梭罗孤独而又洒脱一生的烛照下,徐迟自然只有一份悲凉与无奈。早在 1984 年,在美国游览瓦尔登湖的时候,徐迟就曾声称,梭罗写作《瓦尔登湖》,主要对他自己的内心做了一次惊心动魄的探险。其实,凭借撰写《瓦尔登湖》的译序,徐迟本人也进行了一次内心的自我审视。

在临终前不久完成的《瓦尔登湖》"译本序"中,徐迟将《瓦尔登湖》称作"是本静静的书","一本寂寞的书,一本孤独的书","一本寂寞、恬静、智慧的书。其分析生活,批判习俗,有独到处",且"语语惊人,字字闪光,沁人心肺,动我衷肠"。⑤徐迟还看到了《瓦尔登湖》的行文中存在变化的特点,"本书内也有许多篇页是形象描绘,优美细致,像湖水的纯洁透明,像山林的茂密翠绿;有一些篇页说理透彻,十分精辟,有启发性"。⑥在这里,徐迟评析的其实分别是《瓦尔登湖》后半部分和

① 徐迟:《我的文学生涯》,百花文艺出版社 2006 年版,第 99 - 100 页。

② 方方:《遥望苍茫夜空》,见周明、向前主编:《难忘徐迟》,上海书店出版社 1997 年版,第 369 - 370 页。

③ 方方:《遥望苍茫夜空》,见周明、向前主编:《难忘徐迟》,上海书店出版社 1997 年版,第 372 页。

④ 冯亦代,《宁静的瓦尔登湖》,载《读书》,1997 年第 11 期,第 53 页。

⑤ 徐迟:《译本序》,见[美]梭罗:《瓦尔登湖》,徐迟译,上海译文出版社 2008 年版,第 2,14 页。

⑥ 徐迟:《译本序》,见〔美〕梭罗:《瓦尔登湖》,徐迟译,上海译文出版社 2008 年版,第 14 页。

前半部分的行文特点。无论是就梭罗本人,还是对《瓦尔登湖》的整体内容、语言风格以及《瓦尔登湖》的当下意义,徐迟做出的评价都不可谓不高。但事实上,此时徐迟对梭罗及其《瓦尔登湖》做出怎样的评价并不重要,重要的是通过撰写译序,徐迟借梭罗和《瓦尔登湖》这把标尺来丈量自己的一生。如此看来,晚年的徐迟对于梭罗及其《瓦尔登湖》颇具高山仰止之情,而对照自己,则是无限的沉痛和感慨。

三、开拓之功·访美名片:徐迟所译《瓦尔登湖》在国内外产生的影响

徐迟对梭罗的最终认知结果体现在修订后的《瓦尔登湖》译本及其译序上。王宏印认为:“译者是作者的代言人,是作品的复制者。译者的创作属于再创作,是二度创作,是改编或改写。”①虽然译者在翻译中往往会融入自己的东西,但原作仍然只能通过译者的手,才能获得新生和更大范围的传播。在此种意义上,我们不妨可以说,正是徐迟最先帮助梭罗打开了进入中国的门户,开始了在20世纪异域中国传播和接受的历史。

(一)徐迟的《瓦尔登湖》译本在国内产生的影响

徐迟的《瓦尔登湖》是梭罗 *Walden* 在中国最早的译本,在梭罗作品在中国的译介史上具有开拓之功,因为首译者在翻译时没有现成的译文可供参考,其译文具有不可置疑的独创性。译作不只是附属于原作,它也能对作家和作品产生反作用:译本的优劣会在特定的读者群中对原作产生正面或负面的影响。对此,作家兼评论家周国平在《名著在名译之后产生》一文中写道:

从什么样的译本读名著,这可不是一件小事。在一定的意义上可以说,名著是在名译之后产生。当然,这并不是说,在有好的中译本之前,名著在作者自己的国家和在世界也不存在。然而,确确实实的,对于不能读原著的读者来说,任何一部名著都是在有了好译本之后才开始的。譬如说,有了朱生豪的译本,莎士比亚才在中国诞生;有了叶君健的译本,安徒生才在中国诞生,有了汝龙的译本,契诃夫才在中国诞生。②

周国平在这里所指的实际上就是翻译家处在客体的位置所产生的主体性和能动性。好的译本产生的巨大推动作用由此可见一斑,而拙劣晦涩的翻译则会起到消灭原作的功效,会替作者拒绝读者,也会让读者拒绝作者。因为这类翻译不是居间,而是离间,摧毁了读者进一步与原作产生联系的可能性,扫尽读者的兴

① 王宏印:《英汉翻译综合教程》,辽宁师范大学出版社2002年版,第315页

② 周国平:《名著在名译之后产生》,载《中华读书报》,2003年3月26日。

趣,同时也破坏了原作的声誉。对于梭罗及其 *Walden* 而言,徐迟的译本《瓦尔登湖》正是名家名译。尽管梭罗 *Walden* 的中文译本众多,仅在中国大陆,目前就有徐迟、王光林、潘庆舲、戴欢等众多译者和不同出版社推出的 137 个版本,台湾地区现在也拥有黄建平、孟祥森、孔繁云等译者和正文、志文等不同出版社推出的 44 个译本,但徐迟的译本却是其中流传最广,影响最为深远的一个。即便是与当代的各种译本相比,徐迟的译本"也依然是较为准确、权威的"。①应该说,这样的评价是比较公允的。有人甚至认为,在徐迟所有的译著当中,《瓦尔登湖》译得最美最妙。《瓦尔登湖》的译文之美"应该归功于我们的抒情诗人的传神的手笔,而其也源于译者对于梭罗的最深切、最诚挚的理解和热爱"。②

徐迟翻译的《瓦尔登湖》是梭罗在中国得以传播的重要媒介。徐迟的译本在中国产生了深远的影响,上海译文出版社发行的《瓦尔登湖》一版再版,销量惊人。截至 1996 年徐迟离开人世时,其"翻译出版的名著《瓦尔登湖》,至今已再版了 8 次"。③ 后来,吉林人民出版社、沈阳出版社、中国国际广播出版社、外文出版社、中国盲文出版社、中国宇航出版社也陆续发行了徐迟翻译的《瓦尔登湖》。此外,徐迟的译本还被改头换面后,以《湖滨散记》的名字流传到了香港地区,到 20 世纪 70 年代末就由今日世界出版社再版九次之多。徐迟的译本也是在台湾地区最早发行的梭罗作品之一。因了徐迟的翻译,梭罗才得以较早地传播到了中国内地、香港和台湾地区。

徐迟翻译的《瓦尔登湖》除了在地域上泽被深远,还在不同的受众中产生了巨大的影响:"新时期以来的知识界和少数读者对于梭罗和《瓦尔登湖》的了解,大都通过这一版的(指 1982 年版的《瓦尔登湖》)。"④诗人海子对徐迟翻译的《瓦尔登湖》赞誉有加,声称自己 1986 年读到的最好的书是梭罗的《瓦尔登湖》,他卧轨自杀时随身携带的四本书中就有徐迟翻译的《瓦尔登湖》。苇岸虽然后来也阅读过三联版的《梭罗集》,收集了五种版本的《瓦尔登湖》,但他最早接触梭罗却是通过徐迟 1982 年的译本。苇岸接连读了两遍,感到自己获得了一次新生,因为徐迟翻译的《瓦尔登湖》"给我带来的精神喜悦和灵魂颤动,是我读过的其他书所不能比

① 赵英:《从生态思想的角度看徐迟对〈瓦尔登湖〉的误译》,载《南京师范大学文学院学报》,2008 年第 4 期,第 19 页。

② 徐鲁:《〈瓦尔登湖〉的魅力——徐迟和他的译著》,载《中国图书评论》,1999 年第 5 期,第 43 页。

③ 徐迟同志治丧小组:《徐迟传略》,见周明、向前主编:《难忘徐迟》,上海书店出版社 1997 年版,第 425 页

④ 徐鲁:《〈瓦尔登湖〉的魅力——徐迟和他的译著》,载《中国图书评论》,1999 年第 5 期,第 43 页。

拟的”。①学者兼作家葛红兵阅读了1999年7月份再版的徐迟译本后坦言:“梭罗的《瓦尔登湖》是我最喜爱的一本书,而且一定要是徐迟翻译本,只有这个译本最好,后来的一本都赶不上它,说穿了徐迟是一个诗人,只有诗人才能理解诗人的心,一般的翻译者是无法领会那种神性语言的韵律的。”“一段时间它是我最喜欢的书,它在我的床头整整放了一年,那段时间我床头只有两本书:《圣经》、《瓦尔登湖》。”②除了这些作家通过徐迟的译本了解了梭罗并深受其影响外,国内还有不少关于梭罗、《瓦尔登湖》或生态批评的研究成果把徐迟的译本列为参考文献或直接将徐迟翻译的《瓦尔登湖》作为研究对象:“一直以来该书也是国内研究梭罗引用最多的一个译本。”③梭罗还凭借徐迟之手,走进了中学的语文课堂:《瓦尔登湖》的片段成功入选人教版《普通高中课程标准实验教科书·语文2(必修)》,节选自《瓦尔登湖》的“神的一滴”也被收入苏教版《普通高中课程标准实验教科书(必修)·语文》。不少中学生通过课堂学习徐迟翻译的《瓦尔登湖》,了解了梭罗这位域外来客,汲取了美国19世纪文学的精华。

徐迟翻译的《瓦尔登湖》不仅影响了国内的知识界和中学生,也影响了译者本身。徐迟认为,翻译本身就是学习,或者竟是最好的学习方法之一,我们“应该大量地引进外国优秀文学,作为我们创作上的借鉴”。④ 翻译《瓦尔登湖》对徐迟来说无疑是一种激发,一种锻炼,一种拿来主义的利用。姚君伟就认为:“在徐迟的散文风格上,就不无海明威和梭罗的影响。”⑤这一点也得到了徐迟本人的承认,在写给赵家璧的信中,徐迟说道:“现在作为散文作者的我译了梭罗,人们会认为很合适,其实我正是在译了梭罗之后,受到影响,这才使我有可能散文写得好一些的呢。”⑥

(二)徐迟的《瓦尔登湖》译本在美国产生的影响

徐迟翻译的《瓦尔登湖》地位之重要,用他的自谦之词来说就是:“我的译文也

---

① 苇岸:《人必须忠于自己》,载苇岸:《太阳升起以后》,中国工人出版社2000年版,第117页。

② 葛红兵:《国庆长假最值得读的三本书》,http://group.baike.com/feizhuliu/doc/heWBmR0dnAn9jcHRz.html(访问时间:2018年1月30日)。

③ 张旭:《美国散文翻译在中国》,见罗选民主编:《外国文学翻译在中国》,安徽文艺出版社2003年版,第15页。

④ 徐迟:《关于文艺写作的几个问题》,原载武汉《写作》,1981年创刊号。后收入王凤伯、孙露茜编:《徐迟研究专集》,浙江文艺出版社1985年版,第259页。

⑤ 姚君伟:《徐迟与美国文学在中国的译介》,载《外国文学研究》,2005年第4期,第148页。

⑥ 赵家璧:《出版〈美国文学丛书〉的前前后后——一套标志中美文化交流的丛书》,见赵家璧:《编辑忆旧》,生活·读书·新知三联书店2008年版,第310页

不怎么样,但我的译文使用的是一个十亿人口国家普遍使用的文字。"①其实,徐迟还是低估了自己所译《瓦尔登湖》的价值所在。1984 年,徐迟应"国际写作计划"(International Writing Program,简称 IWP)的邀请,踏上了出国访美的人生旅程。"国际写作计划"是个全球性的作家交流盛会,参加者由主办方提名,"自近年以来,我国每年都有二三位作家前往爱城,去参加 IWP……应邀去做客者全是我国著名作家"。② 1984 年受邀参加的中国作家中就包括徐迟,由此可见美方对徐迟作家身份的看重。其实,这也不难理解。"文化大革命"结束之后,徐迟创作的《地质之光》、《哥德巴赫猜想》等一系列报告文学在国内引起了巨大的反响:"他关于报告文学这一文学样式的理论主张及成功的创作实践,对于我国报告文学创作的繁荣和发展起到了积极的促进作用。"③在美国访问时,徐迟接受邀请参加了一个主题为"作为一种文学形式的报告文学"的讨论会,徐迟在大会上宣告报告文学的时代之来临,也谈到了虚构的小说和非虚构的报告文学之同异。但会后,"颇有些人赞扬我的外语尚可,于我的演讲内容,却未置一辞。"④因为徐迟在激情洋溢地进行关于报告文学的演讲的时候,没想到在美国这些话早已不足为奇。报告文学这一名词,美国已经废弃不用,用的正是与"小说"(fiction)对立的"非虚构"(nonfiction)。而且,对美国文学来说,虚构与非虚构类型的图书"在书市上几乎各占了一半地位","非虚构时代早已来临,在美国它很兴旺发达"。⑤踏上了美国这块异域的土地之后,徐迟这一国内著名的报告文学家才大发感叹:"我被封闭得太久,孤陋寡闻","做梦也没想到:一个新型的非虚构的文学时代早已经登上场来,露了面了"。⑥

以作家的身份赴美,但却只是受到礼节性的称赞,中国著名报告文学家的头衔并未给徐迟在美国带来多少荣耀。相反,倒是《瓦尔登湖》译者的身份成为徐迟结交美国朋友的特殊名片。在访问内州大学、宾州大学和坦波尔大学的时候,徐迟与美方交谈的内容都涉及梭罗及其《瓦尔登湖》而非报告文学创作:"我在内州大学接连地进行两天的紧张活动。我访问了大学文学院的亚洲语文系,和美尔文·里昂教授交谈,主要是探讨美国散文家梭罗的《瓦尔登湖》。不知怎的,大学

① 徐迟:《美国,一个秋天的旅行》,人民文学出版社 1991 年版,第 193 页。

② 徐迟:《美国,一个秋天的旅行》,人民文学出版社 1991 年版,第 16 - 17 页。

③ 徐迟同志治丧小组:《徐迟传略》,见周明、向前主编,《难忘徐迟》,上海书店出版社 1997 年版,第 425 页。

④ 徐迟:《美国,一个秋天的旅行》,人民文学出版社 1991 年版,第 22 页。

⑤ 徐迟:《美国,一个秋天的旅行》,人民文学出版社 1991 年版,第 22 - 23 页。

⑥ 徐迟:《美国,一个秋天的旅行》,人民文学出版社 1991 年版,第 23 页。

早已知道我是该书的中译者。里昂教授也已得到通知，并有准备地和我讨论这本著作。"①"按照计划，我访问了宾州大学外语系的李凯特先生和他临时拉来陪来谈话的牟依尔先生。……牟先生也是一位梭罗的《瓦尔登湖》的研究者。IIE事先告诉了他们我是该书译者，现正在准备一篇再版序文等等。……于是我们又谈了许多梭罗的话。一直谈到吃午饭。整个午饭都是谈这本书这个作家。""坦波尔大学的访问只能是一次轻松愉快的谈话，从瓦尔登湖谈到精神生活，从文化交流谈到中美友好。"②

徐迟翻译的《瓦尔登湖》自然是梭罗传入中国的重要媒介者，如今梭罗也成了徐迟在美国的一张通行证，成为徐迟在美国参加活动的媒介物。因此在某种意义上，我们不妨可以说，徐迟与梭罗互为媒介者。这从徐迟本人的反应中也可窥见一斑："从游记（指访美游记《美国，一个秋天的旅行》）的记载可以看出，徐迟很为自己作为《瓦尔登湖》的译者而自豪，同时，也毫不掩饰地流露出了自己对梭罗的仰慕以及他对瓦尔登湖的神往。"③

四、断臂的残缺之美：徐迟所译《瓦尔登湖》存在不足的表现及原因

徐迟一生的文学生涯长达六十多年，而文学翻译贯穿始终。在他一生为数众多的译作中，《瓦尔登湖》是他最珍爱也最有代表性的一部。徐迟的译作是梭罗的*Walden*在中国的第一个译本。从总体来看，这是一部很好的译作，不少译文处理得自然恰当，译笔舒展自如，流畅优美，许多段落读来朗朗上口，令人口角生香。虽然第一个译者是译界功臣，是披荆斩棘的开拓者，功不可没，但毕竟旧译是第一次尝试，因此存在一些疏漏也在所难免。尽管进入20世纪80年代之后，徐迟本人先后两次对译作中的误译进行了订正，但徐译《瓦尔登湖》依然难以说是一个完美的译本。

（一）徐迟译作《瓦尔登湖》存在不足的表现

徐迟译作存在的瑕疵很早就引起了学术界的注意。早在1984年，李毅就发表了《对〈瓦尔登湖〉中译本的几点意见》，在文中李毅指出徐译本存在三方面的误译，即词语的误译，因不了解背景而造成的误译以及注释中存在的错误。后来，更多学者从不同角度入手，分析徐译本中存在的失误：孙胜忠从文化传译的角度，认为徐译本"在神话、典故和出处等方面存在着比较明显的疏漏和错误。而这方

---

① 徐迟：《美国，一个秋天的旅行》，人民文学出版社1991年版，第52页。

② 徐迟：《美国，一个秋天的旅行》，人民文学出版社1991年版，第173、174、179页。

③ 高晓晖：《徐迟与〈瓦尔登湖〉的终生情缘》，载《长江文艺》，2005年第12期，第61页。

面的翻译会直接影响到译文读者的理解和原著的文学品味”。①汤敬安和央泉(《从关联翻译理论的视角比较〈瓦尔登湖〉的三个译本》,载《中南林业科技大学学报(社科版)》,2007 年第 3 期)从关联理论的角度出发,分析了徐译本《瓦尔登湖》的得失。陈才忆(《〈瓦尔登湖〉两种译本比较》,载《外语艺术教育研究》,2007 年第 2 期)在阅读徐译本时产生了困惑,后来对照了徐迟的译本和陈凯的译本,最后参阅了约珥·迈尔森(Joel Myerson)主编的梭罗评论后,发现徐迟译本误读了原文的一些句子。陈才忆详细列举了徐译本中出现的不同错误。赵英认为,由于时代的局限,徐迟不可能从生态批评的角度认识《瓦尔登湖》,从如今盛行的生态批评的角度观之,徐译“未能将原作中包含的许多重要的生态思想很好地翻译表达出来”。因此我们“必须深入地从生态思想的角度研究梭罗,找出并改正以往的误译,还梭罗的本来面目——生态文学先驱、生态文学奠基人的面目”。②

其实,不仅学术界,而且翻译界也发现了徐译本的不足,《瓦尔登湖》大量复译本的出现就是一个有力的证据。当然促使外国文学名著不断出现复译本的因素很多,但一个不可忽视的原因就在于已有的译本失误较多,理解有待加深,表达有待于提高。鲁迅曾经说道:“即使已有好译本,复译也还是必要的。……但倘使后来的译者自己觉得可以译得更好,就不妨再来译一遍,无须客气,更不必管那些无聊的唠叨。取旧译的长处,再加上自己的新心得,这才会成功一种近于完全的定本。”③徐迟的译本的确是名家名译,但正如学术界的研究成果所表明的那样,徐译中显然存在一些容易让人产生困惑的误译。这些误译和疏漏,轻则影响文气通畅,重则改变作者原意,给读者带来误导,这是译家非常忌讳的。所以在超越精神和追求完美意识的驱使下,在徐译之后出现了陈凯、王光林、潘庆舲、戴欢、孟祥森、孔繁云等不同译者翻译的《瓦尔登湖》。这些复译本在很大程度上是为了修订徐迟译本中的误译,因此,它们的出现“有着深刻的必然性和必要性,其实,那一次次的复译,体现着译者对尽善尽美的执着追求;正是因为有了这执着的追求,我们的名著翻译才有可能日臻完美”。④

---

① 孙胜忠:《从文化传译看梭罗 *Walden* 的三个中文译本》,载《上海科技翻译》,2004 年第 1 期,第 62 页。

② 赵英:《从生态思想的角度看徐迟对〈瓦尔登湖〉的误译》,载《南京师范大学文学院学报》,2008 年第 4 期,第 19,24 页。

③ 鲁迅:《非有复译不可》,见中国翻译工作者协会《翻译通讯》编辑部主编:《翻译研究论文集》(1894—1948),外语教学与研究出版社 1984 年版,第 243 页。

④ 刘晓丽:《名著重译,贵在超越》,载《中国翻译》,1999 年第 3 期,第 12 页。

（二）徐迟译作《瓦尔登湖》存在不足的原因

徐迟的译作《瓦尔登湖》之所以存在不足，是由多种因素造成的，这既牵扯到理解并传译 *Walden* 的难度和译者的翻译理念，也涉及翻译界对范本或定本的理解。

首先，梭罗的 *Walden* 文字深奥难懂，又大量涉及希腊罗马神话、圣经典故、当时的人物、事件、地点等，再加上它具有深厚的文化意蕴和富于诗意的独特表达风格，这无形之中增加了理解和翻译该书的难度。徐迟本人也认为，这本书不太好读，也不太好译，因为它有很多片段极深奥，极晦涩，而开头的《经济篇》是最难译的，也是最难读的。《瓦尔登湖》全书共二十二万字，徐迟当时每天大约译七八千字，只用三十多天就完成了任务。“译完以后，也不写序跋，也没有仔细校对一遍。”①徐迟在《帕尔玛宫闱秘史》的译者跋语中曾经坦言：“我不是一个职业的翻译家，所以我往往赶着译书，实际上有许多事在等我，我相信一定免不了有很多的疏漏。”②徐迟的这番真情告白从一个侧面反映了他对梭罗 *Walden* 所持的翻译心态。时间紧，难度大，全部的译文质量自然难以全有保证，即使后来花了很大功夫进行修订，但坯胎已定，徐迟所做的也就只能是小地方的修修补补。在后来追忆翻译《瓦尔登湖》第九章《湖》的时候，徐迟说道：“但后来自己改之不休，怎么也改不到既贴切，又合适，无懈可击的程度。因为这湖水和这文字都太纯洁了，感到我自己还缺少这种透明度，所以译不出那种美景和那种奇异的境界。”③这段话固然不排除徐迟有些自谦的成分在内，但它也表明传译《瓦尔登湖》的难度之大。

其次，徐迟的翻译理念也影响到了《瓦尔登湖》的翻译质量，使徐译本中存在一定的误译。徐迟译介《瓦尔登湖》时，“那时的翻译并不要求字字精确，不一定要一个字都不能落掉，或不够妥贴的。而我要求于我自己的是一种笔墨上的神势，既感染了自己又感染别人的激情，有如电磁力的相互作用，我认为这最重要”。④从徐迟的这番话可以看出，他其实并不完全服膺严复提出的“信、达、雅”的看法，而是觉得：

这三个字也可以颠倒过来，改为“雅、达、信”，更好一些。现在有的译本，信则信矣，却信得读不下去；有的译本读起来倒是读得下去，但它是有一些错误的，或有一些改动的地方。两者相比，我宁取后者，读得下去的；而不愿读也无法读前者

① 徐迟：《我的文学生涯》，百花文艺出版社 2006 年版，第 495 页。

② 徐迟，原载《帕尔玛宫闱秘史》，上海图书杂志联合发行所，1948 年 5 月出版，后收入王凤伯、孙露茜编：《徐迟研究专集》，浙江文艺出版社 1985 年版，第 130 页。

③ 徐迟：《我的文学生涯》，百花文艺出版社 2006 年版，第 492 页。

④ 徐迟：《我的文学生涯》，百花文艺出版社 2006 年版，第 467 页。

的,不忍卒读的译本,这样的译本现在不少。如一本书,译得雅而又有错,我就不相信会如此的,除非有特殊的原因。能够很雅的,必能很达,并很可信。如林纾的一百多个译本,就属如此的。反过来,能译得很信得过去的,未必能译得很达,更未必能译得很雅的。文学,本来就是一件"风流雅趣"的事儿。……文学译文不光要"信",要"达",尤贵乎要"雅"。①

翻译《瓦尔登湖》时,徐迟追求的首先是神韵的传达,而不是语句的精确,徐迟更为欣赏的似乎是林纾式的译写。按照现在的翻译批评中微观的语言分析和源本与译本比较的路子,徐迟翻译的《瓦尔登湖》自然存在一定的误译。其实,徐迟本人也从不认为自己的《瓦尔登湖》译本无可挑剔,因为他认为越是精彩的作品,越是没法翻译的,"优秀的文学作品是绝不可能翻译过来的","翻译是根本不可能的,特别是,尤其是最好的文学作品"。②但非常巧合的是,梭罗的《瓦尔登湖》恰恰就是一部举世公认的散文名作。

再次,现代文学理论也使我们认识到:徐迟不可能穷尽对梭罗《瓦尔登湖》的阐释。一部文学作品问世以后,就具有了相对的独立性,其意义的阐释与开掘有赖于读者的参与,其价值也有赖于读者的认识。而译者,首先就是一个读者,最首要的任务是去理解、阐释文学作品。然而任何一部文学作品,尤其是那些内涵丰富的文学作品的意义是不可能一次就被彻底认识的。随着历史的发展和新学科新理论的不断涌现,人们阐释文学作品的方法在不断丰富,认识在不断加深。当后人换个角度重新思考原著的时候,就有了一种全新的诠释行为,而"译者用全新的文学观审视历史的译本时,历史文本和现时译者文学观"之间也就产生了"裂痕和冲突"。③正如前文所分析的那样,在如今生态批评理论的烛照下,赵英就发现了徐迟所译《瓦尔登湖》没有将梭罗的生态理念很好地表达出来。

优秀的翻译作品不是应时应景的东西,它应能经得住时间的考验。奈达(Eugene Nida)曾经表示,任何作品,一旦翻译成另一种文字,那译本不论多么成功,其生命力也只有五十年,超过了五十年,所有的译著都应该由新的译本取代了。④徐迟翻译的《瓦尔登湖》1949 年问世至今已有近七十年的历史,但依然具有旺盛的生命力,并没因复译本的大量涌现而退出历史的舞台,失去其存在的价值,这实是

---

① 徐迟:《我的文学生涯》,百花文艺出版社 2006 年版,第 468 页。

② 徐迟:《我的文学生涯》,百花文艺出版社 2006 年版,第 467 页。

③ 姜秋霞:《文学翻译与社会文化的相互作用关系研究》,外语教学与研究出版社 2009 年版,第 69 页。

④ 姜秋霞:《文学翻译与社会文化的相互作用关系研究》,外语教学与研究出版社 2009 年版,第 66 页。

难能可贵了。

五、小结

徐迟与梭罗的关系是译者与作者之间的关系,但又没有简单地停留在文学作品翻译的语言转换这个层面。徐迟对梭罗《瓦尔登湖》的认识,经历了一个肯定(初识梭罗、初译《瓦尔登湖》时的兴奋)——否定(1949年后感觉《瓦尔登湖》羞于见人)——再次肯定(晚年对梭罗其人其作的极力赞扬)的历程,但这不是一个简单的循环,也不是在经过了几十年后,徐迟对梭罗的认识再次回到起点。从目前已有的资料来看,在20世纪40年代末和50年代初,徐迟对梭罗及其《瓦尔登湖》的态度尽管出现了阴阳两重天的巨变,但基本可以归结为是在政治和个人双重因素的合力下,译者对作者和原作本身的体悟有所变动。到了20世纪80、90年代之后,晚年的徐迟在经历了人生的大起大落且出国开阔了眼界之后,对梭罗及其《瓦尔登湖》的认识出现了极大的飞跃。此时的徐迟对梭罗及其《瓦尔登湖》欣赏依旧,但更多时候徐迟其实是在借梭罗和《瓦尔登湖》来巧妙地剖白心迹,进行自我言说。

德里达(Jacques Derrida)说过,"翻译在一种新的躯体、新的文化中打开了文本的崭新历史"。①徐迟的努力使梭罗的*Walden*在新的时空中产生了新的生命,它在我国普通读者群体和知识界都产生了相当的影响,推动了梭罗其人其作在中国的传播和接受,而《瓦尔登湖》译者的身份也成了徐迟在美国受到礼遇的重要因素。梭罗在不经意中,也成了徐迟走向美国的媒介者。由于种种原因,徐迟翻译的《瓦尔登湖》存在一些谬误,从今天的视角来看,这些误译非常明显,但这却无法抹杀徐译本的价值所在。在文学翻译中,究竟是否存在难以逾越的定本或范本,学术界对此一直争论不休,迄今尚未达成一致意见。如果声称徐迟翻译的《瓦尔登湖》是存在于特定时空中的相对的范本会引起质疑的话,那么断言徐迟翻译梭罗的《瓦尔登湖》的确是名家名译恐怕很少会遭到反对意见。

徐迟一生著述等身,读过的古今中外作家的作品难以计数,但与之结下终生情缘的著作恐怕只有梭罗的《瓦尔登湖》一本而已。梭罗之于徐迟,可以借用高晓晖的一句话作为结束语:"梭罗就好像徐迟的影子一样,一遇光照,他的形迹就浮现出来了。"②

---

① [法]雅克·德里达:《书写与差异》,张宁译,生活·读书·新知三联书店2001年版,第25页。

② 高晓晖:《徐迟与〈瓦尔登湖〉的终生情缘》,载《长江文艺》,2005年第12期,第63页。

第三节 苇岸与梭罗:影响接受研究

苇岸是我国非常优秀的一位新生代生态散文作家,尽管他在这个自己并不满意而又热情爱恋着的喧嚣尘世上总共生活了不足四十个年头,身后留下的文字也仅有十七万字左右。《太阳升起以后》是苇岸在逝世前夕扶病整理、编定的一部散文集,其中收录了他创作的《一九九八 廿四节气》、《大地上的事情》等具有代表性的散文,以及书札、序跋、随笔、访谈录等,共计46篇。

苇岸这一颗充实的种子从"默默吐出第一支花萼,直至凋谢,都未曾引起人们的足够的关注。他的书,连同他一样是寂寞的"。①不过随着环境问题的日益凸显和生态批评的逐渐崛起,苇岸散文蕴含的生态意义如今受到人们越来越多的重视。对此,余树森和陈旭光说道:苇岸的散文"在当前散文家中自成一家,格外引人注目"。② 张守仁也宣称:"苇岸离开我们整整一年了。随着时间的流逝,我们越发感到他突出的位置,目前没有哪个散文家能够去填补、去替代";"他是大地忠贞不渝的歌者"。③王家新则说道:作为大地的代言人,苇岸在大地上的写作维度"为中国当代散文树立起一种原初意义上的风貌和品格,汉语的承载量因他的写作而得以扩大和拓宽了。正在远逝的十八、十九世纪牧歌式的诗意和世界最初的朴实与原质恰好被他捕捉到并记录在《大地上的事情》中了,在现代文明的进程中,可望得以保存下来"。④苇岸过世之后,友人在进行追忆的时候,林贤治如是说道:"我沉痛地感受到了一种丧失:中国失去了一位懂得劳动和爱情的善良的公民,中国散文界失去了一位富于独创性的有为的作家。"在林贤治眼中,苇岸俨然是"二十世纪最后一位圣徒"。⑤对于其代表作《大地上的事情》,沈义贞在《中国当代散文艺术演变史》中指出:"苇岸的这篇《大地上的事情》可以说是整个新生代散文作者群体中最为出色的,即使摆放到同期散文领域一流文本的行列中考察也毫不逊色。"⑥

---

① 林贤治:《未曾消失的苇岸》,见苇岸:《太阳升起以后》,中国工人出版社2000年版,第1页。

② 余树森、陈旭光:《中国当代散文报告文学发展史》,北京大学出版社1996年版,第230页。

③ 张守仁:《苇岸,大地的歌者》,载《海燕》,2006年第2期,第33页。

④ 王家新:《哀歌》,载《青年文学》,2000年第1期,第139页。

⑤ 林贤治:《未曾消失的苇岸》,见苇岸:《太阳升起以后》,中国工人出版社2000年版,第2、7页。

⑥ 沈义贞:《中国当代散文艺术演变史》,浙江大学出版社2000年版,第277页.

从1999年苇岸离开人世至今，将近二十年的时光已经悄然而逝。因为时间的拉远，当有机会平静地再度审视苇岸那遗留下来的为数不多的文字时，我们不得不承认：对苇岸的上述评语基本上比较客观公允，苇岸在当代散文创作中取得的成就是无可置疑的事实。德国大文豪歌德（Johann Wolfgang von Goethe）曾经指出："各门艺术都有一种源流关系。每逢看到一位艺术大师，你总可以看出他吸取了前人的精华，就是这种精华培育出他的伟大。"①但凡艺术家都会处在一个庞大的艺术系统当中，都非无源之水，亦非无本之木，都会面临一个接受他人影响并对他人施加影响的问题。那么，对于"全部作品所奔赴的关于'大地道德'的主题，在中国现代文学中，具有开创的意义"②的苇岸，我们不禁要问：究竟是什么精华培育了他的伟大？

苇岸曾自称祖国源远流长的文学一直未能进入自己的视野，"说到中国作家，我便感到惭愧，因为我对自己民族的文学所读甚少"。③但苇岸一生在西方文学领域却涉猎广泛，因此很难将其创作全部归因于受到某一个域外作家或某一部外国作品的影响。苇岸在创作中转益多师，但似乎并没有表现出哈罗德·布鲁姆（Harold Bloom）所谓的"影响的焦虑"。他先后在《人必须忠于自己》、《一个人的道路——我的自述》、《我喜爱的五本散文集——答〈散文天地〉"名家荐散文"栏》、《梭罗意味着什么——致树才》、《我与梭罗》等多篇文章中言及自己从梭罗的《瓦尔登湖》中受益良多："《瓦尔登湖》是我唯一从版本上多重收藏的书籍，以纪念这部瑰伟的富于思想的散文著作对我的写作和人生的'奠基'意义"；④"我曾有过一段诗歌时期，即阅读和写作主要围绕诗歌进行的时期。这个时期在我读到散文名著《瓦尔登湖》（一九八六年末）后便基本结束了"。⑤《瓦尔登湖》促使苇岸从诗歌转向散文写作，而梭罗也成为其散文创作的一个重要的精神源头，因此苇岸将其称作有生以来对自己影响最大的书。在《一个人的道路——我的自述》和《在散文的道路上——答〈新生代散文选〉问》中，苇岸都曾毫不掩饰地说道："我喜爱的、对我影响较大的、确立了我的信仰、塑造了我写作面貌的作家和诗人，

① ［德］爱克曼辑录：《歌德谈话录》，朱光潜译，安徽教育出版社2006年版，第109页。

② 林贤治：《未曾消失的苇岸》，见苇岸：《太阳升起以后》，中国工人出版社2000年版，第8页。

③ 苇岸：《在散文的道路上——答〈新生代散文选〉问》，见苇岸：《太阳升起以后》，中国工人出版社2000年版，第194页。

④ 苇岸：《我与梭罗》：见苇岸：《太阳升起以后》，中国工人出版社2000年版，第120页。

⑤ 苇岸：《答美文"一百年代散文写作随访"问》，见苇岸：《太阳升起以后》，中国工人出版社2000年版，第191页。

主要有:梭罗、列夫·托尔斯泰、泰戈尔、惠特曼等。”①“根据我的有限的阅读范围和经验,过去对我影响较大的,确立了我的精神和信念,与我的写作面貌有关的作家和作品主要有:列夫·托尔斯泰(特别是他的《天国就在你们心里》和《那么我们应该怎么办》)、梭罗《瓦尔登湖》、泰戈尔等。”②从苇岸的这些自我剖白可以看出,他的创作的确是深受梭罗《瓦尔登湖》的影响。在苇岸阅读和写作时面对的墙上,一直挂着两幅肖像,其中一幅是列夫·托尔斯泰,另外一幅就是梭罗。苇岸还曾对朋友们说过,他是生活在托尔斯泰和梭罗的“阴影”中的人。苇岸对梭罗的喜爱程度由此可见一斑。

在苇岸短短的文字生涯中,梭罗可以说是一个绕不过去的存在。有人认为梭罗的西方自然观深深地影响了苇岸,也有人认为托尔斯泰代表了苇岸的人生观,而梭罗表明了他的自然观,苇岸的散文“被当成是梭罗‘超验主义’的中国版”。③这些评判在某种程度上点明了苇岸与梭罗之间的影响与接受关系。但苇岸通过什么媒介接触了梭罗,苇岸对梭罗是怎样认识的,苇岸接受了梭罗的哪些影响,苇岸在受到梭罗的影响后创作发生了什么变化,迄今为止学术界少见有人进行深入的探讨。本节旨在从比较文学的影响研究路线出发,对苇岸与梭罗之间这一无人不知但又无人尽知的文学现象进行详细的剖析。

一、译本·原作·评论:苇岸接受梭罗影响的媒介

“媒介”意为居间者、中介者,这是一种拟人法的比喻,指把一国文学文化介绍、传播到另一国,使它们之间产生文学交流及影响接受联系的途径与方式。媒介物可能是文字文本,也可能是非文字方式,但“最主要的还是通过个人媒介、团体或环境媒介和文字媒介来产生作用”。④ 文字媒介有的起了直接的媒介作用,有的则起了间接的媒介作用。苇岸对于梭罗的接受,不是一次性完成的动作,因此其间的媒介物并非只有一种。

苇岸最早与梭罗接触,要归功于好友海子的推荐:“一九八六年冬,诗人海子向我介绍,他今年读到的最好的书是梭罗的《瓦尔登湖》。我向他借来,读了两遍,

---

① 苇岸:《一个人的道路——我的自述》,见苇岸:《太阳升起以后》,中国工人出版社 2000 年版,第 235 页。

② 苇岸:《在散文的道路上——答〈新生代散文选〉问》,见苇岸:《太阳升起以后》,中国工人出版社 2000 年版,第 194 页。

③ 袁勇麟主编:《中国现当代散文导读》,中国市场出版社 2008 年版,第 172 页。

④ 孙景尧:《简明比较文学——“自我”和“他者”的认知之道》,中国青年出版社 2006 年版,第 162 页。

并做了许多摘记。由于这本书,我觉得我获得了一次新生。它给我带来的精神喜悦和灵魂颤动,是我读过的其他书所不能比拟的。"①在此之前,苇岸对梭罗及其《瓦尔登湖》一无所知。苇岸当时阅读的《瓦尔登湖》并不是梭罗的英文原作,而是中译本,是海子从他执教的中国政法大学图书馆借的,上海译文出版社 1982 年的版本,译者为徐迟。在相当长的一段时间之内,苇岸阅读的都是徐迟译的《瓦尔登湖》。在 1998 年 3 月的《梭罗意味着什么——致树才》中,苇岸却透露了新的消息:"近期集中读了三联版的《梭罗集》,除了广为人知的《瓦尔登湖》外,另收《在康科德与梅里马克河上的一周》(河流旅行记)、《缅因森林》(森林旅行记)和《科德角》(滨海旅行记)。过去我只读过《瓦》,现在我愈发感到梭罗的可爱、可敬和难得。"②此时苇岸对梭罗的接受已经不再局限于徐迟的译本。两个月后,在《我与梭罗》一文中,苇岸指出:"直到一九九五年末,我才偶然在西四新华书店内院供应团体图书的二层简易楼上意外地发现了它。我买下了仅剩的两本,这是上海译文出版社一九九三年的版本,为外国文学名著丛书中的一种,印数三千册。现在我手里已经有五种中文版本的《瓦尔登湖》了,它们出自国内的三家出版社(此外我还有一册友人赠予的麦克米伦出版公司一九六二年的英文版本)。"③

苇岸不经意间留下的这些文字成了一条极为重要的线索。顺着阿里阿德涅的这个线团,我们就能穿越迷宫,最大限度地探明苇岸对梭罗进行接受的媒介物究竟为何。回顾梭罗在中国的传播轨迹,我们可以得知,在 1999 年之前,中国内地共出版了如下译本的 *Walden*:

出版年份	书名	译者	出版社
1982/1993/1997	《瓦尔登湖》	徐迟	上海译文出版社
1996	《瓦尔登湖》 (收于《梭罗集》)	许崇信、林本椿	生活·读书·新知 三联书店
1996	《瓦尔登湖》	刘绯	花山文艺出版社
1996	《林中生活》(英语读物)	罗少茜等	北京师范大学出版社
1997	《瓦尔登湖》	徐迟	吉林人民出版社
1998	《湖滨散记》	王光林	作家出版社

① 苇岸:《人必须忠于自己》,见苇岸:《太阳升起以后》,中国工人出版社 2000 年版,第 117 页。

② 苇岸:《梭罗意味着什么——致树才》,见苇岸:《太阳升起以后》,中国工人出版社 2000 年版,第 93 – 94 页。

③ 苇岸:《我与梭罗》,见苇岸:《太阳升起以后》,中国工人出版社 2000 年版,第 119 页。

王光林翻译的《湖滨散记》初版于1998年12月,在时间上显然晚于苇岸的上述记载,所以自然排除。喜欢1982年出版的徐译《瓦尔登湖》,并曾做了近万字的摘记是板上钉钉的事情,但苇岸也曾说道:1995年末之前,“为了得到《瓦尔登湖》,我一直注意在书店寻找这本书,我甚至想给上海译文出版社写一封信”,①建议他们重印《瓦尔登湖》。从这里来看,苇岸拥有的也非1982年出版的徐迟译本。北京师范大学出版社1996年出版的《林中生活》为美国英语系列阶梯读物之一,自然也不是苇岸所说的《瓦尔登湖》的中文译本。鉴于当时获取台湾和香港地区出版的*Walden*译本并不十分方便以及港台普遍将之译为《湖滨散记》,所以经过这么一番排除之后,我们可以推测:苇岸收藏的《瓦尔登湖》就只能从上海译文出版社、生活·读书·新知三联书店、花山文艺出版社还有吉林人民出版社推出的几种版本中进行选择了。

苇岸利用不同译者、不同版本的《瓦尔登湖》相互佐证,相互参照,力求最大限度地接近梭罗的原作*Walden*。因此,我们完全可以说:文学翻译成了苇岸接近梭罗的最主要渠道。钱钟书曾经说过:文学翻译“是个居间者或联络员,介绍大家去认识外国作品,引诱大家去爱好外国作品,仿佛做媒似的,使国与国之间缔结了‘文学因缘’”。② 孔慧怡也曾指出,译作的读者看译作的目的“不是要理解译文,而是希望理解原作”。③苇岸虽然毕业于中国人民大学哲学系,但他并没有仅仅满足于阅读中文译本的《瓦尔登湖》,因为译本无论再好,在语言转换的过程中,都难免存在信息的增添、失落和歪曲等。这正如法国文学社会学家埃斯卡皮所说的那样,归根结底,翻译总是一种创造性叛逆。而事实上,徐迟、许崇信和林本椿、刘绯翻译的《瓦尔登湖》都不同程度地存在一些误译。因此,对文本终极意义的追求促使苇岸转向了梭罗的英文原作(麦克米伦出版公司1962年推出的英文版本)。这在袁毅的追忆文章中也得到了证明:1997年11月27日去北京人民大会堂领取《小说月报》第七届百花奖的优秀责任编辑奖时,饭后与苇岸在沙发上聊天,“苇岸先生说他正在读英文原版的《梭罗传》,准备一点一点把它译出来介绍给国内读者”。④

除了阅读中英文版本的《瓦尔登湖》直接受到梭罗的影响外,苇岸显然还通过

① 苇岸:《我与梭罗》,见苇岸:《太阳升起以后》,中国工人出版社2000年版,第119页。

② 孙景尧:《简明比较文学——“自我”和“他者”的认知之道》,中国青年出版社2006年版,第133页。

③ 孔慧怡:《殊途不同归——论译本作为译入语文化产品的意义》,见孔慧怡:《翻译·文学·文化》,北京大学出版社1999年版,第82页。

④ 袁毅:《最后一棵会思想的芦苇——追忆苇岸先生》,载《书屋》,2001年第10期,第61页。

其他媒介物来多方面了解梭罗。在谈到影响和接受研究涉及的基本问题时,孙景尧指出:“接受者是直接读了那些作品,还是读了有关作品的评介?即查明接受影响是直接还是间接的事实。”①苇岸对梭罗的关注长达十多年,国内一些评论梭罗的文章自然也走进了他的视线:“自一八七三年梭罗的生前好友钱宁率先为其写传以来,关于梭罗的传记和著述已数不胜数。这两年由于《瓦尔登湖》在国内的频繁出版,谈论梭罗的文章(或颂扬或贬损)亦不时出现。”②对于这些间接的媒介物,尤其是针对当时《读书》杂志上围绕梭罗究竟是真隐抑或假隐的论争,苇岸也给予了及时的回应,他在《世界文学》(1998 年第 5 期)上刊发长文《我与梭罗》以系统地阐述自己对梭罗和《瓦尔登湖》的看法。

其实,不管是阅读《瓦尔登湖》还是相关评论,这都是苇岸对梭罗进行接受的极为明显的媒介物。倘若对苇岸与梭罗的渊源进行追根究底,我们还会发现其背后存在一些若隐若现的媒介。苇岸曾经声称:“对于人类来说,无疑没有哪个作家比托尔斯泰更伟大”,“‘我们中间没有谁能像他那样执著于崇高、伟大的理想。这是他胜过所有作家的地方’”。③苇岸因为从小就非常心软,甚至有些极端的缘故,后来遇到托尔斯泰和甘地倡导的非暴力主张时对非暴力主义一见倾心,但殊不知托尔斯泰和甘地的思想主张都曾受到梭罗的《论公民的不服从》的启迪。梭罗在《论公民的不服从》中提出了“遵守法律不如遵守正义”的主张:梭罗的这些政治主张在当时影响很大,后来成为世界上一些著名的非暴力主义者和改良主义者的思想武器,“俄国的列夫·托尔斯泰推崇梭罗的政治观和自然观,印度的圣雄甘地将梭罗的思想发展为非暴力不合作思想”。④因此,我们完全有理由说,苇岸通过托尔斯泰和甘地而间接地受到了梭罗非暴力思想的影响。

二、从创作到生活:苇岸接受梭罗影响的表现

美国比较文学家约瑟夫·T·肖曾说,“影响并不局限于具体的细节、意象、借用,甚或源出——当然,这些都包括在内——而是一种渗透在艺术作品之中,成为艺术品有机的组成部分,并通过艺术作品再现出来的东西”;一个作家所受的文学

① 孙景尧:《简明比较文学——“自我”和“他者”的认知之道》,中国青年出版社 2006 年版,第 148 页。

② 苇岸:《我与梭罗》,见苇岸:《太阳升起以后》,中国工人出版社 2000 年版,第 126 页。

③ 苇岸:《少数的意义——致一平》,见苇岸:《太阳升起以后》,中国工人出版社 2000 年版,第 92 页。

④ 朱小琳:《重读梭罗:公民为何不服从?》,载《北京第二外国语学院学报》,2003 年第 6 期,第 99 页。

影响“最终将渗透到他的文学作品之中,成为作品的有机组成部分,从而决定他们的作品的基本灵感和艺术表现。如果没有这种影响,这种灵感和艺术表现就不会以这样的形式出现,或者不会在作家的这个阶段出现”。①肖固然指出了文学影响带来的静态结果,但影响的含义是多重的,它也可以指向动态的过程。对此,乐黛云做过很好的总结:

影响是一个非常复杂而多样的过程,它首先往往发端于一种心理的或思想的启发,某种外来的东西突然照亮了作者长期思考的问题而给予一种解决的新的可能。……如果说这种“启发”往往是在寻求中不自觉地偶然相遇,那么影响的第二步“促进”,就是有意识地寻求、理解和加强。……“促进”之后,会有一个“认同”过程。……“消化变形”(appropriation)在影响过程中是必不可少的。……文学影响最后还要通过文学“表现”出来。……“启发——促进——认同——消化变形——艺术表现”,这就是影响的全过程。影响,有时表现为全过程,有时表现为其中的某些环节。②

约瑟夫·T·肖和乐黛云的论述为讨论苇岸对梭罗的接受提供了很好的切入点。那么我们在此追问的就是:苇岸对梭罗是怎样认识的?苇岸是如何接受梭罗的?苇岸在受到梭罗影响前的状况怎样?苇岸受到梭罗的影响后自身的创作发生了什么变化?这些问题有机地交织在一起,共同构成了苇岸对梭罗进行接受的动态的复杂过程。不过,从总体来看,苇岸对梭罗影响的接受主要表现为以下几个方面:

(一)创作类型和创作方式:苇岸接受梭罗的影响,其最明显的表现莫过于创作类型的改变。苇岸在中国人民大学求学期间,即正式开始从事文学创作,但苇岸最早创作的却是诗歌而非小说。1977 年,国家恢复了高考制度,稍后苇岸得以走进大学的校门。从乡村中学来到都市的大学校园,可以说苇岸来到了一个崭新的天地。但对于苇岸本人来说,大学最大的意义不是课堂,而是视野、志同道合的友谊和图书馆的书籍。当时,中国人民大学的校园正流行朦胧诗,具有文学细胞的苇岸便追随潮流地喜欢上了诗歌:“‘朦胧诗’——一种新鲜的、具有本义色彩的诗歌——在校园的传播,使我的文学热情有了定位。我开始读诗,抄诗,尝试写诗,崇敬诗人,与诗人交往。”③大学毕业回到家乡昌平执教以后,苇岸与诗人海子

① 张隆溪选编:《比较文学译文集》,北京大学出版社 1982 年版,第 38 页。

② 乐黛云:《比较文学简明教程》,北京大学出版社 2004 年版,第 106 - 109 页。

③ 苇岸:《一个人的道路——我的自述》,见苇岸:《太阳升起以后》,中国工人出版社 2000 年版,第 234 页。

比邻而居，又结识了诗人顾城、黑大春、蓝蓝等人，并继续写作诗歌。对此，苇岸回忆往事的时候说道："'顾城'这个名称，对我曾经意味着一种魔力、一个奇迹。可以说，那时（20 世纪 80 年代初前后），它是我在文学杂志目录中最希望看到的：我几乎抄录下了所有我见到的他的精致作品。这是一种奇幻的、灵动的、瑰美的、智巧的诗歌。它使汉字显现着我从未感到过的灿烂的光辉和新异的魅力。"①

苇岸原本是个诗人，诗歌对他的重要意义自不必言。然而，因为梭罗及其《瓦尔登湖》的出现，苇岸改变了原来的创作路向及其对文字的认识，转而投入了散文的怀抱："最终导致我从诗歌转向散文的，是梭罗的《瓦尔登湖》。当我初读这本举世无双的书时，我幸福地感到，我对它的喜爱，超过了任何诗歌。"②大学时期的苇岸曾对朦胧派诗歌极为痴迷，这或许部分可以归结为青春的冲动和对时尚的跟风。但到了 1986 年，经过工作和生活历练之后的苇岸成熟稳健了许多，此时的苇岸遇到了梭罗，于是他不无感慨地说道："在我过去的全部阅读中，我还从未发现一个在文字方式上（当然不仅仅是文字方式）令我格外激动和完全认同的作家，今天他（指梭罗）终于出现了。"③梭罗及其《瓦尔登湖》在苇岸创作生涯中的适时出现，似乎是一种偶然，但也是一种必然："《瓦尔登湖》的出现，结束了我的一个自大学起持续了七八年的阅读兴趣和写作方向主要围绕诗歌进行的时期。导致这种写作文体的转变的看起来是偶然的——由于读到了一本书，实际蕴含了一种必然：我对梭罗的文字仿佛具有一种血缘性的亲和和呼应。"④

除了写作类型之外，苇岸还在写作方式上受到梭罗的影响。梭罗曾在瓦尔登湖畔隐居两年，在此期间，他观察着，倾听着，感受着，沉思着，梦想着。他记录了自己的观察体会，分析研究了从自然界里得来的音讯、阅历和经验。在此基础上，梭罗为我们留下了"现在基本上被普遍认为是美国文学毫无争议的六本或者八本传世之作中的一部"，⑤即现代美国散文的最早范本《瓦尔登湖》。同时，梭罗还为日后的美国自然文学留下一个与众不同的文化传统：以某一特定地点为视角，来透视外面的大自然。瓦尔登湖之于梭罗，正如昌平之于苇岸。鉴于"二十四节气令我们惊叹和叫绝的，除了它的与物候、时令的奇异吻合与准确对应，还有一点，

---

① 苇岸：《谨读赠书》，见苇岸：《太阳升起以后》，中国工人出版社 2000 年版，第 113 页。

② 苇岸：《一个人的道路——我的自述》，见苇岸：《太阳升起以后》，中国工人出版社 2000 年版，第 235 页。

③ 苇岸：《我与梭罗》，见苇岸：《太阳升起以后》，中国工人出版社 2000 年版，第 120 页。

④ 苇岸：《我与梭罗》，见苇岸：《太阳升起以后》，中国工人出版社 2000 年版，第 120 页。

⑤ 美国文学批评家兼学者约瑟夫·伍德·克鲁奇语，转引自苏福忠：《前沿》，见［美］梭罗：《瓦尔登湖》，苏福忠译，人民文学出版社 2004 年版，第 1 页。

即它的一个个东方田园风景与中国古典诗歌般的名称”,缘于“二十四节气的神奇、信誉与不朽的经典性质,在于它的准确甚至导致了人们这样的认识:天况、气象、物候在随着一个个节气的更番而准时改变”,①苇岸在逝世前一年曾计划重点写一篇关于二十四节气的文章。正如梭罗对瓦尔登湖四季的悉心观察一样,苇岸为此采取的做法是“在我的居所东部田野,选一固定基点,每到一个节气都在这个位置,面对同一画面拍一张照片……时间定在上午九点”,②“同时我为每个节气写下了我当天的所见、感受、联想”。③虽然苇岸英年早逝,并未完成二十四节气的摹写,但他拍摄的照片和记载的文字排列在一起,为我们呈现了昌平季节细微的变化和农事疏缓的更番。

(二)创作主题:苇岸在创作主题上也受惠于梭罗良多。梭罗一生从未远离自己的故土,他曾经说道:“你脚踏着的土地,你如果不觉得它比世界上任何别的土地更甜润,那你这人就毫无希望了。”④梭罗以全部的爱情将自己的天才献给了康科德的山山水水。梭罗的《瓦尔登湖》、《康科德和梅里马克河上的一周》、《缅因森林》、《科德角》等主要作品都以人对自然的沉思为主题,读者可以从他的字里行间嗅到缅因州森林与大海的强烈气息及新英格兰小镇的宁静。但梭罗的独到之处不只在于他是一位细心的自然观察者,发现并表达了自然各个部分协调统一的生态学思想,他更大的贡献“还在于他深邃的自然思想所包含的许多要素都在当今的环境生态思潮中得到了体现”。⑤

如同梭罗一样,苇岸一直在燕山脚下的出生地——昌平——执教、定居,是个典型的生物区域主义(bioregionalism)者。曾经有好心的朋友想帮苇岸调入北京市区工作,但被他谢绝了。正如梭罗酷爱康科德一样,苇岸也忠实于昌平这片神奇的土地。苇岸自称是个观察者,观察者就是阐明世界精神,宣扬新的真理的人。梭罗在瓦尔登湖畔,苇岸在昌平的田野里,他们都在阅读大地,书写大地。苇岸把“大地上的事情”作为自己终生的写作题目。在苇岸的散文中,我们发现,关于具体的人和事他写得十分少,简直可以说得上是吝啬,而对于大自然,对于其中的许

---

① 苇岸:《一九九八 廿四节气》,见苇岸:《太阳升起以后》,中国工人出版社 2000 年版,第 5,9 页。

② 苇岸:《梭罗意味着什么——致树才》,见苇岸:《太阳升起以后》,中国工人出版社 2000 年版,第 93 页。

③ 苇岸:《太阳升起以后》,见苇岸:《太阳升起以后》,中国工人出版社 2000 年版,第 238 页。

④ 转引自苇岸:《人必须忠于自己》,见苇岸:《太阳升起以后》,中国工人出版社 2000 年版,第 117 页。

⑤ 苏贤贵:《梭罗的自然思想及其生态伦理意蕴》,载《北京大学学报(哲社版)》,2002 年第 2 期,第 65 页。

许多多的小生命,他乃不惜笔墨,描写种种细枝末节,充满关爱之情。苇岸的散文大多以大自然及与大自然相亲相近的人或物为对象。他在根源上与民间、大地建立了一种血脉交融、不分轩轾的亲密联系,因此他的写作母题"基本上是一些有着元素意义的意象:空气、阳光、水、月亮、星星、草木、田野、庄稼、虫蚁、鸟禽等,以及与此相连的原初语境:农事、物候、星象、季节、劳作、繁衍……"①这都是一些我们因熟视无睹而渐渐变得陌生的元素,但它们包含着不随光阴流转、不随世事变迁而长久永恒的内容。

在苇岸的散文中,自然界的万物同存共荣,缺一不可。在苇岸看来,自然本身是有审美性和生命力的存在,而不再是人类奴役和征服的对象。在对大自然秘密谦卑的倾听中,苇岸观察和赞美太阳、月亮、大地、小麦以及自然界中诸种可爱的生灵:胡蜂,蝴蝶,麻雀,树木和鸟巢等。在《我的邻居胡蜂(一、二)》中,他详细地记录了胡蜂的筑巢、出猎等活动,还有那极其悲壮的告别场面。在胡蜂离去之后,苇岸记下了这样的文字:"它们为我留下的巢,像一只籽粒脱尽的向日葵盘或一顶农民的褪色草帽,端庄地高悬在那里。在此,我想借用一位来访的诗人的话说:这是我的家徽,是神对我的奖励。"②受梭罗和奥尔多·利奥波德(Aldo Leopold)等人自然思想和伦理观念的影响,苇岸的散文颠覆了人类中心主义的价值观,而从自然界万物之一的立场出发,认真体悟、观察和歌唱大地上的万事万物,展示这个世界自然生命的辉煌和美丽。在苇岸的散文中,"人与自然是共时性的存在,是对等的,对话的,处在恒在的交流状态。在心灵的交流过程中,给予者同时也是获得者"。③这样,在人与自然这一话题上,苇岸的散文就发出了别样的声音。苇岸在众多生态散文作家中显得卓尔不群,他的创作在某种程度上填补了中国散文一段时期忽视自然生态的欠缺。

苇岸生活的时代,是自然在经济飞速发展的攻势下步步退缩、生存空间日益萎缩的时代。苇岸原本住在昌平区的边缘,在自己的居室内能欣赏到日出、日落和远山的风起云涌。然而"这持续了二三年的、时常令我兴奋不已的景色,随着小城如午后树荫般向外延伸而完全消失了"。④ 电视等现代文明的发展在俘获了乡下孩子的同时,使他们日益疏离了田野,甚至在这个世界上,有一部分人,一生从

---

① 袁毅:《最后一棵会思想的芦苇——追忆苇岸先生》,载《书屋》,2001 年第 10 期,第 62 页。

② 苇岸:《我的邻居胡蜂(二)》,见苇岸:《太阳升起以后》,中国工人出版社 2000 年版,第 81 页。

③ 林贤治:《未曾消失的苇岸》,见苇岸:《太阳升起以后》,中国工人出版社 2000 年版,第 2-3 页。

④ 苇岸:《太阳升起以后》,见苇岸:《太阳升起以后》,中国工人出版社 2000 年版,第 237 页。

未踏上土地。面对如此严重的危机,苇岸用散文开始了痛苦的反思,他试图以一种大地诗性来反抗物化,来反对异化,来对抗后工业社会的来临,来重新建立人与大自然之间的关系。

苇岸怀着一个大地赤子对自然、生命和人类本身的爱,透过细密的观察分析,把大自然的原生状态都生动形象地"自我呈现"出来,从而在其散文艺术世界中展示了一种久已被我们所忽略甚至因麻木钝化而遗忘了的大自然奇观,这种沉静、神秘、充溢灵性的内在呈现,不禁使我们麻木了的审美知觉倍感陌生和震惊。苇岸这样别具意味又给人新鲜之感的描写显示出"大自然的本色和品格,有独到之处,读之让人想起美国作家梭罗的《瓦尔登湖》"。①

(三)文体风格:苇岸在创作文风上也受到了梭罗的影响。文体风格也就是文风,它是由作家的目的、他对读者的态度以及作品内容的内在要求所决定的一种修辞选择。梭罗的代表作《瓦尔登湖》用清新、形象、生动的诗意化语言来表达抽象深奥的思想,这种语言基于日常生活中常用的词句和习语,但经过作者的提炼改造之后,显得既平易自然,简洁有力,又新颖别致,典雅蕴藉。梭罗崇尚朴实的文风。他认为,作家的写作目的是叙述事实,表达思想,因此思想先于风格,文风来自思想,文章应"朴实无华,富于活力,诚实可信"。②在词语的选择上,梭罗主张要谨慎用词,做到言简意赅;选词时尽可能地要师承大自然,要使用来自大自然和大众语言的语汇,避免使用抽象词汇和专业词汇。

由于更倾心梭罗这种自由、信意、像土地一样朴素开放的文字方式,苇岸皈依了散文创作,主张文字要简约、准确、生动、智性,崇尚以最少的文字,写最大的文章。梭罗认为,在人类发明第一台原始蒸汽机之前,那个时期所有杰出的作家都比现代的作家更加朝气蓬勃,质朴自然:"当我们在一现代作家的著作中读到那个时期某一作家的语录时,我们仿佛蓦地发现一片更加葱绿的天地,发现土壤更大的深度和力量。这就好比一根绿色树枝横在书页上,我们像在仲冬或早春看到青草一般心神舒畅。"③梭罗本人的文字正好继承了古典著作这一源远流长的传统,他的行文新鲜、生动、瑰美、智巧,整部著作魅力无穷。苇岸喜爱梭罗著作的原因之一就在于他觉得梭罗的文字是有机的。苇岸所说的文字的有机,主要是指在这样的著述中文字本身仿佛是活的,富于质感和血魂,思想不是直陈而是借助与之

① 张振金:《中国当代散文史》,人民文学出版社2003年版,第374页。

② Henry David Thoreau, *A Week on the Concord and Merrimack Rivers*, Princeton: Princeton University Press, 1983, p. 105.

③ 苇岸:《我与梭罗》,见苇岸:《太阳升起以后》,中国工人出版社2000年版,第122页。

对应的自然事物进行表述(以利于更多的人理解和接受),体现了人的精神世界与万物原初的和谐统一。

在《散文天地》"新生代散文专号"的介绍中,苇岸用简洁的文字阐明了自己的散文观:"我想借用三句话,表明我的散文写作的主要倾向:1.'一个用的好的词儿,比一本写得坏的书强。'2.'艺术的艺术、表现手法的卓越和文字光彩的焕发,全在于质朴。'3.'与其诅咒黑夜,不如点亮一只蜡烛'。"①苇岸的这三项主张中就有两项与文字有关,即重视措辞,倾心于朴实的文字。苇岸觉得,文学在本质上不应成为作家谋生的手段。面对现代写作愈来愈成为一种谋生写作、效率写作和"资本主义"式的写作趋势,苇岸主张文学或艺术不该再推波助澜,而应崇尚返朴归简,因为"上帝(在)等待着人类在智慧中重新获得童年"。② 看到新艺术散文或复调散文在丰富当代散文表现方式和手段上无疑具有很大的积极意义的同时,苇岸也不忘告诫人们,它不应成为散文作家刻意追求的目的。苇岸对作家寄予的理想是,"中国当代少一个为了炫示智能技法、极尽走向繁复和诡谲的'文苑诗人',而产生一个以整个心灵朴素吟唱的'世界诗人'"。③

苇岸曾经说过,"写作方式的非凡,会让我记住一个诗人或作家;而让我记住并热爱一个诗人或作家的,是他们的作品中非凡的话"。④而梭罗就是这样一位备受苇岸喜爱的作家。本着以最少的文字写最大的文章的文风观,苇岸在散文创作中体现得十分努力,节制,客观,诚实,简单,"这是极其少见的'素食'文字,一种文字'素食',由于作者精神和心灵的丰富,简洁、素朴的文字便成了丰腴而高贵的精神圣殿"。⑤苇岸用他手中的笔实录了自然,阐释了自然,优美的文字在智性与诗质中静静流淌,朴素而安详。在干净、整洁、有力、温暖的文字下面,流动着多么活泼新鲜的诗情画意和深邃精湛的大智大慧。苇岸的文字处处流淌着朴素,带有一种阳光的气息。它是鲜活带有体温的,苇岸将这种质感和温度还给我们。

(四)思想主张和生活方式:梭罗的《瓦尔登湖》不但对苇岸的写作具有奠基的意义,而且对苇岸的人生也产生了深远的影响。在苇岸看来,梭罗是一个把思想与人生完美地结合为一体的人,梭罗的一生是绝对的和纯粹的,他令我们肃然起敬。正如爱默生所赞美的那样,"梭罗的独立生活,使所有其他人看来好像奴隶

① 苇岸:《大地上的事情》,载《散文天地(新生代散文专号)》,1997 年第 6 期。

② 苇岸:《写诗是我保留的一种权利——诗人田晓青访谈录》,见苇岸:《太阳升起以后》,中国工人出版社 2000 年版,第 186 页。

③ 苇岸:《谨读赠书》,见苇岸:《太阳升起以后》,中国工人出版社 2000 年版,第 107 页。

④ 苇岸:《作家生涯》,见苇岸:《太阳升起以后》,中国工人出版社 2000 年版,第 266 页。

⑤ 布谷:《苇岸的文字》,载《中国邮政报》,2002 年 11 月 9 日。

一样……无论在什么地方,只要有学问,有道德,爱美的人,一定都是他的忠实读者”。①其实,苇岸又何止只是梭罗的忠实读者,苇岸不仅在写作风格上深受梭罗的影响,更重要的是从梭罗身上发现了他所追求的理想人格。于是,追随梭罗的步伐,苇岸的写作、生活和人格完美地合为一体,构成了一种对我们讲话的力量,构成了一种不灭的精神存在。总体来看,苇岸的思想主张和生活方式在如下方面受到了梭罗的影响:

1. 简化生活:梭罗一生生活朴素,厉行节俭。他认为大部分的奢侈品,大部分的所谓生活的舒适,非但没有必要,而且对人类进步大有妨碍。所以关于奢侈与舒适,最明智的人生活得甚至比穷人更加简单和朴素。人们之所以应过简朴生活的根源在于时代虽在不断演进,但人类生存的基本原则还是没有受到太多影响。梭罗基于自己的生活经验,主张在当时的美国,人们“只要有少数工具就足够生活了,一把刀,一柄斧头,一把铲子,一辆手推车,如此而已;对于勤学的人,还要灯火和文具,再加上几本书,这已是次要的必需品”。②

1986 年冬初次读到《瓦尔登湖》的时候,苇岸顿时感到精神喜悦和灵魂颤动,因为它教人简化生活,抵制金钱至上主义的诱惑。《瓦尔登湖》“使我确立了一种信仰,确立了我今后朴素的生活方式”。③ 在苇岸看来,现代人具有一种被科技进步助长的顺应和放任本能的趋向,而人们乐于把这种生物本能当作“人性”。面对一个物欲横流的年代,苇岸所能做的便是所求有度,崇尚简单生活。对于人们指责苇岸一面享受现代文明提供的好处,另一面又虚伪地批评现代文明,他做出的回应是:“在这个世界上,我不是消费最少的人,也不是消费最多的人,但我敢说我是一个为了这个星球的现在与未来自觉地尽可能减少消费的人。”④

如果说在物资匮乏的年代,朴素的生活有其牢固的基础是不得已而为之的事情,那么苇岸在物质繁荣的当代仍执着于朴素的生活方式就显示了一种与物质文化抗争的孤独。苇岸主张要依据条件许可,来过一种节制悔过、自我克制、遵循自然法度的生活,从而将自己诗意的官能保持在最澄澈的状态,以便不为物役,保持精神上的自由。苇岸的高贵就在于在一个物欲放纵的年代始终坚持了他生来的

---

① 转引自苇岸:《人必须忠于自己》,见苇岸:《太阳升起以后》,中国工人出版社 2000 年版,第 118 页。

② [美]梭罗:《瓦尔登湖》,徐迟译,上海译文出版社 2008 年版,第 11 – 12 页。

③ 苇岸:《人必须忠于自己》,见苇岸:《太阳升起以后》,中国工人出版社 2000 年版,第 117 页。

④ 苇岸:《散文的殊荣——致谢大光先生》,见苇岸:《太阳升起以后》,中国工人出版社 2000 年版,第 104 页。

质朴,坚持了自我向上的要求。

2. 追求内心世界的丰富:因不满于大多数人过着静静的绝望的生活,梭罗主张人们要按照智慧的启示,过一种简单、独立、大度、信任的生活。在看到文明改善了房屋的时候,梭罗却没看到文明同时改善居住在房屋中的人,于是他情不自禁地发问:"如果文明人所追求的并不比野蛮人追求的来得更加高贵些,如果他们把大部分的时间都只是用来获得粗鄙的必需品和舒适的生活,那么他何必要有比野蛮人更好的住房呢?"①对于人们汲汲于物质利益,梭罗开出的药方是,"你得做一个哥伦布,寻找你自己内心的新大陆和新世界,开辟海峡,并不是为了做生意,而是为了思想的流通"。②

梭罗建议人们要有一种追求更高的生活或者说探索精神生活的本能的主张给了苇岸很大的触动和启发。梭罗使人们懂得只有从物欲的泥淖中挣脱出来才能保持尊严,获得自由。多余的钱财只能够买多余的东西,人的灵魂必需的东西是不需要花钱买的。虽然梭罗陶冶内心世界的主张已被现代社会所忽视,但他的理想却永远启迪着后人。梭罗的"人在得到了生命所必需的物品之后,就不应要奢侈品而要有另一些东西:向生命迈进"③的基本思想对今天的人类和全球生态具有极为重要的意义。在生活实践中,苇岸敏感地意识到,自新时期以来,中国在精神的意义上再现了西方过去几个世纪的进程:这是一个被剥夺了精神的时代,一个不需要品德、良心和理想的时代,一个人变得更聪明而不美好的时代。仿佛一夜之间,天下只剩下了金钱。对积累财富落伍的恐惧,对物质享受不尽的倾心,使生命变成了一种纯粹的功能,一切追求都仅止于肉体。在这样的情形下,梭罗珍视丰富内心世界的主张给苇岸提供了一处安置灵魂的场所,使他能够身体力行地去过那种外表生活再穷没有而内心生活再富不过的生活。苇岸与自己喜爱的梭罗虽处在不同的国度和不同的时代,但他们"在技术进步与欲望面前同样选择了做一个坚定的精神守护者和不懈的思想追求者"。④

三、心灵契合·转益多师:苇岸接受梭罗影响的原因及其突破

法国诗人兼批评家保罗·瓦莱里(Paul Valéry)认为:"影响是两个精神神秘

① [美]梭罗:《瓦尔登湖》,徐迟译,上海译文出版社2008年版,第30页。

② [美]梭罗:《瓦尔登湖》,徐迟译,上海译文出版社2008年版,第297页。

③ 苇岸:《梭罗意味着什么——致树才》,见苇岸:《太阳升起以后》,中国工人出版社2000年版,第95-96页。

④ 张志军:《来自大地的声音——读苇岸〈大地上的事情〉》,载《社会科学论坛》,2004年第12期,第91页。

的接触,这种接触会使作家寻找自我,发现自我。"①瓦莱里的见解其实就是乐黛云所谓的影响过程的第一个阶段:受到启发。然而,接受者由于心理、兴趣、文化背景等主体因素的影响,会对诸如文类、阅读方式、阅读内容等进行主观和主动的选择。那么,究竟是什么促使苇岸毫不犹豫地接受了梭罗的《瓦尔登湖》呢?

苇岸曾在不同的场合说过,"一个读者(作家)欣赏或认同哪个作家,也取决于他与作家在生理、精神上是否类同或呼应"。②作家选择哪种文体写作,与其说是一种偶然,不如说是一种必然:它更多的不是天赋与技能,而是与血质和精神相关。苇岸曾把古往今来的作家和作品大致分为两类:"一类我称之是木质的、温善的、心灵的、精神的、导引的;另一类称之是铁质的、冷峭的、头脑的、分析、揭讦的。"③苇岸个人比较倾向、心仪、认同的是前者,而梭罗就是这样一位"建设"型作家,《瓦尔登湖》也正是一部优美、自信、撼人的散文,它在精神的意义上构成了支撑我们一生的骨骼。由此可见,苇岸之所以接受认同梭罗的《瓦尔登湖》以及其他作品,那是他的趣味、好恶、心质、观念乃至偏见,必定影响他的亲疏与取舍的结果。

孙景尧曾经指出,文学影响存在于不同的层面,不同矢量联系的影响类型广泛地出现在文学的内容,也广泛出现在文学形式的诸要素中,甚至还蕴藏在作家精神气质和作品的背景气氛中。④梭罗就在多种维度上对苇岸产生了影响:苇岸不仅在散文创作中,而且在生活方式的许多方面都受到了梭罗的影响。在《最后的浪漫主义者——诗人黑大春》中,苇岸曾经说道:"对他(指黑大春)来说,勃洛克不是阶段性的、时期性的;而是始终的、永恒的。"⑤其实,对苇岸而言,梭罗又何尝不是始终和永恒的呢?有的论者甚至认为:"客观地说,《瓦尔登湖》对他的影响极其深远,甚至可以说是梭罗的《瓦尔登湖》成就了作为散文家的苇岸。"⑥

苇岸深受梭罗的影响确凿无疑,但我们也不能过分夸大这种影响,认为苇岸

---

① 转引自张汉良:《比较文学的影响研究》,载《中外文学》,1978 年第 12 期。

② 苇岸:《少数的意义——致一平》,见苇岸:《太阳升起以后》,中国工人出版社 2000 年版,第 90 页。

③ 苇岸:《在散文的道路上——答〈新生代散文选〉问》,见苇岸:《太阳升起以后》,中国工人出版社 2000 年版,第 195 页。

④ 孙景尧:《简明比较文学——"自我"和"他者"的认知之道》,中国青年出版社 2006 年版,第 129 页。

⑤ 苇岸:《最后的浪漫主义者——诗人黑大春》,见苇岸:《太阳升起以后》,中国工人出版社 2000 年版,第 155 页。

⑥ 史元明:《土地道德的辛勤耕耘者——苇岸散文及其思想研究》,载《武汉科技大学学报(社科版)》,2008 年第 3 期,第 97 页。

的创作只是对梭罗的亦步亦趋,只不过是梭罗的中国影子。梭罗的确是苇岸从事散文创作时最为重要的借鉴对象,但却并非唯一的精神源泉。在苇岸提到的对他影响较大、确立了其精神信念和写作面貌的作家作品中,除了梭罗的《瓦尔登湖》,还有列夫·托尔斯泰、泰戈尔(特别是他的《人生的亲证》)、雨果(《悲惨世界》)、爱默生的随笔、雅姆和布莱克的诗歌、安徒生的童话、纪伯伦的《先知》及《沙与沫》、希梅内斯的《小银和我》、赫西俄德的《工作与时日》、萨迪的《果园》、席勒的《欢乐颂》、史怀泽的《敬畏生命》、可马·奥勒留的《沉思录》以及昂苏尔·玛阿里的《卡布斯教诲录》等。应该来说,苇岸在进行散文创作时,从提到的这些作家作品中都或多或少汲取过有益的养分。

苇岸在创作中师法西方多个作家或流派的现象也引起了国内有关学者的注意,他在散文中尽量地抹去主体的虚浮和矫饰,主体情绪完全呈收敛状,从而进入一种类似"零度写作"的状态。余树森和陈旭光认为:"这种写作观明显地受到影响本世纪(指 20 世纪)哲学进程、改变人类感知世界方式的胡塞尔的'现象学'理论及'法国新小说派'写作观等的影响。"①袁毅也大致持有类似的意见:苇岸的"写作视角和创作姿态的源头来自西方,譬如取材、写法、描述、语言等就深受西方零度写作、陌生化写作的熏染(如德国的现象学、法国的新小说派等),当然也有古汉语的浸润"。② 尽管苇岸有时不无偏激地承认对中国文学素来没有好感,因为"在中国文学里,人们可以看到一切:聪明、智慧、美景、意境、技艺、个人恩怨、明哲保身等等,唯独不见一个作家应有的与万物荣辱与共的灵魂",③但细心的王兆胜却在苇岸的散文中"看到中国传统文化和文学的流风遗韵"。④

四、小结

中国的生态文学创作起步于 20 世纪 80 年代,这在学界已经基本达成了一致的意见。国外生态思想和生态文学的陆续引介,连同"文化大革命"结束之后以经济建设为中心带来的环境污染问题,合力催生了中国的生态文学创作。相较于报告文学和小说,散文短小精悍的文体更便于表达思想感情,叙写生态现状,表达生

① 余树森、陈旭光:《中国当代散文报告文学发展史》,北京大学出版社 1996 年版,第 309－310 页。

② 袁毅:《在大地上我们只过一生——〈上帝之子〉编后》,载《书屋》,2001 年 Z1 期,第 141 页。

③ 苇岸:《一个人的道路——我的自述》,见苇岸:《太阳升起以后》,中国工人出版社 2000 年版,第 235 页。

④ 王兆胜:《散文的常态与变数》,载《文艺与争鸣》,2009 年第 6 期,第 88 页。

态思想,因而生态散文一跃成为生态文学中最为重要的文体。在中国当代生态散文的发展历程中,梭罗的《瓦尔登湖》是一个重要的外来文化参照。作为一部影响深远的绿色经典,《瓦尔登湖》"在中国当代作家中激发了热烈而持久的精神共鸣,并作为一种潜在的思想资源支持了当代生态散文的创作"。[①]在受梭罗《瓦尔登湖》影响的众多作家中,苇岸毫无疑问是其中的典型。

从1988年开始写作开放性系列散文作品《大地上的事情》到1999年病逝之前写下最后一篇散文《二十四节气:谷雨》,苇岸的文学创作横跨中国当代生态文学发展的自发期(20世纪80年代中期至90年代中期)和自觉期(20世纪90年代中期至20世纪末)。[②]不同于生态批评成为主流话语和生态文明建设成为人们共识的今天,苇岸创作的年代,西方生态思潮输入中国不久,还没有形成系统和体系,更没有在社会上产生广泛的影响。那时的中国作家刚刚开始尝试运用文学作品来表达生态思想,尚未有人自觉地提出生态文学的观念,即使是那些具有生态意识的文学作品,大多也是感觉走到了理性的前面,生态主体意识不够明显。在这样的语境中,阅读《瓦尔登湖》及梭罗的其他作品激发了苇岸内心深处的生态意识。有论者宣称,在吸收和借鉴《瓦尔登湖》时,中国当代的生态散文作家"吸收作品的文学精髓时是注重其精神性而非实用性的,他们看重的是《瓦尔登湖》的思想内涵与精神启发而非文学形式、表达技巧"。[③]如果这一论断可以成立,那么苇岸在借取梭罗这一点上与同时代的其他作家有许多不同之处。如前所述,除了思想内涵和精神启发之外,苇岸在创作类型、创作方式、创作主题、文体风格和生活方式等方面都与梭罗有着十分密切的联系。苇岸对自然物象的细腻描绘、对人与自然和谐相处的体验、对有机语言的使用和对人类中心主义思维的突破给中国当代散文注入了新颖的元素,使其摆脱了传统现实主义观念的束缚,跳出了借景抒情言志的传统模式。

苇岸是中国当代生态文学发展史上非常重要的一位作家。在20世纪80和90年代,当大多数生态文学创作仅仅停留在生态被破坏的揭露方面,缺乏对生态问题更为深入探讨的时候,苇岸对生态问题的认识、对生态生活的践行、对外来文化的接受和投身于生态创作无疑是高人一筹的。苇岸对中国当代生态文学的深

---

① 赵树勤、龙其林:《〈瓦尔登湖〉与中国当代生态散文》,载《湘潭大学学报(哲学社会科学版)》,2012年第1期,第93页。

② 吴景明、刘中树:《从展示危机到参与重建——中国当代生态文学发展简论》,载《学术界》,2009年第6期,第257-258页。

③ 赵树勤、龙其林:《当代生态散文的兴起——兼论〈瓦尔登湖〉及其外来影响》,载《文学评论》,2010年第5期,第59页。

入探索实践,代表了社会良知对中国社会生态危机的积极应对,体现了文学在工业化时代对人文精神的坚守和对生态乌托邦的守望。但如与后来从事生态文学创作的张炜和韩庆功相比,我们还是可以发现一些歧见和差异。张炜的散文时常偏离《瓦尔登湖》的影响,而采用更加符合民族审美习惯的方式进行创作,这背后反映的其实是张炜是从文学创作的特点而非完全的生态意义来接受《瓦尔登湖》。韩少功的《山南水北》表面上酷似梭罗的《瓦尔登湖》,但不同于梭罗的孤寂心态,韩少功认为《山南水北》是开放的,向社会和文化的纵深领域开放。与张炜和韩少功等人对域外文学更为成熟的接受相比,苇岸对梭罗似乎显得过于推崇,似乎以此为立足点来观照中国传统的民族文化,这应该多少算是一种时代造成的局限。毕竟,"文化大革命"结束后,当开放的中国与世界重新建立起联系时,中国作家对域外新颖的文学思想和技巧表现出异乎寻常的迷恋。

固然对梭罗欣赏至极,但苇岸的生态散文绝不是梭罗《瓦尔登湖》的中国翻版。阅读苇岸的生态散文,读者的确感觉颇有梭罗的味道,但不能据此贬低了苇岸的创新意识。对苇岸而言,梭罗是非常重要但却并非唯一的精神资源。苇岸更像是钱钟书所说的那种折中主义者,他们广采博取、转益多师,从而最终形成了自己独特的风格。由于诞生于不同的时空,苇岸的生态散文在酷似梭罗文字的同时也自有其不同之处:梭罗的生态思想更多地停留在感性层面上,有时还不免夹杂一些非生态的思想和行为。与之相比,"苇岸散文中的生态意识无疑更为鲜明和自觉,他有意识地学习和吸收了相关生态理论,融会到创作中"。①需要指出的是,苇岸接触的梭罗作品的范围和种类是有限的,他阅读的绝大多数是梭罗的自然文学作品,而没有读到梭罗的政论文和数量庞大的日记。再者,由于缺乏梭罗那样精深的博物学知识,由于国内接受语境的限制,苇岸在对梭罗影响的接受中,都会在有意或无意之中从中国文化的视域出发进行了一定的选择和过滤。对此,林贤治的评论可谓一语中的:"但是,梭罗的《论公民的不服从》一样的文字,苇岸是写不出来的;自然,其他的中国作家也不可能写出来。"②

---

① 赵树勤、龙其林:《〈瓦尔登湖〉与中国当代生态散文》,载《湘潭大学学报(哲学社会科学版)》,2012 年第 1 期,第 97 页。

② 林贤治:《未曾消失的苇岸》,见苇岸:《太阳升起以后》,中国工人出版社 2000 年版,第 9 页。

结　论

在论文《梭罗的声誉》(“Thoreau's Reputation”)中,梭罗研究权威沃尔特·哈丁提到了梭罗在美国本土以外的诸多国家,包括亚洲国家日本的译介和研究盛况。但不知是出于语言的障碍还是有意无意的忽略,他在文中却只字不提梭罗在中国的传播和接受。①作为一名伟大的散文文体家、自然爱好者、新英格兰的神秘主义者和重要的社会哲学家,梭罗虽然尚未得到人们的完全认可,但他的思想实践和创作使得20世纪的评论家一致公认其为美国最伟大的文学艺术家之一,他“对我们思考世界的方式产生了难以估价的影响”,②“他的论述成为影响人类文明的经典,他的选择成为众人生活的楷模”。③总之,梭罗阅读和研究早已超越了国别的疆界限制,成为一种世界性的文化现象和学术景观。研究梭罗,自然离不开对其在域外的流传和影响进行透视。梭罗在中国的传播历程,也就是中国对梭罗进行接受和梭罗逐步变得中国化的过程,对这一过程的考量辨析构成了对梭罗的世界性影响进行研究的一部分。

梭罗在中国一百余年来的“旅行之路”并不平坦。美国比较文学家约瑟夫·T·肖曾经说过:“各种影响的种子都可能降落,然而只有那些落在条件具备的土地上的种子才能够发芽。”④具体到本书,影响的种子自然指的是作家梭罗及其创作,而条件具备的土地则是作为接受主体的中国的历史政治语境和现实文化境遇。从1913年孙毓修在《小说月报》第5期中评点梭罗作为开端迄今,梭罗传入中国已有一百多年的历史。梭罗在中国的流传明显沿着两条相互关联而又迥然

① Walter Harding, “Thoreau's Reputation”, in Joel Myerson (ed.), *The Cambridge Companion to Henry David Thoreau*, Shanghai: Shanghai Foreign Language Education Press, 2000, pp. 7–9.

② Paul Brooks, “Introduction: a Century of Changing Values”, in Paul Brooks, *Speaking for Nature: How Literary Naturalists from Henry Thoreau to Rachel Garson Shaped America*, San Francisco: Sierra Club Books, 1980, p. xii.

③ 程虹:《宁静无价:英美自然文学散论》,上海人民出版社2009年版,第50–51页。

④ [美]约瑟夫·T·肖:《文学借鉴与比较文学研究》,盛宁译,见刘介民编:《比较文学译文选》,湖南人民出版社1984年版,第270页。

不同的路线在前进:首先,从整体来看,20 世纪 90 年代之前,主要由于政治因素和现实条件的制约,中国内地尚不具备接受梭罗的合适土壤,所以梭罗在中国内地的传播并未引起太大的反响。20 世纪 90 年代之后,梭罗在中国内地的传播才进入了兴旺发达的时期。如果用一句话进行概括,梭罗在内地的流传可以说是呈现出螺旋式上升的趋势。其次,梭罗在港台地区的传播始于徐迟翻译的《华尔腾》,所以说这是梭罗在中国大陆译介的一个支流并不有失公允。由于当时港台地区的经济发展相对较为快速且没有经受内地的社会变动,所以梭罗作品在港台的翻译、介绍和研究基本上一直在平稳增长。但进入 20 世纪 90 年代以后,梭罗在内地传播与接受的规模和力度均明显超过了港台地区。

梭罗研究既是梭罗在中国传播的一个重要媒介,又构成了中国对梭罗予以接受的一个组成部分。20 世纪 80 年代末的时候,许汝祉曾经说过:"我国对梭罗的研究,还有待于进行。"①从二十多年后的今天来看,许先生的这番评论依然有效,因为梭罗之所以成为梭罗,就在于梭罗是难以谈尽的,就在于梭罗思想的丰富驳杂。梭罗一生著作等身,仅日记就有 20 卷之多,且在散文、诗歌、游记、政论文等多个领域均有所成就。要想研读完梭罗所有的作品,绝非一朝一夕就可完成。此外,目前国内对梭罗作品的译介并不完整,这在一定程度上制约了学界对梭罗开展的研究工作,毕竟"中国读者对国外作家、思想家的认识和了解往往首先也必须借助于其作品的翻译文本,翻译在传播国外作品和思想、树立作家或思想家形象方面有着不可替代的重要作用"。② 从整体上说,国内学界对梭罗自然观的研究取得的成绩最为突出,对其政治观的研究次之,对梭罗教育观、科学观、印第安人观、哲学观等其他主题思想的研究则相对来说遭到了忽视。从研究范围来看,目前的学术探讨过于依赖《瓦尔登湖》和《论公民的不服从》,而梭罗的日记、诗歌、其他自然文学作品和政论文远未引起国内学人的注意,这直接导致了梭罗研究中系统性和全面性的缺乏,而且容易造成重复劳动和老调重弹。

梭罗在中国不同时段的流传过程,也就是梭罗入乡随俗、逐步得以本土化的过程。葛红兵曾说梭罗还远未被中国人理解,这样的说辞固然不无道理,但实际上在读者群体对梭罗的或迎或拒中,中国固有的文化背景始终在起着一定的选择和过滤作用。梭罗在中国接受语境中引发的热点问题集中凸显了中国学人和普通读者的集体心理。梭罗并非一个平面,而像是一个旋转的球体,倘若从不同角

① 吴富恒主编:《外国著名文学家评传》(2),山东教育出版社 1990 年版,第 708 页。

② 沈珂、许钧:《西蒙娜·德·波伏娃的多重形象及其在中国的接受》,载《南京社会科学》,2009 年第 10 期,第 58 页。

度予以观照,他就会呈现出迥然有别的面貌。在中国的思想旅行中,梭罗与中国古典文化的关系、以《读书》杂志为主要阵营的梭罗真假隐士论争都曾成为人们关注的热点。不满于西方学界偏重于研究印度文化之于梭罗影响的学术格局,在研究者觉醒的主体意识和明确的文化自觉推动下,在学术研究东学西渐潮流的驱使下,国内大多数学人偏重于强调儒家经典对梭罗的思想形成和文学创作产生的作用。梭罗虽然从未声称自己是名隐士,但中国的学人和读者却从中国隐逸文化的视阈出发,硬是给梭罗扣上了真隐抑或假隐的帽子,并由此引发了一场激烈的论战。研究梭罗与中国儒家学说关系热潮的形成、围绕梭罗进行的真假隐士论争可以说是发生在中国接受语境中的、具有中国特色的文化现象。

梭罗与一些中国作家之间也存在着密切的联系。作家是社会生活中极其特殊的一个群体,因此对梭罗来说,与其有关的中国作家既是普通的读者和评介者,又是非常典型的接受者。林语堂在两部备受好评的著作中先后对梭罗发表过评论,徐迟初译和重译过梭罗的《瓦尔登湖》,苇岸则在创作和生活等诸多层面直接受到了梭罗的影响。虽然我们不能说林语堂、郁达夫、徐迟、张爱玲、海子、苇岸、葛红兵、余杰、韩少功、张炜等中国作家都深深地受到了梭罗的影响,但起码从林语堂、徐迟和苇岸这三人来看,他们对梭罗的接受在逐步走向深化。在《生活的艺术》中,林语堂不时援引梭罗是出于跨文化传播策略的考虑,在《美国的智慧》中,林语堂则从一个现代东方人的视野出发对美国作家梭罗进行了全方位的辩证考量。徐迟一生多次修订所译的《瓦尔登湖》且在晚年精心写了一篇译序,从而完成了自己的人生总结。作家兼译者徐迟的《瓦尔登湖》译本固然存在一些不足,但它却在国内外,包括对徐迟本人都产生了深远的影响。生态散文作家苇岸通过阅读《瓦尔登湖》的中译本、英文原本以及相关评论等途径,从生活到创作都受到了梭罗的影响。梭罗是苇岸散文乃至中国生态散文创作的一个重要源头,但却不是唯一的源头。

以上就是对本书研究内容的回顾和提纲挈领的总结。本着点面结合、史料梳理和文本细读相结合的原则,本书的四章从不同的侧重点切入,构成了一个点中有面、面中有点的有机整体,共同组成了一部梭罗在中国的传播和接受史。立足于前人的研究成果,本书在以下几个方面试图把国内的梭罗研究往前推进一步:第一,详细地勾勒梭罗在中国一百多年以来的传播轨迹,尤其是对梭罗在港台地区的流传情况进行初步的描绘。第二,从外国文学学的视域出发,对国内的梭罗研究再度进行研究,对其现状进行梳理,分析研究中存在的不足,并对如何推进未来的研究进行瞻望。第三,从中西文学文化交融的视角出发,以梭罗在中国流传中引发的几个热点问题为个案,分析接受主体在对外来文学的接受中,中国的文化语境起到的选择和过滤作用。第四,从不同的理论角度切入,探讨梭罗与林语堂、徐迟、苇岸等处于不同时段的中国作家之间的复杂关系。

在安排本书结构框架的时候,笔者曾细心翻阅过国内出版的有关"某某国外作家或作品在中国"的专著或博士学位论文。无可否认的是,这类专著或学位论文有时会使读者产生资料堆积的不良印象,即使是其中相对较为成功的董洪川的《荒原之风:T. S. 艾略特在中国》(北京大学出版社,2004)和《〈日瓦戈医生〉在中国》(暨南大学,2006)也不例外。韦斯坦因曾经说过,"'接受'则可以用于指有关主体的广泛范围,即这些作品与其周围的关系,包括作者、读者、评论者、出版者及其四周环境",①谈论文学接受,自然会涉及多方面相关材料的实证分析。在扎实的材料考证的基础上,致力于对梭罗在中国的传播接受以及作家作品跨文化传统的规律进行挖掘,是本书撰写时遵循的目标。然而,由于时间、精力和个人能力有限,本书在对搜集的材料做出一定钩沉的同时,对某些学术问题尚未来得及进行深入探讨,在具体论述时也不时觉得捉襟见肘,避免在"X 与 Y"研究范式中容易沦为资料梳理弊端的意图恐难完全得以实现。

在本书即将结束之际,需要指出的是:梭罗在中国的"旅行"中已经发生了较大的变异,已经不是美国本土意义上的那个梭罗。梭罗原本是多面的,但在文化差异等诸多因素共同组成的哈哈镜的过滤折射下,中国的普通读者、学人还有作家在看取梭罗时,在深化梭罗身上某些因素的同时也淡化了梭罗作品中的另外一些因素。深化,比如对梭罗与中国古典思想关系的探究,体现了中国梭罗研究者由于吸纳本土文化而开创或强化的新的研究方向;淡化,则往往是国外资料掌握并不充分或中国学人根据中国的现实语境做出的主动选择所致。深化或淡化造成中国人眼中的梭罗形象并不完整,②当然中国版的梭罗也不可能是美国梭罗形象的完全复制。但这样的变形,却对研究作家作品的跨语际和跨文化传播别有深远的意义。梭罗在现代中国的流布是面镜子,它可以映照出中国文学走向世界时的诸多面相,它可以为我们思考中国文化如何真正走进世界而不只是翻译到国外提供不少思考的空间。

---

① [美]乌尔利希·韦斯坦因:《比较文学与文学理论》,刘象愚译,辽宁人民出版社 1986 年版。

② 声称中国人眼中的梭罗形象不够完整并不等于说美国人对梭罗有着完整清晰的认识。事实上,无论是中国人还是美国人,他们对梭罗多面性的了解是一个逐步深入的过程。对此,《诺顿美国文选》声称:"梭罗作为一名重要作家得到认可的进程缓慢。"参见 Nina Baym (ed.), *The Norton Anthology of American Literature*: 1820—1865, *Volume B*, 6*th ed*, New York: W. W. Norton & Company, 2003, p. 1790。台湾的朱立民断定:"对于他(指梭罗)的著作略有兴趣的读者也不过认为他对自然的观察很精细,当他是一位博物学家来欣赏,完全忽略了他的经济思想和社会思想。"参见朱立民:《美国文学(1607—1860):殖民地时代到内战前夕》(修订版),书林出版有限公司 2000 年版,第 453 页。

后　记

研究《梭罗与中国:东学西传后的西学中渐》委实不是一件容易的事情,因为研究对象时间跨度大、涉及范围广,再加上梭罗本人又在东西古今方面都有广泛的涉猎,研究难度之大可想而知。所以,笔者在本书撰写中曾产生过许多的困惑,最终写就的内容存在的一些不足也显而易见。笔者并不觉得因为书稿存在瑕疵而羞于启齿或难于见人,因为对那些真正有志于献身学术的学人而言,撰写学术专著只是漫漫人生路上的一个驿站,它既不是起点,也不会是终点。能够写就一部行云流水般质量上乘的学术专著固然令人心向往之,但在具体写作中得到的教益更让人终生难忘。诗人兼批评家艾略特曾经说过,"我们也该提醒我们自己,批评就像呼吸一样是必然的事情",因此,笔者愿意将自己写作中的所思所想如实披露,以求教于各位方家。

首先是研究资料的问题。良好的研究,须是对研究对象的俯视,而非平视,更不能是仰视。清人钱大昕曾经说过,训诂考据乃义理所由出。全面占有研究材料是从事任何学术工作最基本的前提,梭罗研究亦不例外。随着现代科技的发展,中国对外来文学文化的接受方法越来越呈现出多元化的趋势,网络技术的发达就为中国读者接触梭罗提供了一条便捷的途径。在搜索引擎 Google 上,只要输入"梭罗",就可迅速检索到 1,600,000 条结果,输入"Thoreau",可以搜索到 5,290,000 条结果(检索时间:2018 年 2 月 1 日)。与梭罗有关的中英文电子文本可以说是数量多得惊人,其重要性自然不容小觑。然而,鉴于一般网络资料的可信度和学术专著的严谨要求,笔者在撰写本书时只有在找不到书面材料的时候,迫不得已才会动用网络资源。

另外,在做专著撰写前的准备工作时,笔者通过上海图书馆、上海各大高校的图书馆、国家图书馆、国际学位论文文摘(ProQuest)、EBSCO 数据库、Springerlink 数据库、康奈尔大学图书馆网站、中国知网、中国学位论文数据库、万方硕博论文数据库、国家科技图书文献中心、北京大学图书馆馆藏目录、台湾图书馆网站、香港中文期刊索引、港澳台各大高校图书馆网站等不同途径,采用多种检索方式相互补充,确信已将目前有关该课题的绝大多数资料收集在手。然而,由于涉及《梭罗与中国:东学西传后的西学中渐》的资料分布比较零散,收集过程中的挂一漏万在所难免。至于港澳台地区的学术论文、期刊论文和研究专著,由于种种限制,笔者有时只能看到摘要或目录而未能阅读全书或全文,这在一定程度上限制了本书对梭罗在港澳台地区传播和接受进行剖析的深度。

其次是研究重心的问题。影响研究是比较文学一个非常经典的研究类型,它是一个由放送者、接受者和媒介者组成的同源性谱系。影响和接受,犹如一枚硬币的正反两面,紧密联系不可分割。只有影响和接受同时存在,才使影响联系得以完成,然而影响研究的重心并非一成不变。受法国学派治学风格的影响,比较文学长期以来把影响研究放在首要位置,其中心任务是去考察阐明各国文学或各民族文学之间影响联系的事实与影响流传的途径。但从20世纪70年代起,影响研究已不再囿于实证研究而重视起美学中心问题,并从输出影响转向主体接受的全面研究。本书承认:研究梭罗在中国的流传是一个非常复杂的课题,涉及作为接受者的中国,作为放送者的梭罗和域外的梭罗研究,作为媒介的梭罗翻译和评介等。要想全面地考察梭罗在中国的传播接受,必须将所有这些方面都考虑在内,因为单纯的接受研究毕竟只能是一种局部的方法。尽管如此,任何专著的写作毕竟都有个视角选取的问题,视角的不同就决定了论述重心的差异。伊布思曾经说过,应当"使接受主体,而不是影响主体变成确定影响类型的因素"。在谈论梭罗在中国的流传时,本书重点阐述的是作为接受主体的中国一方,而对作为放送者的梭罗和海外的梭罗研究涉及并不太多。其实,我们所谓的"梭罗",在美国也并非处于静止状态,因为美国对梭罗的看取和接受也处于不断的变动之中。放送者和接受者衡在的变动不居交织在一起,共同造就了梭罗在中国的传播和接受的整体图景。

再次是研究范式的问题。根据具体情况,法国学派开创的"X与Y"研究范式可以分为"作者/作品X在国家Y"或"接受者X面对一部作品/全部作品Y"。比较文学中注重实证研究的这一范式曾遭到美国学派的猛烈抨击。中国的比较文学界对这一模式并不感到陌生,因为它曾被演绎成"X+Y"而在20世纪90年代的后期遭到中国学术界大规模的讨伐。然而,产生这些不良现象的原因,不在于"X与Y"式的比较研究本身,而在于比较文学有待深入。在人们对"X与Y"仍谈虎色变,生怕因此染上浅薄、庸俗、比附的"坏名"而遭人唾弃的今天,笔者选取的《梭罗与中国:东学西传后的西学中渐》因其采用的研究范式可能也会招致非议。这种顾虑使得我在梳理本书思路的时候格外小心谨慎。关于接受研究,我同意孙景尧的看法,"接受方式不仅是接受反应的数字汇总或现象罗列,而且更是对接受者文学发展变化内在规律的深入探究”。希望本书真正做到了两者的有机结合。

本书在撰写过程中得到了许多师友、领导还有家人的关爱,在此一并向他们表示衷心的感谢:上海外国语大学的虞建华教授,上海师范大学的朱振武教授、郑克鲁教授和叶华年教授,上海外国语大学的李维屏教授和乔国强教授,上海交通大学的彭青龙教授,复旦大学的朱立元教授,广西民族大学的谢天振教授,美国加州州立大学启科分校的张爱萍教授,新西兰惠灵顿维多利亚大学的 Mark Williams 教授,南京大学的杨金才教授,上海外国语大学的张和龙教授、周敏教授和汪晓玲教授,上海师范大学的刘耘华教授,西安外国语大学的王和平教授,上海师范大学黄铁池教授和已故的孙景尧教授等等。我要把本书献给我最爱的妻子严瑾和一岁多的女儿刘沐筠,是她们给我提供了不断奋进的动力和勇气。

刘略昌

2018 年 2 月于上海浦东

附录1

梭罗生平及其著作年表

1817 年,7 月 12 日出生于马萨诸塞州的康科德镇。

1818 年,全家搬迁到马萨诸塞州的切姆斯福德。

1823 年,全家迁回马萨诸塞州的康科德。

1827 年,完成了《四季》(“Seasons”),这是目前已知的梭罗最早的作品。

1833 年,进入哈佛大学学习。

1835 年,利用学期之余,在马萨诸塞州的坎顿教书,同年结识奥雷斯蒂斯 · 布朗森。

1837 年,从哈佛大学毕业;开始记日记;在康科德公立学校短期执教;11 月 25 日,康科德的一家报纸刊登了一篇讣告,这是梭罗发表的最早的作品。

1838 年,与兄长约翰开办了一家私立学校;在康科德讲堂发表了第一次演说;第一次去缅因森林旅行。

1839 年,与约翰在康科德和梅里马克河上进行为期两周的旅行。

1840 年,完成文章《仪式》(“The Service”),但《日晷》杂志的玛格丽特 · 富勒拒绝录用;7 月发表了第一篇散文《奥卢斯 · 珀西斯 · 弗拉库斯》(“Aulus Persius Flaccus”);在《日晷》杂志上发表了第一首诗歌《怜悯》(“Sympathy”)。

1841 年,搬到爱默生家居住,同年在《日晷》上发表《友谊》(“Friendship”)。

1842 年,1 月 11 日,兄长约翰 · 梭罗病逝;在《日晷》上发表《马萨诸塞的自然史》(“Natural History of Massachusetts”);结识搬到康科德居住的小说家霍桑。

1843 年,在《民主评论》上发表《店主》(“ The Landlord”)和《复乐园》(“ Paradise (to be) Regained”);在《日晷》上发表《冬日漫步》(“ A Winter Walk”);在《波士顿杂记》上发表《沃楚塞特漫步》(“ Walk to Wachusett”)。结识贺拉斯 · 格雷利;帮助爱默生编辑超验主义的喉舌刊物《日晷》,在《日晷》上摘引包括儒家学说在内的东方各族经典;搬到纽约的斯塔滕岛,给威廉 · 爱默生的孩子当家庭教师。

1844 年,在《日晷》上发表《自由的先驱》(“Herald of Freedom”);无意中烧毁了康科德的一片树林。

1845 年,3 月开始在瓦尔登湖畔修建木屋;7 月 4 日,搬进瓦尔登湖畔的小木屋开始生活实验;在《解放者》杂志上发表《康科德讲堂前的温德尔·菲利普斯》(“Wendell Philips Before Concord Lyceum”)。

1846 年,因为拒付人头税被捕入狱,同年前往缅因森林旅行。

1847 年,在《格雷厄姆杂志》上发表《托马斯·卡莱尔及其作品》(“Thomas Carlyle and His Works”);离开瓦尔登湖畔的小木屋;再次搬进爱默生家。

1848 年,1 月 26 日,在康科德讲堂发表演说《个人在与政府关系中的权利和义务》(“The Rights and Duties of the Individual in Relation to Government”)(后易名为《论公民的不服从》,“Resistance to Civil Government”);搬回家中;在《联合杂志》上发表根据 1846 年缅因之行写成的《卡塔登山和缅因森林》(“Ktaadn and the Maine Woods”)。

1849 年,5 月 26 日,自费出版《康科德和梅里马克河上的一周》;在《美学杂志》上发表《论公民的不服从》;第一次去科德角旅行。

1850 年,第二次去科德角旅行,同年游历加拿大。

1852 年,向《萨廷联合杂志》投稿。

1853 年,第二次前往缅因森林旅行;《加拿大游记》的部分内容在《普特南月刊》上发表。

1854 年,8 月 9 日,蒂克纳·菲尔茨公司出版《瓦尔登湖》,共 2000 册。在弗雷明汉废奴集会上发表演说《马萨诸塞的奴隶制》(“Slavery in Massachusetts”),事后其扩展版发表于《解放者》。

1855 年,游历科德角;《科德角》的部分内容发表于《普特南月刊》。

1856 年,在布鲁克林与沃尔特·惠特曼会面;在 1856 年 12 月 7 日写给 H. G. O. 布莱克的信中,记叙了自己对惠特曼及其 1856 年出版的《草叶集》的印象。

1857 年,游历科德角和缅因森林;结识约翰·布朗。

1858 年,攀登白山和莫纳诺克山;根据第二次缅因之行写成的《雀森库克》在《大西洋学刊》上发表。

1859 年,2 月 3 日,父亲过世;10 月 30 日,在康科德发表演说《为约翰·布朗队长请命》(“A Plea for Captain John Brown”),后来该文收录于詹姆斯·雷德帕斯编辑的《哈泼渡口的回响》(*Echos of Haper's Ferry*, 1860)中。

1860 年,在《解放者》上发表《约翰·布朗最后的日子》(“The Last Days of John Brown”);在《米德尔塞克斯农业协会 1860 年度学报》上发表《森林的演替》(“The Succession of Forest Trees”);患了重感冒,导致其日后的死亡。

1861年,扶病西游明尼苏达;编辑自己作品的手稿。

1862年,5月6日,因肺结核于康科德与世长辞;在其过世之后,《大西洋学刊》刊登了梭罗的自然散文《野苹果》("Wild Apples"),《秋色》("Autumnal Tints")和《漫步》("Walking")。

1863年,索菲娅·梭罗和爱默生共同编辑的《远行》(*Excursions*)出版。

1864年,索菲娅·梭罗和埃勒里·钱宁编辑的《缅因森林》(*The Maine Woods*)发行。

1865年,索菲娅·梭罗和埃勒里·钱宁编辑的《科德角》(*Cape Cod*)及爱默生编辑的《梭罗书信集》(*Letters to Various Persons*)出版。

1866年,钱宁和索菲娅·梭罗共同编辑的《在加拿大的美国佬及废奴和改革论文》(*A Yankee in Canada, with Anti-Slavery and Reform Papers*)发行问世。

1873年,首部梭罗传记、钱宁撰写的《梭罗:诗人兼自然主义者》(*Thoreau: The Poet-Naturalist*)问世。

1881年,梭罗生前的好友兼门徒H. G. O. 布莱克编辑的《马萨诸塞的早春》(*Early Spring in Massachusetts*)出版。

1884年,布莱克编辑的《夏》(Summer)出版;《瓦尔登湖》在英国首次发行。

1888年,布莱克编辑的《冬》(Winter)问世。

1889年,《康科德和梅里马克河上一周》在英国首次出版。

1892年,布莱克编辑的《秋》(Autumn)发行。

1894年,河滨版总共十一卷的《梭罗全集》发行。

1906年,瓦尔登湖版共二十卷的《梭罗作品集》问世,其中包括十四卷日记。

附录2

研究专著和译著

省部级和国家级基金项目：

孙霄："梭罗生态诗学研究"，教育部人文社科规划基金项目，2013。

王炎："一个别处的世界：梭罗瓦尔登湖畔的生命实验"，国家社科基金后期资助项目，2017。

研究专著：

蒋竹怡：《从生态视角看梭罗：重读〈瓦尔登湖〉》，北京：中国商务出版社，2007。

陈茂林：《诗意栖居：亨利·大卫·梭罗的生态批评》，杭州：浙江大学出版社，2009。

陈才忆，邓亚雄：《梭罗研究》，北京：外语教学与研究出版社，2012。

孙霄：《瓦尔登湖畔的自由之帆：梭罗散文诗学研究》，北京：中国社会科学出版社，2014。

周郁蓓：《美国学院文学批评再反思：从梭罗到萨义德》，厦门：厦门大学出版社，2014 年。

孙霄：《梭罗散文生态诗学研究》，长春：吉林大学出版社，2017。

台湾地区的研究专著：

梁实秋主编：《梭罗》，台北：名人出版事业公司，1982。

陈长房：《梭罗与中国》，台北：三民书局，1991。

涂成吉：《梭罗的文学思想与改革意识》，台北：秀威资讯科技出版社，2009。

涂成吉：《由疏离到关怀：梭罗的文学与政治》，台北：秀威资讯科技出版社，2010。

译著:

[美] T·德莱塞:《梭罗》,白石译,永安:改进出版社,1941。

梭罗:《华尔腾》,上海:晨光出版公司,1949。

梭罗:《瓦尔登湖》,徐迟译,上海:上海译文出版社,1982,1993,1997,2003,2004,2006,2009,2011。

[美] 安德斯特改编:《林中生活》,尉小龙、霍建强注释,北京:北京师范大学出版社,1994。

梭罗:《瓦尔登湖》,刘绯译,石家庄:花山文艺出版社,1996。

[美] 罗伯特·塞尔编:《梭罗集》,陈凯等译,北京:三联书店,1996。

梭罗:《瓦尔登湖》,徐迟译,长春:吉林人民出版社,1997。

梭罗:《湖滨散记》,王光林译,北京:作家出版社,1998。

梭罗:《瓦尔登湖》,徐迟译,沈阳:沈阳出版社,1999。

梭罗:《瓦尔登湖》,张玲译,呼和浩特:远方出版社,1999。

梭罗:《瓦尔登湖》(中英对照),袁文玲译,北京:外文出版社,2000。

梭罗:《山·湖·海》,台湾蓝瓶子文化编译小组译,北京:中国对外翻译出版公司,2000。

[美] 罗伯特·米尔德:《重塑梭罗》,马会娟、管兴忠译,北京:东方出版社,2001。

梭罗:《瓦尔登湖》,田伟华译,呼和浩特:内蒙古人民出版社,2001。

[美] 斯蒂芬·哈恩:《梭罗》,王艳芳译,北京:中华书局,2002,2014。

梭罗:《瓦尔登湖》,张知遥译,哈尔滨:哈尔滨出版社,2003。

梭罗:《瓦尔登湖》,戴欢译,北京:当代世界出版社,2003。

梭罗:《瓦尔登湖》,曹仁雪译,上海:上海科学技术文献出版社,2003。

[美] E. M. 泰勒编:《自然之书》,陶文江、吴云丽译,北京:中国妇女出版社,2004。

梭罗:《瓦尔登湖:一百五十年常销不衰的绿色心灵圣经》,杨家盛译,天津:天津教育出版社,2004。

梭罗:《瓦尔登湖》,苏福忠译,北京:人民文学出版社,2004,2006,2008,2011,2015。

梭罗:《瓦尔登湖》,孙胜忠注释,上海:上海外语教育出版社,2004。

梭罗:《梭罗日记》,朱子仪译,北京:北京十月文艺出版社,2005。

梭罗:《种子的信仰》,何广军等译,北京:中国青年出版社,2005。

梭罗:《种子的信念》,孙晶译,北京:燕山出版社,2005。

梭罗:《瓦尔登湖》,纵华政译,北京:中国电影出版社,2005。

梭罗:《瓦尔登湖》,田颖、朱春飞编译,西安:陕西人民出版社,2005。

梭罗:《河上一周》,深幻译,北京:当代世界出版社,2005。

梭罗:《瓦尔登湖》,王光林译,武汉:长江文艺出版社,2005,2007,2011。

梭罗:《瓦尔登湖》,张知遥译,天津:天津教育出版社,2005。

梭罗:《湖滨散记》,曾光辉编译,北京:中国书籍出版社,2005。

梭罗:《最优美的散文》,徐翰林编译,北京:中国对外翻译出版公司,2006。

梭罗:《心灵漫步》,林志豪译,海口:海南出版社,2007。

梭罗:《寻找精神家园》,史国强译,北京:中信出版社,2007。

梭罗:《瓦尔登湖》,王家湘译,北京:北京十月文艺出版社,2007。

梭罗:《瓦尔登湖》,潘庆舲译,上海:上海社会科学院出版社,2007。

梭罗:《瓦尔登湖》,林志豪译,海口:海南出版社·三环出版社,2007。

梭罗:《瓦尔登湖》,林志豪译,天津:天津教育出版社,2008。

梭罗:《瓦尔登湖》,潘庆舲译,武汉:长江文艺出版社,2008。

梭罗:《瓦尔登湖》,潘庆舲译,北京:中国国际广播出版社,2008。

梭罗:《瓦尔登湖》,李津译,天津:天津科技翻译出版公司,2008。

梭罗:《瓦尔登湖》,徐迟译,北京:中国国际广播出版社,2008,2012。

梭罗:《瓦尔登湖》,李暮译,上海:上海三联书店,2008。

梭罗:《瓦尔登湖》,张悦译,哈尔滨:北方文艺出版社,2008。

梭罗:《瓦尔登湖》,王义国译,北京:燕山出版社,2008,2010,2011,2013,2014,2016。

梭罗:《瓦尔登湖》,成维安译,哈尔滨:哈尔滨出版社,2009。

梭罗:《瓦尔登湖》,吕晓滨译,长春:北方妇女儿童出版社,2009。

梭罗:《心灵漫步 科德角》,孙达译,哈尔滨:北方文艺出版社,2009。

梭罗:《秋色》,董继平译,兰州:甘肃人民美术出版社,2009。

梭罗:《野果》,石定乐译,北京:新星出版社,2009,2017。

梭罗:《缅因森林》,戴亚杰译,哈尔滨:北方文艺出版社,2009。

梭罗:《河上一周》,宇玲译,哈尔滨:北方文艺出版社,2009。

梭罗:《瓦尔登湖》,戴欢译,北京:中国画报出版社,2010。

梭罗:《瓦尔登湖》,叶子译,沈阳:辽宁教育出版社,2010。

梭罗:《瓦尔登湖》,孔繁云译,贵阳:贵州人民出版社,2010。

梭罗:《瓦尔登湖》(双语插图本),梁栋译,南京:译林出版社,2010。

梭罗:《瓦尔登湖》,田伟华译,北京:中国三峡出版社,2010。

梭罗:《瓦尔登湖》,仲泽译,成都:四川文艺出版社,2010,2011,2014,2017。

梭罗:《我的栖身之所,我的人生目的》(英汉双语),李育超译,北京:中国对外翻译出版公司,2010。

梭罗:《瓦尔登湖》,王金玲译,重庆:重庆出版社,2010。

梭罗:《瓦尔登湖》,李暮译,北京:北京理工大学出版社,2010。

梭罗:《瓦尔登湖》,李暮译,上海:文汇出版社,2010。

梭罗:《种子的信仰》,王海萌译,上海:上海书店出版社,2010,2011。

梭罗:《瓦尔登湖》,亦言译,汕头:汕头大学出版社,2010,2012。

梭罗:《瓦尔登湖》,潘庆舲译,北京:中国华侨出版社,2010。

梭罗:《瓦尔登湖》,宋璐璐译,昆明:云南人民出版社,2010,2011。

梭罗:《瓦尔登湖》,刘永升译,北京:大众文艺出版社,2010。

梭罗:《寻找精神家园》,方碧霞译,北京:外语教学与研究出版社,2010。

梭罗等:《中国最美的散文 世界最美的散文大全集》,刘颖等编译,北京:高等教育出版社,2010。

梭罗:《瓦尔登湖》,周玮、彭萍译,北京:中国宇航出版社,2011。

梭罗:《梭罗散文》,苏福忠译,北京:人民文学出版社,2011。

梭罗:《瓦尔登湖》,徐崇信、林本椿译,南京:译林出版社,2011,2012,2013,2017。

梭罗:《瓦尔登湖》,穆紫译,长春:北方妇女儿童出版社,2011。

梭罗:《瓦尔登湖》(中英对照全译本),盛世教育西方名著翻译委员会译,上海:上海世界图书出版公司,2011。

梭罗:《瓦尔登湖》,潘庆舲译,长沙:湖南文艺出版社,2011。

梭罗:《瓦尔登湖》,田然译,长春:吉林出版集团有限责任公司,2011。

梭罗:《瓦尔登湖》(中英导读英文版),王勋、纪飞等编译,北京:清华大学出版社,2011。

梭罗:《瓦尔登湖:梭罗散文选》,郭跃渊译,南京:江苏文艺出版社,2012。

梭罗:《瓦尔登湖》,曾光辉译,北京:中国致公出版社,2012。

梭罗:《瓦尔登湖》,黄毅、孙梦霞译,南京:凤凰出版社,2012。

梭罗:《河上一周》,陈凯译,北京:商务印书馆,2012。

梭罗:《复乐园》,任伟译,成都:四川文艺出版社,2012,2015。

梭罗:《远行》,董晓娣译,北京:光明日报出版社,2012。

梭罗:《荒野孤舟》,杜伟华译,北京:光明日报出版社,2012。

梭罗:《瓦尔登湖》,王军平译,延吉:延边教育出版社,2012。

梭罗:《瓦尔登湖》,文真明译,上海:立信会计出版社,2012。

梭罗:《瓦尔登湖》,田然译,合肥:安徽人民出版社,2012。

梭罗:《梭罗散文精选》,王光林译,武汉:长江文艺出版社,2013。

梭罗:《世事纷扰,安得静好:梭罗最美的文字》,洪言译,北京:石油工业出版社,2013。

梭罗:《远足》,江山等译,南京:江苏人民出版社,2013。

梭罗:《瓦尔登湖》,孙怡等译,上海:上海世界图书出版公司,2013。

梭罗:《瓦尔登湖》,李继宏译,天津:天津人民出版社,2013,2017。

梭罗:《瓦尔登湖:世界上最修心的地方》,穆秋月译,北京:中国华侨出版社,2013。

梭罗:《瓦尔登湖》,高格译,北京:中译出版社,2013,2017。

梭罗:《瓦尔登湖》,青闰、刘建东注译,北京:中国致公出版社,2013。

梭罗:《瓦尔登湖》,张仙平译,南京:江苏人民出版社,2013。

梭罗:《瓦尔登湖》,古卫东译,北京:光明日报出版社,2013。

梭罗:《瓦尔登湖》,杨家盛译,桂林:漓江出版社,2013。

梭罗:《远行》,李妍译,苏州:古吴轩出版社,2013。

梭罗:《瓦尔登湖》,亦言译,北京:中国友谊出版公司,2013,2014。

梭罗:《瓦尔登湖》,范宗标译,芜湖:安徽师范大学出版社,2013。

梭罗:《瓦尔登湖》,邓敏华编译,北京:线装书局,2013。

梭罗:《瓦尔登湖》(盲文文献,根据上海译文出版社 2009 年 6 月第 1 版、2011 年 11 月第 8 次印刷译印),徐迟译,北京:中国盲文出版社,2013,2014。

梭罗:《把沉睡的时光摇醒》,吴文智译,北京:中国华侨出版社,2013。

梭罗:《瓦尔登湖》,费诗云改写,长春:北方妇女儿童出版社,2013。

梭罗:《秋色》,曹和明改写,长春:北方妇女儿童出版社,2013。

梭罗:《瓦尔登湖》,李育超译,北京:中国对外翻译出版公司,2013。

梭罗:《种子的信仰》,赵静译,重庆:重庆出版社,2013。

梭罗:《瓦尔登湖》,吴文静编译,合肥:安徽文艺出版社,2013。

梭罗:《瓦尔登湖》,潘庆舲译,长春:吉林文史出版社,2014。

梭罗:《瓦尔登湖》,潘庆舲译,北京:中国盲文出版社,2014。

梭罗:《种子的信仰》,江山译,北京:东方出版社,2014。

梭罗:《瓦尔登湖》,李新译,长春:吉林大学出版社,2014。

梭罗:《梭罗论人生》,苏福忠译,上海:上海人民出版社,2014。

梭罗:《瓦尔登湖的反光:梭罗日记》,朱子仪译,北京:金城出版社,2014。

梭罗:《瓦尔登湖》,王光林译,长沙:湖南少年儿童出版社,2014。

梭罗:《瓦尔登湖》,潘庆舲译,武汉:长江少年儿童出版社,2014。

梭罗:《瓦尔登湖》(世界科普巨匠经典译丛),李爱军译,上海:上海科学普及出版社,2014。

梭罗:《瓦尔登湖》,赵新编译,海口:南海出版公司,2014。

梭罗:《瓦尔登湖》(新课标必读丛书),徐迟译,北京:外文出版社,2014。

梭罗:《瓦尔登湖·论公民的不服从义务》,鲍荣、何栓鹏译,北京:北京时代华文书局,2014。

梭罗:《瓦尔登湖》,潘庆舲译,延吉:延边人民出版社,2014。

梭罗:《瓦尔登湖》(北京市绿色印刷工程——优秀青少年读物绿色印刷示范项目),高格译,北京:北京联合出版公司,2014,2015,2016。

梭罗:《瓦尔登湖》(语文新课标必读丛书),张扬译,长春:吉林美术出版社,2014。

梭罗:《瓦尔登湖》,张健译,长春:吉林美术出版社,2014。

梭罗:《瓦尔登湖》,潘庆舲译,广州:花城出版社,2014。

梭罗:《瓦尔登湖》(维吾尔文,根据长江文艺出版社2010年4月第1版,2010年4月第3次印刷本翻译出版),涅鲁派尔·穆萨巴耶娃译,乌鲁木齐:新疆人民出版社,2014。

梭罗:《瓦尔登湖》,杨帆译,北京:中国华侨出版社,2014。

梭罗:《瓦尔登湖》,王义国译,北京:中国文联出版社,2014,2015。

梭罗:《梭罗的极简智慧》,哲空空编译,北京:北京时代华文书局,2015。

梭罗等:《穿指流沙细数年华:那些发人深省的英语哲理美文》,南玉祥译,南京:江苏凤凰科学技术出版社,2015。

梭罗:《去你梦想的方向,过你想过的生活》,李安安译,北京:北京时代华文书局,2015。

梭罗:《瓦尔登湖》,谢婷译,海口:南海出版公司,2015。

梭罗:《瓦尔登湖》,杰弗里·S·克莱默注,杜先菊译,上海:华东师范大学出版社,2015。

梭罗:《瓦尔登湖》,张扬译,哈尔滨:黑龙江科学技术出版社,2015。

梭罗:《瓦尔登湖》,潘庆舲译,上海:上海译文出版社,2015。

梭罗:《瓦尔登湖》,徐枫译,北京:群言出版社,2015。

梭罗:《瓦尔登湖》,熊兵娇译,北京:中国书籍出版社,2015。

梭罗:《秋色》,董继平译,西宁:青海人民出版社,2015。

梭罗:《瓦尔登湖》,黄毅译,南京:江苏凤凰文艺出版社,2015。

梭罗:《带自己回家:让疲惫的心灵重获新生》,付瑞娟等译,南京:江苏凤凰文艺出版社,2015。

梭罗:《生命的信仰:寻回内心本来的力量》,薛婷、孙其宁译,南京:江苏凤凰文艺出版社,2015。

梭罗:《瓦尔登湖》,王光林译,成都:巴蜀书社,2015。

梭罗:《瓦尔登湖》,戴欢、代诗圆译,武汉:长江文艺出版社,2015。

梭罗:《瓦尔登湖》,田然译,北京:北京联合出版公司,2015。

梭罗:《瓦尔登湖》,欧阳瑾译,南昌:二十一世纪出版社集团,2015。

梭罗:《瓦尔登湖》,王光林译,北京:中央编译出版社,2015。

梭罗:《瓦尔登湖》,潘庆舲,北京:作家出版社,2015。

梭罗:《瓦尔登湖》,张敏杰译,呼和浩特:远方出版社,2015。

梭罗:《瓦尔登湖》,冯慧娟编译,长春:吉林出版集团有限责任公司,2015。

梭罗:《缅因森林》,任伟译,成都:四川文艺出版社,2015。

梭罗:《瓦尔登湖》,王燕珍译,北京:北京理工大学出版社,2015。

梭罗:《瓦尔登湖》,方竹译,北京:线装书局,2015。

梭罗:《瓦尔登湖》(中英双语对照版),徐自琛译,西安:西安交通大学出版社,2015。

梭罗,郁达夫,高尔基等:《在花朵前,春天让我欣喜》,方圃译,北京:北京时代华文书局,2015。

梭罗:《瓦尔登湖》,姜筱菡译,北京:团结出版社,2016。

梭罗:《瓦尔登湖》,姚树君译,长春:时代文艺出版社,2016。

梭罗等:《总有一个念想,推着我们向前》,方圃译,北京:北京时代华文书局,2016。

梭罗:《瓦尔登湖》,王义国译,北京:中译出版社,2016。

梭罗:《瓦尔登湖》,王义国译,北京:作家出版社,2016。

梭罗:《瓦尔登湖》,戈秀兰译,北京:煤炭工业出版社,2016。

梭罗:《瓦尔登湖》,徐迟译,北京:中国宇航出版社,2016。

梭罗:《瓦尔登湖》,王光林译,北京:商务印书馆,2016。

梭罗:《你不比一朵野花更孤独》,郭跃渊译,南京:江苏凤凰文艺出版社,2016。

梭罗:《瓦尔登湖》,高鹏译,北京:北京工艺美术出版社,2016。

梭罗:《瓦尔登湖》,王光林译,北京:北京理工大学出版社,2016。

梭罗:《瓦尔登湖》,李漫译,北京:群言出版社,2016。

梭罗:《瓦尔登湖》,名家编译委员会译,北京:北京日报出版社,2016。

梭罗:《瓦尔登湖》,高格译,北京:中国华侨出版社,2016。

[法]勒罗伊编:《梭罗:再见瓦尔登湖》,陈晓林译,北京:北京联合出版公司,2017。

[英]艾伦·雅各布斯编:《与亨利·戴维·梭罗对话》,杨改姣、刘畅译,哈尔滨:黑龙江教育出版社,2017。

梭罗:《瓦尔登湖》,郭泽英译,北京:中国文联出版社,2017。

梭罗:《瓦尔登湖》,梁新宇译,沈阳:沈阳出版社,2017。

梭罗:《瓦尔登湖》,王家新、李昕译,长沙:湖南人民出版社,2017。

梭罗:《〈瓦尔登湖〉艺术笔记》,杜先菊译,北京:人民文学出版社,2017。

梭罗:《瓦尔登湖》,王耀译,长春:吉林文史出版社,2017。

梭罗:《瓦尔登湖》,麦芒译,天津:天津人民出版社,2017。

梭罗:《瓦尔登湖:青少年读本》,李继宏译,天津:天津人民出版社,2017。

梭罗:《瓦尔登湖》,高格译,北京:中华工商联合出版社有限责任公司,2017。

梭罗:《瓦尔登湖》,李暮译,南京:译林出版社,2017。

梭罗:《瓦尔登湖》,徐岩译,北京:研究出版社,2017。

梭罗:《瓦尔登湖》,潘庆舲译,北京:国际文化出版公司,2017。

梭罗:《瓦尔登湖》,潘庆舲译,杭州:浙江教育出版社,2017。

梭罗:《瓦尔登湖》,黄霈鋆译,北京:民主与建设出版社有限责任公司,2017。

梭罗:《瓦尔登湖》,龚勋编译,北京:开明出版社,2017。

梭罗:《瓦尔登湖》,杜先菊译,杰弗里·S·克莱默注,北京:人民文学出版社,2017。

梭罗:《瓦尔登湖》(“新课标全悦读”丛书),林毓文译,西安:陕西师范大学出版社,2017。

梭罗:《瓦尔登湖》(国民阅读经典 第十七辑),李家真译注,北京:中华书局,2017。

梭罗:《瓦尔登湖》,文竹译,北京:中国华侨出版社,2017。

梭罗:《河上一周》,曹晓玲译,成都:四川文艺出版社,2017。

梭罗:《做一个不惑的人,不忧、不惧过一生》,方华文译,北京:北京日报出版社,2017。

梭罗:《瓦尔登湖》,李静滢译,北京:中国画报出版社,2017。

台湾地区的译著:

梭罗:《华尔腾:湖滨散记》,徐迟译,台北:文星书店,1965。

梭罗:《湖滨散记》,黄建平译,台北:正文,1965,1966,1967,1969,1971,1974。

梭罗:《湖滨散记》,吴明实译,台北:今日世界,1968。

梭罗:《湖滨散记》,陈慧玲译,台南:新世纪,1970,1977。

梭罗:《湖滨散记》,译者不详,台南:复汉,1970。

梭罗:《华尔腾:湖滨散记》,译者不详,台北:学人月刊杂志社,1971。

梭罗:《湖滨散记》(英汉对照),李兰芝译,台北:正文书局,1971,1973,1980。

梭罗:《湖滨散记》,黄建平译,台北:大立,1971。

梭罗:《湖滨散记》,杨人康译,台南:综合出版社,1972,1975。

梭罗:《湖滨散记》,译者不详,台中:普天,1975。

梭罗:《湖滨散记》(英汉对照),译者不详,台北:mylm,1975。

梭罗:《不服从论》,涂钦清译,台北:五洲出版社,1976。

梭罗:《梭罗日记》,景翔译,台北:林白,1976,1985。

梭罗:《梭罗散文精选集》,胡楚卿译,金门:源成,1977。

梭罗:《湖滨散记》,朱天华译,台北:天华,1978。

得利斯:《梭罗》,曾永莉译,台北:名人出版事业股份有限公司,1980。

梭罗:《人生与自然》,楚卿译,台北:蓝灯文化,1976,1980。

梭罗:《华尔腾:湖滨散记》,孟祥森译,台北:远景出版事业公司,1982,1991,1993。

梭罗:《湖滨散记:华尔腾湖畔》,孔繁云译,台北:志文出版社,1984,1987,1990,1991,1994,1997,1999,2002,2003。

梭罗:《湖滨散记》,译者不详,台南:嘉鸿,1985。

梭罗等:《世界文学全集28(《复活》,《湖滨散记》)》,译者不详,台北:喜美出版社,1985。

梭罗:《湖滨散记》,孟祥森译,台北:书华出版,1986,1993,1995,1999。

梭罗:《湖滨散记》,吴明实译,台北:台湾英文杂志社,1987,1990。

梭罗:《湖滨散记》,李淑贞编译,台北:九大,1988。

梭罗:《湖滨散记》,康乐意译,台北:金枫出版社,1990,1991.

梭罗:《湖滨散记》,吴丽玟编译,台北:远志,1990。

梭罗:《湖滨散记》,康乐意译,台北:久大文化,1991。

梭罗:《湖滨散记》,文国书局编译部编译,台北:文国,1992。

梭罗:《湖滨散记》,顾淑馨译,台北:天下,1992。

梭罗:《华潭》,陈次云译,台北:台湾编译馆,1994。

梭罗:《湖滨散记》,孟祥森译,台北:桂冠图书,1994。

梭罗:《种子的信仰》,金恒镳、杨永钰译,台北:大树文化事业股份有限公司,1995,1996。

梭罗:《冬日漫步》,夏济安译,台北:洪范书店有限公司,1997。

梭罗:《湖滨散记》,康乐意译,台北:万象出版,1998。

梭罗:《湖滨散记》,李淑贞编译,台北:九仪出版社,1998。

梭罗:《湖滨散记》,陈柏苍译,台北:高宝国际集团有限公司,1998。

梭罗:《湖滨散记》,孟祥森译,台北:锦绣出版社,1999。

梭罗:《湖滨散记》,孟祥森译,台北:探索文化出版,1999。

梭罗:《河岸周记》,郑淑芬译,台北:蓝瓶子文化出版社,1999,2000。

梭罗:《心灵散步》,蓝瓶子编译小组编译,台北:蓝瓶子文化出版社,1999。

梭罗:《卡德海峡》,蓝瓶子编译小组编译,台北:蓝瓶子文化出版社,1999。

梭罗:《缅因森林》,蓝瓶子编译小组编译,台北:蓝瓶子文化出版社,1999。

梭罗:《看海:梭罗·鳕鱼海岬》,黄正蓉译,台北:蓝瓶子文化出版社,2000。

梭罗:《玩山:梭罗·缅因森林》,黄正蓉译,台北:智达国际出版,2000。

梭罗:《阅读:想象知识的王国》,唐泽译写,台北:格林文化出版,2000。

《孤独的巨人:梭罗的生活哲学》,林玫莹译,台北:小知堂文化事业公司,2002。

David R Foster:《康考特牧歌:重回梭罗的华腾湖》,辛巴译,台北:新新闻文化出版,2002。

梭罗:《湖滨散记》,李淑贞编译,台北:理得出版事业公司,2002。

梭罗:《湖滨散记》,李淑贞编译,台北:经典文库,2002。

梭罗:《孤独的巨人:梭罗的生活哲学》,林玫莹译,台北:小知堂文化事业公司,2002。

梭罗:《湖滨散记》,沈漠译,台北:寂天文化事业有限公司,2002。

梭罗:《湖滨散记》,沈漠译,台北:语言工厂出版,2004。

梭罗:《湖滨散记》,成维安译,台北:华文网,2005。

梭罗:《湖滨散记》,孔繁云译,台北:撰者,2006。

梭罗:《瓦尔登湖畔的沉思》,吴云丽译,台北:顺达文化出版社,2006。

迪恩编:《湖滨书简》,周亦培译,台北:聊经,2007。

梭罗:《湖滨散记》,乐轩译,台北:台湾商务,2010,2011,2014,2017。

梭罗:《湖滨散记:树林中的生活》,徐迟译,新北:远足文化,2012。

梭罗:《湖滨散记》,徐崇信、林本椿译,台北:高宝国际出版,2013。

梭罗:《湖滨散记》,文真明译,台北:海鸽文化出版,2013,2017。

梭罗:《湖滨散记》,乐轩译,台北:台湾商务印书馆股份有限公司,2010,2014。

《世界最优美的散文选》,徐汉林译,台北:德威国际文化出版,2012,2013。

梭罗:《一个人的远行》,董晓娣译,新北:自由之丘文创出版,2012。

梭罗:《公民,不服从!:梭罗最后的演讲》,刘粹伦译,台北:红桌文化,2012。

梭罗:《湖滨散记》,新北:远足文化事业股份有限公司,2012。

Carol Spenard LaRusso:《梭罗:绿色先知》,邓伯宸译,新北:立绪文化出版,2013。

梭罗:《湖滨散记》,文真明译,台北:海鸽出版社,2013,2017。

梭罗:《我所向往的生活:亨利·梭罗的公民不服从和他的政治书写》,谢孟宗、陈苍多译,台北:商周城邦文化出版,2015。

梭罗:《野果》,石定乐译,新北:自由之丘文创出版,2015,2016。

Bradley P. Dean 编:《种子的信仰》,陈义仁译,台北:果力文化出版,2017。

香港地区的译著:

梭罗:《湖滨散记》,香港:人人出版社,1952,1954。

梭罗:《湖滨散记》,吴明实译,香港:今日世界出版社,1963,1964,1965,1975,1977。

梭罗:《不服从论》,涂钦清译,香港:世界图书,1976。

梭罗:《公民抗命》,廉萍译,香港:三联书店香港有限公司,2005。

梭罗:《远行》,董晓娣译,香港:中和出版有限公司,2013。

附录3

硕博士学位论文和重要期刊论文

博士学位论文：

程爱民:《论梭罗的自然观》,南京大学,英语语言文学,1998 年。

韩德星:《上升的修辞:从人格学角度看梭罗的个人主义与生命诗学》,南开大学,比较文学与世界文学,2006 年。

谢志超:《爱默生、梭罗对四书的接受:比较文学视野中的超验主义研究》,上海师范大学,比较文学与世界文学,2006 年。

陈茂林:《诗意栖居:亨利・大卫・梭罗的生态批评》,南开大学,英语语言文学,2007 年。

李洁:《论梭罗与中国的关系》,复旦大学,比较文学与世界文学,2008 年。

刘略昌:《梭罗与其作品在中国的传播和接受:1921—2009》,上海师范大学,比较文学与世界文学,2010 年。

陈乐福:《亨利・戴维・梭罗"自我完善"式社会改革思想研究》,南京大学,英语语言文学,2010 年。

孙霄:《瓦尔登湖畔的自由之帆:梭罗自由观诗学研究》,陕西师范大学,比较文学与世界文学,2011 年。

台湾地区的博士学位：

金大卫:《探讨艾默生、梭罗、惠特曼等诗人笔下的自然、灵性、民主等议题,及其伪似佛学的理论》,台湾高雄师范大学,英语学系,2012 年。

硕士学位论文:

年份	论文标题	姓名	专业	毕业院校
2001	《评梭罗〈瓦尔登湖〉的主题及其现实意义》	高莲红	英语语言文学	辽宁大学
	《回归自然:陶渊明与梭罗的自然哲学》	黄珊	英语语言文学	广西师范大学
	《世界存在于自然之中:论梭罗的环境意识》	李小重	英语语言文学	华中师范大学
2003	《社会、文化、自然:生态批评视野里的〈瓦尔登湖〉》	王学良	比较文学与世界文学	北京大学
	《回归自然:重访梭罗和他的世界》	张伯菁	外国语言学及应用语言学	陕西师范大学
2004	《〈瓦尔登湖〉:重探梭罗的生态学思想》	黄幼	英语语言文学	南京师范大学
2005	《从星空到大地:论爱默生、梭罗和惠特曼笔下的"自然"主题》	黄丹	比较文学与世界文学	南京师范大学
	《绿色荒野的生命体悟:论梭罗的自然观和生态思想》	张群芳	比较文学与世界文学	广西师范大学
	《论梭罗的文学形象与生态寓意》	陈媛媛	比较文学与世界文学	北京大学
	《从中国传统哲学的角度比较陶渊明与梭罗》	王萍	英语语言文学	天津师范大学
	《对亨利·梭罗〈瓦尔登湖〉的生态解读》	童慧雁	英语语言文学	对外经济贸易大学
	《亨利·大卫·梭罗自然观中自然的神性与野性》	罗旭	英语语言文学	南开大学
	《〈瓦尔登湖〉:人与自然和谐关系的再现》	吴迪	英语语言文学	郑州大学
	《"生"与"爱":论工业时代梭罗的宇宙生命观》	马军红	英语语言文学	中山大学

续表

年份	论文标题	姓名	专业	毕业院校
2005	《〈瓦尔登湖〉两种译本风格传译之比较》	杨占	英语语言文学	上海大学
	《从异化观的角度解读亨利·戴维·梭罗的自然观》	吴琼	外国语言学及应用语言学	对外经济贸易大学
	《功能对等理论在英语文学散文翻译中的适用性:对〈瓦尔登湖〉三个中译本的个案分析》	李静	外国语言学及应用语言学	陕西师范大学
2006	《〈瓦尔登湖〉的生态学哲思:梭罗思想解读》	曹蕾	科学技术哲学	大连理工大学
	《论梭罗的自然观:梭罗思想与道家观点之比较》	李静	比较文学与世界文学	南昌大学
	《多元文化语境中徐迟译〈瓦尔登湖〉的现代诠释》	张辉	比较文学与世界文学	中南大学
	《论梭罗的文明观:梭罗思想与道家观点之比较》	粟孝君	英语语言文学	湖南师范大学
	《诗意的人生:阐释〈瓦尔登湖〉蕴涵的生活哲学》	任素娟	英语语言文学	华中师范大学
	《诗意之生存:论梭罗自然、人生与社会观》	王姗姗	英语语言文学	山东大学
	《〈瓦尔登湖〉主题分析》	曹麟	英语语言文学	辽宁大学
	《〈瓦尔登湖〉中隐喻的文体意义》	孟彩虹	英语语言文学	中国石油大学(华东)
	《英译汉语篇连贯重构的功能分析:徐迟〈瓦尔登湖〉研究》	洪娜	英语语言文学	华中师范大学

续表

年份	论文标题	姓名	专业	毕业院校
2007	《回归自然——梭罗的环境伦理思想研究》	胡友红	伦理学	南京林业大学
	《荒野与人的生态解读:梭罗、穆尔和福克纳的个案研究》	欧阳闻捷	比较文学与世界文学	北京大学
	《梭罗的生态思想研究》	陈初	比较文学与世界文学	厦门大学
	《在自然的沉思中相遇:陶渊明与梭罗的自然观比较论》	王永霞	比较文学与世界文学	兰州大学
	《〈瓦尔登湖〉:生态思想和实践的朝圣历程》	范钦佩	英语语言文学	北京交通大学
	《对亨利·大卫·梭罗〈瓦尔登湖〉中自然观的研究》	池云玲	英语语言文学	哈尔滨工程大学
	《梭罗的〈瓦尔登湖〉中蕴含的深层生态学思想》	张伟	英语语言文学	中国海洋大学
	《追求理想的生活:亨利·大卫·梭罗〈瓦尔登湖〉的主题研究》	张建静	英语语言文学	山东大学
	《文体分析在〈瓦尔登湖〉汉译本对比研究中的运用》	徐向晖	英语语言文学	华中师范大学
	《寻求着人与自然的和谐:试析梭罗矛盾的自然观》	韩海琴	英语语言文学	河南大学
	《亨利·大卫·梭罗的双重性》	周雪松	英语语言文学	中国人民解放军外国语学院
	"Achieving Oneness with Nature: A Study of the Impact of Ancient Chinese Thoughts on Thoreau's *Walden*"	唐加玲	英语语言文学	云南大学

续表

年份	论文标题	姓名	专业	毕业院校
2008	《欣赏的和谐：以梭罗的自然观反思中国环境教育》	方萍	马克思主义理论与思想政治教育	武汉理工大学
	《论梭罗的自然观念及其生态伦理意蕴》	武云	世界史	山东大学
	《试论梭罗的环境思想：对梭罗〈瓦尔登湖〉的思考》	吕志君	世界史	山东师范大学
	《论梭罗〈瓦尔登湖〉中的儒家与道家思想》	杜新宇	比较文学与世界文学	吉林大学
	《〈瓦尔登湖〉中蕴含的生态观解读》	刘悦	比较文学与世界文学	云南大学
	《人与自然的和谐共生：梭罗的生态思想与中国"天人合一"观念比较研究》	王继燕	比较文学与世界文学	内蒙古师范大学
	《梭罗和陶渊明的自然观比较研究：心灵与自然的融合》	孙晶鹤	英语语言文学	辽宁师范大学
	《庄子中的自由思想与梭罗〈瓦尔登湖〉中的自由观的比较研究》	徐明	英语语言文学	浙江大学
	《多元系统理论的适用性：对〈瓦尔登湖〉三个中译本的比较研究》	吴已英	英语语言文学	浙江大学
	《〈瓦尔登湖〉的生态解读》	王多娇	英语语言文学	辽宁大学
	《〈瓦尔登湖〉的生态伦理思想解读》	陈晨	英语语言文学	扬州大学
	《重访梭罗：生态批评视角下的〈瓦尔登湖〉研究》	李存安	外国语言学及应用语言学	武汉理工大学
	《功能对等在〈瓦尔登湖〉汉译过程中的应用》	曾呢娟	外国语言学及应用语言学	浙江大学

续表

年份	论文标题	姓名	专业	毕业院校
2009	《梭罗与沈从文的生态共鸣》	施继业	比较文学与世界文学	重庆师范大学
	《天人合一:论亨利·大卫·梭罗的〈瓦尔登湖〉所蕴含的环境美德伦理思想》	陈慧	英语语言文学	厦门大学
	《从文化传译角度译析〈瓦尔登湖〉四个汉译本》	赵黎明	英语语言文学	复旦大学
	《〈瓦尔登湖〉双关现象汉译研究》	王昭	语言学及应用语言学	华东师范大学
	《〈瓦尔登湖〉生态思想和中国的接受》	赵英	比较文学与世界文学	厦门大学
	《自然是一首失传的诗:爱默生超验主义自然观与华兹华斯、梭罗自然观比较》	孙益敏	文艺学	苏州大学
	《从〈瓦尔登湖〉看梭罗的生态伦理思想与实践》	童莉	英语语言文学	中南大学
	《陶渊明和梭罗回归自然的美学意蕴》	朱高利	文艺学	西北师范大学
	《〈瓦尔登湖〉徐、潘汉译本中的文体对比分析》	范心恒	外国语言学及应用语言学	湖北工业大学
	《语境顺应理论与〈瓦尔登湖〉的翻译》	潘小丽	外国语言学及应用语言学	太原理工大学
	《描述翻译学视角下的文化意象翻译研究:论徐迟译〈瓦尔登湖〉》	邱文颖	英语语言文学	中南大学

续表

年份	论文标题	姓名	专业	毕业院校
2010	《梭罗自然观研究》	金涛	比较文学与世界文学	东北师范大学
	《〈瓦尔登湖〉和梭罗的生态伦理解读》	陈政武	英语语言文学	南京理工大学
	《走向瓦尔登湖:人与自然的道德精神家园:从生态伦理学角度解读梭罗的〈瓦尔登湖〉》	郑慧	比较文学与世界文学	山东师范大学
	《跨文化视野下的自然审美比较研究:以"永州八记"与〈瓦尔登湖〉为例》	李洪辉	中国语言文学	西南交通大学
	《走出人类中心主义:从〈鲁滨逊漂流记〉和〈瓦尔登湖〉看人类自然观的转变》	范祖承	比较文学与世界文学	福建师范大学
2011	《梭罗文学风格探析及其成因分析:以〈瓦尔登湖〉为例》	方澜	英语语言文学	上海交通大学
	《诗意栖居之梦:论梭罗〈瓦尔登湖〉的生态思想》	李文粹	比较文学与世界文学	海南大学
	《现实主义者梭罗:从〈瓦尔登湖〉中的动物看人与自然》	刘琴	英语语言文学	安徽大学
	《亨利·大卫·梭罗〈瓦尔登湖〉中自然观的儒家渊源研究》	徐玉红	英语语言文学	哈尔滨工程大学
	《诗意的栖居者:梭罗与陶渊明的生态思想比较研究》	林雪花	英语语言文学	广东商学院
	《梭罗的政治思想研究》	李莉	英语语言文学	山东大学
	《梭罗和迪拉德自然文学比较研究:以〈瓦尔登湖〉和〈汀克溪的朝圣者〉为例》	张乃心	英语语言文学	辽宁大学

续表

年份	论文标题	姓名	专业	毕业院校
2011	《关联理论视角下对〈瓦尔登湖〉三个译本的对比》	高洁	英语语言文学	南京大学
	《〈瓦尔登湖〉中的生态思想研究》	王巍	英语语言文学	山东大学
2012	《梭罗的生态生存观探究》	王娇庆	伦理学	华侨大学
	《超越悖论：析梭罗的生活实验》	冯翠娥	英语语言文学	重庆大学
	《从梭罗对科学的双重情感视角分析其生态思想》	郭莹	科学技术哲学	沈阳工业大学
	《寓言形象的感应、共振、差异：再论庄子与梭罗的思想内涵》	吴沙沙	比较文学与世界文学	集美大学
	《〈瓦尔登湖〉的生态蕴意及其对生态批评和现代社会的意义》	王怡	英语语言文学	浙江大学
	《〈瓦尔登湖〉汉译中陌生化的再现：以徐迟译本为例》	陈星伊	英语语言文学	湖南科技大学
	《从接受理论角度分析〈瓦尔登湖〉的两个汉译本》	张燕	英语语言文学	合肥工业大学
2013	《从〈瓦尔登湖〉看梭罗的自然观》	唐园	比较文学与世界文学	中南大学
	《〈瓦尔登湖〉的生态叙事：湖泊书写》	蔡菊平	比较文学与世界文学	江西师范大学
	《梭罗〈瓦尔登湖〉的休闲思想研究》	程翔	休闲学	浙江大学
	《诗意的栖居：论梭罗与沈从文的生态共鸣》	王瑞	英语语言文学	东北农业大学
	《论梭罗〈瓦尔登湖〉中的中国古典哲思》	杨燕来	英语语言文学	海南大学
	《梭罗和庄子自然观的比较研究》	陈冰如	英语语言文学	兰州大学

续表

年份	论文标题	姓名	专业	毕业院校
2013	《梭罗的简单生活观及其根源探讨》	任涛	外国语言文学及应用语言学	湖北工业大学
	《梭罗生态哲学思想及当代价值研究》	李美莲	马克思主义基本原理	华中科技大学
	《论散文汉译的个人风格再现——以梭罗的〈冬日漫步〉为例》	伦秋菊	翻译硕士	苏州大学
	《论〈瓦尔登湖〉中的世界主义思想》	罗媚媚	英语语言文学	南京大学
	《〈瓦尔登湖〉中的理想主义色彩解析》	丁晓菲	外国语言文学及应用语言学	湖北工业大学
	《梭罗生态整体主义思想解读:以〈瓦尔登湖〉为例》	郭秀华	英语语言文学	福建师范大学
	《文化接受与文化过滤:从生态批评角度看〈瓦尔登湖〉在中国的译介》	杨楠	英语语言文学	四川外国语大学
	《论译者在〈瓦尔登湖〉翻译过程中的接受角色》	易好	英语语言文学	湘潭大学
	《翻译美学视角下〈瓦尔登湖〉汉译本情感建构的分析》	赵明哲	外国语言学及应用语言学	山西师范大学
	《从翻译适应选择论看〈瓦尔登湖〉汉译中译者的主体》	李晓燕	外国语言学及应用语言学	河南师范大学
	《脚本理论下文学批评界对文学作品认可程度的差异性研究:以〈瓦尔登湖〉文本分析为例》	唐小岚	外国语言学及应用语言学	天津大学
	《〈瓦尔登湖〉徐迟译本中的欧化研究》	王冉	外国语言学及应用语言学	新疆师范大学

续表

年份	论文标题	姓名	专业	毕业院校
2014	《博采众长自成一家：从〈瓦尔登湖〉的引用现象试探梭罗思想构成》	卫青青	比较文学与世界文学	北京外国语大学
	《爱默生、梭罗的超验主义与儒道思想》	徐轩	外国语言学及应用语言学	西华大学
	《〈瓦尔登湖〉中生态主义的主题研究》	陈宗春	英语语言文学	杭州电子科技大学
	《〈瓦尔登湖〉对本真性的回归》	王淑娇	文艺学	西南大学
	《〈瓦尔登湖〉的深层生态学研究》	陈丽玲	英语语言文学	上海外国语大学
	《基于批评话语分析的〈瓦尔登湖〉生态思想研究》	宁倩倩	英语语言文学	杭州电子科技大学
	《接受美学视角下〈瓦尔登湖〉两个中译本比较》	赵宇婧	外国语言学及应用语言学	青岛科技大学
	《接受美学视角下散文翻译的意境重构：以徐迟〈瓦尔登湖〉译本为例》	郑路	外国语言学及应用语言学	沈阳师范大学
	《〈瓦尔登湖〉徐迟译本的生态翻译学阐释》	邱杰平	英语语言文学	华中师范大学
	《文学文体学视角下〈瓦尔登湖〉两个中译本的比较研究》	彭美容	英语语言文学	华中师范大学

续表

年份	论文标题	姓名	专业	毕业院校
2015	《梭罗〈瓦尔登湖〉中的道家思想研究》	张璐	英语语言文学	山东师范大学
	《绿色的呼唤:梭罗生态思想研究》	陈艳君	比较文学与世界文学	湖南师范大学
	《亨利·戴维·梭罗生态哲学思想研究》	曾释纬	哲学	湘潭大学
	《〈瓦尔登湖〉在中国大陆的传播学解读》	采国润	新闻传播学	南京师范大学
	《接受美学视角下的译者主体性研究:以美国散文集 *Walden* 两个中译本为例》	铁玉婷	英语语言文学	西北师范大学
	《关联理论下徐译〈瓦尔登湖〉中文化缺省的翻译及其补偿策略探究》	魏荻菲	英语语言文学	东南大学
	《从译者主体性角度研究徐迟翻译风格:以〈瓦尔登湖〉为例》	黄翊嘉	外国语言学及应用语言学	北京外国语大学

续表

年份	论文标题	姓名	专业	毕业院校
2016	《梭罗〈瓦尔登湖〉生态自然观研究》	韩婕	哲学	长安大学
	《诗意地栖居:梭罗〈瓦尔登湖〉生态思想研究》	吴博	比较文学与世界文学	陕西理工学院
	《沈从文与梭罗的浪漫主义文学思想比较研究》	葛培	文艺学	苏州大学
	《梭罗引用孔孟语录所揭示的个体主义精神:以〈瓦尔登湖〉和〈论公民的不服从〉为例》	杨璐夷	英语语言文学	北京外国语大学
	《论梭罗的实践观》	刘四清	英语语言文学	南京师范大学
	《〈瓦尔登湖〉的生态伦理观念研究》	刘宵	英语语言文学	河南师范大学
	《奈达功能对等视角下对〈瓦尔登湖〉两个中译本的对比研究》	张霞玲	英语语言文学	中北大学
	《适应与选择:生态翻译学视角下〈瓦尔登湖〉杨家盛中译本研究》	何慧敏	外国语言学及应用语言学	广西师范学院
	《徐迟汉译〈瓦尔登湖〉的描述性研究》	张俐晓	英语语言文学	陕西师范大学

续表

年份	论文标题	姓名	专业	毕业院校
2017	《生态美学视域下的梭罗散文研究》	赵晶	比较文学与世界文学	山东大学
	《论梭罗对艾默生自然观的继承与发展：以〈瓦尔登湖〉为例》	蔡沁伶	英语语言文学	四川外国语大学
	《梭罗作品自然观中崇高感的研究》	孟继燕	比较文学与世界文学	广东外语外贸大学
	《对比研究〈瓦尔登湖〉中双关语的汉译：以徐迟、戴欢和潘庆舲译本为例》	张静	外国语言学及应用语言学	安徽大学
	《从顺应论角度分析〈瓦尔登湖〉的两个汉译本》	乔莉萍	英语语言文学	山东大学
	《接受理论视角下美国自然写作的翻译策略研究：以〈瓦尔登湖〉两个中译本为例》	邹亚丽	英语语言文学	四川外国语大学

台湾地区的硕士学位论文：

年份	论文名称	作者	院系	单位
1974	《〈湖滨散记〉原型意象的模式》	应玛琍	外国语文研究所	中国文化大学
1979	《梭罗〈湖滨散记〉中表现之儒家思想》	谢力延	外国语文研究所	政治作战学院
1982	"Thoreau and Taoism：A Comparative Study"	Luke P. M. Chan	西洋语文研究所	淡江大学
1983	《吟游于华尔腾湖畔：梭罗的佛教般的修行》	聂志忠	西洋语文研究所	淡江大学

续表

年份	论文名称	作者	院系	单位
1983	《生活的雕塑家:梭罗〈湖滨散记〉之禅释》	袁哲生	西洋语文研究所	淡江大学
1985	《有土地如斯:埃默森,梭罗,和惠特曼三人之乐观主义》	蔡凤婷	外国语文学系	台湾中正大学
1986	《深层生态与道家思想:论梭罗之生态意识》	王清思	外国语文学系研究所	台湾大学
1989	《自然与灵性:梭罗〈湖滨散记〉与〈庄子〉内篇之比较研究》	吴素真	西洋语文研究所	淡江大学
1991	《〈湖滨散记〉与〈温和不服从论〉中的正/负面孤独》	张志雄	英国语文学研究所	中国文化大学
1992	《亨利·大卫·梭罗之〈湖滨散记〉中的劳动、个体性与自然:以马克思主义论之》	邱正祥	英语学系	台湾高雄师范大学
1993	《〈湖滨散记〉中的道家思想》	黄进发	英国语文学研究所	中国文化大学
	《梭罗理想与现实之探讨》	曾敏芳	英美语文学研究所	台湾中央大学
	《探讨〈湖滨散记〉的中译概况及发展趋势》	彭健铭	翻译研究所	台湾师范大学
1995	《良心至上:梭罗政治社会思想研究》	陈育忠	美国研究所	淡江大学
1997	《梭罗的自然写作观点:建构〈湖滨散记〉中的深层生态学》	许铨羲	英语学系	台湾师范大学
	《梭罗〈湖滨散记〉教育蕴义之探究》	李瑞珊	教育学系	台湾师范大学
1998	《自愿简朴:亨利·大卫·梭罗〈湖滨散记〉中的环保实践》	叶惠敏	英语学系	高雄师范大学
2000	《〈湖滨散记〉两个中译本比较分析》	刘怡芬	应用外语系	台湾科技大学

续表

年份	论文名称	作者	院系	单位
2001	《不同种类及功能之副文本探究：梭罗〈湖滨散记〉之翻译》	黄月狄	应用英语系	台湾高雄第一科技大学
2004	《梭罗〈湖滨散记〉对生命教育之启示》	陈豫怡	教育学系	台北教育大学
2004	《建造空中楼阁:〈湖滨散记〉中梭罗的改革理念探讨》	曾培蕙	英美语文学系	台湾中央大学
2004	《公民为何不服从？探讨〈公民不服从〉的意义及其对公民社会的反思》	刘杰闵	教育学系研究所	台湾嘉义大学
2005	《梭罗的〈瓦藤湖〉、谬尔的〈我们的国家公园〉、与李奥帕德的〈沙郡年纪〉中的环境伦理》	谢东哲	外国语文学系	台湾中山大学

重要期刊论文

Don Murray. “Following Thoreau”, 载《外语教学》,1981 年第 3 期。

程星:《十九世纪美国浪漫主义文学的优秀成果——梭罗的散文集〈华尔腾〉》,载《文史哲》,1983 年第 3 期。

李毅:《对〈瓦尔登湖〉中译本的几点意见》,载《外国语》,1984 年第 6 期。

王世垣:《梭罗和他的〈瓦尔顿湖〉》,载《外国语文教学》,1985 年第 3 期。

王守仁:“Thoreau and Confucianism”,载《外国语》,1988 年第 2 期。

何怀宏:《梭罗和他的湖》,载《读书》,1988 年第 5 期。

钱满素:《梭罗的账单》,载《读书》,1993 年第 4 期。

倪峰:《梭罗政治思想述评》,载《美国研究》,1993 年第 4 期。

李道揆:《喜读〈梭罗政治思想述评〉》,载《美国研究》,1994 年第 4 期。

徐鲁:《〈瓦尔登湖〉的魅力——徐迟和他的译著》,载《中国图书评论》,1995 年第 5 期。

程映红:《瓦尔登湖的神话》,载《读书》,1996 年第 5 期。

汪跃华:《两个瓦尔登湖》,载《读书》,1996 年第 9 期。

何怀宏:《事关梭罗》,载《读书》,1997 年第 3 期。

冯亦代:《宁静的〈瓦尔登湖〉》,载《读书》,1997 年第 11 期。

陈杰:《浅析梭罗的文风观》,载《当代文坛》,1999 年第 2 期。

陈凯:《泛舟河上,驰思万里——评梭罗〈在康科德与梅里马克河上一周〉》,载《福建师范大学学报(哲社版)》,1999 年第 4 期。

苏贤贵:《梭罗的自然思想及其生态伦理意蕴》,载《北京大学学报(哲社版)》,2002 年第 2 期。

卢凌:《崇尚自然:梭罗〈瓦尔登湖〉的审美价值》,载《安徽大学学报》,2003 年第 2 期。

曹亚军:《特立独行:在中国现代语境中接受梭罗》,载《深圳大学学报(人文社科版)》,2003 年第 5 期。

孙胜忠:《从文化传译看梭罗 *Walden* 的三个中文译本》,载《上海科技翻译》,2004 年第 1 期。

陈凯:《绿色的视野——谈梭罗的自然观》,载《外国文学研究》,2004 年第 4 期。

王彦力:《创意人生 源于生活教育——梭罗教育思想解析》,载《华东师范大学学报(教育科学版)》,2004 年第 4 期。

杨金才:《梭罗的遁世与入世情怀》,载《南京社会科学》,2004 年第 12 期。

陈乐福:《梭罗:一个后殖民作家》,载《外语研究》,2005 年第 2 期。

杨金才、浦立昕:《梭罗的个人主义理想与个人的道德良心》,载《南京师大学报(社科版)》,2005 年第 4 期。

张建国:《庄子和梭罗散文思想内涵之比较》,载《河南大学学报(社科版)》,2005 年第 5 期。

王光林:《美国的梭罗研究》,载《华东师范大学学报(哲社版)》,2006 年第 6 期。

陈爱华:《梭罗在中国:1949 至 2005》,载《四川外语学院学报》,2007 年第 2 期。

舒奇志:《二十年来中国爱默生、梭罗研究述评》,载《求索》,2007 年第 4 期。

程爱民:《论瓦尔登湖的生态学意义——纪念〈瓦尔登湖〉发表 152 周年》,载《外语研究》,2007 年第 4 期。

央泉、彭金定:《论道家美学对沈从文及梭罗创作的影响》,载《中州学刊》,2007 年第 5 期。

央泉、陈忠平:《沈从文和梭罗比较研究》,载《求索》,2007 年第 6 期。

樊星:《中美浪漫主义精神的异同比较——论爱默生、梭罗和惠特曼对当代中国文人的影响》,载《天津社会科学》,2007 年第 6 期。

潘惠霞、高洋:《亨利·大卫·梭罗:行走在瓦尔登湖畔孤独的“解构主义者”》,载《外语教学》,2008年第1期。

丁兆国:《从自我改革到社会改革——浅谈梭罗的社会政治思想》,载《四川外语学院学报》,2008年第1期。

赵英:《从生态思想的角度看徐迟对〈瓦尔登湖〉的误译》,载《南京师范大学文学院学报》,2008年第4期。

马雪松、刘乃源:《在“积极隐士”与“伦理相对主义者”之间——梭罗政治思想内在张力评析》,载《社会科学辑刊》,2008年第6期。

李静:《从梭罗看人与自然的关系》,载《北京交通大学学报(社科版)》,2009年第1期。

刘鹏:《从人类中心主义到生态中心主义:梭罗生态哲学阐析》,载《齐鲁学刊》,2009年第1期。

王诺、陈初:《梭罗简单生活观的当代意义》,载《烟台大学学报(哲社版)》,2009年第3期。

刘玉宇:《从〈瓦尔登湖〉中的儒学语录看梭罗的儒家渊源》,载《外国文学评论》,2009年第3期。

陈茂林:《“另一个”:梭罗对人与自然二元对立的解构》,载《外国文学研究》,2009年第6期。

江晓原、刘兵:《瓦尔登湖的春天不崩溃》,载《中国图书评论》,2009年第10期。

张哲、林玉鹏:《浅谈〈瓦尔登湖〉的美学价值》,载《合肥工业大学学报(社科版)》,2010年第1期。

赵勇:《“深度翻译”与意义阐释:以梭罗〈瓦尔登湖〉的典故翻译为例》,载《外语与外语教学》,2010年第2期。

何颖:《梭罗对〈庄子〉的吸收与融通》,载《甘肃社会科学》,2010年第3期。

张晶:《从超验自然观到生态哲学——梭罗的个人主义及其对西方环境保护主义思潮的建构》,载《理论月刊》,2010年第5期。

赵树勤、龙其林:《〈瓦尔登湖〉与韩少功生态散文》,载《理论学刊》,2010年第5期。

赵树勤、龙其林:《当代生态散文的兴起——兼论〈瓦尔登湖〉及其外来文学影响》,载《文学评论》,2010年第5期。

普惠红、张瑞华:《论梭罗的公民不服从》,载《求索》,2011年第1期。

吴已英、李靖:《外国文学翻译体例的时代演变——基于〈瓦尔登湖〉不同译本的比较》,载《湖南农业大学学报(社科版)》,2011 年第 1 期。

鲁枢元、马治军:《元问题:人与自然——关于陶渊明与卢梭、梭罗的比较陈述》,载《文艺研究》,2011 年第 2 期。

汪愫苇、张慧荣:《翩翩蝴蝶飞翔在湛蓝的瓦尔登湖畔——从〈庄子〉与〈瓦尔登湖〉看庄子和梭罗的精神链接》,载《海南大学学报(人文社科版)》,2011 年第 2 期。

吴伟萍:《梭罗作品的生态哲学思想》,载《中南大学学报(社科版)》,2011 年第 4 期。

陈爱华:《时间的玫瑰:国内〈瓦尔登湖〉翻译出版情况研究》,载《中国出版》,2011 年第 8 期。

刘略昌:《梭罗在中国的传播和接受:1926—1949》,载《中国出版》,2011 年第 22 期。

赵树勤、龙其林:《〈瓦尔登湖〉与中国当代生态散文》,载《湘潭大学学报(哲社版)》,2012 年第 1 期。

王瑞、李德义:《从〈瓦尔登湖〉看梭罗的生态智慧》,载《东北农业大学学报(社科版)》,2012 年第 2 期。

蒲立昕:《论儒家思想对梭罗的影响——从"安贫乐道"到"自愿清贫"》,载《孔子研究》,2012 年第 3 期。

孙霄:《乡村叙事中"自然"情怀的分野——刘亮程〈一个人的村庄〉与梭罗〈瓦尔登湖〉之比较》,载《文艺争鸣》,2012 年第 11 期。

孙霄:《"朝圣路上发回的报告"——梭罗的宗教观及其〈瓦尔登湖〉》,载《南开学报》,2013 年第 1 期。

孙霄:《〈瓦尔登湖〉的内蕴与基督教的精神向度》,载《南京师范大学文学院学报》,2013 年第 1 期。

毛亮:《"疏离"与"参与":梭罗与〈公民的不服从〉》,载《外国文学评论》,2013 年第 2 期。

何云燕:《梭罗的散文文体形成原因试探》,载《广西民族大学学报(哲社版)》,2013 年第 3 期。

刘小勤:《关于〈瓦尔登湖〉的生态意蕴解析》,载《贵州大学学报(社科版)》,2013 年第 4 期。

王炎:《"我逃避我自己":梭罗瓦尔登之旅的隐秘动因》,载《宁波大学学报(人文科学版)》,2013 年第 6 期。

郭英剑:《宁静的瓦尔登湖》,载《博览群书》,2013 年第 12 期。

薛海燕:《梭罗与庄子的“垂钓”寓言比较研究》,载《江苏师范大学学报(哲社版)》,2014 年第 4 期。

郑佩伟、张景玲:《从〈瓦尔登湖〉看美国超验主义与道教思想的相似之处》,载《管子学刊》,2014 年第 4 期。

戚涛:《超然策略症候群——梭罗现代化背景下的身份建构》,载《学术界》,2014 年第 9 期。

杨靖:《“疾病的隐喻”:梭罗论健康与自然》,载《外国文学评论》,2015 年第 1 期。

刘略昌:《徐迟和梭罗:以〈瓦尔登湖〉的翻译为中心》,载《浙江工商大学学报》,2015 年第 2 期。

何云石:《从生态美学的“参与审美”看梭罗自然观对爱默生自然观的超越——以〈瓦尔登湖〉与〈论自然〉为文本依据》,载《武汉理工人学学报(社科版)》,2015 年第 2 期。

龙其林:《重寻荒野价值与融入野地情结——论〈瓦尔登湖〉与张炜生态散文》,载《青岛科技大学学报(社科版)》,2015 年第 2 期。

黄剑:《论〈瓦尔登湖〉的经典化生成》,载《江西财经大学学报》,2015 年第 4 期。

陈茂林:《和谐交融:梭罗的自然观及其启示》,载《外语教学》,2015 年第 5 期。

龙其林:《〈瓦尔登湖〉与张炜生态散文语言的自然属性》,载《东方论坛》,2015 年第 5 期。

姚秀娟:《个人价值与生态和谐:亨利·大卫·梭罗的矛盾和统一》,载《学术交流》,2016 年第 3 期。

林丽婷、徐朝旭:《梭罗与莱易斯生态幸福观的比较及启示》,载《理论月刊》,2016 年第 3 期。

刘略昌:《祛魅与重估:对梭罗与中国古代文化关系的再思考》,载《上海对外经贸大学学报》,2016 年第 3 期。

杨靖:《“浪漫的”科学——论梭罗后期写作的转向》,载《外国文学评论》,2016 年第 3 期。

王玉明:《梭罗的中庸之道:读〈瓦尔登湖〉》,载《江淮论坛》,2016 年第 4 期。

刘略昌:《梭罗自然思想研究补遗》,载《浙江师范大学学报(社科版)》,2016 年第 4 期。

刘略昌:《梭罗政治思想的中国观照》,载《山东外语教学》,2016 年第 4 期。

夏蓓洁:《自由个性的积极张扬——梭罗文学作品的政治哲学基础》,载《学术界》,2016 年第 4 期。

简功友:《"第二天性"与生态危机——消费文化视域下梭罗生态思想论》,载《湖南社会科学》,2016 年第 5 期。

刘霞:《从人类中心主义到地球中心主义——生态批评视域下的〈瓦尔登湖〉及其当代意义》,载《河南师范大学学报(哲社版)》,2016 年第 5 期。

杨靖:《从"禽兽为邻"到"更高的规律"——梭罗生命伦理解读》,载《外语研究》,2016 年第 5 期。

刘略昌:《跨文化传播中的镜像变异:基于〈读书〉杂志的梭罗真假隐士论争再思考》,载《文艺理论研究》,2016 年第 6 期。

李莹:《〈瓦尔登湖〉引用中国先秦经典之方式及其意蕴探微》,载《北方论丛》,2016 年第 6 期。

夏蓓洁:《通往理想家园的现实主义路径——梭罗作品的政治哲学解构》,载《南昌大学学报(人文社科版)》,2017 年第 2 期。

台湾地区重要的期刊论文:

Wu Ta – Cheng. "T' ao Chi' en and Thoreau: A Note on Two Different Attitudes toward Nature ", *Tamkang Review*, 1971(4).

朱炎:《梭罗看人类的新生》,载《美国研究》, 1975 年第 6 期。

陈长房:《〈湖滨散记〉结构与思想试析》,载《幼狮月刊》,1977 年第 1 期。

朱炎:"Thoreau: The Most Chinese of All American Authors",《美国研究》,1978 年第 6 期。

陈长房:《梭罗的〈湖滨散记〉矛盾语表达法》,载《思与言》,1978 年第 7 期。

陈长房:《梭罗与道家思想比较研究》,载《出版与研究》,1978 年第 8 期。

陈长房:《〈湖滨散记〉中的〈四书〉引句研究》,载《思与言》,1978 年第 11 期。

王煜:《十九世纪美国文豪梭罗堪比庄周》,载《中华文化复兴月刊》,1979 年第 2 期。

马春英:"Thoreau's Attitude Toward Women", *Studies in English Literature and Linguistics*, 1980(4)。

陈长房:《梭罗与老、庄道家思想》,载《思与言》,1982 年第 1 期。

陈长房:《梭罗与〈四书〉英译》,载《世界华学季刊》,1982 年第 9 期。

陈长房:《梭罗所认识的至圣先师——孔子》,载《中华文化复兴月刊》,1983 年第 7 期。

陈长房:"Thoreau's Orientalism: Chinese Thought in *Walden*", *Tamkang Review*, 1987－1988(18).

陈长房:《梭罗的精神世界》,载《东方杂志》,1984 年第 1 期。

陈元音:"Thoreau's *A Week on the Concord and Merrimack Rivers*: the Nature of Digressions",载《淡江学报》,1985 年第 3 期。

张仕钟:"A Study of Henry David Thoreau's Social Criticism",载《云林工专学报》,1985 年第 5 期。

林秀蓉:《〈红字〉与〈湖滨散记〉所反映的美国精神》,载《史学会刊》,1987 年第 6 期。

徐克谦:《梭罗与庄子的比较》,载《中国文化月刊》,1993 年第 11 期。

陈佩民:"Thoreau: Lover of Nature and Life",载《辅英学报》,1995 年第 12 期。

黄碧端:《自然的生命力——梭罗〈种子的信仰〉》问世》,载《精湛》,1996 年第 5 期。

范瑞芬:"The Archetypal Significance of *Walden*",载《醒吾学报》,1996 年第全球期。

温素美:《如何面对不合理体制——探讨梭罗"非暴力抵抗"》,载台湾《南开学报》,1997 年第 6 期。

张其羽:"A Comparison of the Political Thoughts of Emerson, Thoreau, and Whitman",载《华冈英语学报》,1999 年第 7 期。

刘煌城:"A Comparative Study of Thoreau and Wordsworth",载《黄埔学报》,2001 年第 1 期。

李太春:"Thoreau's Transcendentalism and Philosophy",载台湾《南开学报》,2001 年第 7 期。

单德兴:《失者何处觅?——梭罗的公案》,载《人生杂志》,2005 年第 6 期。

单德兴:《梭罗与佛法》,载《人生杂志》,2006 年第 1 期。

张登翰:《梭罗〈湖滨散记:孤寂篇〉:暗喻与转喻之结合》,载《真理大学人文学报》,2009 年第 10 期。

涂成吉:《梭罗文学思想之改革意识:从"自我教化"到"边界生活"的务实取向》,载《醒吾学报》,2010 年第 2 期。

陈延辉:《从〈湖滨散记〉到〈公民不服从〉:谈亨利·大卫·梭罗的思想》,载《中华人文社会学报》,2010 年第 3 期。

刘月珠:《理想不曾弃守的孤岛:梭罗从孤隐诗人到激进政治门士之历程》,载《崇右学报》,2010 年第 5 期。

涂成吉:《梭罗借自然花木鸟兽的“重生”隐喻》,载《醒吾学报》,2010 年第 7 期。

涂成吉:“Thoreau's Political Double Trios: Civil Disobedience and His Utopia”,载《醒吾学报》,2010 年第 7 期。

陈智慧、薛绍楣:“The Taoist - like Vision in Thoreau's *Walden*”, *Hwa Kang English Journal*, 2010 年第 7 期。

涂成吉:《由疏离到关怀:梭罗思想的实用与利他性》,载《实践博雅学报》,2011 年第 1 期。

涂成吉:《梭罗从个人到社群思想之演进》,载《人文社会学报·台湾科技大学》,2011 年第 6 期。

涂成吉:《梭罗思想中的清教意识》,载《醒吾学报》,2011 年第 7 期。

涂成吉:《梭罗政治理想与公民“暴力”不服从之研究》,载《万窍》,2011 年第 11 期。

涂成吉:《罗尔斯“正义论”与梭罗理想国与“暴力”不服从之研究比较》,载《醒吾学报》,2011 年第 12 期。

白思明:《〈湖滨散记〉定位的务实经验主义与浪漫理想主义之争》,载《高雄师大学报》,2011 年第 12 期。

刘月珠、涂成吉:《梭罗思想中的儒家意识》,载《嘉义大学通识学报》,2012 年第 11 期。

涂成吉:《梭罗的“无感”政治哲学:论其“个人国”之“权宜”政府政治与不服从论》,载《南台学报》,2012 年第 12 期。

刘月珠、涂成吉:《〈湖滨散记〉中梭罗之儒家意识研究》,载《仁德学报》,2013 年第 6 期。

涂成吉:《梭罗“超越式”人际伦理观之研究》,载《育达科大学报》,2014 年第 4 期。

参考文献

Agnes, Michael ed. *Webster's New World College Dictionary*, 4*th ed.* Shenyang: Liaoning Education Press, 2001.

Baym, Nina ed. *The Norton Anthology of American Literature* : 1820—1865, Volume B, 6th ed. New York: W. W. Norton and Company, 2003.

Baym, Nina. "Thoreau's View of Science", *Journal of the History of Ideas*, Vol. 26, 1963.

Brooks, Paul. *Speaking for Nature: How Literary Naturalists from Henry Thoreau to Rachel Garson Shaped America.* San Francisco: Sierra Club Books, 1980.

Buell, Lawrence. *The Environmental Imagination: Thoreau, Nature Writing, and the Formation of American Culture.* Cambridge, Massachusetts and London, England: The Belknap Press of Harvard University Press, 1995.

Buell, Lawrence. *Writing for an Endangered World: Literature, Culture, and Environment in the U. S and Beyond.* Cambridge: The Belknap Press of Harvard University Press, 2001.

Cady, Lyman. "Thoreau's Quotations from the Confucian Books in *Walden*", *American Literature*, Vol 33, Issue 1, 1962.

Chen Maolin. *Poetic Dwelling: An Ecocritical Study of Henry David Thoreau.* Hangzhou: Zhejiang University Press, 2009.

Cheng Aimin and Huang You. "Thoreau's *Walden* in the Global Community", *Concord Saunterer.* No. 12/13, 2004/2005.

Christy, Arthur ed. *The Asian Legacy and American Life.* New York: Greenwood Press, 1968.

Christy, Arthur. *The Orient in American Transcendentalism: A Study of Emerson, Thoreau, and Alcott.* New York: Columbia University Press, 1932.

Derleth, August. *Concord Rebel: A Life of Henry David Thoreau.* Philadelphia:

Chilton Book Company, 1971.

Dollar, J. Gerald. "In Wildness is the Preservation of China: Henry Thoreau, Gao Xingjian, and Jiang Rong", *Neohelicon*, Vol. 36, 2009.

Fox, Alan. "Guarding What Is Essential: Critiques of Material Culture in Thoreau and Yang Zhu", *Philosophy East and West*, Vol. 58, No. 3, 2008.

Goto, Shoji. *The Philosophy of Emerson and Thoreau: Orientals Meet Occidentals.* Lewiston, NY: The Edwin Mellen Press, 2007.

Harding, Walter ed. *The Selected Works of Thoreau.* Boston: Houghton Mifflin Company, 1975.

Harding, Walter ed. *Thoreau Handbook.* New York: New York University Press, 1959.

Harding, Walter and Michael Meyer ed. *The New Thoreau Handbook.* New York: New York University Press, 1980.

Heafner, Christopher Allen. "Transcendental Teaching: A Reinvention of American Education". University of South Carolina, 2005.

Hermans, Theo. *The Manipulation of Literary Translation.* London and Sydney: Croom Helm, 1985.

Jackson, Carl T. *The Oriental Religions and American Thought: Nineteenth – Century Explorations.* Westport, Conn: Greenwood Press, 1981.

Kaplan, Nathaniel. *The Origins of American Transcendentalism in Philosophy and Mysticism.* New Haven: Yale University Press, 1975.

Kructh, Joseph Wood ed. *Walden and Other Writings*, New York: Bantam Books, 1982.

Lin Yutang. *On the Wisdom of America.* New York: The John Day Company, 1950.

McIntosh, James. *Thoreau as Romantic Naturalist: His Shifting Stance toward Nature.* Ithaca: Cornell University Press, 1974.

Mosher, Steven. *China Misperceived: American Illusions and Chinese Reality.* New York: New Republic Book, 1990.

Murray, Don. "Following Thoreau",载《外语教学》,1981 年第 3 期。

Myerson, Joel ed. *The Cambridge Companion to Henry David Thoreau.* Shanghai: Shanghai Foreign Language Education Press, 2005.

Newmark, Peter, "A Textbook of Translation", *Prentice Hall International*, Vol. 38, 1988.

Overall, Keri Leigh. "In the Footsteps of Thoreau: the Evolution of the Native American as Character and Symbol in the Works of Warren, Cather, and Faulkner". University of South Carolina, 2001.

Pearsall, Judy and Patrick Hands eds. *The New Oxford English – Chinese Dictionary.* Shanghai: Shanghai Foreign Language Education Press, 2007.

Petrulionis, Sandra Harbert and Laura Dassow Walls. *More Day to Thoreau: Thoreau's* Walden *for the Twenty – first Century.* Amherst and Boston: University of Massachussetts, 2007.

Rosenblum, Nancy L. ed. *Political Writings: Henry David Thoreau.* Beijing: the China University of Political Science and Law Press, 2003.

Sayre, Robert F. *Thoreau and American Indians.* Princeton: Princeton University Press, 1977.

Scharnhorst, Gary. *Henry David Thoreau: A Case Study in Canonization.* Columbia, SC: Camden House, 1993.

Shornby, A ed. *Oxford Advanced Learner's English – Chinese Dictionary* ,4th ed. Beijing: The Commercial Press, 1997.

The Thoreau Society, http://www. thoreausociety. org/get – involved.

Thoreau, Henry David. *A Week on the Concord and Merrimack Rivers.* Princeton: Princeton University Press, 1983.

Thoreau, Henry David. *A Yankee in Canada with Anti – slavery and Reform Papers.* Boston: Houghton Mifflin Company, 1888.

Thoreau, Henry David. "Ethical Scripturs—Chinese Four books", *The Dial*, No. Dec, 1843.

Thoreau, Henry David. *Walden.* Princeton: Princeton University Press, 1971.

Thoreau, Henry David. *Walden and "Civil Disobedience".* New York: Airmont Publishing Company, Inc. , 1965.

Torrey Bradford ed. *The Writings of Henry David Thoreau Journal I*, Boston and New York: Houghton Mifflin and Company, 1906.

Torrey Bradford ed. *The Writings of Henry David Thoreau Journal II*, Boston and New York: Houghton Mifflin and Company, 1906.

Torrey Bradford ed. *The Writings of Henry David Thoreau Journal III* , Boston and New York: Houghton Mifflin and Company, 1906.

Torrey Bradford ed. *The Writings of Henry David Thoreau Journal V*, Boston and New York: Houghton Mifflin and Company, 1906.

Torrey Bradford ed. *The Writings of Henry David Thoreau · Journal VI*, Boston and New York: Houghton Mifflin and Company, 1906.

Torrey Bradford ed. *The Writings of Henry David Thoreau: Journal VIII*, Boston and New York: Houghton Mifflin and Company, 1906.

Torrey Bradford ed. *The Writings of Henry David Thoreau: Journal XIII*, Boston and New York: Houghton Mifflin and Company, 1906.

Torrey Bradford ed. *The Writings of Henry David Thoreau Journal XIV*, Boston and New York: Houghton Mifflin and Company, 1906.

Versluis, Arthur. *American Transcendentalism and Asian Religions*. New York: Oxford University Press, 1993.

Yang Jincai. "Chinese Projections of Thoreau and His *Walden*'s Influence in China", *Neohelicon*, Vol. 36, 2009.

[德] 爱克曼辑录:《歌德谈话录》,朱光潜译,合肥:安徽教育出版社,2006年。

安鲜红:《试探庄子和梭罗人生观的内在一致性》,载《商丘师范学院学报》,2006年第4期。

安鲜红:《试探庄子与梭罗自然观的异同》,载《黄冈师范学院学报》,2006年第5期。

北京大学比较文学与比较文化研究所主编:《多边文化研究》,北京:新世界出版社,2001年。

卞之琳、叶水夫等:《十年来的外国文学翻译和研究工作》,载《外国文学评论》,1959年第5期。

布谷:《苇岸的文字》,载《中国邮政报》,2002年11月9日。

[法] 布吕奈尔、比叔瓦、卢梭:《什么是比较文学?》,葛雷、张连奎译,北京:北京大学出版社,1989年。

曹顺庆主编:《比较文学教程》,北京:高等教育出版社,2006年。

曹亚军:《特立独行:在中国现代语境中接受梭罗》,载《深圳大学学报(人文社科版)》,2003年第5期。

常耀信:《美国文学史》(上册),天津:南开大学出版社,1998年。

常耀信主编:《多种视角——文化及文学比较研究论文集》,天津:南开大学出版社,1995年。

陈爱华:《梭罗在中国:1949至2005》,载《四川外语学院学报》,2007年第2期。

陈才忆:《脚踏东西文化,评说宇宙文章——林语堂的中西文化观及其在西方对中国文化的传播》,载《重庆教育学院学报》,2003 年第 4 期。

陈长房:《梭罗与中国》,台北:三民书局,1991 年。

陈传席:《隐士和隐士文化问题》,载《书屋》,2001 年第 6 期。

陈惇、孙景尧等主编:《比较文学》,北京:高等教育出版社,2004 年。

陈慧君编:《外国散文名篇鉴赏》,贵阳:贵州人民出版社,1986 年。

陈建华主编:《中国外国文学研究的学术历程》(第 2 卷　外国文学研究的多维视野),重庆:重庆出版社,2016 年。

陈平原:《二十世纪中国小说史》(第 1 卷),北京:北京大学出版社,1997 年。

陈平原:《在东西方文化碰撞中》,杭州:浙江文艺出版社,1987 年。

陈思和:《共名与无名》,载《上海文学》,1996 年第 10 期。

陈新:《英美散文的定义和发展》,载《南京师大学报(社科版)》,1988 年第 2 期。

陈煜斓:《哲学的轻逸性欲微妙的常识性——从传播学层面看〈生活的艺术〉的成功创造》,载《江西师范大学学报(哲社版)》,2012 年第 5 期。

陈子善、王自立编:《卖文买书——郁达夫和书》,北京:生活·读书·新知三联书店,1996 年。

程爱民:《论梭罗的自然观》,南京大学,1998 年。

程爱民:《论梭罗自然观中的"天人合一"思想》,载《外国文学研究》,2009 年第 2 期。

程爱民:《论瓦尔登湖的生态学意义——纪念〈瓦尔登湖〉发表 152 周年》,载《外语研究》,2007 年第 4 期。

常耀信:《中国文化在美国文学中的影响》,载《外国文学研究》,1985 年第 1 期。

程虹:《宁静无价:英美自然文学散论》,上海:上海人民出版社,2009 年。

程虹:《寻归荒野》,北京:生活·读书·新知三联书店,2001 年。

程星:《十九世纪美国浪漫主义文学的优秀成果——梭罗的散文集〈华尔腾〉》,载《文史哲》,1983 年第 3 期。

程映红:《瓦尔登湖的神话》,载《读书》,1996 年第 5 期。

昌分:《中国人写的第一部世界文学史》,载《社会科学报》,1990 年 3 月 22 日。

戴启江:《好课堂的样子——肖培东的〈神的一滴〉课例品读》,载《语文教学与研究》,2017 年第 10 期。

邓伟志主编:《永远的徐迟》,上海:上海远东出版社,2009 年。

丁兆国:《从自我改革到社会改革——浅谈梭罗的社会政治思想》,载《四川外语学院学报》,2008 年第 1 期。

董衡巽、朱虹等编:《美国文学简史》(上册),北京:人民文学出版社,1978 年。

董衡巽、朱虹等编:《美国文学简史》(上册),北京:人民文学出版社,1986 年。

董衡巽、朱虹等编:《美国文学简史》(修订本),北京:中国社会科学出版社,2003 年。

董衡巽、朱虹等编:《美国文学简史》,北京:中国社会科学出版社,2007 年。

[美]杜维明:《道学政:论儒家知识分子》,上海:上海人民出版社,2000 年。

方壁:《西洋文学讲座》,上海:世界书局,1935 年。

方梦之主编:《译学辞典》,上海:上海外语教育出版社,2004 年。

冯国荣、侯德彤:《中学西渐的历史线索及相关研究课题》,载《东方论坛》,2004 年第 5 期。

冯亦代:《宁静的〈瓦尔登湖〉》,载《读书》,1997 年第 11 期。

傅雷:《翻译经验点滴》,载《文艺报》,1957 年第 10 期。

干永昌等编选:《比较文学研究译文集》,上海:上海译文出版社,1985 年。

高鸿:《跨文化的中国叙事——以赛珍珠、林语堂、汤婷婷为中心的讨论》,上海:上海三联书店,2005 年。

高健编译:《美国散文选》,太原:北岳文艺出版社,1989 年。

高敏:《我国古代的隐士及其对社会的作用》,载《社会科学战线》,1994 年第 2 期。

高晓晖:《徐迟与〈瓦尔登湖〉的终生情缘》,载《长江文艺》,2005 年第 12 期。

葛红兵:《直来直去》,北京:当代世界出版社,2004 年。

葛红兵:《国庆长假最值得读的三本书》,http://group.baike.com/feizhuliu/doc/heWBmR0dnAn9jcHRz.html.

耿殿磊:《梭罗自然观的跨文化渊源》,载《武汉科技大学学报(社科版)》,2008 年第 6 期。

古远清:《徐迟与现代派》,载《外国文学研究》,2006 年第 4 期。

《关于孔子学院/课堂》,http://www.hanban.edu.cn/confuciousinstitutes/node_10961.htm.

海子:《海子的诗》,北京:中国书店,2007 年。

海子:《海子诗全编》,上海:上海三联书店,1997 年。

韩伟、黄亚妮:《文学回归自身与走向自觉的文学批评——论 80 年代中后期的文学批评(1985—1990)》,载《中国社会科学院研究生院学报》,2009 年第 4 期。

何怀宏:《梭罗和他的湖》,载《读书》,1988 年第 5 期。

何怀宏主编:《西方公民不服从的传统》,长春:吉林人民出版社,2001 年。

何鸣:《遁世与逍遥——中国隐逸简史》,兰州:敦煌出版社,2006 年。

黄波:《瓦尔登湖的仿制品还有意义吗?》,载《工人日报》,2007 年 1 月 19 日。

黄杲炘选译:《美国抒情诗选》,上海:上海译文出版社,1989 年。

黄维樑、曹顺庆主编:《中国比较文学学科理论的垦拓》,北京:北京大学出版社,1998 年。

侯靖靖:《17 年间(1949—1966)奥尼尔戏剧在中国译界的“缺席”研究》,载《东华大学学报(社科版)》,2009 年第 3 期。

胡翼鹏:《论中国古代隐士的价值取向及其社会意义》,载《学术论坛》,2002 年第 5 期。

季羡林:《东学西渐与东化——为东方论坛“东学西渐”栏目而作》,载《东方论坛》,2004 年第 5 期。

姜秋霞:《文学翻译与社会文化的相互作用关系研究》,北京:外语教学与研究出版社,2009 年。

蒋星煜:《中国隐士与中国文化》,上海:上海人民出版社,2009 年。

江宁康、金衡山、查明建等:《中国外国文学研究的学术历程》(第 4 卷美国文学研究的学术历程),重庆:重庆出版社,2016 年。

江弱水:《就夏译美国散文谈翻译观》,载《读书》,1993 年第 8 期。

姜新浩:《从“革命之子”到“云游仙人”——美国早期自由主义政治观的兴衰》,载《美国研究》,1993 年第 2 期。

[美]杰若姆·劳伦斯、罗伯特·李:《梭罗狱中一夜》,袁鹤年译,载《美国文学丛书》,1983 年第 4 期。

金宏达主编:《回望张爱玲·昨夜月色》,北京:文化艺术出版社,2003 年。

金肽频主编:《海子纪念文集·诗歌卷》,合肥:合肥工业大学出版社,2009 年。

李道揆:《喜读梭罗〈政治思想述评〉》,载《美国研究》,1994 年第 4 期。

孔慧怡:《翻译·文学·文化》,北京:北京大学出版社,1999 年。

匡建刚:《事关人性》,载《读书》,1997 年第 10 期。

匡兴、陈惇主编:《外国文学》(上),北京:北京大学出版社,1987 年。

[美]劳伦斯·布尔:《(跨国界)美国文学研究的新走势》,王玉括译,载《当代外国文学》,2009 年第 1 期。

李艾红:《从梭罗哲学思想与儒道思想的相似性看中国传统文化对美国文人的影响》,载《理论导刊》,2007 年第 4 期。

李辉主编:《林语堂自述》,郑州:大象出版社,2005 年。

李继凯:《隐士与中国文化》,载《华夏文化》,1995 年第 2 期。

李立平:《林语堂的认同危机与文化选择》,南京大学,2012 年。

李洁:《论梭罗与中国的关系》,复旦大学,2008 年。

李莉:《二十一世纪外国文学研究之我见——评建立“外国文学学”》,载《江苏外语教学研究》,1999 年第 1 期。

李生卫:《〈神的一滴〉中的四个比喻》,载《希望月报(上半月)》,2007 年第 7 期。

李宪瑜:《二十世纪中国翻译文学史》(三四十年代 · 英法美卷),天津:百花文艺出版社,2009 年。

李宜燮、常耀信主编:《美国文学选读》(上册),天津:南开大学出版社,2000 年。

黎跃进:《外国文学研究的创新:对象、角度与误读还原》,载《上海师范大学学报(哲社版)》,1999 年第 3 期。

廖美珍:《善用小句——读夏济安译“冬日漫步”》,载《上海科技翻译》,1998 年第 2 期。

林祥磊:《梭罗、海克尔与“生态学”一词的提出》,载《科学文化评论》,2013 年第 2 期。

林以亮编选:《美国诗选》,张爱玲等译,香港:今日世界出版社,1976 年。

林语堂:《八十自叙》,北京:宝文堂书店,1991 年。

林语堂:《讽颂集》,长春:东北师范大学出版社,1994 年。

林语堂:《美国的智慧》,刘启升译,西安:陕西师范大学出版社,2007 年。

林语堂:《生活的艺术》,赵裔汉译,西安:陕西师范大学出版社,2008 年。

林语堂:《吾国与吾民》,北京:宝文堂书店,1988 年。

刘海平编:《中美文化的互动与关联:中国哈佛——燕京学者第一届学术研讨会论文选编》,上海:上海外语教育出版社,1997 年。

刘介民编:《比较文学译文选》,长沙:湖南人民出版社,1984 年。

刘晓丽:《名著重译,贵在超越》,载《中国翻译》,1999 年第 3 期。

刘鹏:《从人类中心主义到生态中心主义:梭罗生态哲学阐释》,载《齐鲁学刊》,2009 年第 1 期。

刘岩:《中国文化对美国文学的影响》,石家庄:河北人民出版社,1999 年。

刘玉宇:《从〈瓦尔登湖〉中的儒学语录看梭罗的儒家渊源》,载《外国文学评论》,2009 年第 3 期。

[美]罗伯特 · 塞尔编:《梭罗集》(上),陈凯、许崇信等译,北京:生活 · 读书 · 新知三联书店,1996 年。

罗选民主编:《外国文学翻译在中国》,合肥:安徽文艺出版社,2003 年。

罗竹风主编:《汉语大词典》(11),上海:上海辞书出版社,1986 年。

鲁枢元:《生态文艺学》,西安:陕西人民教育出版社,2000 年。

马华、陈正宏:《隐士的真谛》,北京:国际文化出版公司,1997 年。

[法]马克·昂热诺等主编:《问题与观点:20 世纪文学理论综论》,史忠义等译,天津:百花文艺出版社,2000 年。

[德]马克思、恩格斯:《马克思恩格斯选集》(第一卷),中共中央马克思恩格斯列宁斯大林著作编译局,北京:人民出版社,1956 年。

孟昭毅、李载道主编:《中国翻译文学史》,北京:北京大学出版社,2005 年。

倪峰:《梭罗政治思想述评》,载《美国研究》,1993 年第 4 期。

宁倩:《美国文学名家》,哈尔滨:黑龙江人民出版社,1983 年。

[美]欧文等:《美国名家散文选读》,夏济安译,上海:复旦大学出版社,2000 年。

潘志高:《中国在美国的形象:变与不变》,载《解放军外国语学院学报》,2003 年第 2 期。

彭威:《论梭罗和老子思想的契合之处》,载《内蒙古农业大学学报(社科版)》,2007 年第 4 期。

钱满素:《守法与犯法》,载《读书》,1995 年第 6 期。

钱中文:《文艺理论的发展和方法更新的迫切性》,载《文学评论》,1984 年第 6 期。

全晓书、郭丽琨:《文学作品价值需要在不断复译中展现》,载《中国改革报》,2004 年 11 月 9 日。

任为新:《〈瓦尔登湖〉:中美语文教师的“同课异构”》,载《语文建设》,2009 年第 4 期。

沈珂、许钧:《西蒙娜·德·波伏娃的多重形象及其在中国的接受》,载《南京社会科学》,2009 年第 10 期。

[美]萨克文·伯科维奇主编:《剑桥美国文学史第二卷》(散文作品 1820 年——1865 年),史志康等译,北京:中央编译出版社,2008 年。

[美]塞缪尔·亨廷顿:《文明的冲突与世界秩序的重建》,周琪、刘绯等译,北京:新华出版社,2003 年。

上海外语学院外国语言文学研究所编:《中西比较文学手册》,成都:四川人民出版社,1987 年。

邵燕祥:《徐迟:一个纯粹的诗人》,载《诗刊》,1997 年第 6 期。

沈义贞:《中国当代散文艺术演变史》,杭州:浙江大学出版社,2000 年。

[美]史景迁:《文化类同与文化利用——世界文化总体对话中的中国形象》,

北京:北京大学出版社,1990 年。

石鹏飞:《文明不可抗拒》,载《读书》,1996 年第 9 期。

施建伟:《林语堂传》,北京:北京十月文艺出版社,1999 年。

史元明:《土地道德的辛勤耕耘者——苇岸散文及其思想研究》,载《武汉科技大学学报(社科版)》,2008 年第 3 期。

[美]斯蒂芬·哈恩,《梭罗》,王艳芳译,北京:中华书局,2002 年。

司马新:《张爱玲在美国——婚姻与晚年》,徐斯、司马新译,上海:上海文艺出版社,1996 年。

苏贤贵:《梭罗的自然思想及其生态伦理意蕴》,载《北京大学学报(哲社版)》,2002 年第 2 期。

孙法理选译:《美国散文选》,重庆:重庆出版社,1985 年。

孙景尧:《简明比较文学——"自我"和"他者"的认知之道》,北京:中国青年出版社,2006 年。

孙胜忠:《从文化传译看梭罗 *Walden* 的三个中文译本》,载《上海科技翻译》,2004 年第 1 期。

孙适民、陈代湘:《中国隐逸文化》,长沙:湖南出版社,1997 年。

孙致礼:《1949—1966:我国英美文学翻译概论》,南京:译林出版社,1996 年。

孙毓修:《欧美小说丛谈》,上海:商务印书馆,1916 年。

[美]梭罗:《山·湖·海》. 台湾蓝瓶子文化编译小组译,北京:中国对外翻译出版公司,2000 年。

[美]梭罗:《梭罗日记》,朱子仪译,北京:北京十月文艺出版社,2005 年。

[美]梭罗:《瓦尔登湖》,潘庆龄译,北京:中国国际广播出版社,2008 年。

[美]梭罗:《瓦尔登湖》,徐迟译,上海:上海译文出版社,2008 年。

[美]梭罗:《瓦尔登湖》,苏福忠译,北京:人民文学出版社,2004 年。

[美]梭罗:《心灵漫步·河上一周》,林志豪译,海口:海南出版社·三环出版社,2007 年。

[美]梭罗:《野果》,石定乐译,北京:新星出版社,2009 年。

[美]梭罗:《亨利·大卫·梭罗的日记和书简(选译)》,吴冰译,载《美国文学丛书》,1983 年第 4 期。

陶东风、徐丽萍:《死亡·情爱·隐逸·思想——中国文学四大主题》,杭州:杭州大学出版社,1993 年。

王凤伯、孙露茜主编:《徐迟研究专集》,杭州:浙江文艺出版社,1985 年。

王家新:《哀歌》,载《青年文学》,2000 年第 1 期。

王宁:《文学研究中的文化身身份问题》,载《外国文学》,1999 年第 4 期。

王宏印:《英汉翻译综合教程》,大连:辽宁师范大学出版社,2002 年。

王军、孟宪凤:《西学东渐与东学西渐——16—18 世纪中西文化交流特点论略》,载《北方论丛》,2009 年第 4 期。

王清宇:《尚美·简朴·超越——从道家自然观看梭罗的生活追求》,载《南京林业大学学报(人文社科版)》,2007 年第 4 期。

王寿兰主编:《当代文学翻译百家谈》,北京:北京大学出版社,1989 年。

王守仁:《现代化进程中的外国文学与中国社会现代价值观的构建》,载《外国文学评论》,2004 年第 4 期。

汪跃华:《两个瓦尔登湖》,载《读书》,1996 年第 9 期。

王向远:《翻译文学导论》,北京:北京师范大学出版社,2004 年。

王毅:《中国士大夫隐逸文化的兴衰》,载《文艺研究》,1989 年第 3 期。

王兆胜:《林语堂:两脚踏中西文化》,北京:北京出版社,2005 年。

王兆胜:《林语堂与中国文化》,北京:社会科学文献出版社,2007 年。

王兆胜:《林语堂与外国文化(上)》,载《沈阳师范大学学报(社科版)》,2003 年第 5 期。

王兆胜:《散文的常态与变数》,载《文艺与争鸣》,2009 年第 6 期。

王志耕:《外国文学研究的主体意识》,载《外国文学研究》,1987 年第 1 期。

王佐良:《文学间的契合——王佐良比较文学论集》,北京:外语教学与研究出版社,2005 年。

苇岸:《太阳升起以后》,北京:中国工人出版社,2000 年。

温秀颖:《翻译批评——从理论到实践》,天津:南开大学出版社,2007 年。

《我听见亚美利加在歌唱——美国诗选》,袁可嘉等译,北京:人民文学出版社,1988 年。

[美]沃农·路易·帕灵顿:《美国思想史:1620—1920》,陈永国等译,长春:吉林人民出版社,2001 年。

[美]乌尔利希·韦斯坦因:《比较文学与文学理论》,刘象愚译,沈阳:辽宁人民出版社,1987 年。

吴景明、刘中树:《从展示危机到参与重建——中国当代生态文学发展简论》,载《学术界》,2009 年第 6 期。

吴富恒主编:《外国著名文学家评传》(2),济南:山东教育出版社,1990 年。

吴慧坚:《文化传播与策略选择——从林语堂著〈生活的艺术〉说起》,载《福建论坛(人文社会科学版)》,2007 年第 9 期。

吴元迈:《面向二十一世纪的外国文学——在中国外国文学学会第五届年会上的发言(1994 年 9 月 20 日)》,载《外国文学评论》,1995 年第 1 期。

吴元迈:《也谈外国文学研究方向与方法——关于一次有意义的探讨》,载《外国文学评论》,1995 年第 4 期。

夏征农主编:《辞海》(中),上海:上海辞书出版社,1999 年。

夏济安选译:《美国名家散文选读》,上海:复旦大学出版社,2000 年。

谢霖:《东学西渐丛书评介》,载《社会科学论坛》,2000 年第 5 期。

徐迟:《魅力,神奇,丰富》,北京:作家出版社,1957 年。

徐迟:《美国,一个秋天的旅行》,北京:人民文学出版社,1991 年。

徐迟:《我的文学生涯》,天津:百花文艺出版社,2006 年。

徐鲁:《徐迟:猜想与幻灭》,郑州:大象出版社,2006 年。

徐鲁:《〈瓦尔登湖〉的魅力——徐迟和他的译著》,载《中国图书评论》,1999 年第 5 期。

徐清泉:《中国传统人文精神论要——从隐逸文化、文艺实践及封建政治的互动分析入手》,上海:上海社会科学院出版社,2003 年。

徐志新、高红樱:《中国当代“环境文学”的缺失与建构》,载《天津师范大学学报(社科版)》,2009 年第 5 期。

许钧:《译道寻踪》,郑州:文心出版社,2005 年。

[法]雅克·德里达:《书写与差异》,张宁译,北京:生活·读书·新知三联书店,2001 年。

严蓓雯:《“外国文学与本土视角”研讨会综述》,载《外国文学评论》,2004 年第 4 期。

杨克敏:《图景·误读·范式——从孙毓修的〈欧美小说丛谈〉说起》,载《中国比较文学》,2014 年第 3 期。

杨仁敬、杨凌雁:《美国文学简史》,上海:上海外语教育出版社,2008 年。

杨义:《经典的发明与血脉的会通》,载《文艺争鸣》,2007 年第 1 期。

姚君伟:《徐迟与美国文学在中国的译介》,载《外国文学研究》,2005 年第 4 期。

尧阳:《林语堂解读美国智慧》,载《中国图书评论》,2009 年第 11 期。

叶舒宪:《神话——原型批评在中国的传播》,载《社会科学研究》,1999 年第 1 期。

易丹:《超越殖民文学的文化困境》,载《外国文学评论》,1994 年第 2 期。

《英美游记三则》,高健译,载《名作欣赏》,1981 年第 2 期。

于立亭:《梭罗与道家思想》,载《长春理工大学学报(社科版)》,2005 年第 1 期。

余树森、陈旭光:《中国当代散文报告文学发展史》,北京:北京大学出版社,

1996 年。

余杰:《瓦尔登湖:大地的眸子》,载《清明》,2003 年第 6 期。

袁毅:《最后一棵会思想的芦苇——追忆苇岸先生》,载《书屋》,2001 年第 10 期。

袁毅:《在大地上我们只过一生——〈上帝之子〉编后》,载《书屋》,2001 年 Z1 期。

袁勇麟主编:《中国现当代散文导读》,北京:中国市场出版社,2008 年。

乐黛云:《比较文学简明教程》,北京:北京大学出版社,2004 年。

曾虚白:《美国文学 ABC》,上海:世界书局,1929 年。

张爱玲:《对照记》,北京:北京十月文艺出版社,2007 年。

张冲:《新编美国文学史》(第一卷),上海:上海外语教育出版社,2000 年。

张汉良:《比较文学的影响研究》,载《中外文学》,1978 年第 12 期。

张弘等:《跨越太平洋的雨虹——美国作家与中国文化》,银川:宁夏人民出版社,2002 年。

张建国:《庄子和梭罗散文思想内涵之比较》,载《河南大学学报(社科版)》,2005 年第 5 期。

张克峰、徐晓雯:《为梭罗辩护》,载《博览群书》,1997 年第 3 期。

张立伟:《归去来兮——隐逸的文化透视》,北京:生活·读书·新知三联书店,1995 年。

张林:《我眼中的余杰》,http://blog.sina.com.cn/s/blog_4c584892010007rs.html.

张隆溪选编:《比较文学译文集》,北京:北京大学出版社,1982 年。

张首映:《西方二十世纪文论史》,北京:北京大学出版社,2003 年。

张守仁:《苇岸,大地的歌者》,载《海燕》,2006 年第 2 期。

张晓军:《隐逸对中国文化的调适作用》,载《解放军外国语学院学报》,1999 年第 5 期。

章以华:《互文视角下梭罗对儒家文本的接受》,载《北京第二外国语学院学报》,2013 年第 2 期。

张越瑞:《美利坚文学》,上海:商务印书馆,1933 年。

张振金:《中国当代散文史》,北京:人民文学出版社,2003 年。

张志军:《来自大地的声音——读苇岸〈大地上的事情〉》,载《社会科学论坛》,2004 年第 12 期。

张钟、洪子诚等:《当代中国文学概观》,北京:北京大学出版社,1986 年。

赵家璧:《编辑忆旧》,北京:生活·读书·新知三联书店,2008 年。

赵树勤、龙其林:《〈瓦尔登湖〉与中国当代生态散文》,载《湘潭大学学报(哲学社会科学版)》,2012 年第 1 期。

赵树勤、龙其林:《当代生态散文的兴起——兼论〈瓦尔登湖〉及其外来影响》,载《文学评论》,2010 年第 5 期。

赵英:《从生态思想的角度看徐迟对〈瓦尔登湖〉的误译》,载《南京师范大学文学院学报》,2008 年第 4 期。

中国大百科全书出版社编辑部编:《中国大百科全书》(外国文学 II),北京:中国大百科全书出版社,1982 年。

中国翻译工作者协会《翻译通讯》编辑部主编:《翻译研究论文集》(1894—1948),北京:外语教学与研究出版社,1984 年。

周国平:《名著在名译之后产生》,载《中华读书报》,2003 年 3 月 26 日。

周明、向前主编:《难忘徐迟》,上海:上海书店出版社,1997 年。

周晓立:《美国文学中稀有的隐逸文学作品〈瓦尔登湖〉》,载《华侨大学学报(社科版)》,1996 年第 3 期。

周语:《人们为什么念念不忘夏济安》,载《深圳特区报》,2008 年 5 月 27 日。

郑樵:《通志:隐逸传》,北京:中华书局,1987 年。

郑兴东:《受众心理与传媒引导》,北京:新华出版社,2004 年。

郑振铎编:《文学大纲》(下册),上海:上海书店,1986 年。

朱立民:《美国文学(1607—1860):殖民地时代到内战前夕》(修订版),台北:书林出版有限公司,2000 年。

朱立元主编:《当代西方文艺理论》(第 2 版·增补版),上海:华东师范大学出版社,2005 年。

朱小琳:《重读梭罗:公民为何不服从?》,载《北京第二外国语学院学报》,2003 年第 6 期。

子通、亦清编:《张爱玲文集·补遗》,北京:中国华侨出版社,2002 年。